生態人類学は挑む
MONOGRAPH 10

アンチ・ドムス

熱帯雨林のマルチスピーシーズ歴史生態学

安岡宏和 著
YASUOKA HIROKAZU

京都大学学術出版会

カメルーンの森から。

丸木舟にのってバカ・ピグミーのもとへ。

私達は常に何かに依存し「ドムス化」して生きている。そのとき偶然の出会いは型嵌めされ、〈生き方〉は規定されがちになる。だが、世界にはドムスから逃れつづける人々がいる。依存せず、定着せず……アンチ・ドムスという〈生き方〉は今もアフリカの森でつづいている。

焼畑キャンプの情景。狩猟採集民とよばれるバカたちは、こんにちでは農耕も生業としている。

逃れつづける人々を追いかけて

モロンゴ(森での狩猟採集生活)。キャンプへ移動するバカたち。野生ヤマノイモを求めて。

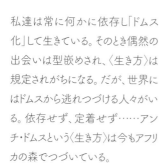

遊動しながらヤマノイモ（*Dioscorea burkilliana*）を収穫する。

狩猟採集民は ずっと狩猟採集民 だったのか？

採集したヤマノイモ（*Dioscorea mangenotiana*）。

定型化されたイメージをゆるがすクエスチョン。ゆたかな森に生かされるバカたちの行為が森をかたちづくる。こうして変化しつづける森はどこかにある手つかずの「ありのままの自然」ではないし、そこで生きるバカたちも幻の「純粋な狩猟採集民」ではない。

ヤマノイモの調理と分配。

収穫した蜂蜜。森のキャンプではヤマノイモと蜂蜜が彼らの食生活をささえる。

食用にされるチョウ目の幼虫。

畑で栽培したプランテンバナナを調理する。しかし村の生活でも「農作物」への依存は比較的小さい。

農耕する狩猟採集民

野生と栽培……バカたちの生業のなかで、しだいに農耕の比重が増してきた。焼畑をつくってバナナやキャッサバの栽培に勤しむ人々もいる。では農耕をするバカたちは、もはや「狩猟採集民」ではないのだろうか? 多種多様な「主食」のなかに、彼らのアンチ・ドムスの〈生き方〉を探る。

キャンプでは女たちが細い木々を組んでドーム状の小屋「モングル」をつくる。

木に登って蜂蜜を収穫する。

*Irvingia gabonensis*の果実を割って仁を採取する。買い付けに来る商人に売ることも。

少女たちが採集した大きなキノコ。

モロンゴに行く人々。

キャンプの風景。キャンプ跡の植生はしだいに遷移し、森もまた変貌していく。

〈森〉への信頼

「ドムス化」に抗い、「野生化」しつづけるバカたち。特定の生物に依存せず、つねに多種多様な生物とかかわりあう彼らの〈生き方〉は、私達には行き当たりばったりに見える。だが、その根底には〈森〉への信頼があった。

罠でとらえたピータースダイカー。

林冠の閉じた場所。バカたちは「マンジャ」と呼ぶ。

穴を掘ってヤマノイモ（*Dioscorea praehensilis*）を収穫する。1mをこえる穴を掘るのは重労働である。

混迷する21世紀の荒野へ

地球という自然のなかで人類は長い時間をかけて多様な文化や社会を創りあげてきた。その長い歴史は、人類が自然の一部としての生物的存在から離陸して自然から乖離していく過程でもあった。その結果、現在の人類は地球という自然そのものを滅亡させてしまうかもしれない危険な存在になっている。世界がその危険性にやっと気づきはじめ、資本主義グローバリズムに変わるべき未来像を模索している。

そのような中で生態人類学は自然と文化という人間存在の二つの基盤にしっかり立脚し、人間の諸活動のすべての要素を含みながら、しかも具体的で説得力ある研究を目指すユニークな学問的営為として研究活動を続けてきた。現在地球上で急激に減少している多様な人類文化に着目し、そうした民族文化や地域文化の奥深さを描き出すため志のある研究者が実直で妥協のないフィールドワークを続けている。研究者たちはそこで得られたデータによって描かれる論文や現場に密着したモノグラフ等の作品以外に、この多様な人類のありかたを示す方法はないことを確信してきた。

生態人類学は、一九七三年五月に東京大学と京都大学の若手の人類学関係者が集まり第一回の生態人類学研究会を開催したのが始まりであった。この生態人類学研究会は二三回続き、一九九六年の生態人類学研究会を第一回の生態人類学会研究大会とすることで新たな学会となった。今年度（二〇二〇年）第二五回の生態人類学会研究大会を開催し今日に及んでいる。今や生態人類学を標榜する研究者も数多くなり、さまざまな大学や研究機関に所属している。

生態人類学会は二〇〇二年度に『講座・生態人類学』（京都大学学術出版会）八巻を発刊して、それまでの生態人類学の成果を世に問うている。この講座は、アフリカの狩猟採集民二巻、東アフリカの遊牧民、アフリカの農耕民、ニューギニアの諸集団、沖縄の諸論考のそれぞれに一巻をあて、さまざまな地域のさまざまな生業や生活を対象にした論文集という形のシリーズであった。また、エスノ・サイエンスや霊長類学と人類学をつなぐホミニゼーションに焦点をあてた領域にもそれぞれ一巻をあてている。

この『講座・生態人類学』発刊からすでに二〇年近く経過し、研究分野も対象とする地域ももはや生態人類学という名称では覆いきれない領域にまで広がっている。そして本学会発足以降、多くのすぐれた若手研究者も育ってきている。そうしたことを鑑みるならば、このたびの『生態人類学は挑む』一六巻の発刊は機が熟したというべきである。このシリーズはひとりの著者が長期の調査に基づいて描き出したモノグラフ一〇巻と従来の生態人類学の分野を超えた、領域横断的な研究分野も包摂した六巻の論集からなる。共通するのはいずれもひとりひとりの研究者が対象と向き合い、思索する中で問題を発見し、そして個別の問題を解くと同時にそれを普遍的な問題にまで還元して考究するスタイルをとっていることである。生態人類学が出発してほぼ五〇年が経つ。今回の『生態人類学は挑む』シリーズが、混迷する21世紀の荒野に、緑の風を呼び込み、希望の明りをともす新たな試みとなることを確信する。

日本の生態人類学の先導者は東京大学の渡辺仁先生、鈴木継美先生そして京都大学の伊谷純一郎先生であったが、生態人類学の草創期の研究を実質的に押し進めてきたのは六年前に逝去した掛谷誠氏や今回の論集の編者のひとりである大塚柳太郎氏である。

掛谷誠氏の夫人・掛谷英子さんより掛谷誠の遺志として本学会へのご寄進があり、本出版計画はこの資金で進められた。学会員一同、故人に出版のご報告を申し上げるとともに、掛谷英子さんの御厚意に深く謝意を捧げたい。

『生態人類学は挑む』編集委員会

目次

まえがき

本書は、中部アフリカ、コンゴ盆地の熱帯雨林で狩猟採集生活をするバカ・ピグミーの〈生き方〉を、野生ヤマノイモを中心とする多種多様な生物たちとバカたちのかかわりあいの記述をとおして理解することを目的とする。私はこのアプローチを「マルチスピーシーズ歴史生態学」と名づけることにした。本書における記述と考察をとおしてこの新しい学術領域の構想を精緻化していくことも、本書の目的の一つである。

⁂

タイトルにあるドムス（domus）とは、近年、ドメスティケーションの民族誌的研究においてしばしばもちいられる言葉であるが、学術的な用語として普及したきっかけはイアン・ホッダーの『ヨーロッパのドメスティケーション』だったとされている。ホッダーは、ドムスについて、養育とケアにかかわる概念と実践であり、より一般化された水準では、外部すなわち野生を排除、制御、支配することによる目覚ましい力の獲得にかかわる概念と実践であると説明している（Hodder 1990）。ヨーロッパの新石器時代において、ドムスとアグリオス（agrios, 野生または野蛮）の対比をとおして生活空間が物理的かつ概念的に区分されるようになった。そしてこの対比は、文化と自然の二項対立の原型となり、ヨーロッパ人の思考の枠組みをかたちづくったのだという。

ホッダーのいうドムスは、すぐれてヨーロッパ史的（すなわち事実上の「世界史」的）な概念だといえるが、ジエームズ・C・スコット（二〇一九）は『反穀物の人類史』において「人間と動植物・微生物の集住する空間」という脱歴史化した定義を、ドムスにあたえている。そのなかでスコットは、ドムスは進化のモジュールであり、ドメスティケーションとはドムスに適応して「ドムス生物化」することだと述べている。この着想が含意しているのは、人間もまたドムス生物化している、ということである。たとえば、ある人間集団が単一の穀物に強く依存して生きているとき、その穀物だけでなく人間もまたドムス生物化している、とみなすことができる。これはドメスティケーションについてのオーソドックスな考え方ではないが、本書をとおして人間とさまざまな生物のかかわりあいについて考察していくうえで、一つの出発点になる。

本書のタイトル『アンチ・ドムス』には二重の意味が込められている。一つは、ホッダー的なドムスにたいしてのアンチである。むろん、それが重要な構成要素となっている文化と自然の二項対立にたいする批判でもある。もう一つは、スコット的なドムスにたいしてのアンチである。さまざまな食物を入手するためになされる種々の生業活動を束ね、その全体を方向づけている志向を〈生き方〉とよぶとすれば、ドムスとの距離のとり方におうじて人々の〈生き方〉を定位することができる。そのとき、特定の生物との相互依存を基軸として、積極的にドムスを構築しながら生きる人々が一方の端におり、できるだけドムスに取りこまれることを避け、いかなる生物とも強い相互依存に陥らないようにして生きる人々が他方の端にいる。後者のような〈生き方〉を、私は「アンチ・ドムス」と名づけようと思うのである。

⁂

本書の副題にあるマルチスピーシーズ歴史生態学は、そのような〈生き方〉を記述するために構想するアプローチである。マルチスピーシーズ歴史生態学（multispecies historical ecology）という言葉は、アナ・チン（二〇一九）が『マツタケ』のなかで言及している。とはいえ、チンがこの言葉を使っているのは一度きりであるし、『マツタケ』を引用している数多の論考のなかで、この言葉に注目しているものはほとんどない。しかし私の考えでは、マルチスピーシーズ歴史生態学は、人類学と生態学を融合し、新しい学術領域を開拓する可能性を秘めている。

チンによれば、ながらく進化にかかわる研究は、種を単位とする再生産の観点から生物を捉えてきた。そのとき種間関係とはまずもって捕食―被食関係であり、種間関係が当該種の個体群におよぼす影響は、捕食圧をとおして次世代の遺伝子プールに偏りをつくる点に集約される。そこでは異種生物間の共生関係は生命を理解するうえで（興味深い例外ではあるものの）不可欠なものとはされてこなかった。それにたいしてチンは、さまざまな生物の発生において他種との共生関係が必須であることをしめしてきた生態進化発生学の成果を念頭におきながら、生物の本性は、異種生物どうしの共生関係にあると主張する。しかも共生関係が実現するかどうかは、多かれ少なかれ偶然性をともなう生態学的な出会いに依存しているのだという。

偶然の出会いの積み重ねを〈歴史〉と名づけるなら、あらゆる生物は異種生物どうしの共生関係の〈歴史〉を生きていることになる。そして生態学の焦点は、単独種ごとの「進化」ではなく、マルチスピーシーズの絡まりあう〈歴史〉におかれるべきだ、ということになる。

むろん人間も例外ではない。近年隆盛しつつあるマルチスピーシーズ民族誌では、人間は、さまざまな生物との絡まりあいのなかで生成しているのだと捉える（近藤・吉田 二〇二一）。ここでいう「生成する」とは、ダナ・ハラウェイ（二〇一三）が主張するように、つねに「〜とともに生成する（becoming with）」ということである。こうして人間は、単独で存在している静的な人間―存在（human beings）ではなく、マルチスピーシーズの絡まりあいのなかにある動的な人間―生成（human becomings）として捉え直される（奥野二〇二二）。

⁂

本書は『バカ・ピグミーの生態人類学――アフリカ熱帯雨林の狩猟採集生活の再検討』（安岡二〇一一）を抜本的に増補改訂したものである。そのタイトルにあるように私は生態人類学を専攻してきた。生態人類学は、多種多様な生物からなる生態系と人間の関係（ひらたくいえば自然と人間の関係）について研究する学問である。したがって、その関心はマルチスピーシーズ民族誌と共有する部分が大きいように思える。ところが近藤・吉田（二〇二一）は、マルチスピーシーズ民族誌と生態人類学の差異について、一見したところ決定的ともいえる指摘をしている。マルチスピーシーズ民族誌が、複数種の絡まりあいのなかで創発する人間―生成を捉えようとするのにたいして、生態人類学では、生物や生態系を利用する行為主体としての「人間」が揺らいでいない、というのである。

しかしながら、人間―生成といった言葉こそみあたらないものの、おなじことは生態人類学においても記述されてきたと私は考えている。たとえば生態人類学では、フィールドの人々を、農耕民、牧畜民、漁撈民、狩猟採集民などと表現してきた。では「農耕民」とは何か。それは栽培植物や畑の内外にいる多種多様な生物たちとの絡まりあいをとおした、牧畜民や漁撈民や狩猟採集民とは異なるかたちでの、人間―生成にほかならない。生態人類学において、人間はつねにさまざまな生物とのかかわりあいのなかで記述されてきたのであり、そこでは「人間」なるものが揺らいでいない、とはいえないはずである。

とはいえ生態人類学は、人間―生成といった概念を意識的に活用してきたわけではないし、それに類する概念を構築してきたわけでもなかった。それゆえ記述に斑があり、人間だけが単独でエージェンシー（行為主体性）を有しているかのような記述が散見されるのも事実である。

そこで私は、これまで著してきたバカ・ピグミーの〈生き方〉にかんする生態人類学の論考に、マルチスピーシーズ民族誌と関連諸理論のコンセプトを導入し、記述のパースペクティブを統一して、一貫性のある考察を再構成しようと考えたのである。その作業をとおして、私の生態人類学の実践は〈生き方〉をめぐるマルチスピーシーズ歴史生態学として再編されていくだろう。

⁂

本書の第1章と第2章はおおむね『バカ・ピグミーの生態人類学』の内容と重なるが、この一〇年あまりに公刊された文献と新しく得られたデータを追加してある。第4章と第6章は新規の内容である。第3章と第5章（前書の第4章）は、それぞれ第4章と第6章の議論に接続するよう大幅に改訂した。これらをふまえて序論と結論を抜本的に改訂した。前書の第5章は本書の論旨から外れるため割愛した。

⁂

表記について。〈生き方〉や〈歴史〉のように、通常の日本語とはかなり異なるニュアンスをこめて使用している言葉を〈 〉で括っている。ただし、アンチ・ドムスのように新規の言葉であることが明白なものについては、そのかぎりではない。通常のカギ括弧「 」は、強調ないし「いわゆる」というニュアンスで使用している。本文中に［ ］で記してあるのはバカ語である。バカ語の表記法は『Petit Dictionnaire Baka-Français』(Brisson 2010) に準拠した。

序章

本書は、中部アフリカ、コンゴ盆地にくらすバカ・ピグミーと野生ヤマノイモのかかわりあいをマルチスピーシーズ歴史生態学のアプローチをとおして記述し、彼らの〈生き方〉を理解することをめざすものである。序章では、まず（1）研究実践の根幹にある生態人類学のフィールドワークについて私の考えを述べておきたい。これは、いわば本書のメタ方法論に相当する。ついで（2）本書の鍵となる概念である「ドムス」と〈生き方〉について説明し、本書をとおして遂行的に構想される「マルチスピーシーズ歴史生態学」について述べる。さいごに（3）バカたちの〈生き方〉にかかわる考察を文脈づける狩猟採集民をめぐる二つの問いを提示する。

1 生態人類学のフィールドワーク

1……人間と自然の連関

生態人類学は、自然とかかわりあいながら生きている人々のもとでフィールドワークをおこない、人々の生態（生きざま）を記述しながら、人間と自然の連関[1]について探究する学問である。ただし、その対象となる自然は、ごく素朴な意味での自然科学の対象となる「自然」——人間の営為とは無関係にある客観的実在といった意味での「自然」——ではない。生態人類学における自然とは、人間が生きるために必要とする資源の根源的な出どころとして、人々の〈生きる世界〉のなかに位置づけられている領域である。たとえば「母なる自然の恵み」というときに想像されているようなひろがりをもつ自然である。

そのような自然は、たんなる想像の産物ではない。狩猟採集生活をしている人々、農耕生活や遊牧生活をしている人々、都市で生活する人々。人間は、それぞれの社会の伝統のなかで洗練してきた知識と技能をもちいて、自然から資源をとりだして生きている。自然にたいする日々の働きかけ、すなわち生業をとおして[2]、自然のイメージは肉づけされ、彫刻されて、堅固なリアリティをもつようになる。人々はなかまとの協働をとおして自然のリアリティを共有し、また、それを共有することによって協働が可能になる。そうして個々の生が接続し、一つの社会がたちあがってくる。こうして人間↓↑社会↓↑資源↓↑自然の連関が構築されていくなかで、それぞれに固有なかたちで「人間なるもの」のイメージも肉づけされ、彫刻されていくだろう。

フィールドの人々が生業をとおして構築している、この相互規定的な連関の実相こそが、生態人類学者の把握すべき対象である。そして、さまざまなフィールドにおける連関の記述をもちよって比較し、人間と自然の連関の多様性と人間の本性を探究する。これが生態人類学の構想である[3]。

（1）一般的に、人間と自然の「関係」という言葉がもちいられることが多い。しかし「関係」という言葉は、確固たる存在がまずあり、そのうえでそれらがかかわりあっている、という事態を想起させる。本書では「連関」という言葉によって、種々の要素が絡まりあうなかで「人間なるもの」や「自然なるもの」が浮かびあがってくる、という事態を表現しようと意図している。「連関」という語はブリュノ・ラトゥール（二〇一九）がアクターネットワーク理論について解説するさいに、「社会的なものの社会学」を批判しながら、それに対置させて「連関（アソシエーション）の社会学」と表現していることを念頭においている。本書における「連関」は「アクターネットワーク」と同義と考えてさしつかえない。

（2）生業とは、一般に、人々が生計を維持するために要する物質的資源（食物あるいは商品になるもの）を産出する営為をさす。ただし、ここでは、人々の〈生きる世界〉のなかで固有の意味づけがなされていると同時に〈生きる世界〉そのものを再生産する契機になる（松井・野林・名和 二〇一一）という、生業のハビトゥスとしての側面を重視している。

各々の生態人類学者は、フィールドの人々と生活をともにするなかで、さまざまな関心をもちうるし、各人が固有の経験にもとづいて問題意識を育てていくことが推奨される。とはいっても、生態人類学の民族誌においては、総じて、生業をとおして人々が入手するモノの流れを計量的に記述することが重視されてきた（たとえば、田中 一九七七）。その典型は食物である。食物を入手するための行動は、あらゆる社会において日々実践されている一方で、何を手に入れ、それをどのように分配し、どのように食べるかは、社会ごとに多様である。また、いうまでもなく食物は生物である。多種多様な食物を食べることは、多種多様な生物たちとかかわりあうことである。したがって、人間と自然の連関を記述するための切り口として、食物は格好の素材となる。食物が、いつ、どこで、誰に、どれだけ、どのように採取され、分配され、消費されているのか。それをつぶさに観察し、計量することが、生態人類学的フィールドワークの出発点である。

2……カメルーンの森で食物を量る

二〇〇一年三月、当時学生として所属していた大学院の歓送会でのことである。カメルーン東南部の森で前年からフィールドワークをはじめていた服部志帆さんを訪ねて帰国したばかりの市川光雄先生（以後「市川さん」と表記する）が、私をみるなり「君にいいところがみつかった」という。私は白神山麓でのフィールドワークをもとにした博士予備論文[4]を書きおえ、博士研究のために、アフリカでのフィールドワークを計画しているところだった。中部アフリカ、コンゴ盆地の森に住むピグミー[5]とよばれる狩猟採集民のもとでフィールドワークをしたいと思っていた私にとって、カメルーンは有力な選択肢の一つだった。「あそこよりいいところはカメルーンにはもうない！」と市川さんが断言するので、とりあえずそこに行ってみましょうか、ということになった。コンゴ民主共和国は一九九〇年代から戦争がつづいていたし、となりのコンゴ共和国も政情不安がつづいていた。

七月、いったん帰国して長期フィールドワークの準備をしていた服部さんとともに、私はカメルーンに渡航した。パリのシャルル・ド・ゴール空港で、カメルーン東南部の森に住んでいるバカ・ピグミー研究のパイオニアである佐藤弘明さんと合流した。カメルーンの首都ヤウンデのンシマレン空港に到着して入国ゲートを通過すると、暇をもてあましていたのか、先にカメルーンに着いていた市川さんが迎えにいらしていた。食料や日用雑貨、地図などを購入したり、大使館に挨拶したりして、ヤウンデで数日すごしたあと、カメルーン調査隊の車で東へ向かった（図序―1）。カメルーン東南部の中心的な町であるヨカドゥマに着くと、車の運行について相談した。服部さん、市川さん、私の三人は、翌日、服部さんのフィールドであるマレア・アンシアン村（以後、マレア村）に行き、引き返してきた車で佐藤さんはカメルーンとコンゴ共和国の国境にあるドンゴ村に向かうことになった。

私たち三人はマレア村に到着し、前回のフィールドワークで服部さんがお世話になったという農耕民コナベ(6)ンべのバラさんの家に泊めてもらった。市川さんのいう「いいところ」はマレア村のさらに奥にあるのだが、そ

（3）この探究にじゅうぶんに大きなスケールの時間軸を導入すると進化論になる。周知のとおり、生態人類学のルーツは霊長類学にあり、進化論との関係を無視することはできない。この点については終章にてとりあげる。

（4）その成果は安岡（二〇〇五）をご覧いただきたい。

（5）ピグミーとよばれる人々、および「ピグミー」という言葉をめぐる議論については、第1章にて述べる。

（6）ヨカドゥマのやや南方からガトー・アンシアン村にかけて分布するバントゥー系の言語を話す人々。

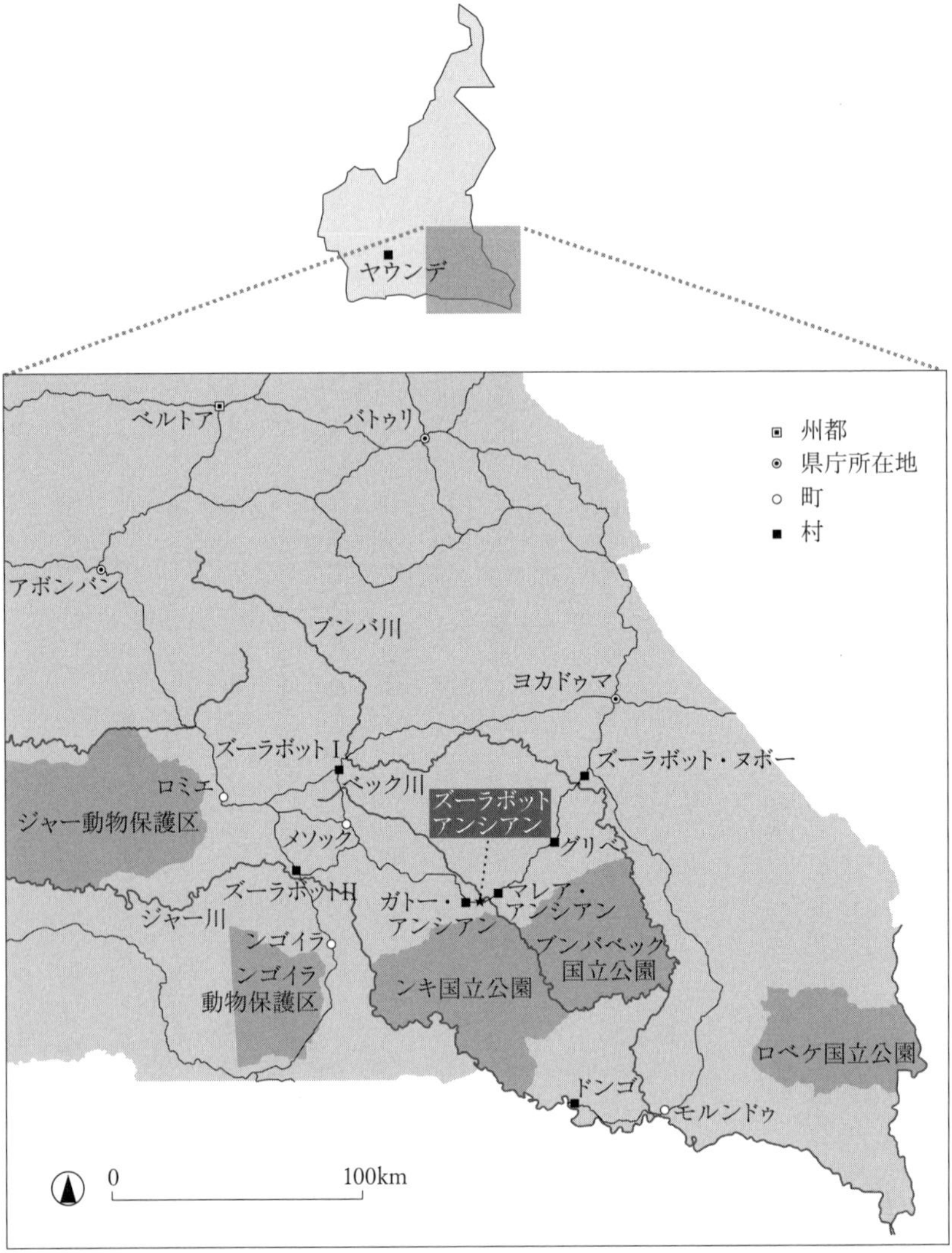

図序-1　カメルーン東南部　図にしめした道路のほかに伐採道路がある。2023年現在、ヤウンデ～アボンバン～ベルトア～バトゥリまで舗装されている。ズーラボット・アンシアン村には2002年にヨカドゥマ方面からの道路が開通し、2012年にロミエ方面から道路が開通した。ズーラボット・アンシアン村に隣接するンキ国立公園は、ブンバベック国立公園とともに2005年に設置された。なお、町や村は本文中で言及しているもののみ記してある。

写真序-1　ズーラボット・アンシアン村とマレア・アンシアン村のあいだを流れるベック川。2002年に橋がかけられるまで、丸木舟で渡河していた。

こから先は歩いて行かねばならなかった。そもそもマレア村まで車道ができたのも、その前年のことだという。翌々日、市川さんと私は、案内役兼ポーターとして三人のバカを雇って、マレア村を発った。すこし歩くとベック（ロベケ）川があった。川辺の集落にいた農耕民と渡し賃の交渉をして、丸木舟で川を渡った（写真序―1）。数人が乗るといまにも転覆しそうな小さな丸木舟だったが、なかなかうまく操るものだと感心した。そこから二時間ほど歩き、二つの小川をこえたところに集落があった。ズーラボット・アンシアンという名の村だった。

広場にでると小屋のようなものがあった。壁はなく、壊れかけた屋根だけがあった。その下には、地面につきさした杭に根太をわたし、ラフィアヤシの葉軸を二つに割いたものをいくつかのせてあるだけのベンチがあった。一息ついていると、男が一人のそりとあらわれてベンチの端に腰かけた。案内役のバカと短い言葉をかわしただけで、黙ったままだ。それまで村の風景をながめていた市川さんは、男をチラチラと横目でみながら「あまりいいかんじの村じゃないなぁ」というのだった。「えっ?」といったかどうかは覚えていないが、いまさらしかたがない。とりあえずこの村でフィールドワークをはじめてみることにした(以後、ズーラボット・アンシアン村をZ村と表記する)。

翌日、Z村のバカの男に案内してもらい、市川さんといっしょに村のまわりの森を歩いた。市川さんは目についた木を指さしてはフランス語で「これは食べるのか?」と尋ねていた。私はまだフランス語が不自由だったし、バカ語はまったくわからなかったので、黙って歩くだけだった。夜になるとZ村のバカたちがたくさん集まってきて歌と踊りで盛りあがっていたが、私は疲れがでたのか、すぐに眠ってしまった。

いったんマレア村にもどると、服部さんはすでにバカの集落に拠点をうつして精力的に調査をはじめていた。翌日、佐藤さんをドンゴ村に送った車が、市川さんを迎えにきた。市川さんはフランスだかベルギーだかに寄ってから日本に帰るという。私は荷物をまとめて、ふたたびZ村に向かった。

このときのフィールドワークは二〇〇一年八月から翌年九月まで一四か月つづいた。そのあと博士論文を書くまでに二〇〇三年一月〜九月、二〇〇五年一月〜四月に、Z村でフィールドワークをおこなった。二〇〇七年に博士論文を書きあげたあとは、二〇〇八年八月に短期間再訪しただけで、しばらくZ村から遠ざかっていたが、二〇一二年一月〜三月にひさしぶりにまとまった期間のフィールドワークをおこなうことができた。それ以降二〇二〇年まで、幸運にも毎年、数週間から長くても二か月ほどではあるが、Z村を訪問することができている。

⁂

話を二〇〇一年にもどそう。Z村の集落には二〇戸ほどの家があったが、半分くらいは空家だった。とりあえず空家の一つに住むことにした。フィールドワークをするとき、人々の関係のなかにどのように入りこむかは、さまざまである。たとえば農耕社会でフィールドワークをする場合には、村長や有力者の「娘」や「息子」として位置づけられることが多いようである。それにたいして、バカをふくめてピグミーのもとでフィールドワークをする場合には、特定の家族とだけ強い関係をもつようなかたちにはなりにくい。私自身は、いつのまにか独立した一つの世帯として位置づけられており、Z村の人々と全方位的につきあうことになっていた。

まだ言葉もわからないので、手はじめに数人のバカの男たちとともに、あたりの森を歩いてみた。目についた木を指さして名前を確認し、フランス語で「On mange ça ?」と食用になるかどうか尋ねて、その答えをノートに書いていく。樹種はすぐに一〇〇をこえた。しかもバカたちは、[7]ほとんどすべての木の名前を即座に答えるのである。私にとっての森はたくさんの無名の木々の集合でしかなかったが、彼らにとっての森はそれぞれが名前をもつ木々からなりたっているのだろう。であれば、おなじ景観をみているときでも、バカたちと私とではその「解像度」がまったく異なっているはずである。彼らが森を歩くように私が森を歩くためには、まずは私にとっての森の「解像度」をあげることが必要だろう。そう考えて、木々の名前を覚えるために、毎日、森

(7) 「バカたち」と書くのは、「バカ」と単数的な表現をすることで、内部に多様性をふくまない一枚岩としての「バカ」という民族全体について言及しているかのような印象になることを避けるためである。二〇世紀初頭から、カメルーン東南部のバカのくらす地域では、近代化(交通インフラの整備、国家による統治機構の構築、市場経済の浸透、教育や医療の普及)が進行してきたが、その速度や強度にはかなり大きな差異がある。したがって、ひとくちにバカといっても、地域によって、また個々人によって、生活スタイルや考え方が多様化している。本書は、あくまで私がZ村でつきあってきた「バカたち」について述べている。

を歩くことにした。

そうしているうちに、村の中心にある集落とはべつに、いくつかのキャンプがあることがわかった。フィールドワークをはじめた当初は、集落のさびれた雰囲気から想像するに、人口はせいぜい五〇人くらいだろうと思っていたのだが、じっさいには焼畑キャンプや森のキャンプで生活している人がたくさんおり、人口はかなりの数になることがわかってきた。家族ごとに年長者から順番に名前を尋ねて人数をたしかめると、全部で一六〇人あまりになった。バカにくわえて、農耕民コナベンベが四人いた。森を歩きながら、キャンプにたちよって挨拶し、人々に私の存在を知ってもらうよう心がけた。このような日々をおくりながら二か月あまりが経過したころ、ようやくZ村の生活に身体がなじんできた。フランス語やバカ語で、ちょっとした会話ならできるようにもなってきた。

赤道にほど近いカメルーン東南部では、日出と日没の時刻は年中ほとんど変化しない。太陽にかわって、夜を照らす月の満ち欠けが、時間の移ろいを感じさせる。星明りさえ足下を照らす灯になるかのような世界では、月夜はまるで昼のように明るく感じる。歯磨きをしながら月を眺め、あと満月を何度みれば日本に帰ることになるのだろう、と考えたものだった。ふと我にかえれば、一年を予定していた調査期間の少なくない部分が、すでに経過していた。そろそろデータをとらなければ。まずは食物獲得のデータを収集することからはじめるべきだろうか。毎日、人々が収穫した食物を記録し、計量するのである。じゅうぶんに言葉ができなくても、重さを量ることはできる。

ところが私は、なかなかこの作業をはじめられずにいた。食物の重さを量るなんて簡単じゃないか。そんなことをいう人がいるかもしれない。しかし想像してみてほしい。スーパーから出てきたところ、購入した食材の重さを量らせてもらえませんかと、いつごろからか近所に住みついた異邦人に毎日かかさず声をかけられたとしたら。そんなことに気を揉んでいるうちは、なかなか調査をはじめることができない。ただ、それがふつうの感覚だと私は思う。何の躊躇なく他人の台所に踏みこんでしまえば、食物のやりとりをめぐる人々の細やかなコミュニケーションの核心を捉え損ねることになるだろう。

＊＊＊

さらに数か月が経過し、年が明けて二〇〇二年になった。ある日、マユアという男が私のところにやってきた。マユアはZ村のバカの長だった。彼は「これから皆で森に行くのだが、おまえの仕事は森でもできるのか」という。そのころ私は村のまわりで植物の標本を集めていた。彼はそれを私の仕事だと思っていたのである。もちろん私は森に行くことにした。この森行きは、バカ語で、モロンゴ［mòlòngò］とよばれるものだった。どれだけ森にいることになるのかと何人かに尋ねてみたが、誰もが「わからない」と答えるだけだった。とにかく長いあいだ森にいることになると聞かされた私は、もっていた食料の備蓄（五キログラム入りの米袋を一つと半分、イワシ缶三〇個など）をすべてもって行くことにした。

森のなかでバカたちは、どこからともなく食物をみつけてくる。それにくらべて私がもっている食料は微々たるものだった。それでも私の食料は、彼らにとって魅力的だったようだ。なかでもイワシ缶が大好物で、イワシを浸してある油に目がなかった。森の食事には脂肪分が少ないからだろう。[8] 森のキャンプではあらゆる行動が皆につつぬけである。私が料理をはじめると男たちが集まってくる。ぐつぐつと音をたてている鍋を、私はじっとみつめている。ある者はすぐに立ち去るが、ある者は腰をおろし、黙ったまま、ちらちらと鍋をみている。料理ができあがると、たまらず私は自分のぶんをやや少なめに皿にとり、残りを鍋ごと男たちにわたすことになる。あたりに漂っていた重苦しい空気が反転し、またたくまに男たちは料理をたいらげて、軽い足どりで各々の寝床へもどって行くのである。バカたちに横目でみられながら一人だけで食事をとるより、思いきって鍋をわたしてしまうほうが、ずいぶんと心地よいのだった。しかし、私の食料はどんどん減っていく。

モロンゴをつづけるうちに、これはまるで始原の狩猟採集生活ではないか、と私は興奮した。コンゴ盆地の熱帯雨林でこのような本格的な狩猟採集生活の詳細が記録されたことは、これまでなかったのではないか。きちんとデータをとることができれば狩猟採集民研究に新たな知見をもたらすはずだ。しかしそのためには、何かと理屈をつけて先送りしてきた食物の計量をはじめなければならない。

モロンゴに出発してすでに二週間、私はなかなか計量をはじめられずにいた。食料が底をつくことを心配しながら、毎日けちけちと料理をしている私が、バカたちがせっせと収穫してくる食物を記録し、計量する。このような構図のなかで日々を過ごすのが何となく嫌だったのである。しかし、このままでは埒があかない。研究費をもらってここに来たんじゃないか。はやく調査をはじめなければ。いやいや研究費云々という話はあくまでこちらの問題だろう。彼らと私の関係にそれをもちこむのはどうなのか……。そうこうしているうちに日々が過ぎていく。いずれにしても私の食料にはかぎりがある。男たちに分けるために多めに調理していれば、早晩、底をつくだろう。

そこで私は、ほとんどやけになって、もってきた食物をぜんぶバカたちにあげてしまおうと考えたのだった。そうすれば食料の残量をいちいち気にすることもなくなる。私のところへやってきて、はにかみながら「イワシ缶をちょうだい」とつぶやく女の子にたいして「きみにあげると、皆にあげなくてはいけなくなって、そうするとすぐに全部なくなる。だから、きみにあげることはできない」というふうに、たぶんこの子は私のいう理屈に共感していないだろうなと感じつつ断るようなことも、もうしなくていいのである。

しかし、食料をぜんぶ放出して大丈夫だろうか。モロンゴの一行は、すでに村から二〇キロメートルは離れていた。しかも道半ばだという。バカたちは、もっと森の奥にはまるで畑のようにヤマノイモがあり、動物もたくさん獲れる、と自信満々である。日本に帰るとき、芋と肉をたらふく食べたおまえが重すぎて、飛行機は空を飛べないだろう、などと冗談をとばしている。

私は、ようやく決断した。すべての食料をバカたちに分け、毎日の収穫物をぜんぶ計量させてほしいとお願いしたのだった。

3……自然への信頼に共感する

三週間の移動生活をへて、村から四〇キロメートルほど離れたところまでやってくると、モロンゴの一行はそこで腰を落ちつけることになった。最終的に、このモロンゴには八九人のバカが参加し、七四日間にわたって森のキャンプですごしたのだった。モロンゴの詳細は第2章で記述するとして、ここで強調しておきたいのは、計量した食物の重さから算出した一人一日あたりのカロリー供給量を比較すると、モロンゴと村で同程度

(8) このときのモロンゴとはべつのキャンプでのことであるが、私は森のキャンプでバカたちとすごして村にもどったとき、缶詰をあけてイワシを口におしこんで食べたあと、缶に残っていた油をいっきに飲みほしたことがある。ただし、季節によっては油脂を多くふくむナッツを大量に収穫できることがある。

か、むしろモロンゴのほうが多かったということである。モロンゴにおけるカロリー供給の大きな部分を担っていたのは、野生ヤマノイモであった。しかもモロンゴでは、バカたちの好物である蜂蜜や動物の肉をたらふく食べることができる。かつて狩猟採集生活は食うや食わずのその日暮らしの生活だと早合点されることもあったが、すくなくともカロリー供給や食物の多様性の観点からいえば、モロンゴはずいぶんとゆたかな生活なのであった。

このときモロンゴに参加したことで長期間の狩猟採集生活にかんする貴重なデータが得られたことは、現在にいたる私の研究者としてのキャリアにおいて重要な契機となった。たんに博士論文の核になるネタを得られたというのではなく、そのフィールドワークの経験は、研究をすすめていくなかで、つねにたちもどってくるべき参照点になったのだった。先述したように、生態人類学のフィールドワークでは、人々の生業活動に参与して、その実態を観察しながら計量的なデータを収集することが重視されてきた。むろん、人間と自然の連関は、眼にみえるものから眼にみえないものまで、直接的なものから間接的なものまで、幾重にも重層化されている。したがって、生業にかかわる計量データを収集することは探究の第一歩にすぎない。しかし、それはたんなる第一歩ではなく、生態人類学的フィールドワークの方法論的核心(の一つ)であることを、ここで述べておきたい。

あるエピソードからはじめよう。二〇〇二年四月も半ばをすぎたころ、マユアが私のところにやってきて、そろそろ村に帰ろうと思う、といった。森での生活はすでに二か月以上経過していた。モロンゴでの食事は量的にはじゅうぶんだったものの、毎日ヤマノイモを食べる生活は私にとって慣れないものだったし、マラリアに罹ったこともあって、私はかなり疲れていた。村へ向かって出発する朝、私は荷物をまとめながら「村に出たらすぐにヨカドゥマに行こうかな」と考えていた。やわらかいベッドで眠り、デザートつきの朝食を食べよう……。そのとき、鍋いっぱいの芋をもってビヤという青年がやってきた。村には食物がないからいまのうちにたくさん食べておけ、というのである。そのとき、私は、モロンゴの経験がバカたちと私とではまったく異なっていたことに気づいたのだった。

私にとってモロンゴは、まさに異文化体験だった。しかし、バカたちにとっては、ごく日常の生活だったのである。では、日常生活と異文化体験のちがいはどこにあるのだろうか。それは、生きるために必要な資源の出どころである自然にたいして、リアルで具体的な経験に根ざした信頼をもちえているかどうかだと私は考えている。いわゆる異文化体験とは、信頼できる自然から切り離され、不慣れな環境に身をおくことをとおして、日常生活でよりどころとしてきた自然を再認識し、相対化する営みだといえる。その意味では、むしろ「異自然体験」というほうが適切だろう。このような異文化体験＝異自然体験は、フィールドワークの初期における必須のステージである。しかし、そこに留まるわけにはいかない。異なる自然をみずからの日常として飼い慣らすのが、つぎのステージである。ここでの文脈に沿っていえば、バカたちが生活の基盤としての自然――〈森〉と表現しよう――にたいして抱いている信頼を、私自身のものとして実感する、ということになる。

＊＊＊

私自身が、バカたちとおなじように〈森〉にたいする信頼を抱くことができつつあると実感できたのは、二〇〇五年に二度目のモロンゴに参加したときだった。このときは、もちこんだ食料をバカたちに分けてしまうわけにはいかなかった。いくつかのハプニングがあり、おなじ時期にカメルーン東南部の農耕民の村でフィールドワークをしていたKさんが、モロンゴに同行することになったからである。Kさんは私たちの食料をこまめに管理した。それは米やイワシ缶のみならず、砂糖にまでおよんだ。もってきた砂糖の個数を数えあげ、モロンゴのあいだサステイナブルに砂糖入りの紅茶が飲めるよう、消費量を一日につき二〇個に制限したのだった。ドボドボと砂糖をいれて甘ったるい紅茶を飲むのは、森のキャンプにおける安らぎのひとときである。バカたちも甘い紅茶が大好きである。お湯を沸かしていると、男たちが、一人また一人とやってくる。彼らに紅茶を分けるためには、お湯を増やさざるをえない。しかし、砂糖の個数は厳格にきめられていたので、たいして甘くない紅茶を飲むはめになってしまうのだった。「Kの紅茶は甘くない」と誰かがつぶやいた。「もっと砂糖をいれよう」と私もいうが、Kさんは首を振る。砂糖がなくなっても森にはたくさん蜂蜜があるじゃないかと、私たちは口を尖らすのだった。このときのKさんと私のあいだにあった差異の、すくなくとも一部は、〈森〉への信頼に由来していたのだろうと私は考えている。

では、バカたちとおなじように〈森〉への信頼をリアルなものとして実感できるようになるには、具体的に何をすればよいのだろうか。バカたちの〈森〉への信頼に類するものを私たちの日常生活のなかに探してみるとすれば、お腹が空けばスーパーやコンビニで何か買って食べるという選択肢をいつでも行使できる安心感といったところだろうか。二〇一〇年、バカのなかでは例外的に高い教育を受け、英国系NGOと連携してバカの慣習的権利の確保をめざして活動しているメッセさんと交流する機会があった。そのとき、彼は「バカにとって森はスーパーマーケットのようなものだ」と表現した。ただ、バカ自身によるものであったとしても「森はスーパーのようなものだ」という言葉を聞いただけで、彼らとおなじように〈森〉を信頼できるようになるわけではないだろう。この比喩を精確に理解するためには、日常生活のなかで私たちがスーパーをどのように利用しているのか、ということを考えてみる必要がある。そもそも「スーパーで食材を買うことができる」という知識をもっているだけで、ストレスなく日常生活をなりたたせることはできない。ふだんほとんど料理をせず、買物もしない人が、五人家族の一週間分の食材を買わねばならなくなったとしよう。しかし、何をどれだけ買えばよいのか、なかなか勘が働かない。五人分のカレーに肉はどれだけ必要だろう。タマネギはいくついるだろう。買った食材が多すぎたり少なすぎたり、残った食材を腐らせてしまうこともあるかもしれない。そもそも総額でいくらになるのだろう。財布にあるお金で足りるだろうか。ようするに、日常生活をなりたたせるためには「スーパーでジャガイモを買うことができる」といったタイプの知識だけでは不十分なのであり、家族の一週間分の食事にそれぞれの食材がどれだけ必要か、それらの値段はいくらか、といった「計量的な知識」が必要なのである。さらには、買物が日常生活の一部であることを考えると、どれくらいの量の食材を一度に買うことができるか、スーパーでの買物とその往復にはどれくらい時間がかかり、どれくらい疲れるか、などといった情報も重要である。

とはいえ、一つ一つの食材について必要量を厳密に算出するのは煩雑だし、じっさいのところ熟練した主夫／主婦はそのようなことをしていないだろう。一週間分のおおまかなメニューを思いうかべながら目についた品々を手にとっていくだけで、おおよそ適切な量の食材をそろえることができるだろうし、食材の残量にあわせて柔軟にメニューを調整することもできる。こうして日々の生活をなりたたせているのが「生活の勘」である。

バカたちの生活もまた「森にはたくさんの食物がある」という知識のみによって実現しているわけではない。いつ、どこにいけば、どの食物を、どれほどの見込みで、どれくらいの量、収穫できるのか。それを探索して収穫し、運搬するには、どれほど時間がかかり、どれくらい疲れるのか。それを食べるとどれくらい元気になるのか。蜂蜜や肉をまえにして、お腹を空かせた人々はどんな表情をうかべているのか。日々の生業をとおして身体に刻印された計量的な知識とそれにまつわるイメージ、すなわち生活の勘こそが、〈森〉への信頼の根拠となるのである。

ほんらい生活の勘は、生業の実践をとおしてすこしずつ培われていくものであろう。フィールドワークを〇〇年すればそれが可能になる、などと一般化することはできない。私自身は、フィールドワークをとおしてバカたちのような生活の勘をそれなりに身につけ、〈森〉への信頼を彼らと共有できていると思っている。その根拠は、バカたちの生業活動に参与しながら計量的なデータを収集した経験のなかにある。たとえば、バカたちの生業にかかわるデータをとりまとめた図表から、読者は「森には豊富な食物がある」という知識を得ることができるだろう。しかし、数値データは冷凍食品のようなものである。よく味わうためには、解凍し、調理しなければならない。解凍と調理のコツは、スポーツや武道の基本動作を習得するための地道な反復のように、日々の生業への参与と計量をとおして身体に染みついていくものである。何か月にもわたってフィールドの人々とともに食物を探し、おなじ食事をする。そして、どの食物を、いつ、どこで、どのように収穫したかを計量しつづける。そうすることで、しだいに数値データのなかに具体的な質感をともなったリアルな経験を読みとることができるようになる。「一キログラムのヤマノイモ」という記録から、その大きさや手ざわり、食感や食味、食後の満腹感、そしてそれを得るために要する労力を実感できるようになる、ということである。

一見したところ無味乾燥な数値のなかに生活の勘の働きを読みとることができるようになったとき、フィールドワークは、エキゾティックな異文化体験＝異自然体験をこえて、人々のごく平凡な日常を、おなじようにごく平凡に生きる営みとなっているだろう。森のキャンプで食物がなくなっても蜂蜜を探せばいいと思えるようになるし、動物が獲れたときには、しぜんと脂肪の厚みを気にするようになる。森のキャンプを発つときには「ああ村か。とうぶん蜂蜜は食べられないな」などと考えてしまうようになるのである。もちろん、私一人だけで森のなかで食物を確保することはできない。その意味で、私の〈森〉への信頼はバカたちとの関係に依拠している。とはいえ、〈森〉への信頼がともに生きるなかまとの関係に媒介されているのは、バカたちにおいてもおなじであろう。

動くものは数えろ、動かないものは量（測）れ、という金科玉条に端的に表現されているように、生態人類学のフィールドワークにおいては、人々の生業にかかわる諸々を計量し、数値データとして表現することが推奨されてきた。事実をなるだけ客観的に記述することは説得力のある考察を展開するうえで重要であるし、人間と自然の連関を把握するためには「人々の語り」を聞くだけでなく「人々の行為」を観察し計量することが欠かせない。しかし、生業にかかわる諸々を計量することの意義はそれだけではない。それは、フィールドの人々の生活の勘を身につけ、人々の日常をみずからの日常として経験し、人々の自然にたいする信頼をみずからの身体をとおして実感するための技法なのである。

2 マルチスピーシーズ歴史生態学

1……生態人類学の理論と身構え

生態人類学が記述しようとするのはフィールドの人々の「生きざま」である、としばしば指摘されてきた。黒田末寿（二〇〇六）は「このざらつく感触の言葉」は「見る側であっても、客観的観察者ではあり得ない研究者のあり方、相手の生活や人生、文化への強烈な関心をよく表わしている」と評している。生態人類学を「学ぶ」うえで重視されてきたのは、現象や事実を統一的に説明し、予測する力をもつ体系的知識という意味での「理論」ではなく、人々の「生きざま」を虚心坦懐に捉えるためのフィールドワークにおける「身構え」（木村二〇〇六）であったといえる。それは、私がZ村でフィールドワークをはじめた経緯について記したさいに示唆したように、また、木村大治（二〇〇六）がみずからのフィールドワークを回顧して述べているように、「勉強しすぎたらあかんで」[9]といって大学院生を「とりあえずフィールドに放りこむ」という（すくなくとも京都大学における）生態人類学の教育の〈伝統〉をかたちづくってきたといえる。

そのようなフィールドワークのメタ方法論が重視される一方で、菅原和孝（二〇〇六）が「生態人類学は思想闘争をサボった」と指摘するように、理論的な実践はやや低調だったのかもしれない。「身構え」とはいわば意思表明のようなものであり、多分に暗黙知をふくむ職人芸のようなものとして位置づけられてきたといえる。学部生のときには生態人類学のフィールドワークをしたことのなかった私は、大学院のゼミで先輩たちが何を知りたいと思っているのか、何をわからないといって悩んでいるのかを、しばしば理解できず、これはたいへんなところにきてしまったぞ、と思ったものだった。そのような五里霧中のなかで、ゼミでの議論、茶飲み部屋や居酒屋での雑談、たまにフィールドにやってくる教員との会話などをとおして、私自身の「身構え」は徐々にかたちづくられてきたのだろう。その一方で、生態人類学の理論を体系的に学ぶ機会などなかったし、データ収集・分析のメソッドや考察のマナーは、生態人類学や文化人類学、さらには霊長類学や生態学や地理学などの論文・本を読みながら、いわばブリコラージュ的に運用してきたのである。

もちろん、生態人類学の各々の研究者は、ある段階において、みずからのフィールドワークにもとづく独自の理論を構築することもあるだろう。しかし、理論的な研究はそれぞれの研究者の関心にもとづいて拡散していく傾向が強く、生態人類学を独自の学問たらしめるような核となる理論(ひらたくいえば生態人類学の教科書をかたちづくるような理論)の構築がめざされてきたわけではなかった。「人々の生きざまを記述する」という抽象的な大テーマと「動くものは数えろ、動かないものは量(測)れ」というすぐれてルーチン的な指針をつなぐ方法論や理論はとくに用意されておらず、みずからの身体をはったフィールドワークをとおしてその巨大なギ

(9) 当然ながら、科学的な理論でなくとも誰もが日常生活における「ものの見方」を有しており、それがフィールドにおける観察を型嵌めしてしまう可能性はつねにある。したがって「勉強しすぎない」ことが虚心坦懐な身構えに直結するわけではないし、「勉強する」ことは自分の「ものの見方」の相対化を促すことにつながる。つまり、この言葉を真に受けすぎてはならない。

ヤップをのりこえることが醍醐味とされてきたのだといえる。

そのなかで、市川光雄（二〇〇一、二〇〇三）の提唱した「三つの生態学」は〈伝統〉と矛盾しないかたちでフィールドワークのおおまかな方向性を照らしだす、やや具体的な（教科書のアナロジーでいえば、いくつかの章を束ねる「部」あたりに相当する）水準をねらった方法論だといえる。

三つの生態学とは……

① 人々が生態系をどのように利用し、その利用をとおしてどのような知識をつくりあげてきたかを探究する文化生態学

② ランドスケープに刻印されている人々の資源利用の痕跡を読み解いて、人間と自然の相互作用を探究する歴史生態学

③ マクロな政治経済システムの影響のもとで人々の資源利用がどのように方向づけられてきたかを探究する政治生態学

である。これらは生態人類学とオーバーラップしつつも、それぞれ独自に展開してきた学問でもある。(10) 市川の意図は、それらを統合した大理論を構築することではなく、生態人類学的な関心のもとでフィールドワークをおこなううえで「フィールドでとりあえず何に目を向ければよいのか」というプラクティカルな見取図を提示することだったと思われる。学生であった私はそのように理解したし、じっさい見取図としてそれらをしばしば参照しながら、フィールドワークをすすめたのであった。

本書をとおして「マルチスピーシーズ歴史生態学」を構想するのは、このような生態人類学における「理論」をめぐる状況を念頭においている。つまり、マルチスピーシーズ歴史生態学は「三つの生態学」をより精緻なものにして、人間と生態系やランドスケープとの関係、そして人間と多種多様な生物たちとのかかわりあいを、重層的に記述・分析するためのパースペクティブ（見取図より解像度が高く、かつ一般化されたモデル）とツールボックス（より明確に定義され、たがいに関連づけられた一群の概念）を提供することを意図している。

2……ドムスと〈生き方〉

マルチスピーシーズ歴史生態学について論じるまえに、本書のタイトルにある「ドムス」について説明しておこう。

ドムス（domus）とはラテン語で家屋や家庭を意味する語で、英語のdomestic（家庭の／国内の）の語源である。周知のとおり、domesticを動詞化したdomesticateは「〜を栽培化する／家畜化する」という意味をもっている。この言葉は、近年、ドメスティケーションの民族誌的研究においてしばしば言及されるようになっているが、学術的な用語として普及したきっかけはイアン・ホッダー（Hodder 1990）の『ヨーロッパのドメスティケーショ

（10） 文化生態学といえばジュリアン・スチュワード（一九七九）が想起されるが、市川のいう文化生態学は民族科学（エスノサイエンス）に近い。歴史生態学については後述する。政治生態学にも多様な系譜（島田 二〇〇七；小泉・祖田 二〇二一）がある。

ン』だったとされている。ホッダーは、ドムスについて、養育とケアにかかわる概念と実践であり、より一般化された水準では、外部すなわち野生を排除、制御、支配することによる目覚ましい力の獲得にかかわる概念と実践であると説明している（Hodder 1990: 45）。ヘザー・スワンソン（Swanson 2018）の的確な要約を参照すると、ヨーロッパの新石器時代において、ドムスとアグリオス（野生または野蛮）の対比をとおして生活空間が物理的かつ概念的に区分されるようになり、その対比は、文化と自然の二項対立の原型となって、ヨーロッパ人の思考の枠組みをかたちづくってきたのだという。そこでは、アグリオスとドムスの境界をこえて動植物を連れてくる行為、あるいは野生の土地を耕地化＝文化化する行為が、ドメスティケーションだということになる。この物理的かつ概念的な構造化のプロセスをとおして、「ヨーロッパそのもの」がドメスティケートされてきた、というわけである。

デヴィッド・アンダーソンら（Anderson et al. 2017）が指摘するように、ホッダーの提示した意味でのドムスを、人間とさまざまな生物のかかわりあいの研究にそのまま援用するのは問題がある。それは（ホッダーも述べていることだが）一つの歴史的な例でしかないはずの、西アジアからヨーロッパで展開したドメスティケーションを、人間と生物の関係一般を理解するための特権的なパラダイムとして位置づけてしまうことになるからである。ただし、アンダーソンらは、文化と自然の二項対立の強度を緩め、多種多様な生物や人工物によって共同構築される場（co-specific domus）としてドムスを想定するならば、さまざまな地域におけるドメスティケーションについて民族誌的研究をおこなうさいに有用なメタファーになりうると指摘したうえで、極北地域の人間と動物のかかわりあいについてドムスという言葉をもちいて論じている。

アンダーソンらと同様に「緩いドムス」を想定して西アジアにおける国家の起源について論じたのがジェー

ムズ・スコットである。スコット(二〇一九＝Scott 2017)は、人間と動植物・微生物の集住する空間のことを、ドムスとよんでいる。そして、ドムスに集まる生物たちからなるドムス複合体に着目して、人間と動植物、微生物の関係、そして人間どうしの関係がどのように構築されてきたのか、また、その変化がどのようにして国家の形成につながったかについて考察している。スコット自身の論点は、農耕開始から国家形成までに数千年のギャップがあったことを勘案すると、あらゆる農耕がおのずと国家形成につながるわけではなく、国家は特定の条件のもとでのみ形成されうるのではないか、という点におかれている。そして、彼が後期新石器時代マルチスピーシーズ再定住キャンプ(Late-Neolithic multispecies resettlement camp)とよぶ、西アジアなどに形成された、単一ないし少数の穀物に強く依存する人間の生活が普及したドムスにおいて、支配者がその穀物を税として回収するシステムとして国家が起源した、と論じている。

シャルル・ステパノフとジャン＝ドニ・ヴィーニュ(Stépanoff and Vigne 2019)も、スコットと類似した観点からドムスに着目している。つまり、ドメスティケーションを捉えるためには、人間と人間以外の生物、ドメスティケートするもの／されるものという二項だけでなく、それらが絡まりあいながら共有しているドムスという場に注目しなければならない、というわけである。彼らのいうドムスには(微生物、寄生虫などにとっての)人間の身体、(ペットや人間に片利共生する生物にとっての)人間の住居、(栽培植物や家畜などにとっての)人間的システム(anthroposystem)などもふくまれる。

これらの近年におけるドムスへの注目をふまえて、[11]本書では、ドムスの定義として、適度に一般的であるスコットの定義、すなわち「人間と動植物・微生物の集住する空間」を採用する。そこにはアンダーソンらのいうところのco-specificという観点がふくまれているし、ステパノフとヴィーニュのいう三項関係という観点もふくまれている。また、スコットは西アジアを対象として国家形成をめぐる議論を展開しているのだが、西アジアの独自性はドムスに集まる種々の生物の構成にもとめられており、ドムスそのものは(ホッダーとは異なり)特定地域に固有の歴史的概念としてではなく、脱歴史化した概念として定義している。[12]

さらにスコットは、ドメスティケーションについても興味深い指摘をしている。すなわち、ドムスは進化のモジュールであり、ドメスティケーションとは、ドムスに適応して「ドムス生物化」することではないか、というわけである。これはドメスティケーションについてのオーソドックスな考え方ではないが[13]、人間とさまざまな生物のかかわりあいについて考察するうえで鍵となる着想をもたらしてくれる。つまり、人間もまたドムス生物化している、ということである。たとえば、ある人間集団が単一の穀物に強く依存して生きているとき、人間もまた、その穀物とともに、ドムス生物化している＝ドメスティケートされている、とみなすことができる。なお本書では、ドメスティケーションについては、スコットの「ドムス生物化」を着想の一つとしつつも、第6章にて独自に定義することになる。

⁂

本書のタイトル『アンチ・ドムス』には二重の意味がこめられている。一つは、ホッダー的な意味でのドムスにたいしてのアンチである。ただし、ホッダーの議論を直接的に批判するわけではない。ホッダーの主張の是非はどうあれ、ヨーロッパで発達した文化と自然の二項対立は、ドメスティケーションと何らかの関係があることはたしかであろう。ホッダー的な意味でのドムスへのアンチとは、つまり、ヨーロッパ史的な意味でのドメスティケーションと関係しているところの、文化と自然の二項対立にもとづくヨーロッパの「民族科学」にたいするアンチである。正直なところ、この種の批判はすでにやり尽くされた感もある。しかし、欧米のドメスティケーションにかんする本を読むと、ごく最近のもの(たとえば、Swanson et al. 2018; Stépanoff and Vigne 2019)ですら、自然から文化を分かつ契機としてのドメスティケーションが人類の「進歩」の物語の端緒に位置づけられてきたことについて、相当の紙幅を割いて批判している。中尾佐助(一九六六、一九七七)の「農耕文化論」や「半栽培」、西田正規(一九八六)の「定住革命」、松井健(一九八九)の「セミ・ドメスティケーション」といったアイデアに触れてきた身としては、ドメスティケーションを「進歩」の物語の端緒に位置づけることの胡散臭さは、いまさら指摘することでもないようにも思うのだが[14]、いまだに欧米では、まずはじめに確認して

(11) 日本の文化人類学者によるものでは、中米パナマ東部のブタ飼育にかかわるドムスについて論じた近藤宏(二〇二〇)や、内陸アラスカ先住民とワタリガラスとの「ドムス・シェアリング」について論じた近藤祉秋(二〇二一、二〇二三)の研究がある。

(12) アナ・チン(Tsing 2018)はあくまで挑発的試論としながらも「ドメスティケーション」という言葉は、それが家父長的支配と国家統制の核心に位置づけられてきたヨーロッパ固有の形態に限定してもちいるべきであり、人間と種々の生物の多様な関係(multispecies relations)とは区別すべきではないか、と述べている。とはいえ、日本語環境では「ドメスティケーション」という言葉はヨーロッパ史的文脈の外で使用されることがほとんどであり、文脈を限定するほうが違和感が強い。チンの意図と批判精神には賛同しつつも、本書ではヨーロッパ史的文脈にこだわらずに「ドメスティケーション」という言葉をつかう。

(13) ドメスティケーションのもっともオーソドックスな定義の一つは、メリンダ・ゼダー(Zeder 2015)によるつぎのものであろう。「ドメスティケーションとは、目的の資源をより確実に確保するために、ある生物がパートナー生物の繁殖や養育にたいして大きな影響力をもち、パートナー生物はこの関係をもたない個体より有利になることで、ドメスティケートする側とされる側の双方に利益をもたらし、それぞれの適応度を高めるような、世代をこえて持続する相互依存関係である」

おかねばならない事案のようである。その背景にあるのは、欧米では文化と自然の二項対立にもとづく「民族科学」が私たち日本人の想像よりはるかに根深いものであり、さまざまな方面にしぶとく影響力を維持しているということなのだろう。また、その「民族科学」を存在論的な観点から問い直す近年の潮流のなかで、「進歩」の物語としてのドメスティケーションは、批判の標的として位置づけやすいのであろう。いずれにしても、こんにちグローバルに実践されている「科学」のルーツには、文化と自然の二項対立にもとづく「民族科学」があることはたしかである。そして、それが依然として「科学」の実践を型嵌めしているのだとすれば、私たちは、その実践をヨーロッパの「民族科学」から解放するための批判をおこなう資格を有しているといえるだろう。

⁂

もう一つの、そしてより重要なアンチは、スコット的なドムスにたいしてのアンチである。先に、単一の穀物に依存する人々は「ドムス生物化」しているとみなせると述べた。しかし、おなじ農耕でも、多様な作物を栽培し、半栽培植物や野生の動植物をより頻繁に利用しながら生活する焼畑農耕民の構築するドムスにおいては、そこに集まる人間と生物たちの「ドムス生物化」の度合いは相対的に小さいといえるだろう。スコットは、それらの差異を重視して、反穀物や脱国家といった文脈で議論を展開している。そして、国家の構成員たる穀物栽培農耕民や臣民・奴隷に対置させて、焼畑農耕民、遊牧民、狩猟採集民、山賊・海賊など、国家から逃れて生きる人々を（肯定的なニュアンスをこめて）未開人・野蛮人とよぶ。つまりスコットは、国家に直結するような、人間が高度にドムス生物化しているドムスを、それ以外から区別しているといってよい。それにたいして本書では、焼畑農耕民や遊牧民の形成するドムスもふくめて、あらゆるドムスから逃れようとする〈生き方〉

を提示する。その典型は、いうまでもなく遊動する狩猟採集民である。

後述するように、こんにち「狩猟採集民」とよばれている人々が年間をとおして遊動的な狩猟採集生活をおくっていることは、ごく少数の例外をのぞいてないだろう。大部分の「狩猟採集民」はすでに（半）定住生活をしており、もっぱら農耕や賃労働に従事している。とはいえ、フィールドワークのなかで、やはり「狩猟採集民」とよびたくなる何かがあると感じた経験は、おおかたの狩猟採集民研究者の共有するところではないだろうか。やや極端な例をあげるなら、家庭菜園で野菜づくりをしているサラリーマンのことを農耕民とはいわないように、いくらプランテンバナナやキャッサバを栽培するようになったとしても、私自身のフィールドでの実感としては、バカたちを農耕民とはよべない気がするのである。

つまり、バカたちの「生きざま」を一つの生業に還元して捉えることはできない、ということである。そして、その「生きざま」は、さまざまな食物を入手するためになされる種々の生業活動を束ね、その全体を方向づけている志向の水準において捉えられるのではないか、というのが本書の着想である。ただし本書では「ざらつく感触」をもつ「生きざま」という言葉を避けて、種々の生業を束ねて方向づける志向のことを〈生き方〉とよぶことにしたい。そのうえで、こんにちの「狩猟採集民」の特徴を〈生き方〉の水準において把握する、として位置づけられている。

（14）たとえば、山本紀夫（二〇〇九）の編集した『ドメスティケーション——その民族生物学的研究』や卯田宗平（二〇二二）の編集した『野生性と人類の論理——ポスト・ドメスティケーションを捉える4つの思考』のなかに、かつてドメスティケーションが「進歩」の物語と関係づけられてきたことについて、ことさらとりあげて批判している論文はない。むしろ、ドメスティケーションは、自然科学と人文社会科学の境界を溶かして両者を融合するポテンシャルをもった現象として位置づけられている。

いうのが本書のおおまかな目標になる。

すこし先どりして議論の見通しをしめしておこう。ドムスとの関係において定位される〈生き方〉のバリエーションの一端には、特定の生物との相互依存を基軸として積極的にドムスを構築しながら生きる人々がいる。そして他方の端には、できるだけドムスに取りこまれることを避け、いかなる生物とも強い相互依存に陥らないようにして生きる人々がいる。本書では、この対比を念頭におきながら、バカたちの〈生き方〉について考察することになる。

3……ランドスケープの歴史、種間関係の歴史

〈生き方〉を記述・分析するために本書をとおして遂行的に構想していく学術領域が、マルチスピーシーズ歴史生態学である。マルチスピーシーズ歴史生態学（multispecies historical ecology）という言葉は、アナ・チン（二〇一九）が『マツタケ――不確定な時代を生きる術』のなかで言及している。この著作は、北米から日本、中国、さらにはヨーロッパのフィールドを股にかけて、マツタケをめぐって構築されている人間どうしの関係（採集・流通・消費などサプライチェーンの発達）を記述しながら、マツタケと共生する樹木と人間の関係、とりわけマツタケの生える森の形成・荒廃・再生に人間（国家から民間ボランティアまで）がどのようにかかわってきたかを分析し、マツタケを軸とする多種多様な生物たちの絡まりあいを重層的に描いたものである。それゆえ、マルチスピーシーズ民族誌の代表作の一つとされている。

しかし、チンがマルチスピーシーズ歴史生態学という言葉を使っているのは一度きりであるし、『マツタケ』

を引用している数多の論考のなかで、この言葉に注目しているものはほとんどない。しかし私の考えでは（チンの着想を一つのきっかけとして本書をとおして構想する）マルチスピーシーズ歴史生態学は、人類学と生態学を融合した、新しい学術領域を開拓する可能性を秘めている。

⁂

マルチスピーシーズという修飾語の意味するところについては後述することにして、まず、無印の歴史生態学について述べておこう。歴史生態学とは、生態人類学の流れをくんで一九八〇年代から展開してきた学術領域である。アマゾンの熱帯雨林におけるフィールドワークにもとづいて歴史生態学を牽引してきたウィリアム・バレー（Balée 1998, 2006）は、科学哲学者イムレ・ラカトシュ（Lakatos 1980）のいうところの「リサーチプログラム」として歴史生態学を位置づけたうえで、それを特徴づけている四つの公準（ハードコア仮説）を列挙している。(15) バレーの記述は二つの文献で（ほぼおなじ内容だが）やや異なる表現になっているので、私の理解にもとづいて

(15) リサーチプログラムとは、ラカトシュが、カール・ポパーの「反証主義」を批判したトーマス・クーンの「パラダイム」論の論点を批判的に導入し、反証主義を改良することを意図して提案した科学理論についてのモデルである（高橋 一九九九）。ラカトシュによれば、科学理論はハードコア仮説と防御帯（補助仮説）の二重構造になっており、ポパーのいうように変則事例によって理論全体がただちに反証されるのではなく、ハードコアを維持しながら防御帯の改訂をとおして連続的に変化していく系列（＝リサーチプログラム）をなしている。リサーチプログラムの優劣は、新しい事実を予測する前進的改訂をつづけているか、変則事例のアドホックな説明に終始しているかで判定されるが、その判定にはそれなりの時間を要する。したがってクーン流の通常科学／科学革命という極端な対比は斥けられ、競合する複数の理論の並存という現実をよりよく説明できるとされる。

簡潔に記すと、つぎのようになる。

① 人間の影響の遍在。地球上における非人間的生物圏（nonhuman biosphere）の、すべてではないにしてもほとんどの部分が、直接的・間接的に人間活動の影響を受けてきた。

② 人間の中立性。人間は、かならずしも非人間的生物圏の劣化や他種生物の絶滅をひきおこすわけではないし、かならずしも他種生物にとって好適な環境をつくってそれらの数を増やすわけでもない。

③ 人間活動の多様性と再帰性。地域ごとに異なる人間の社会・政治・経済システムは、各々の地域の生物圏や人間以外の生物にたいして異なる影響をおよぼし、それが再帰的に、各地域の社会・政治・経済システムの歴史的変化を方向づけてきた。

④ 人間とランドスケープの全体性。人間のコミュニティと文化は、各々の地域において人間が相互作用してきたランドスケープとともに、全体的事象として把握すべきである。

公準というとやや大仰な印象になるが、ようするに歴史生態学は、人間との相互作用をとおして変化する「歴史生態ランドスケープ」[16]という視座から世界を捉えるのである。人間とランドスケープの相互作用とは、たとえば、人々がランドスケープのなかで資源を獲得し、その行為にともなって生じるランドスケープの変化を人々が認識し、その変化に人々が対応しつつランドスケープとのかかわりあいを再編していく、というプロセスである。そのプロセスを観察しながら、ランドスケープに刻まれた相互作用の痕跡を読み解いていくことが、歴史生態学の基本的なアプローチである。[17]

歴史生態学において「ランドスケープ」という概念は「エコシステム」に対置される。そこで念頭においている「エコシステム」は、かならずしも人間の存在を前提としておらず、「エコシステム」と人間の関係を勘案する場合でも、その関係が平衡状態にあることを含意している。たとえば、一九七〇年代にさかんになされたエコシステムアプローチの生態人類学では、人間が文化や技術をとおしてどのように地域のエコシステムに適応しており、人間社会をふくむ地域のエコシステム全体において平衡状態がどのように実現し維持されているのかを記述・分析することを目的としていた。このようなアプローチを念頭において、木村(二〇〇六)はつぎのように批判している。「ある人々が生活している地域について、ある記述をしたとしよう。さまざまな分析のあと、結論として『この人たちはこの環境にうまく適応して生きていることが示された』とする。しかし、こ

(16) バレーをふくめて、たんにランドスケープと書くことが多いが、歴史生態学におけるランドスケープは独自のニュアンスを有している(Balée 2006)。たとえばランドスケープ・エコロジー(や通常の生態学)におけるランドスケープは、相互作用する複数の異質な「生態系/エコシステム」のクラスターを意味し、かならずしも人間の存在は含意されていない。

(17) ペーター・ザボがレビューしているように、歴史生態学には、文化人類学・生態人類学の系譜のほかに、自然科学的な生態学の系譜もある(Szabó 2015)。ザボによれば、生態学の系譜のほうが時代的に先行しており、一九六〇年ころから「歴史生態学」という表現がつかわれてきたという。他方、人類学的な歴史生態学は一九八〇年代後半から一九九〇年代にかけて、キャロル・クラムレイ(Crumley 1994)やウィリアム・バレー(Balée 1998)によって明確な潮流となった。クラムレイは考古学に近く、バレーは民族植物学・生態人類学よりだといえる。ザボは、生態学と人類学二つの系譜の関係を比較したうえで、後発である人類学的な歴史生態学は(その逆とくらべて)生態学的な歴史生態学を意識したものになっている、と述べている。なお、歴史生態学という言葉をもちいた文献が急増したのは、人類学的な潮流が明瞭になってきた一九九〇年代以降である。

の結論をよく見てみると、それは『ある人々が生活している』という最初の話に還ってしまっているのである。このように、適応論はつねにトートロジーに陥り、話が円環状に閉じてしまうという危険性をはらんでいる」。この批判はエコシステムアプローチにたいしては有効である。しかし歴史生態学にはあたらない。歴史生態学は、システムの平衡を前提としておらず、人間との相互作用をとおしたランドスケープの動的な変化を捉えようとする。[18] 逆にいえば、もしシステムが平衡状態にあるのなら、その要因が説明されねばならないのである。

つぎに自然科学としての生態学と対比しておこう。生態学が捉える生物群集（biocenosis, community）は、一般に自然環境のなかで相互作用している生物種の集合を意味しており、二〇世紀をとおして、またしばしば現在でも、人間はそこから除外されてきた（Stépanoff and Vigne 2019）。生態学者にとって、研究対象としている生物圏に進入してくる人間は、概して、その生物ほんらいの生態を理解することを妨げるネガティブな存在だとみなされるだろう。いわば人間は、透明であるべき存在なのである。[19] それにたいして歴史生態学は、一見したところ人為のおよんでいないランドスケープにおいても、人間の関与の有無を探究する。そして、そこで生きている生物たちにとって、人間は（つねにではないが）しばしばポジティブな存在でありうると想定する。歴史生態学が「歴史」という修飾語を冠するのは、あらゆるランドスケープは人間との相互作用のもとで構築され変化してきたのだ、という視座にたつことの意思表明だといえる。

フランシス・ハヤシダ（Hayashida 2005）やバレー（Balée 2006）が広範な事例をレビューしているように、歴史生態学の研究をとおして、人間がいまだかつて住んだことのない原生林と思われてきた森林の種構成や土壌に人為の痕跡がみられることが確認されたり、人間による適度な撹乱をとおして生物多様性が増大してきた例がたくさん知られるようになっている。そのなかでも象徴的な研究として、ジェイムズ・フェアヘッドとメリッサ・リーチ（Fairhead and Leach 1996）の西アフリカにおける生態史についての研究がある。西アフリカのサバンナには、森が島状に「残されている」ようにみえる地域がある。しかし、過去の航空写真などをもちいて植生を年代ごとに復元していくと、むしろ集落を核として島状の森が拡大してきたことがわかったのである。こうして彼らは「人間は環境を破壊する生物である」という先入観のために生態史がしばしば「誤読」されてきたことを鮮やかに暴露したのであった。また、コンゴ盆地東部のイトゥリの森でフィールドワークをした市川（一九九四）は、逸話的な観察にもとづくものではあるが、ムブティ・ピグミーの森のキャンプでは、光環境が改善したり、彼らの食事と排泄をとおしたキャンプ周辺への栄養分の集積や、種子・種芋の非意図的な散布がなされたりして、すこしずつではあるが植生を変化させてきたのではないかと推測している。さらに市川（二〇一〇）は、イトゥリの森にモザイク状に分布している *Gilbertiodendron dewevrei* の純林に近い「黒い森」と、*Julbernardia seretii* が優占しつつも多様な樹種からなる「蒼い森」の変遷にたいして人間活動がどのように関与してきたかについて、自身のフィールドワークをとおした観察をもとに、生態学・古生態学・考古学などの知見をまじえながら論じている。

＊
＊＊

（18）バレー（Balée 2006）によれば、史的唯物論も自然との関係を念頭において人間社会の動的な変化を把握しようとする。しかし、史的唯物論は、いったん人間が自然を領有してしまったあとは、人間社会の内部における弁証法的展開に注目するのみで、そこに自然がどのように影響・関与してきたかについては、ほとんど関心をしめさない。

（19）今世紀の生態学では、さまざまな生物の人工的環境へ適応と進化が重要なトピックになっている（土屋ほか 二〇一三；スヒルトハウゼン 二〇二〇）。ここでは歴史生態学の特徴を強調するため、あえて「古典的な生態学」と対比している。

それでは、マルチスピーシーズ歴史生態学について述べよう。歴史生態学の「歴史」とは、端的にいえば人間のエージェンシーに起因するランドスケープの変化のことであるが、『マツタケ』においてチンは、かならずしも人間の関与しない文脈において、マルチスピーシーズ歴史生態学という言葉に言及している（チン 二〇一九：二〇九―二二一）。チンが生態進化発生学（ギルバート／イーペル 二〇一二）の成果を参照しながら論じるところによれば、ながらく進化にかかわる研究は、生殖・再生産においては種を単位とし、種間関係においては捕食―被食関係を軸として生物を捉えてきたという。たとえば有性生殖をする脊椎動物では、生殖細胞以外に生じた変化は子孫に伝達されないので、ある世代における遺伝的多様性の幅は、親世代の生殖細胞においてすでに確定されている。各個体の成長する環境にいる多種多様な生物が当該種の個体群におよぼす影響は、捕食―被食関係をとおして次世代を産むことのできる個体が選択される点に集約される。一方に次世代を産むための種ごとの再生産システムがあり、他方に次世代の遺伝子プールに偏りをつくる捕食―被食関係がある。そして両者は、たがいに独立したシステムだというわけである。この世界観においては、それぞれの生物種の再生産システムはその種だけで自己完結しており、異種生物どうしの共生関係は興味深い例外ではあるものの、生命を理解するために不可欠なものとはみなされない。こうして、捕食―被食関係ではない生態学的な出会いは、種の存続と進化から切り離されてきたのである。

ところが、近年の生態進化発生学の進展が示唆するのは、さまざまな生物の発生において再生産システムはその種だけで自己完結してはおらず、他種との共生関係が必須である、ということである。チンの依拠するスコット・ギルバートとデヴィッド・イーペル（二〇一二）によれば、異種間の共生関係は例外ではなく、むしろ法則といってもよいという。さらに、自然選択は個体やゲノムではなく種間の共生関係にたいして効いているのかもしれない、とも述べている。ただし、それにもかかわらず、他種生物との共生関係の構築は、個別の再生産プロセスにおいて必然的に生じるステップとして組みこまれているわけではない。つまり、かならずしもつねに共生関係を実現できるとはかぎらず、したがって再生産プロセスは、多かれ少なかれ偶然性をともなう生態学的な出会いに依存しているというのである。

生態進化発生学は、個体発生における細胞レベルでの（バクテリアなどとの）共生関係をおもな研究対象としているのだが、チンは、そこにみられる異種間共生関係の必須性と偶然性が、生態系における個体ないし個体群レベルにもあてはまると考えており、『マツタケ』はその着想にもとづく試みだといえる。チンの着想を私の言葉で端的にいえば、つぎのようになる。偶然の出会いの積み重ねを〈歴史〉と名づけるなら、あらゆる生物は異種生物どうしの共生関係の〈歴史〉を生きている。[20] そして生態学の焦点は、単独種ごとの「進化」ではなく、つねに異種生物間の「共進化」におかれるべきであり、そのプロセスとしてのマルチスピーシーズの絡まりあう〈歴史〉におかれるべきだ、ということになる。

ただ、ここでいう〈歴史〉と先述した歴史生態学の「歴史」にはずれがある。そこで次節では、マルチスピーシーズ民族誌を補助線として、それらを統合しよう。

（20）チン（Tsing 2012）の"Human nature is an interspecies relationship."（人間の本性は種間関係である）という宣言はマルチスピーシーズ民族誌の発想を凝縮した一文としてしばしば引用されている。ただ、本書の文脈では、主語を「生物の本性」とすべきだろう。

4……ハイブリッドとしてのマルチスピーシーズ歴史生態学

歴史生態学であれ、通常の生態学であれ、そもそも多種多様な生物がいることを前提としているのだから、マルチスピーシーズという修飾語はまったく余計なものだと思われるかもしれない。ただ、本書では、マルチスピーシーズという言葉は「マルチスピーシーズ民族誌」と修飾するときにこめられている意味を念頭においている。それは、たんに複数の生物種を記述の対象とすることにとどまらないニュアンスを帯びているのである。

マルチスピーシーズ民族誌とは、アクターネットワーク理論、フェミニスト科学技術論、人類学の存在論的転回などの流れをくみ、ポリティカル・エコロジーや人新世的状況への関心をまじえつつ、さらに一部の研究者はアートシーンとも連携しながら、二〇一〇年ころから顕著な潮流をかたちづくってきた学術領域である（近藤・吉田 二〇二一）。日本における牽引者の一人である奥野克己（二〇二一）は、マルチスピーシーズ民族誌のなりたちについて、つぎのようにまとめている。

マルチスピーシーズ民族誌の誕生の背景には、単一種としてのヒトが地球生態を改変したとする人新世の問題意識に対して、人間によって支配・統御されてきた動植物や微生物などの多様な存在と人間との結びつきや関係性を軸に考えていこうとする動きがあった。人類学の中で重視されてきた民族誌の手法を活かしながら、民族誌においては通常外部の変数として扱われてきた多種多様な存在を、人間と相互作用し、絡まり合って結びつき、「ともに生きる」存在であると捉え直すことで、この研究ジャンルが立ち上がってきた。

奥野（二〇二一）によれば、「絡まりあい」はマルチスピーシーズ民族誌の最重要概念の一つであり、異種生物たちが、働きかけたり働きかけられたりしながら、また、特定の関係性が継続したり断続したり途切れたりしながら、生みだされる現象である。そのとき人間は、単独で存在している静的な人間―存在（human beings）ではなく、マルチスピーシーズの絡まりあいのなかにある動的な人間―生成（human becomings）として捉え直される（奥野二〇二二）。そしてダナ・ハラウェイ（二〇一三）が主張するように「生成する becoming」ことは、つねに「〜とともに生成する becoming with」ことなのである。

＊＊＊

人間以外の複数種の生物が記述の対象になること自体は、さして特筆すべきことではない。生態人類学も歴史生態学も（むろん生態学も）そもそもそのような学問である。また、マルチスピーシーズ民族誌は、人間と他種生物が出会うことで生態の共有とニッチの共創をひきおこし、文化と自然の境界線が崩れていくコンタクトゾーンを研究する（Kirksey and Helmreich 2010; Fuentes 2010）というが、生態人類学はまさにそれを対象としてきたともいえる。[21] これらの点にかんしてはマルチスピーシーズ民族誌の書き手もそう考えているようで、たとえば近藤祉秋と吉田真理子（二〇二一）は、マルチスピーシーズ民族誌を人類学の他分野から区別し特徴づけている点をまとめた論考において、およそ五頁を割いてマルチスピーシーズ民族誌と生態人類学の差異を列挙してい

（21）ラトゥール（二〇〇八）が、アクターネットワークとしての集合体を「自然」と「社会」に純化して（実態とは異なるかたちで）捉えるようになることを「近代の憲法」と表現していることを考えると、生態人類学の初期の論集（伊谷・田中一九八六）が「自然」と「社会」を融合した『自然社会の人類学』と名づけられているのは示唆的である。

る。逆にいえば、それだけの説明を要するほど両者が類似しているということでもあろう。

ただし、そのなかで近藤と吉田は決定的ともいえる差異を指摘している。マルチスピーシーズ民族誌が複数種の絡まりあいのなかで創発する「人間―生成」を捉えようとするのにたいして、生態人類学では生物や生態系を利用する行為主体としての「人間」が揺らいでいない、というのである。[22] この点を重視するならば、生態人類学とくらべたときにマルチスピーシーズ民族誌を特徴づけているのは、アクターネットワーク理論を自覚的にとりいれて非人間のエージェンシー（行為主体性）を認識する点にあるといえるだろう。つまり、人間が単独でエージェンシーを有しているのではなく、非人間をふくむマルチスピーシーズの連関のなかで諸アクターとの絡まりあいをとおして行為主体が生成している、と考えるのである。それゆえ、これまで人間のみが単独でエージェンシーを有するという前提で記述されてきた人間社会は、複数種の生物や多様なモノによって構成されている「集合体」として捉え直されねばならない。[23]

しかしながら、人間―生成や非人間のエージェンシーといった言葉こそみあたらないものの、おなじようなことは生態人類学においても記述されてきたと私は考えている。私たちがフィールドで出会うのは生業をとおして多種多様な生物たちと絡まりあいながら生きている人々であり、そこから「人間」だけを分離して観察したり記述することなど、じっさいにはないはずである。周知のとおり生態人類学ではフィールドの人々を、農耕民、牧畜民、漁撈民、狩猟採集民などと表現してきた。では「農耕民」とは何か。それは栽培植物や畑の内外にいる多種多様な生物たちとの絡まりあいをとおした、牧畜民や漁撈民や狩猟採集民とは異なるかたちでの人間―生成にほかならない。生態人類学において、人間はつねにマルチスピーシーズの連関のなかで記述されてきたのであり、そこでは「人間」なるものが揺らいでいない、とはいえないはずである。

とはいえ、近藤・吉田の指摘は妥当である、ともいわねばならないだろう。生態人類学における人間―生成や非人間のエージェンシーといった言葉の不在は、記述と考察の焦点が、かならずしもそれらにおかれていたわけではなかったことを意味している。(24) 多種多様な生物たちと人々のかかわりあいをフラットな眼で観察することをとおして、おのずとそのような記述がなされていたこともあった、というべきであろう。それゆえ私自身が過去に書いた論考もふくめて記述に斑があり、人間だけが単独でエージェンシーを有しているかのような記述や、他種生物が人間の行為の対象としてのみ位置づけられているかのような記述が散見されるのも事実である。

＊＊＊

長々とダイアローグ風の文章を書き連ねてしまったが、ようするにマルチスピーシーズ民族誌の核心にある

(22) そのほか、マルチスピーシーズ民族誌におけるエージェンシーを認める非人間の幅ひろさ（動植物にかぎらず、菌類、ウイルス、機械、精霊など）、人新世への関心の強さ、フィールドの複数性、研究成果のアウトリーチの広さなどが、生態人類学との差異としてあげられている。しかし、これらはどちらかといえば瑣末な差異のように思える。

(23) 鈴木和歌奈（二〇二〇）は、アクターネットワーク理論のもたらした人間と非人間の関係性にかかわる「存在論的変容」についての考え方がハラウェイのフェミニスト科学技術論における「相互のかかわりあい」の探究（ハラウェイ 二〇一三）を経由して触発した民族誌の実践の一つとして、マルチスピーシーズ民族誌をあげている。

(24) 文化人類学の古典的な民族誌についてもおなじことがいえる。マリアンヌ・リーンら（Lien et al. 2018）が指摘するように、エバンス＝プリチャード、ダイソン＝ハドソン、リーンハートらのアフリカ牧畜民の研究は、もしかすると、人間とウシのかかわりあいをとおした家畜化の実践についての研究として読まれ、当時の支配的なドメスティケーション観にたいする挑戦として位置づけられることができたのかもしれない。

「人間―生成」という概念は、生態人類学の記述をより精緻で充実したものにしうる、ということである。ただし、マルチスピーシーズ歴史生態学のツールボックスに用意されるべき概念はそれだけではない。

歴史生態学は、それまで看過されてきたエージェンシーに着目して対象を捉え直すという点において、マルチスピーシーズ民族誌と共通している。ただ、人間と他種生物の配置、および生態系と人間社会の配置がちょうど反転しているのである。歴史生態学は、古典的な生態学において人間が透明化されていたエコシステムのなかに人間のエージェンシーの働き（その蓄積が「歴史」をつくる）を認めることをとおして、エコシステムを歴史生態ランドスケープとして捉え直す。マルチスピーシーズ民族誌は、古典的な社会科学において人間のみによって構成されているとみなされてきた人間社会に非人間のエージェンシーの働きを認めることをとおして、人間社会をマルチスピーシーズの集合体として捉え直す。これら二つの転換（エコシステム→歴史生態ランドスケープ、人間社会→マルチスピーシーズの集合体）を表裏で貼りあわせるようにして統合することで、これまでエコシステム／人間社会として分断されてきた全体をシームレスに捉えられるのではないか、というアイデアがマルチスピーシーズ歴史生態学の構想の核心にある。

ただし、この貼りあわせを完全なものとするには、人間のエージェンシーを人間―生成という存在論的変容として捉え直すだけでなく、人間以外の生物にも一般化できるかたちでエージェンシーの生成を捉える必要がある。たとえばあらゆる生物に「包括適応度の最大化をめざして行動する」というすぐれて抽象化されたエージェンシーを想定して、人間以外の生物（および人間）の行為を記述・分析することもできるだろう。しかし、すくなくとも人間についていえば「包括適応度の最大化をめざして行動する」というエージェンシーのみを想定してしまうと、ごく一面的な理解にとどまることはあきらかである。人間以外の生物については、「正解」の定まりやすい安定した環境であれば、個体の行動は包括適応度を最大化する行動に収斂していると想定してもよいことが多いだろうし、多数の個体に共通してみられる行動がどのような機序で適応度の最大化につながっているかを解明することは、その生物についての理解を深めるうえで重要である。しかし、人間（や他の要因）によってたえず撹乱されている環境では「正解」が定まるとはかぎらない。生物たちは包括適応度の増大という「答えあわせ」ができないなかで試行錯誤しながら生きている。歴史生態ランドスケープはまさにそのような場である。そのとき問われているのは、試行錯誤する生物たちの生態や行動をどのようなパースペクティブのなかで記述すればよいのか、ということである。

したがって、マルチスピーシーズ歴史生態学は、人間とおなじ水準で生物一般のエージェンシーを把握するためのパースペクティブとツールボックスを用意しておく必要がある。それは、マルチスピーシーズ民族誌において人間をマルチスピーシーズの連関をとおして生成する人間―生成として捉え直すように、生物一般についても歴史生態ランドスケープを構成するマルチスピーシーズの連関をとおして生成しているエージェンシーという観点から捉え直すものになるだろう。そのときハラウェイ（Haraway 2016）の提案したシンポイエーシス（sympoiesis）という概念が有用だろう。ハラウェイは、あらゆる生物は、厳密にはオートポイエーシス（自己組織化、つまり自分だけで生成）しているのではなく、シンポイエーシス、すなわち他種生物と「ともに生成」しているのだと主張する。そしてシンポイエーシスこそが、複雑で、動的で、応答的で、状況的で、歴史的なシステムを描写するのにふさわしい言葉だという。なお、近藤祉秋（二〇二三）はシンポイエーシスに「共生成」という訳語をあたえているので、本書もそれにならって〈共生成〉と表記することにしたい。

あらゆる生物は異種生物どうしの共生関係の〈歴史〉を生きている、という先の着想とあわせると、マルチスピーシーズ歴史生態学が記述すべきことは、マルチスピーシーズの連関をとおして〈共生成〉している生物たちの〈歴史〉だということになる。もうすこし具体的にいえば、歴史生態ランドスケープのなかで生物たちがどのような共生関係を構築し、また構築しようと試行錯誤しているのか、そして、各々の生物はどのような生物との共生関係の〈歴史〉をとおして〈共生成〉しているのか、ということになるだろう。むろん、さまざまな生物の〈共生成〉の〈歴史〉に人間が関与してきたであろうし、人間もまた、マルチスピーシーズの連関をとおした〈共生成〉として捉え直されるはずである。

〈共生成〉という考え方は、これまでの生態学や人類学の知見とかけ離れたことを主張しているのではない。その要点を端的にいえば、マルチスピーシーズの連関のなかでは生物個体は各々独立して行為しているのではない、ということである。たとえば人間は、イヌと協働することにより、また、投槍を手にしたことにより、飛躍的に有能なハンター(捕食者)になった。必然的に、イヌや槍と結びついた人間は、それらをもたない人間とくらべて、かなり異なるかたちで種々の生物たちとかかわりあうことになったはずである。人々は、イヌや槍との結びつきを前提として行為するようになり、動物について思考し、環境を認識し、自分や種々の生物を世界のなかに位置づけるようになっただろう。それらの行為や思考や認識や存在論は、以前にはまったく想像すらしていなかったことをふくんでいるだろう。そのとき、人間たちはイヌや槍と〈共生成〉している、とみなすわけである。また、人間が卓越した〈共生成〉の能力を有していることはいうまでもないが、さまざまな生物たちも、多かれ少なかれ〈共生成〉しているはずである。このように書くと、ごくあたりまえのことを指摘しているだけのようでもある。しかし、あえて〈共生成〉という新しい概念として提示するのは「このような捉え方もできる」と主張したいのではなく「このような捉え方をしなければならない」と主張するためである。

なぜなら私たちは、いかなる生物とも人工物とも絡まりあっていない「生身の人間」や「生身の生物」とフィールドで出会うことはないからである。

⁂

これら〈共生成〉と〈歴史〉という概念は、先述した歴史生態学の四つの公準（三二頁）のうち、公準③「人間活動の多様性と再帰性」と公準④「人間とランドスケープの全体性」にかかわるものである。それらのうち公準③は現状でじゅうぶん具体的であるのにたいして、公準④は抽象的すぎるように思える。バレー（Balée 1998）自身は公準④についてほとんど説明しておらず「全体性とは、その構成要素（観察できるかどうかにかかわらず）どうしの多様なかたちの相互浸透、連結、矛盾をとおして、弁証法的に構成され、歴史的に形成された統合である」というトーマス・パターソン（Patterson 1994）の定義を参照して、補足的な説明を述べているだけである。いずれにせよ、フィールドで何を観察して、それをどのように記述すればよいのかという指針を導きだすには抽象的すぎる。そこで、人間とランドスケープの相互作用を全体的事象として把握するための鍵概念として〈共生成〉を位置づけることを意図して、つぎのように公準④の改訂を提案したい。

④改　人間をふくむ歴史生態ランドスケープはマルチスピーシーズの連関として構築されており、各々のアクター（人間や人間以外の生物たち）は、その連関をとおして〈共生成〉している。

アクターの行為はマルチスピーシーズの連関のなかで方向づけられているが、個々のアクターの試行錯誤や、新たに参入してきたアクターとの結びつきをとおして連関は不断に組みかえられていくだろう。その組みかえの積み重ねが〈歴史〉である。先述の公準①~③とこの④改をあわせてマルチスピーシーズ歴史生態学の四つの公準(ハードコア仮説)とすることにより、歴史生態学からマルチスピーシーズ歴史生態学への理論的展開を明確に把握することができるだろう。[25]

ただし、マルチスピーシーズ歴史生態学のもとで具体的な研究をすすめていくうえでは、マルチスピーシーズの連関をとおした〈共生成〉とその〈歴史〉をフィールドで観察し記述するためのモデルが必要である。それは「人々の生きざまを虚心坦懐に捉える」という身構えを維持しうるような柔軟性をもちながらも、観察と記述のパースペクティブを提供するものでなければならない。そのようなモデルを構築することが本書の理論的な側面における目的になる。

3 狩猟採集民をめぐる二つの問い

冒頭で述べたように、本書は、中部アフリカ、コンゴ盆地にくらすバカ・ピグミーと野生ヤマノイモのかかわりあいを記述し、彼らの〈生き方〉を理解することをめざす。そのための理論的枠組みとなるマルチスピーシーズ歴史生態学の構想について述べてきたわけであるが、そもそもなぜバカたちの〈生き方〉を理解する必要があるのかを説明しておかねばならないだろう。本節ではその理解を文脈づける二つの問いを提示する。

二つの問いは、いずれも「狩猟採集民」という概念にかかわるものである。狩猟採集民とは、一般的には、野生の動植物等を捕獲ないし採取することによって生計をたてている人々である。およそ一万年前の農耕の起源まで、すべての人類は狩猟採集民であった。その時点で、すでに人類は、熱帯雨林から半砂漠、温帯森林からツンドラまで、多様な環境に進出していた。しかし、農耕生活の普及、農耕文明の拡大、ヨーロッパ列強の世界進出、それにつづく植民地化・近代化の過程で、狩猟採集民の人口は大幅に減少してきた。こんにち民族誌やマスメディア等において「狩猟採集民」とよばれる人々の多くは、じっさいには農耕や賃労働など狩猟採集以外の生業に依存しており、恒常的に狩猟採集生活をいとなんでいる人は、いたとしても、ごく小規模な例外でしかない。

このような狩猟採集民についてのごく一般的な記述から、バカたちの〈生き方〉について理解することを文脈づける二つの問いを引きだすことができる。第一の問いは、狩猟採集民の真正性にかかわるものであり、第二の問いは、狩猟採集民の内包にかかわるものである。

第一の問い……狩猟採集民はずっと狩猟採集民だったのか?

(25) 高橋(一九九九)は、ラカトシュの想定するハードコアがあまりにも堅固であるがゆえに、現実的にはハードコアが何であるかを事後的にしか確定できないと指摘したうえで、可塑性をもつソフトなコアを想定するべきではないか、そして、ソフトコアがハードコアになる理論展開のダイナミクスにこそ注目すべきではないかと論じている。本書の議論にあてはめるならば、マルチスピーシーズ歴史生態学を構想することは、公準④改がハードコアになっていくプロセスだといえる。

これは狩猟採集民の真正性についての問いである。かつてすべての人類は狩猟採集民であったが、その人口は現在にいたるまで減少の一途をたどっている。そして私たちがフィールドで出会う狩猟採集民は、そのわずかな生き残りである――狩猟採集民研究の草創期には、とくに検証されることもなく、そのように考えられていた。しかし、彼らとその祖先は、農耕がはじまる以前からそれほど遠くない過去にいたるまで（たとえば近代化のもとで生活が激変するまで）ずっと狩猟採集民でありつづけてきたのだろうか。この疑問は、南部アフリカ、カラハリ砂漠のサン（ブッシュマン）を対象として、彼らの狩猟採集民としての真正性をめぐってなげかけられ、一九八〇〜九〇年代にカラハリ・ディベートとよばれる激しい論争がつづいたのだった。それが中部アフリカ、コンゴ盆地のピグミーをめぐる論争としてどのように展開したかについては第1章で詳述するとして、ここでは要点のみ述べておく。

中部アフリカ、コンゴ盆地の熱帯雨林にはピグミーとよばれる人々が住んでおり、南アメリカや東南アジアの森に住む人々とあわせて「森の狩猟採集民」として知られてきた。一九八〇年代半ばまで、彼らが古くからの狩猟採集民であり熱帯雨林の先住民であることを疑う研究者はほとんどいなかった。ところが、カラハリ・ディベートを端緒とする狩猟採集民の真正性についての論争に刺激され、熱帯雨林では年間をとおして狩猟採集の産物のみに依存する生活は不可能でないかという疑義が、一九八〇年代末に呈されたのである。じっさい、森の狩猟採集民の大部分は近隣農耕民から農作物を入手することを前提として生活しているし、熱帯雨林において年間をとおして狩猟採集生活が可能であることをしめす具体的なデータは、著しく不足していた。このような状況は近年のことではなく、そもそも最初からそうだったのではないか、つまり、森の狩猟採集民は、農耕民と共生関係を築き、安定して農作物を入手できるようになって、はじめて熱帯雨林のなかで生活できるようになったのであり、純粋な狩猟採集民とはよべないのではないか、というわけである。この疑義は、人々がありあまる資源を享受しながら生きている豊饒の地という熱帯雨林のイメージが、農作物の補填なくして人間が住むことのかなわない極限の地へと急転回しかねないものであり、熱帯雨林における人間の歴史とその生態基盤について根本的な再検討をせまるものであった。この議論を主導した研究者の一人であるトーマス・ヘッドランドは、熱帯雨林において主たるカロリー源となりうる野生ヤマノイモ（wild yam）のアベイラビリティ（利用可能性）が熱帯雨林における完全な狩猟採集生活――年間をとおして野生の食物のみに依存する生活――の実現可能性を左右するだろうとして、この問題提起を「ワイルドヤム・クエスチョン」と名づけたのであった。

以上をふまえて「狩猟採集民はずっと狩猟採集民だったのか」という第一の問いをバカの文脈に変換すると「バカのくらすコンゴ盆地西部の熱帯雨林には、完全な狩猟採集生活の基盤となるだけのヤマノイモ（や代替しうる食物資源）が分布しているのか」という問いになる。むろん、この問いに答えることが、ただちにバカとその祖先はずっと狩猟採集民だったことを証明するわけではない。しかし、ピグミーとよばれる人々が中部アフリカ熱帯雨林の先住民であると多くの研究者が考えてきたにもかかわらず、そもそも熱帯雨林で狩猟採集生活が可能であるかどうかについて誰もが納得するだけの証拠がどこにもなかったのである。この経緯をふまえるならば、特定の地域についてのものであれ完全な狩猟採集生活が可能であることを強く示唆する事例を一つでも提示することは大きな前進だといえる。

おもに第1章から第4章が、この問いに関連する内容になる。

第1章「狩猟採集民研究のパラダイム」では、草創期の狩猟採集民研究からカラハリ・ディベートにおいて狩猟採集民の真正性への疑義が呈されるまでの経緯を概観したあと、この論争にともなって生じた狩猟採集民研究のパラダイムシフトと、そのワイルドヤム・クエスチョンへの展開について述べる。さいごに、ピグミーにかんする生態人類学的研究をふまえて、第一の問いにかかわる論点を整理する。

第2章「モロンゴ─森の狩猟採集生活」では、本書の舞台となるフィールドの人々と自然環境の概要をしめしたあと、本章第1節で述べたモロンゴにおけるバカたちの資源利用を詳細に記述し、一年周期で芋を肥大・縮小させるタイプの野生ヤマノイモがカロリー供給源として重要であることを確認する。それをふまえて、モロンゴの事例がワイルドヤム・クエスチョンの反例となる可能性について論じる。

第3章「一年型ヤマノイモの集中分布」では、一転して、ワイルドヤム・クエスチョンにたいするモロンゴ事例の反証力に留保をつけることになる。というのも、モロンゴの食生活の基盤となっていた一年型ヤマノイモは光環境のよい場所に集中分布する傾向があるが、その拡散力は典型的なパイオニア植物に劣っていることから、焼畑などの大規模な植生撹乱がその分布に影響した可能性が示唆されるのである。

第4章「ヤマノイモ分布の歴史生態学」では、モロンゴ逗留地域にかつて集落があったことを確認し、ヤマノイモ分布にたいするその影響を勘案しつつも、議論がさらに転回する。モロンゴのキャンプ跡では、かつての調理時に捨てられた芋片から大量のヤマノイモが再生していたのである。つまり、モロンゴにおいてヤマノイモを食べることがモロンゴの生態基盤を再生産していることになる。こうしてモロンゴ事例の反証力が、第2章とは異なるかたちで確認される。

以上の記述と考察をとおして先述の問いにたいしてYESという解答が得られるだろう。しかし重要なことは、この解答そのものではない。バカたちと野生ヤマノイモのかかわりあいには、捕食─被食関係だけでなく共生関係がおりこまれていることがあきらかになる。狩猟採集民の真正性を問うことは、人間の都合にあわせて自然を改変する農耕民と、ありのままの自然に依存する狩猟採集民という、ホッダー的な意味でのドムスとドメスティケーションにもとづく文化と自然の二項対立を強化してしまう可能性もあるように思える。しかし、狩猟採集民の真正性にかんする問いを貫徹することによって、むしろ、その二項対立は霧散するのである。これが本書における一つ目のアンチ・ドムスにつながっていく。

しかし、ここで新たな問いが生じてくる。文化と自然の二項対立が霧散するということは、狩猟採集と農耕は連続的であり、その差異は相対的なものでしかないということである。ならば「狩猟採集民」とは、いったいどのような人々のことなのだろうか。

第二の問い……狩猟採集民とはどのような人々なのか?

これは狩猟採集民の内包についての問いである。そもそも、こんにち「狩猟採集民」とよばれる人々であっても、すでに定住し、もっぱら農耕・牧畜ないし賃労働に従事している人々が、ほとんどである。しかしながら、そのような人々のもとでフィールドワークをしてきた私たちは、彼らを「狩猟採集民」とよびつづけたり「元狩猟採集民」あるいは「ポスト狩猟採集民」というかたちで「狩猟採集民」という言葉を維持することが多い。それはノスタルジーにすぎないのだろうか。そうではないというのなら、そのような人々に共通する狩猟採集民的な性質を特定することができるのだろうか。また、そのような人々がもつ性質のなかで、何をどのような根拠で「狩猟採集民的」だとみなすことができるのだろうか。

ピグミー諸集団も例外ではなく、農作物を利用するようになってすでに久しいと考えられている。かつては森林産物との交換によって近隣農耕民から農作物を入手していたと考えられるが、近年は、彼ら自身が農作物を栽培するようになっている。バカをみても、多くは車道に近い半定住集落で生活しており、みずからプランテンバナナやキャッサバを栽培している。つまり、こんにちのバカたちの生業や食物のレパートリーは農耕民とたいしてちがわない。とはいえ、バカたちの農耕は農耕民とくらべてずいぶんといいかげんである。畑は小さく、みずから栽培する農作物だけでは年間をとおして一家の食事をまかなうことができない。畑の伐開を途中でやめて森のキャンプに行ってしまうこともあれば、収穫の時期に森のキャンプに滞在していたために自分の植えた作物を食べられない（誰かが「採集」して食べてしまう）こともある。自分たちの食物を畑で生産して確保することへのこだわりがみられないバカたちの農耕は、農耕民がゼネラリスト的に生業を複合させつつも、あくまで農耕を基軸としているのとは異質な印象をもたらすのである。

第4章までの第一の問いへのとりくみにおいてしめされるように、狩猟採集と農耕は分離しているのではなく、そのあいだに多様なバリエーションをふくむ連続した営為である。また、多くの研究によってあきらかにされてきたように、ドメスティケーションは漸進的なものである。しかし「連続的」で「漸進的」という表現は、時間的な方向性があることを示唆しがちである点に注意しなければならない。狩猟採集から農耕へ、という通時的で一方向的な連続性、つまり「進歩」の価値観が知らず知らずのうちに認識のフレームをかたちづくってしまうと、バカたちの農耕への態度は彼らが狩猟採集生活から農耕生活への移行の途上にあるがゆえのものだとする安直な理解にとどまることになる。それは通時性と共時性を混同する誤謬であり、マクロな人類史をミクロな人間集団にあてはめる早合点なのである。

第5章「生業の農耕化か、多様化か？」で論じるように「進歩」の価値観から自由になるには、認識のフレームを、意識して共時的な連続性に定める必要がある。そして、野生と栽培のあいだにひろがる領域を共時的にみわたすパースペクティブのなかに、バカたちの種々の生業を布置して比較するのである。そうすることで、バカたちの生業の変化を「農耕化」としてではなく「多様化」として捉えることができるだろう。ただし、生業の共時的な多様性は、狩猟採集民であれ農耕民であれ、おなじような幅をもって実現しているようにみえる。では、両者の差異はいったいどにあるのだろうか。

第6章「アンチ・ドムスの〈生き方〉」では、その問いに答えるために、種々の生業活動を束ね、その全体を方向づけている〈生き方〉の次元に照準をあわせる。まず〈生き方〉を理論的に把握するためにドメスティケーション＝ドムス化の「双主体モデル」を構築する。それはマルチスピーシーズの連関のなかで絡まりあいながら〈共生成〉している人間とさまざまな生物たちを動的かつ双方向的に記述するためのモデルであり、その連関のなかの（特権的ではない）一つのパターンとしてドメスティケーションを位置づけるためのモデルになる。双主体モデルによって、人々がみずからをとりまくマルチスピーシーズの連関に介入したり介入しなかったりすることで、他種生物および自分のドムス化をどのように方向づけているかを記述することができるようになるだろう。そのバリエーションの一方の端には、特定の生物との相互依存を基軸として積極的にドムスを再／構築しながら生きている人々がおり、他方の端には、できるだけドムスに取りこまれることを避け、多種多様な生物と全方位的かつ非中心的にかかわりあいながらマルチスピーシーズの連関を再／構築しながら生きている人々がいる。後者の志向をもつ〈生き方〉が、本書の提示する二つ目の、そしてより重要な、アンチ・ドムスである。

⁂

終章では、ここで提示した二つの問いにたいする解答をしめし、研究の展望について述べる。くりかえしになるが、二つの問いはあくまで探究の端緒として、バカたちの〈生き方〉の記述を文脈づけるために設定したものであり、より重要なことは、その作業をとおして構想されていくマルチスピーシーズ歴史生態学によってバカたちの〈生き方〉をどのように理解できるかであり、これからどのような研究が展望できるかである。

第1章

狩猟採集民研究のパラダイム

狩猟採集民は食うや食わずのその日暮らしの生活をおくっている——そのように素朴に信じられていた時代もかつてあったが、フィールドワークにもとづく研究がなされるようになった一九六〇年代には、狩猟採集民はゆたかな生活をおくっているという見解が一般的になった。ところが一九八〇年代になって、そもそも「狩猟採集民」とばれている人々は農耕開始以前からずっと狩猟採集民だったのか、という疑問が呈されたのであった。この問題提起は狩猟採集民研究のパラダイムシフトにつながった。序章で述べたように私は、カメルーン東南部におけるフィールドワークをとおして、バカたちがゆたかな狩猟採集生活をおくっていることを実感したのであるが、その実態を記述するうえで、このパラダイムシフトの要点をおさえておく必要がある。そこで本章では（1）一九八〇〜九〇年代に生じた狩猟採集民の真正性にかかわる論争と狩猟採集民研究のパラダイムシフトの論点を確認したうえで、（2）それが熱帯雨林の狩猟採集民研究に波及して提起された「ワイルドヤム・クエスチョン」にかかわる論争をレビューする。さいごに（3）クエスチョン以降になされた研究の知見を整理して、第2章以降の記述のフレームを定める。

1 狩猟採集民の真正性への疑義

1……始原のゆたかな社会

われわれヒトの祖先が、もっとも近縁な現生生物であるチンパンジー属の祖先と分岐したのは七〇〇〜六〇〇〇万年前だとされている（ピエバニ／ゼトゥン 二〇二一）。以降、一万数千年前に農耕をはじめるまで、人類は採集と狩猟によって食物を獲得してきた。人口変動に注目してその歴史をふりかえれば、農耕以前の長い停滞と、農耕以後の急増（および近年の人口爆発）という対比が強調されるだろう（クリスチャンほか 二〇一七）。しかし人口が小さいことは、狩猟採集文化の未熟さであるとか、狩猟採集生活の過酷さを意味するわけではない。農耕以前に、すでに人類は、熱帯から寒帯まで、半砂漠から熱帯雨林まで、平地から山岳地まで、地球上のさまざまな環境で生活するようになっていた。多様な生態環境への適応と、それにともなう狩猟採集社会の著しい多様性は、人類の、そしてそれぞれの狩猟採集民の、高度な環境適応力を例証している。

ヴィア・ゴードン・チャイルド（一九五八）の「新石器革命」論などの影響によって農耕の起源が人類の「進歩」の端緒に位置づけられたことは、狩猟採集生活の過酷さのイメージと表裏一体をなしていたといえるだろう。しかし、狩猟採集社会における本格的なフィールドワークの研究成果がまとめられるようになった一九六〇年代になると、狩猟採集生活はまったく過酷ではなく、むしろ、ゆたかな生活であることがわかってきた。オーストラリアのアボリジニや南部アフリカのサン（ブッシュマン）などの研究をとおして、成人一人が平均して一日三〜四時間の生業活動をするだけで、じゅうぶんな食物を入手できることがあきらかになったのである（Lee and DeVore 1968; Sahlins 1972）。狩猟採集生活は、獲得した食物をすみやかに消費することが多いという意味では「その日暮らし」といえるだろうが、毎日、朝から晩まで食物を探しまわるような生活ではないのである。

しばしば狩猟採集社会は平等社会（egalitarian society）であるといわれる（Woodburn 1982; 寺嶋 二〇〇四、二〇一一）。平等という概念はさまざまなニュアンスを帯びているが、狩猟採集社会における「平等」とは一般的には物質的平等と社会的平等が両立していることを念頭においている。物質的平等とは富が集中していないこと、社会的平等とは権威が集中していないことをいう。こう書くと、狩猟採集民は誰もがお人好しの純朴な人々だから、あるいはジャン＝ジャック・ルソーのいうところの自然人であるから皆が平等なのだろう、という印象をもつ人がいるかもしれない。しかし、狩猟採集民研究の重要な成果の一つは、そのような原始主義（primitivism）的な思いこみが誤っていることをしめしてきた点にある。

狩猟採集とは野生の動植物などを採集したり狩猟したりすることであり、その点だけをみれば狩猟採集民の「生態」は動物一般とおなじであるようにも思える。しかし、ほとんどつねに獲得した食物を分配する点において、その「生態」は動物一般と決定的に異なっているのである。給餌や求愛行動など特定の文脈をのぞけば、獲得した食物の大部分を当の個体が消費せずに他個体に分配する動物は、ヒトだけである。[26] しかも、狩猟採集社会の食物分配には特筆すべき特徴がある。多くの狩猟採集社会では、狩猟の巧拙によって食物分配の方向が偏ってしまうことや、その結果として食物の与え手になりやすい有能なハンターに権威がもたらされることを回避するメカニズムが備えられているのである。[27] つまり、狩猟採集社会では食物入手の偏りを解消する物質的平等と権力の発生を抑制する社会的平等が巧妙なメカニズムをとおして同時に達成されているのであって、それは「素朴な人々の貧しいがゆえの平等」などと描写できるようなものではない。

このように一九六〇〜七〇年代には、人類史における農耕の位置づけや人間社会のあり方について再考をせまる画期的な成果が狩猟採集民研究からもたらされた。ただ、生態人類学的な観点についていえば、コンゴ盆地のピグミーについての研究は、この時期にはあまり実質的な貢献をしていない。マーシャル・サーリンズが『石器時代の経済学』の第一章「始原のゆたかな社会」[28] において狩猟採集民研究の知見を幅ひろく渉猟してそのゆたかさについて論じているが、ピグミーにかかわる記述はごくわずかである（Sahlins 1972）。ピグミーにかんしていえば、定量的なアプローチによる生態人類学的研究はそのころはまだほとんどなされていなかったのである。とはいえ、コリン・ターンブルの『森の民』(Turnbull 1961)や『Wayward Servant(むら気な召使い)』(Turnbull 1965)などの著作は、いきいきとした筆致で多くの研究者や一般読者を魅了し、ムブティ・ピグミーは、サンやハッザとならぶ典型的な狩猟採集民として認知されるようになっていた。

2……ピグミーとは

「ピグミー」とは、コンゴ盆地とその周辺の熱帯雨林に離散的に分布している諸民族の総称である。セルジュ・バユシェ(Bahuchet 2012)によれば、一八の「ピグミー」とよばれる民族がいるという(図1―1)。近年の遺伝学的な研究によれば、七〜六万年前にピグミーの祖先集団と農耕民の祖先集団が分岐し、二万年前にはピ

(26) チンパンジーやボノボ、ゴリラが少量の食物を分配することはあるが、量的にいえば、ヒトとくらべて微々たる重要性しかない(西田・保坂 二〇〇一;岩田・田島 二〇一六)。ただし、吸血した血を仲間と分配しないと餓死してしまうチスイコウモリのような特殊な進化をした動物も少数ながらいる(西田・保坂 二〇〇一)。

(27) たとえば、カラハリ砂漠のサンには、獲物を仕留めた矢をつくった人が「所有者」になるというルールがある(Lee 1979)。ただし「所有者」は肉を自由に処分できるわけではなく、みんなが満足するように適切に分配しなければならない。男たちは暇があれば矢をつくり、交換したり贈与したりしているので、各々の矢筒は他人のつくった矢で満たされている。そのため、狩猟の上手な人が連続して狩猟に成功したとしても獲物の「所有者」はいろいろな人に分散する。

(28) サーリンズの「The original affluent society」は、ジョン・ケネス・ガルブレイス(Galbraith 1958)の『The Affluent Society』を捩ったものであろう。

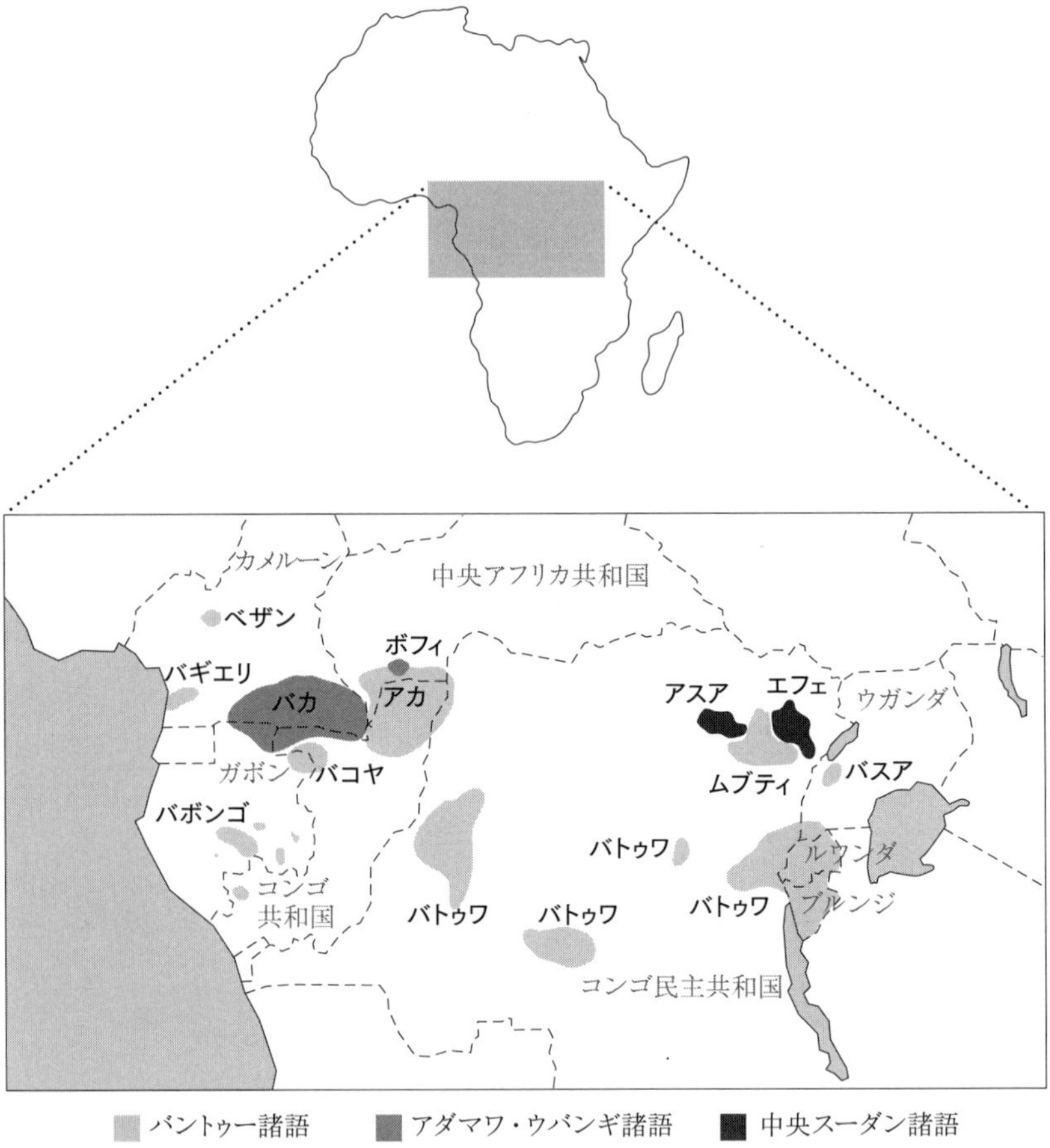

図1-1　コンゴ盆地における「ピグミー」の分布　Hewlett and Fancher(2014)とBahuchet(2012)をもとに作成。ピグミー諸民族は、かなり異なる系統に属する言語を話す。バントゥー諸語では、複数になると接頭辞Ba-がつくので、民族名は原則として複数形で記している。ただし、ムブティとアカは単数形ないし語幹を民族名として記してきた伝統があるので、それにならっている。複数形はそれぞれ「バンブティ」「バヤカ」になる。とくにアカについては、近年の文献ではバヤカ(BaYaka)と表記することが多い。ピグミーの民族名には自称・他称が混在しており、バカは自称であるが、たとえばバトゥワは近隣農耕民からの他称である。

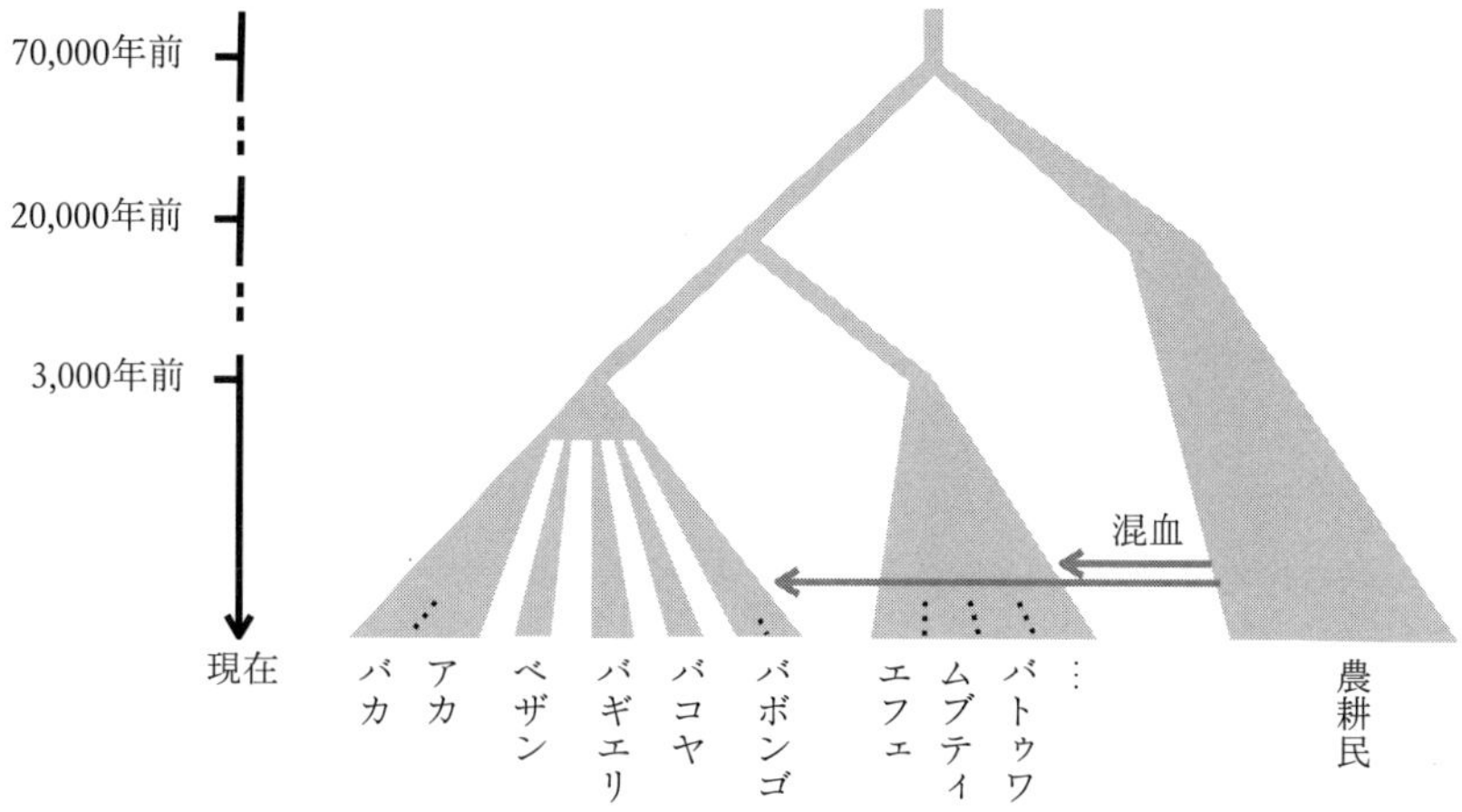

図1-2　ピグミー諸集団の遺伝的分岐とその年代　Verdu（2014）をもとに作成。農耕民との混血は1000年前より新しいと考えられている（Patin et al. 2014）。なお、現在の農耕民の祖先集団との分岐については20万年以上前の可能性がある（Fan et al. 2023）。

グミー集団がコンゴ盆地東部のグループとコンゴ盆地西部のグループに分岐し、三〇〇〇年前ころから東西ぞれぞれのグループ内での分岐が生じたと推測されている（図1―2）（Quintana-Murci et al. 2008; Patin et al. 2009; Verdu 2014）。その後、森林地域に進入してきた農耕民と生態的・経済的交流がなされるようになったと考えられているが（それがどのくらい遡るのかはわかっていない）、遺伝学的な証拠が残る水準で混血が生じたのは、ここ一〇〇〇年以内のことのようである（Patin et al. 2014）。なお、つい最近の全ゲノム解読にもとづく研究によれば、ピグミーや南部アフリカのサンは二〇万年以上前にアフリカのほかのグループと分岐して遺伝的に有効な集団サイズを維持してきたことが示唆されている（Fan et al. 2023）。

図1―1にもしめしてあるが、おもしろいことに、近隣のピグミーどうしが、たがいにまったく異なる系統に属する言語を話していることがある。コンゴ盆地東部をみると、ムブティはニジェール・コンゴ語族ベヌエ・コンゴ語派に属するバントゥー諸語の一つを話すのにたい

して[29]、エフェはナイル・サハラ語族に属する中央スーダン諸語の一つを話す。これらは各々の近隣農耕民の言語とほぼおなじであり、したがって彼らは交流の深い農耕民の言語をとりいれたのだと考えられる。

また、本書の対象であるバカの言語は、ニジェール・コンゴ語族ではあるものの、バントゥー諸語とは異なる系統のアダマワ・ウバンギ語派に属している。ただし、バカやアカの言語は、現在の近隣農耕民のものではない。バユシェによれば、もっとも近い言語を話す農耕民は、それぞれの分布域とは異なる地域にいるという(Bahuchet 1993a, 1993b, 2012)。バユシェは、アカ語とバカ語の狩猟採集にかかわる語彙の類似度がほかの語彙の類似度よりもきわだって大きいこと、新大陸起源のキャッサバとトウモロコシの名称がアカ語とバカ語で共通しているにもかかわらず、おなじ語彙が農耕民のあいだにまったくみられないことなどから、アカとバカは数百年前まで同一の言語集団を形成していたと推測している。その後、それぞれ特定の農耕民との関係を深めていき、言語も変化した。さらに何らかの理由(奴隷狩りなどが考えられる)によって、バカやアカは各々が交流をもっていた農耕民と離れ離れになった、ということになる。現在のアカの分布域には一九の(異なる言語を話す)農耕民がおり、バカの分布域には一八の農耕民がいる(Bahuchet 2012)。

⁂

人口規模が大きく研究蓄積の厚い四つのピグミー系民族(ムブティ、エフェ、アカ、バカ)における言語、生業活動、社会関係などを比較したヒューレット(Hewlett 1996)は、その多様性ゆえに「ピグミー文化」なるものを想定するのは困難だと述べている。そもそも「ピグミー」という呼称は外部からのまなざしにもとづくものであり、コンゴ盆地の狩猟採集民をひとまとめにして「ピグミー」とよぶのは適当ではない、という主張もある(北西二〇一〇a)。「ピグミー」という言葉は、古代ギリシアにおける怪人の一種である「ピュグマイオイ」

に由来しているのだが、北西功一（二〇一一、二〇一五a）が論じているように、近代になってコンゴ盆地で「発見」された小柄な人々が、ヨーロッパの人々の「壮大な歴史ロマン」のもとで古代の伝説と結びつけられたのである。

ただ、その一方で「ピグミー」とよばれる人々のあいだには共通点もある。近隣農耕民とくらべて身長が低いといった身体的特徴にくわえて、たとえば、熱帯雨林における狩猟採集を主とする生業や、森の精霊が主役をはたす儀礼、そこで演じられる歌と踊りのパフォーマンスなどは、ピグミー諸民族のすべてではないものの大半にみられるものである（市川 二〇〇一）。近隣農耕民とのあいだに、密接ではあるがたがいに強く差異化しようとする関係を築いている点も、多くのピグミーに共通している。[30] 市川（二〇〇一）は、あるピグミーに異なるピグミーの歌と踊りの録音を聴かせたところ、その歌い手を自分たちの同類であると即座に認めたと記しているし、北西（二〇一〇a）は、彼のフィールドのアカの村にバカの男たちがやってきたとき、農耕民もアカも、彼らをアカと同列にあつかったことを記している。これらの例は、彼ら自身が「ピグミーなるもの」の共通項

(29) バントゥー諸語を話す人々は、カメルーン西部に起源し、三〇〇〇年前ころから断続的にアフリカ中央部、東部、そして南部へと拡散した。この大規模な移住はバントゥー・エクスパンションとして知られている（小松 二〇一〇a）。

(30) コンゴ共和国北部でアカと農耕民との関係について考察した竹内潔は、以下のように記している。「アカに言わせれば、村人たちの本性は人間ではなく、男性はゴリラ、女性はチンパンジー、こどもはブッシュベイビーであり、死亡すれば彼らはそれぞれそのような動物となって再生してくる。逆に村人にとってみれば、アカは約束を守らずだらしなく、理性のかけらもない存在であり、不潔で臭く、そのうえ繁殖力が強い」（竹内 二〇〇一）。しかし、おもしろいことに、このようにおたがいに蔑視しあっていてもなお、アカたちと農耕民たちは、おなじ地域で共存してきたのである。

を認識していることを示唆している。また、近年、森林資源へのアクセスにかかわる慣習的権利を主張するさいに、異なる地域の異なる民族が「ピグミー」という名のもとで連帯して行動するといった例もある（市川 二〇一一）。

以上をふまえて本書では、コンゴ盆地の熱帯雨林に住んでいる狩猟採集民（および近年までそうであったとされる人々）にたいして「ピグミー」という呼称をもちいることにする。

⁂

ピグミー研究の歴史をごく簡単に整理しておこう。

一九世紀から二〇世紀初頭にかけて著されたピグミーについての文献の大半は形質人類学者や地理学者によるものであり、探検家の旅行記などの間接的な資料にもとづくものであった（北西 二〇一二、二〇一三、二〇一五a）。二〇世紀になると、ドイツ、フランス、イギリスの民族学者（多くは宣教師でもあった）が現地をおとずれてピグミーの調査をするようになった（北西 二〇一五b）。そのなかでもっとも著名なのが一九二〇～三〇年代にコンゴ盆地東部のイトゥリの森で調査をおこなったパウル・シェベスタ神父である（Schebesta 1933）。ただし、シェベスタは農耕民の村に滞在し、そこにピグミーを呼びだしてインタビューをしていたようである。ターンブルが批判しているように、農耕民がいるところとそうでないところではピグミーはまったく異なる態度をしめすことを考えると、シェベスタの調査方法には問題があったといえる（市川 二〇〇一）。

人類学的なフィールドワークにもとづく本格的な研究は、一九五〇年代になってターンブルによって端緒がひらかれた。彼はムブティの文化や森での生活を「村の世界」と「森の世界」のあざやかなコントラストのなかで描きだしたのであった（Turnbull 1961）。ちょうどそのころ、ピグミーについてまとまった記述のあるものではおそらく日本で最初の本である伊谷純一郎の『ゴリラとピグミーの森』(一九六一)が出版されている。一九七〇年代になると、原子令三、丹野正、市川光雄、寺嶋秀明らがコンゴ盆地東部のムブティやエフェのもとで生態人類学的な研究を開始した。おなじころ、ロバート・ベイリーらがエフェの研究をはじめ、コンゴ盆地西部では、フランスのバユシェらや、アメリカのバリー・ヒューレットらが、それぞれアカの研究を開始した(Ichikawa 2004; Bahuchet 2014)。

日本人による初期のピグミー研究は、ほかの狩猟採集民の研究と同様、人類進化史を解明することを主たる目的としてかかげており、その生態や社会構造に関心が向けられていた(市川 二〇〇一)。ただ、それにくわえて、自然環境と生業の相互関係、交換や分配の経済、動植物についての知識、食にかかわる文化、宗教、遊びといった幅ひろいテーマについて研究がおこなわれてきた。一九八〇~九〇年代には、澤田昌人がエフェの宗教世界について、竹内潔と北西功一がアカの生態や経済、農耕民との関係などについて研究をはじめている。コンゴ民主共和国(当時ザイール)やコンゴ共和国の政情が悪化した一九九〇年代になると、それまで焼畑農耕民の研究をしていた佐藤弘明と木村大治がカメルーンでバカを対象とする研究を開始した。以降、私をふくめて二〇人をこえる大学院生がカメルーン東南部でフィールドワークをおこなってきた。『森棲みの生態誌』(木村・北西編 二〇一〇a)と『森棲みの社会誌』(木村・北西編 二〇一〇b)には一九九〇年代から二〇〇〇年代になされたバカにかんする研究成果が多数収録されている。

3……カラハリ・ディベート

狩猟採集民研究の中核にあった人類進化史の再構築という目論見の根拠は、その進化史の大部分において人類は狩猟採集民であったという事実におかれていた。三〇万～二〇万年前のホモ・サピエンスの出現を起点とすれば、およそ一万年前に農耕が起源するまで、人類史の九五％の期間において、すべての人類は狩猟採集生活をおくってきたことになる(ホモ属の出現を起点とするなら九九％をこえる)。それゆえ、人類がその進化史をとおして獲得してきた特性を色濃く残しているはずの狩猟採集民の諸特徴をあきらかにすることは人間の本性を知ることにつながる、というわけである。現代アフリカにおける狩猟採集民の二大グループである、南部アフリカ・カラハリ砂漠のサンと、中部アフリカ・コンゴ盆地のピグミーについても、そのような目論見のもとで研究がすすめられたのであった。

ところが一九八〇年代になって、その目論見は見当ちがいではないか、という主張があらわれはじめた。その発端となったのは、サンの社会が「真正」な狩猟採集社会であるかどうかをめぐってなされた、カラハリ・ディベートとよばれる論争である(Schrire 1980, 1984; Wilmsen 1989; Solway and Lee 1990; Wilmsen and Denbow 1990; Kent 2002; 池谷 一九九六、二〇〇四)。エドウィン・ウィルムスンらの批判するところによれば、ジョージ・シルバーバウアー、リチャード・リー、田中二郎ら「伝統主義者」たちの観察した現代のサンは、ヨーロッパ人とバントゥー系農耕民を中心としてアフリカ南部に形成されていた政治経済システムの底辺に位置づけられる人々なのだという(Wilmsen 1989; Wilmsen and Denbow 1990)。したがって、彼らの社会は旧石器時代から自律的に存続してきた「真正」な狩猟採集社会ではなく、すぐれて現代的な社会だと考えるべきだというのである。ようするに、現代の狩猟採集民を研究したところで、農耕以前のアルカイックな狩猟採集民について知ることにはならないし、人間の本性を知ることにもならない、というわけである。むろん「伝統主義者」とよばれて批判された研究者たちも反論し、激しい論争がまきおこったのであった（池谷 一九九六、二〇〇四）。

結局、落としどころは中庸にあるのだろう。「伝統主義者」として批判された研究者の見解をすべての狩猟採集民に一般化できないのと同様に、ウィルムスンら「修正主義者」の見解をすべての狩猟採集民に一般化することもできないだろう。現代の狩猟採集民のなかに、アルカイック社会の文化や社会構造を解明するためのヒントを探ることも可能だろうし、近年になって構築されたものとして解釈すべき部分もあるにちがいない。ただ、「修正主義者」による問題提起によってあきらかになったのは、現代の狩猟採集民の研究がアルカイック社会の理解や人類進化史の再構成につながることがあるにしても、それは、彼らの社会の諸特徴のどの部分が自然史的時間軸のなかで形成されたものであり、どの部分が近隣社会との交流や、国家・広域交易網・世界システムへの編入をとおして構築されたものであるか、すなわち世界史的時間軸のなかで改変されてきたものであるかについて慎重に検証したうえで、はじめて可能になるということである。

カラハリ・ディベートは、まさに狩猟採集民研究の存立にかかわる論争であり、サン研究にとどまらず、世界各地の狩猟採集民の研究に波及していった。そして、近年まで孤立した狩猟採集民だったと考えられてきた人々が、じつは古くから近隣農耕民との交易に生計を依存していた（Headland and Reid 1989）といった議論がたくさんなされるようになった。カラハリ・ディベートは、狩猟採集民の「真正性」を問うことで、自然史的時間軸から世界史的時間軸へ、というパラダイムシフトをひきおこしたのである。

2 ワイルドヤム・クエスチョン

1……熱帯雨林で完全な狩猟採集生活は可能か？

コンゴ盆地の熱帯雨林では、一九七〇年代から日本やアメリカ、フランスの研究者による定量的な記述と分析をふくむ生態人類学的なピグミー研究がなされてきた。そのころすでに研究者のあいだでは狩猟採集社会の「ゆたかさ」は常識となっていたはずである。コンゴ盆地の熱帯雨林には進化の隣人であるチンパンジーやボノボ、ゴリラも分布しているし、そもそも熱帯雨林には多種多様な動植物が生きており、巨大なバイオマスが存在している。この地球上でもっともゆたかな生態系には、人間が食べることのできる食物も豊富にあるだろう。たしかに、こんにちピグミーをはじめとする「森の民」は、森林産物との交換や労働提供の対価として農産物を入手するなどして、近隣農耕民と共生関係を築いている。しかし、そのような共生関係が構築されたのは、たかだか数十年ないし数百年前のことであって、それ以前には独立して狩猟採集生活をおくっていたにちがいない。多くの研究者のあいだで狩猟採集社会のゆたかさが常識となっていた一九八〇年代には、こういった考えが暗黙の前提となっていた（Bailey et al. 1989）。

しかし、そこが盲点ではないか。これがワイルドヤム・クエスチョン（ＷＹＱ）の着想だった。一九八〇年代になって、熱帯雨林は人間にとってかならずしも豊穣の地とはいえないのではないか、という主張があらわれはじめていた。熱帯雨林のバイオマスはきわめて大きいとはいえ、その大部分は人間の食用にはならない樹木の木質部分である。生物多様性が高いとはいえ、栄養価の高い果実や芋類は、疎らに分散しているうえに、林冠や地中にあって収穫に相当の労力を要する。とくにカロリー源が問題になる。熱帯雨林には、野生ヤマノイモや果実、種子、蜂蜜、食用昆虫、動物の脂肪などのカロリー源食物があるが、それらは生産量の季節変異が大きく、一年をとおしてみると、利用できるカロリー源食物が極端に減少する時期がある。

トーマス・ヘッドランド（Headland 1987）やロバート・ベイリーら（Bailey et al. 1989）は、カラハリ・ディベートに端を発した狩猟採集民の真正性を再検討する潮流のなかでしだいに増加してきたこうした見解を総括して、熱帯雨林では、野生の食物資源のみに依存する「完全な狩猟採集生活」を年間をとおしておこなうことは不可能ではないか、という仮説を提起したのであった。この問題提起にさいして、彼らは東南アジアやアフリカ、南アメリカの熱帯雨林に住んでいる狩猟採集民を対象とする数多くの民族誌や考古学的研究を渉猟しているが、農作物に依存することのない、狩猟採集のみによる生活が年間をとおして可能であることを、じゅうぶんな証拠をもとにしめしている研究は皆無であったという。はんたいに、狩猟採集民とされる人々が近隣農耕民との交流や商人との取引をとおしてかなりの食物を入手しているという報告は、ピグミーにかんするものをふくめて枚挙にいとまがなかった。この文献渉猟の結果は、熱帯雨林の狩猟採集生活（のようにみえる生活）は、それをおぎなう相当量の農作物の利用を前提として存立しうるのではないか、つまり、森を伐り開いて食糧生産をおこなう農耕民の進入こそが熱帯雨林における人間の生活の端緒となったのではないか、という疑念を喚起するにはじゅうぶんであろう。とりわけヘッドランドは、野生ヤマノイモ（wild yam）がこの疑問を解決するための鍵となるカロリー源食物であり、そのアベイラビリティ（利用可能性）の検証が必要であると指摘した。彼自身は、完全な狩猟採集生活の基盤となるには野生ヤマノイモの現存量はじゅうぶんでないと考えており、みずからの問題提起を「ワイルドヤム・クエスチョン」と表明したのであった。

なお、狩猟採集社会の真正性を問う点においてWYQはカラハリ・ディベートと軌を一にするが、議論された争点に相違がある。カラハリ・ディベートでは、さまざまな外部社会の影響を受けてきたとされる現代のサン社会が、アルカイック社会の要素を保持しているかどうかが争点となった。つまり、彼らが生活しているサバンナという生態環境で狩猟採集生活が存立可能かどうかは争点ではなかった（そもそも人類はサバンナで進化したのである）。したがって、サン社会にたいする外部要因の影響を同定するための考古学資料や歴史資料の解釈について論争がなされた。それにたいして、ピグミー（や熱帯雨林の狩猟採集民）にかかわる論争では、狩猟採集生活の生態基盤の有無という生態学的な論点が重視され、熱帯雨林において狩猟採集生活が存立可能かどうかが主たる争点となった。真正性をめぐる論争を端緒とする狩猟採集民研究のパラダイムシフトは、ピグミー研究の文脈においては、むしろ生態への関心を強める方向に作用したといえる。

2……コンゴ盆地の熱帯雨林

こうしてWYQによって人間の生活の場としての熱帯雨林のイメージは、かたや、人々がありあまる資源を享受している豊饒の地であるとされ、かたや、農作物の補充なくして人間が生きることのできない極限の地ではないかと、両極端に引き裂かれたのであった。

ところで、そもそも「熱帯雨林」とは、どのような森なのだろうか。「熱帯雨林」という言葉は専門的な文献でも一般書でもよく使用されるが、その意味内容はかなりの幅をもっている。そこで、ピグミーを対象とするWYQの論争を整理するまえに「熱帯雨林」とはどのような森であるかを確認しておこう。

周知のとおり、ケッペンの気候区分の一つに「熱帯雨林気候」がある。その条件は、①最寒月平均気温が摂氏一八度以上、②年降水量が乾燥限界以上、③最少雨月降水量が六〇ミリメートル以上、の三つである。ティモシー・ホイットモア（一九九三）の『熱帯雨林総論』では、これに則って熱帯雨林を定義しており、条件①〜③をすべて満たす熱帯多雨林（tropical rain forest）と、条件③を満たさず数か月の乾季（月降水量六〇ミリメートル未満の月）のある熱帯季節林（tropical monsoon forest）に区分している。ただ、現実的には両者の境界を確定するのは困難であり、それらを包括して熱帯湿潤林（tropical moist forest）とよぶことがあると述べている。

しかし、アフリカの文脈で熱帯雨林に言及する場合には、ケッペンの気候区分は使いづらい。なぜなら、コンゴ盆地の森林地域の大部分では数か月の乾季があり、したがってアフリカには熱帯雨林気候に相当する地域（ホイットモアのいう熱帯多雨林）がほとんどないからである。それにもかかわらず、一般向け図書であれ学術的文献であれ、コンゴ盆地の森を「熱帯雨林」とよぶのが一般的であり、わざわざ「熱帯雨林気候／熱帯多雨林でない」ことを強調して、熱帯季節林や熱帯湿潤林とよぶことは稀である。アフリカの文脈に即した例としては、クロード・マーティン（Martin 1991）が『The Rainforests of West Africa』のなかで、植生景観のちがいに依拠して西アフリカの「熱帯雨林」を四つの類型に分類している（門村 一九九二）。まず、熱帯雨林は、構成樹種にもとづいて常緑樹林と半落葉樹林に分類され、さらに湿潤の度合いによって、それぞれ二つに細分される。常緑樹林は、年降水量一七五〇〜二〇〇〇ミリメートルかそれ以上の多湿常緑樹林（wet evergreen forest）と、一五〇〇〜一七五〇ミリメートルの湿潤常緑樹林（moist evergreen forest）に区分され、半落葉樹林は、年降水量一二五〇～一七五〇ミリメートルの湿性半落葉樹林（moist semi-deciduous forest）と、一二五〇～一五〇〇ミリメートルの乾性半落葉樹林（dry semi-deciduous forest）に区分される。このうち多湿常緑樹林において植物の種数が最も多くなるが、樹高五〇メートルをこえる巨大高木は湿性半落葉樹林に多く出現するという。この分類はアフリカの気候の特徴とじっさいの森林の景観にもとづくものであり、カメルーンの森林を記述するさいにも実用的だといえる。

ＦＡＯ（国際連合食糧農業機関）による『Global Ecological Zoning for the Global Forest Resources Assessment 2000』では、熱帯雨林について、年間をとおして平均気温が一八度以上であり、年降水量がしばしば二〇〇〇ミリメートル以上（すくなくとも一五〇〇ミリメートル以上）で、乾季はないか、せいぜい三か月以内の地域に分布する森林と定義している（Simons et al. 2001）。この定義であれば、コンゴ盆地には熱帯雨林が広く分布していることになる。

降水パターンや気温など非生物的環境によって規定するのではなく、じっさいの生物相の特徴にもとづく分類としては、ＷＷＦ（世界自然保護基金）が策定したエコリージョンがある（Olson et al. 2001）。世界中に八六七のエコリージョンが認定され、それらは一四のバイオームに分類される。そのバイオームの一つが、熱帯・亜熱帯湿潤広葉樹林（tropical and subtropical moist broadleaf forests）である。そこでは気温の変動が小さく、年降水量はおおむね二〇〇〇ミリメートルをこえる。地球上でもっとも種の多様性が高いバイオームであり、一平方キロメートルあたり一〇〇〇種をこえる樹木が生えていることがある。アフリカ大陸ではその大部分がコンゴ盆地に位置しており、北東コンゴ低地林、北西コンゴ低地林、中央コンゴ低地林、西コンゴ川湿地林、東コンゴ川湿地林、大西洋沿岸赤道林などのエコリージョンが認定されている。これらをあわせた地域は、ＦＡＯの定義

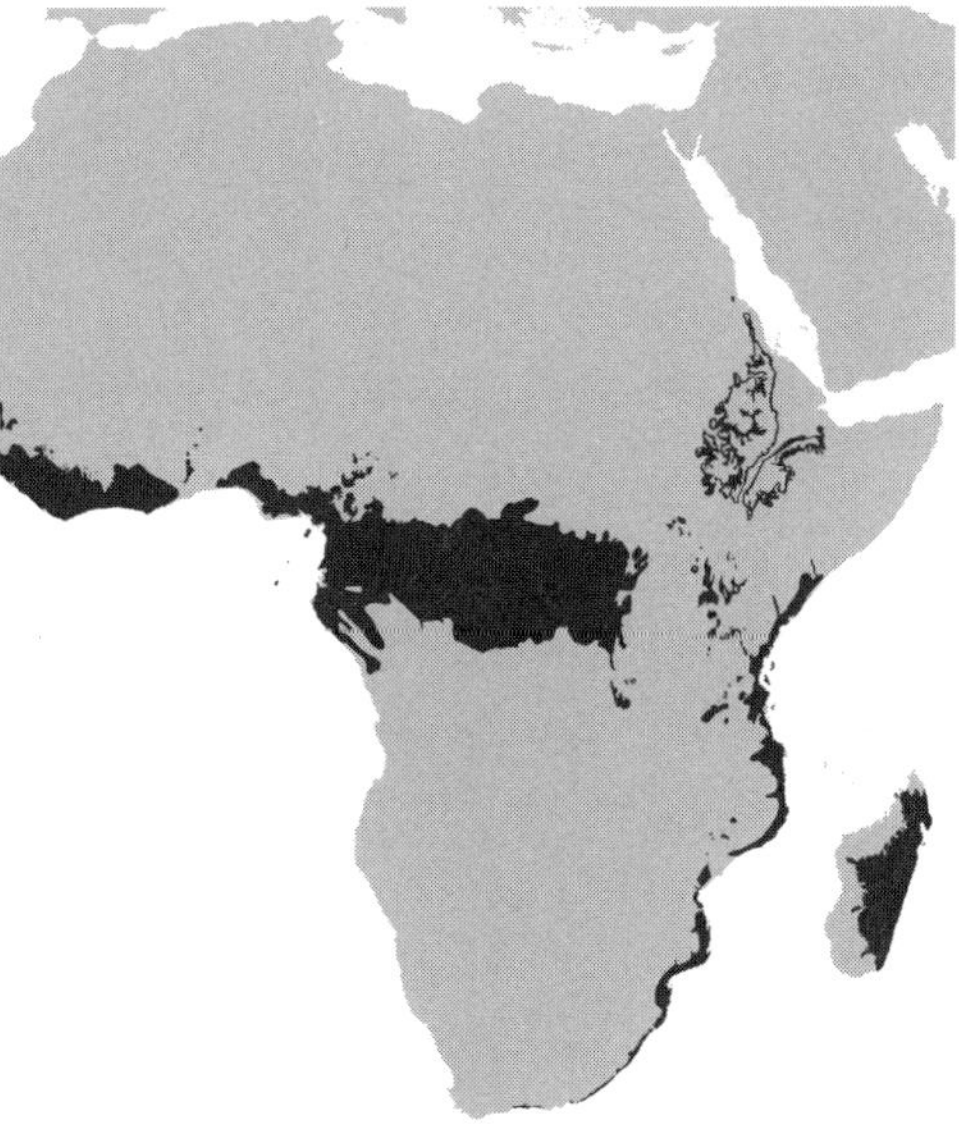

図1-3　エコリージョン（Olson et al. 2001）にもとづくアフリカの熱帯・亜熱帯湿潤広葉樹林の分布　アフリカにおける熱帯・亜熱帯湿潤広葉樹林の分布は、一般に「熱帯雨林」とよばれる森林の分布とおおむね一致するが、アジアにおいては中国南部の亜熱帯地域の森林もこのバイオームにふくまれる。

する「熱帯雨林」のコンゴ盆地における分布より、やや狭い範囲になる。さまざまな媒体でコンゴ盆地の「熱帯雨林」として言及されているのは、この熱帯・亜熱帯湿潤広葉樹林と考えてよいだろう（図1―3）。

＊＊

WYQを提起したヘッドランドと同様の問題提起をしたベイリーらがそれぞれ念頭においている「熱帯雨林」も、かなり異なるものであった（Headland and Bailey 1991）。ヘッドランドは、年降水量四〇〇〇ミリメートル以上で、三年のうち二年は月降水量一〇〇ミリメートル未満になる月がない森林を「熱帯雨林」としている（Headland 1987）。そのような森の分布は、ケッペンの気候区分の熱帯雨林気候やホイットモアのいう熱帯多雨林よりさらに限定されている。他方、ベイリーらは、熱帯すなわち南北回帰線のあいだにあって、最低気温が氷点下にならず、年降水量が一〇〇〇ミリメートル以上の地域にある常緑林および半落葉樹林としている（Bailey et al. 1989）。この条件にあてはまる森林は、ホイットモアのいう熱帯湿潤林やマーティンの四類型すべてをふくみ、FAOの定義では熱帯雨林の周辺に分布する熱帯湿潤落葉樹林（tropical moist deciduous forest）もふくんでいる。各々が想定している「熱帯雨林」にこのような相違があるのは、ヘッドランドは降水量のかなり多いフィリピンの森をフィールドとしており、ベイリーらは一部をのぞいて年降水量が三〇〇〇ミリメートルに満たず、二〇〇〇ミリメートル未満の地域も多いコンゴ盆地をフィールドとしてきたことによるものだろう。WYQの学説史的な観点からいえば、まずヘッドランドが狭い意味での「熱帯雨林」における狩猟採集生活の存立可能性について疑義を呈し、ついでベイリーらが広い意味での「熱帯雨林」においても同様の問題が検証されるべきだと主張した、ということになる。

私の意見を述べておくと、ヘッドランドの定義は狭すぎるし、ベイリーらの定義は広すぎる。本書でたびたび言及するピグミー諸民族をみると、バカやアカの分布する北西コンゴ低地林でも、ムブティやエフェの分布する北東コンゴ低地林でも、月降水量が六〇ミリメートル以下になる乾季が数か月ある。とはいえ、ベイリーらのいう森林には、それらよりずっと乾燥した半落葉樹林もふくまれる。以上をふまえて本書では、「熱帯雨林」という語によって、WWFのいう熱帯・亜熱帯湿潤広葉樹林、FAOのいう熱帯雨林、ホイットモアのいう熱帯湿潤林、あるいはマーティンのいう多湿常緑樹林から湿性半落葉樹林あたりに相当する森林をさすことにする（おおむね図1―3にしめした範囲である）。

⁂

WYQの検証にかぎらず熱帯雨林と人間の関係について考えるときには、熱帯雨林の分布そのものが大きく変動してきたことも念頭においておく必要がある。古生態学的な研究によれば、アフリカ大陸の熱帯雨林は、中央・南アメリカや東南アジアとくらべて地球規模の気候変動の影響を受けやすかったようである。七万年前から一万年前にかけての最終氷期には、寒冷化・乾燥化のために森林分布は著しく縮小していた。もっとも乾燥していた時期（Last Glacial Maximum, 二万五〇〇〇～一万五〇〇〇年前）には、コンゴ盆地の大部分が植生のまばらなサバンナになっており、森林は、西アフリカからカメルーン、ガボンあたりのギニア湾岸、コンゴ川水系の湿性地などに避難地（refuge）として残存するのみであったと考えられている（Adams and Faure 1997; Maley et al. 2018）。その後、およそ一万年前からは気候が温暖化・湿潤化し、八〇〇〇年前から五〇〇〇年前ころまでは現在より広い地域が熱帯雨林に覆われていた。ジャン・マレイら（Maley et al. 2018）によれば、四〇〇〇年前ころ、気候変動にともなうギニア湾岸の海面温度の低下と降水量の減少によって、コンゴ盆地北部と南部の熱帯雨林周辺部で森林が退縮してサバンナ化がすすんだという。二五〇〇～二〇〇〇年前には、はんたいにギニア湾岸の海面温度が急上昇した結果、降水の季節性が強くなり、また豪雨の増加による土壌侵食が広い範囲に生じたために、森林が大規模に撹乱され、植生遷移が滞っていたという。とりわけ現在は森林に覆われているカメルーン東部、中央アフリカ共和国南西部、コンゴ共和国北部あたりのサンガ川流域ではその影響が大きく、森林が断片化していたということである（Maley et al. 2018）。

このような熱帯雨林分布の変遷は、そこに住む人間の生活にも大きな影響をおよぼし、人間集団の移動や隔離の要因になったと考えられる。先述のように、ピグミーは、アフリカの他集団から七万年前に分岐したと推測されているが、それは最終氷期がはじまった時期である。また、コンゴ盆地東部のピグミー（ムブティやエフェなど）とコンゴ盆地西部のピグミー（バカやアカなど）は二万年前に遺伝的に分岐したと推測されているが、それはコンゴ盆地の森林がもっとも縮小していた時期である（Verdu 2014）。もちろん、農耕民の移動にも影響したはずである。コエン・ボストアンら（Bostoen et al. 2015）は、生物地理学、古花粉、地質学、歴史言語学、考古学などの知見をレビューしたうえで、四〇〇〇年前の森林の退縮はコンゴ盆地への農耕民の進入にはそれほど影響しなかったと思われるのにたいして、二五〇〇〜二〇〇〇年前の森林の分断は、その時期にコンゴ盆地各地の遺跡で鉄器と土器がみつかりはじめる（Maley 2001）ことなどもあわせて考えると、バントゥー系農耕民がコンゴ盆地に進入してくる回廊となった可能性があると論じている。

3……コンゴ盆地東西におけるワイルドヤム・クエスチョン

ワイルドヤム・クエスチョンに話をもどそう。

ヘッドランドやベイリーらは問題提起のために数多くの研究を渉猟して引用しているが、その大部分は、年間をとおして完全な狩猟採集生活が可能であることを証明するには不十分である、という文脈で参照されている。逆にいえば、完全な狩猟採集生活が不可能だという主張を積極的に展開している研究も、それほど多くない。コンゴ盆地の森をフィールドとする研究では、テレーズ・ハートとジョン・ハートの研究（Hart and Hart 1986）と、ベイリーとナディン・ピーコックの研究（Bailey and Peacock 1988）があったのみである。

ハートらは、ムブティの分布するコンゴ盆地東部のイトゥリの森で、野生食物資源のアベイラビリティにかんする研究をおこなった。その結果、主たるカロリー源となりうる野生植物の果実や種子は、乾季から雨季のはじめにかけてのすくなくとも五か月間はじゅうぶんな収穫を期待できず、不足するカロリーを蜂蜜や獣肉などによって補うことも困難であると指摘した（Hart and Hart 1986）。ハートらによれば、蜂蜜は季節性が強く、またその生産量が相関する蜜源植物の開花量は年変動が大きいことから、安定したカロリー源として期待することはできないし、野生動物は年間をとおして利用できるものの、長期間にわたってタンパク質をカロリー源として代謝するのは生理学的に問題がある（Speth and Spielman 1983）。野生ヤマノイモの分布は疎らで、芋は小さく、採集するのに骨が折れ、そして不味い、とハートらは述べている。さらにもっとも重要な点として、野生ヤマノイモは原生林では生育せず、焼畑休閑地など林縁部のかぎられた場所に分布することから、熱帯雨林での狩猟採集生活をささえる食物にはならない、と指摘している。そのうえで、イトゥリの原生林では近年まで人間が居住していなかった可能性が高い、と主張したのであった。

それでは、このような食物条件の厳しい季節に、ムブティたちはどのような生活をしているのだろうか。市川によれば、この時期、ムブティたちは毎日のように網猟をする（市川 一九八二）。ただし、獲物の半分ほどは近隣農耕民から農作物を入手するのにあてられ、結果的に、彼らのカロリー摂取量の六〇％以上が農作物によってまかなわれる（Ichikawa 1983）。ヘッドランドやベイリーらの説にしたがうならば、ムブティは、このようなかたちで農耕民との共生関係を構築することによって、熱帯雨林で生活できるようになったことになる。

おなじくコンゴ盆地東部に分布するエフェの食物獲得にかんする研究をしたベイリーとピーコックによれば、エフェたちはカロリーの六四％を農作物から得ており、野生植物由来の食物は、たかだか一四％を供給しているにすぎないという（Bailey and Peacock 1988）。農作物のうち、六八％が近隣農耕民レセへの労働提供の対価として、二七％が放棄された畑からの採集（土地の所有者である農耕民にとっては「盗み」であることが多い）によって、七％が動物や果実・種子などとの交換によって得られたものであった。この地域では三か月程度の明瞭な乾季があり、ハートらの調査地とくらべて野生ヤマノイモが生育しやすいと思われる。しかし、ベイリーらの研究では野生ヤマノイモへの言及はとくになく、主たる食物としては利用されていないようである。

さらにベイリーとピーコックは、食料欠乏時におけるエフェたちの対応の奇妙さについて指摘している。一九八三年の後半、いくつかの悪条件が重なり、彼らの調査地は農作物の不作による著しい食物不足に見舞われた。それへの対応として、まず、労働の対価として農耕民レセからエフェにわたされる農作物の量が減少した。ところがエフェたちは、野生食物の探索時間を増やしはしたものの、腹を空かせながらレセの集落近辺にとどまっていた。いよいよエフェにまわってくる農作物が枯渇してくると、彼らは関係の深いレセの家にころがりこんだり、まだ余剰のあるほかの村へ一時的に移住したりしたのである。ベイリーとピーコックは、このような緊急事態においてもエフェたちが森のキャンプに生活拠点を移さないのはどうしてだろうか、と疑問を投げかける。そして、先述した食物調査の結果とあわせて、たかだか数週間でさえ、エフェたちは森林のなかで野生の食物のみに依存して生活しようとはしないし、これまでもしてこなかったのではないか、そして、そもそもそのような生活は不可能なのではないか、と主張したのであった。

＊＊

ヘッドランドやベイリーらによる問題提起をうけて、Human Ecology誌にてＷＹＱにかんする特集が組まれ、世界各地の熱帯雨林で狩猟採集民の研究をしてきた研究者からさまざまな反論がよせられた（Bahuchet et al. 1991; Brosius 1991; Dwyer and Minnegal 1991; Endicott and Bellwood 1991; Stearman 1991）。このうち唯一のアフリカの例であるバユシェらの反論を紹介しよう。彼らは、コンゴ盆地西部、中央アフリカ共和国南西部のアカを対象とした民族誌的研究をふまえつつ、野生ヤマノイモの分布についての知見にもとづいて反論を展開した（Bahuchet et al.

1991)。

まずバユシェらは、ハートらがサバンナのような乾燥地域で生育する野生ヤマノイモしか念頭においていない点を批判している。そのうえで、コンゴ盆地西部には光条件の悪い森林内でも生育する野生ヤマノイモがあると指摘し、アネット・ラディックらによる研究（Hladik et al. 1984）を参照しながら、その現存量を一ヘクタールあたり一〜四キログラムと推定している。平均的なアカの集団が遊動しながら利用する森林は二万五〇〇〇ヘクタール程度なので、一ヘクタールあたり二キログラムとすれば、その範囲には五万キログラムの野生ヤマノイモがあるという試算になる。

アカの平均的な集団サイズは二六人なので、その消費量は多めに見積もっても一日あたり二六キログラム、年間で九四九〇キログラムあればじゅうぶんである。つまり、現存量の二〇％を一年で収穫する程度の利用圧で、アカたちに必要なカロリーをまかなうことができる。逆にいえば、五年に一度おなじ土地で野生ヤマノイモを収穫することになる。このインターバルで野生ヤマノイモの現存量を維持できるかどうかは重要な問題であるが、この点にかんするデータはない。しかしハートらの想像よりはるかに多くの野生ヤマノイモがあることはたしかであり、それを根拠にバユシェらは、コンゴ盆地西部では完全な狩猟採集生活が存立しうると主張したのであった。

さらにバユシェらは、農耕民とピグミーの共生関係の起源についても言及し、各々において不足しがちな食物を補完するという経済的有益性のみに依拠して両者の共生関係が構築されているわけではないことを強調している。そもそも農耕民の多くは狩猟や採集の知識と技能をもっているし、こんにちではピグミーの多くも農耕の知識と技能をもっている。しかしながら、農耕民は、自分たちで動物を獲ることと、ピグミーから獣肉を入手することには異なる意味づけをしており、ピグミーもまたしかりである。だからこそ両者は分業的な共生関係を維持しつづけている、というわけである。

このバユシェらの論文は、民族誌的ないし生態人類学的な観点からなされたWYQにたいする反論のなかで、ベイリーとヘッドランドがもっとも評価したものであった。ただ一点だけ、この反論に不十分にみえるところがあるとすれば、それは、アカたちが野生ヤマノイモに依存する生活をおくることが生態学的に可能であると主張する一方で、じっさいにはそのような生活を観察しているわけではない、という点であろう。しかし、この点についてバユシェらを批判するのは酷である。民族誌的研究や生態人類学において注目してきたのは、どのような食物を、いつ、どこで、どれだけ、どのように獲得し、消費しているかという人々の生活実践であり、その範囲をこえて特定の食物資源のアベイラビリティを実験的に検証することは、そもそもほとんどなかったからである。バユシェらにしてみれば、想定外の問題提起にたいして、ありあわせのデータをブリコラージュ的にもちいて反論した、といった手合いだったのではないだろうか。

3 ピグミーの生態をめぐる論点

1……三つの論点

バユシェらのものをふくむHuman Ecology誌の特集に寄せられた論文にたいして、ベイリーとヘッドランド

（Bailey and Headland 1991）は再反論をおこなった。そのなかで彼らは、反論の大部分が定量的データによる裏づけの乏しいものであり、逸話的な事例を連ねた修辞的な立論に終始していると批判した。ＷＹＱが実証的な研究を促すための帰無仮説のようなものだとすれば、それにたいして、熱帯雨林において完全な狩猟採集生活は不可能だという証拠もないではないかと反論するのは、たしかに不毛であろう。

とはいえ、すくなくともコンゴ盆地の熱帯雨林については、バユシェらが定量的データに依拠して反論したことにより、論点が明確になったといえる。ベイリーとヘッドランドによるバユシェらへの再反論をふまえると、つぎの三つの論点に整理できる。

① 広域における野生ヤマノイモの分布密度。バユシェらが依拠しているラディックらによる野生ヤマノイモ分布の推定は、コンゴ盆地の熱帯雨林におけるほとんど唯一の定量的データとして価値があるとはいえ、わずか数ヘクタールの小さな調査区における結果である。これは、より広い地域に外挿して野生ヤマノイモの現存量を推定するには小さすぎる。広域に分布する野生ヤマノイモの現存量を高い精度で推定するためには、緻密な計画にもとづく生態学的研究が必要である。

② 野生ヤマノイモに依存する生活の実現可能性。バユシェら自身も指摘していることだが、野生ヤマノイモの現存量の二〇％を一年間に消費するような生活が持続可能なのだろうか。その利用圧では、野生ヤマノイモが枯渇してしまわないだろうか。また、野生ヤマノイモの現存量がじゅうぶんだとしても、それを探して掘りだしてキャンプへ運んで料理するという一連の作業を、日常生活のなかで無理なく継続できるだろうか。それは農耕民との接触以前のように鉄器がない条件でも可能だろうか。こ

ういった疑問点に答えるためには、野生ヤマノイモに依存する生活を実験的に再現して検証するようなアプローチが必要だろう。

③ 熱帯雨林の「真正性」。ある地域に野生ヤマノイモがじゅうぶんに存在しているとして、そこは真正な熱帯雨林といえるのか。ハートらの指摘のように、野生ヤマノイモはおもに焼畑休閑地に生育しているのではないか。現在その場所が熱帯雨林だからといって、過去にも農耕活動の影響が皆無だったといえるのか。これらの疑問に答えるためには、農耕活動（ベイリーとヘッドランドによれば、栽培植物であれ半栽培段階の植物であれ、それらの生育を補助する明確な意図のもとでの森林伐開をともなう活動）や、その痕跡が存在しない熱帯雨林を対象として、野生ヤマノイモやほかの野生食物資源のアベイラビリティを検証しなければならない。

これらのうち第一と第二の論点は、じゅうぶんな研究資本があれば検証可能であろう。じっさい、バカを対象として佐藤弘明らによる研究がすすめられてきた（Sato 2001, 2006, 2014; Sato et al. 2012, 2014; 佐藤ら二〇〇六；佐藤二〇二〇）。それにたいして第三の論点は、このままのかたちでは現実的に検証することが困難である。この点については後述するとして、まず第一と第二の論点にかかわる研究をみていこう。

2……アカの狩猟採集生活

ＷＹＱをめぐる初期の論争が一段落したころ、それまでコンゴ盆地東部に偏っていた日本の生態人類学者がコンゴ盆地西部でもフィールドワークを開始し、アカやバカの食物資源の利用について定量的データが蓄積されはじめていた。とくに北西功一は、コンゴ共和国北東部に分布しているアカの食物獲得の季節変化について詳細に記述している。ただ、北西はWYQに直接反論するようなかたちで論考をすすめているわけではないので、ここでは北西のデータを再解釈しながら、WYQへのインプリケーションをひきだしてみたい。

北西によれば、森のキャンプに滞在しているあいだ、アカたちは一日に一八一九キロカロリー（大人一人一日あたりの値。以下同様）を摂取している。内訳は多い順に、野生動物二七％、（再野生化したアブラヤシを含む）農作物二二％、野生ヤマノイモ一七％、野生ナッツ一七％、蜂蜜一五％、その他二％で、全体の七八％（一四九〇キロカロリー）が野生の動植物からのものであった（Kitanishi 1995: 116–117, 表1—1）。

一九九一〜九二年に北西が調査した六か所のキャンプが設けられた時期は、一年の季節変化、すなわち乾季から雨季全般をふくんでいることから、年間をとおしての食物資源のアベイラビリティを検討することができる（一二月〜二月が乾季、三月〜一一月が雨季である）。まず注目すべき点は、野生ヤマノイモと野生ナッツは収穫量の季節変化が比較的小さいのにたいして、野生動物（脊椎動物）、農作物、蜂蜜の季節変化が大きいことである。野生ヤマノイモと野生ナッツは年間をとおしてあわせて六〇〇キロカロリーに相当する量が収穫されているのにたいして、野生動物は一二〇〜一二〇〇キロカロリー、蜂蜜は二〜七三〇キロカロリー、農作物は〇〜一二五〇キロカロリーと、大きな変異をしめている。

蜂蜜は、乾季後期から収穫がはじまり、雨季前期から中期に収穫量が最大になって、雨季後期まで収穫されている。一方、雨季末期から乾季前期のあいだには、ほとんど収穫されていない。これは蜂蜜の収穫量が蜜源植物の開花と対応しているからであろう。野生動物については、おもな獲物は罠で捕獲するダイカー類であり、

表1-1　コンゴ共和国北部のアカの森のキャンプにおける食物カテゴリーごとの1人1日あたりのカロリー供給（Kitanishi 1995, Appendix 1から作成）

	キャンプ1	キャンプ2	キャンプ3	キャンプ4	キャンプ5	キャンプ6	全キャンプ
	雨季末期	乾季前期	乾季後期	雨季前期	雨季中期	雨季後期	
滞在人・日	312.0	1251.5	189.0	130.0	610.5	667.0	3160.0
野生動物	151.1	701.3	105.6	1125.6	400.7	267.1	478.8
農作物	0.0	478.0	1245.6	0.0	389.8	297.8	404.5
野生ナッツ	421.3	368.5	549.1	408.6	359.0	40.6	315.1
野生ヤマノイモ	352.0	355.7	185.9	252.9	197.9	338.5	306.9
蜂蜜	1.9	21.2	214.8	730.3	697.9	399.4	270.6
野生葉菜	21.6	36.2	50.4	31.3	32.3	14.4	30.1
無脊椎動物	0.2	0.2	10.6	1.6	27.1	3.5	6.8
きのこ	0.1	0.2	45.0	0.5	7.2	0.0	4.2
魚	13.3	0.1	17.0	0.0	0.0	0.0	2.3
計	961.4	1961.3	2423.9	2550.8	2111.9	1361.4	1819.2

滞在人・日は、大人に換算した値。0〜2歳は0、2〜12歳は0.5としてある。野生ヤマノイモには *Dioscoreophyllum cumminsii* をふくむ。表中の食物のほかに野生果実が収穫されているが、単位重量あたりのカロリー供給が不明である。なお、Kitanishi（1995）では各サイトを「Camp」ではなく「Period」と記している。

個体数は大きく変動するものではない。しかし、ごく短期でみればまったく獲れないこともある。したがって捕獲数の変化は、アカたちの狩猟にたいするモチベーションや、キャンプ地周辺の動物の生息密度のちがいなどもふくめた、狩猟に内在する偶発性・不確実性と考えたほうがよいだろう。農作物は、農耕民との関係にもとづいて年間をとおして利用できるが、村との距離や交換する森林産品の入手可能性によって利用できるかどうかが影響される。また、野生動物と蜂蜜の収穫量が少ないときに不足分をおぎなう役割をはたしうる。

相対的に季節変化の小さかった野生ナッツは、年によって結実量が大きく変動することがある。北西が調査をした六つのキャンプのうち五か所では、アカたちは大量の野生ナッツを収穫し、三五〇〜五五〇キロカロリーを獲得している。そのうち重量にして八六％が、イルヴィンギア（*Irvingia gabonensis*）の果実の仁（ナッツ）である。ところが雨季後期のキャンプ6では*Irvingia gabonensis*が果実を落としはじめる雨季の半ばからそれほど時間がたっていないにもかかわらず、ナッツの収穫が極端に少ない。この原因として北西は、*Irvingia gabonensis*の結実量の年変動が大きい可能性を指摘している。つまり、*Irvingia gabonensis*の結実が少ない年には、雨季後期になるともう*Irvingia gabonensis*のナッツは食べつくされてしまうということである。その場合には、つぎに*Irvingia gabonensis*が結実する翌年の雨季まで、野生ナッツにカロリー供給を期待できないことになる。

以上をまとめると、野生ヤマノイモと野生ナッツにくわえて蜂蜜が収穫できる季節、すなわち雨季のあいだは、アカたちに必要なカロリーを野生の食物のみによってまかなうことができそうである。しかし、雨季末期から乾季にかけては蜂蜜の収穫量が減少し、年によっては野生ナッツも利用できない可能性がある。そのとき、野生動物をじゅうぶんに捕獲できればよいが、そうでなければ農作物に頼らねばならない。ＷＹＱとの関係でいえば、ここまでは、コンゴ盆地東部において乾季から雨季のはじめにかけて野生の食物が利用できなくなるとしたハートらの指摘（Hart and Hart 1986）と、ほとんどかわらないことになる。

⁂

しかしコンゴ盆地西部には野生ヤマノイモがある、とバユシェらが反論したことはすでに述べた。北西のデータでは、野生ヤマノイモのカロリー供給量は一八〇〜三五〇キロカロリーの範囲で比較的安定していたが、問題は、これにどれだけの上積みを期待できるのか、それによって北西のデータのなかでアカたちが農作物によって補充しているカロリーを代替できるのか、ということである。

北西のデータによれば、蜂蜜や野生ナッツのアベイラビリティが減少する雨季末期から乾季をへて雨季前期のキャンプにおいて、アカたちは農作物をのぞいて一〇〇〇～一五〇〇キロカロリーに相当する野生の食物を獲得している。アカの平均体重を四五キログラムとして、一日に必要とされる二二五〇キロカロリー（Bailey and Peacock 1988）に到達するためには、七五〇～一二五〇キロカロリーに相当する野生ヤマノイモを、上記の量にくわえて収穫しなければならない。ただし、一二五〇キロカロリー相当の野生ヤマノイモの追加を要する結果となったのは、調査期間が六日間と短かったために野生動物の捕獲数が少なく、蜂蜜も採集できなかったキャンプ1でのものだったので、もっと長い期間のキャンプであれば、一〇〇〇キロカロリー相当の追加でじゅうぶんだろう。

したがって、北西のデータにおいてすでに計上されているぶんとあわせて、乾季から雨季のはじめに一二五〇キロカロリーに相当する野生ヤマノイモの収穫があれば、年間をとおして完全な狩猟採集生活ができると考えてよいだろう。ちなみに、上述したバユシェらの想定している完全な狩猟採集生活のために必要な野生ヤマノイモの収穫量も、これと同程度である（Bahuchet et al. 1991）。

3……カメルーン東南部における野生ヤマノイモの分布と利用

カメルーン東南部では、佐藤弘明が、一九九〇年代から野生ヤマノイモの分布密度について調査を開始していた。佐藤（Sato 2001）は、一ヘクタールあたりの野生ヤマノイモの芋の現存量を、林冠の閉じた場所では五・八キログラム、焼畑跡地の二次林をふくむ林冠の開けた場所では一八キログラムと推定している。この結果は、一ヘクタールあたり一～四キログラムとするラディックらの研究（Hladik et al. 1984）より大きな数値であった。

佐藤の研究でもっとも多くの現存量を記録したのは、野生ヤマノイモのなかでも暗い環境でもよく生育するタイプの*Dioscorea burkilliana*で、林冠の閉じた場所では重量比で全体の七三%、林冠の開けた場所では五五%を占めていた。

さらに佐藤（Sato 2006）は、研究拠点（ドンゴ村）から二五キロメートル離れたところにある丘陵地に、野生ヤマノイモの一種である*Dioscorea praehensilis*が群生していることを報告し、一ヘクタールあたりに換算して一一八キログラムの*Dioscorea praehensilis*の芋があると推定している。このような群生地が広域においてどのように分布しているかは不明であるとはいえ、大量の収穫を期待できる群生地があるという事実が確認されたことは、コンゴ盆地西部における野生ヤマノイモの現存量を把握するうえで重要な進展であった（先述のWYQの論点①）。

ただし、WYQの論点②で述べたように、調査区を設置して野生ヤマノイモの現存量を把握したとしても、カロリー源を野生ヤマノイモに大きく依存する生活が実現可能であるとはかぎらない。この疑問を払拭するためには、じっさいに狩猟採集生活をしてみればよい。第2章でくわしく記述する、バカたちが乾季におこなう大規模かつ長期の狩猟採集生活の事例は、この疑問にたいする一つの答えとなっている。序論でもふれたように、二〇〇二年二月に私が参加したモロンゴでは、野生ヤマノイモを中心とする野生の動植物のみによって食料がまかなわれており、大人一人一日あたりにして一五七〇キロカロリーを野生ヤマノイモが供給していた。そこでは、野生ヤマノイモを探索し、収穫し、キャンプまで運搬し、料理して食べるというプロセスが、バカたちの日々の生活のなかで無理なく実践されていた。先述の北西（Kitanishi 1995）のデータからは、乾季に一一二五〇キロカロリー相当の野生ヤマノイモの収穫が見込めればよいとしていたが、モロンゴの事例は、まさにそれを例証するものだといえる。

乾季以外の季節については、佐藤らが、二〇〇三年八月～九月（雨季中期）、二〇〇五年一〇月（雨季後期）、二〇一〇年四月（雨季前期）の三回にわたって、ドンゴ村のバカとともに狩猟採集生活の「実験」をおこない、野生ヤマノイモに依存する生活が可能であることを実証している（佐藤ら二〇〇六；佐藤二〇一〇；Sato 2014; Sato et al. 2012, 2014）。カメルーン東南部には細分すると四つの季節があるが、私の観察したモロンゴの事例と佐藤らによる実験的狩猟採集生活をあわせると、すべての季節について網羅したことになる。[31] この点については第2章で論じるが、結論を先どりしておくと、論点①と②に対応するかたちで、コンゴ盆地西部（すくなくともカメルーン東南部）におけるWYQの反証になっているといえる（論点③については第3章と第4章にて論じる）。ややや先を急ぎすぎたようだ。次章では、モロンゴの実態についてくわしく記述しよう。

（31）佐藤や私の研究にやや先だって、フリオ・メルカデルらは、コンゴ盆地各地で、三万五〇〇〇年前から現在にいたるまでの考古学的遺跡を発掘している。コンゴ盆地の森林は過去一〇万年のあいだに大きく分布を変えているので、現在の森林地域はかならずしも過去においても森林だったとはかぎらない。そこで、メルカデルらは、遺跡の分布と年代を、花粉分析にもとづく森林分布の動態とつきあわせて比較した。その結果、森林が退縮していた時期にもそれらの遺跡は森林地域にあったと結論づけている（Mercader 2002, 2003）。ただし、熱帯雨林ではほとんどの有機物が分解されるため、当時の人々が何を食べていたのかは不明である。メルカデルらは、生態学や生態人類学の知見を援用しながら、野生ナッツやヤマノイモ、獣肉などを候補としてあげるにとどめている。

第2章

モロンゴ——森の狩猟採集生活

前章で整理したワイルドヤム・クエスチョン（ＷＹＱ）の三つの論点のうち、まずは論点②にかかわる記述と考察をすすめていく。すなわち、単位面積あたりの野生ヤマノイモがそれなりにあるとして、探索する時間や収穫の労働量を考慮したうえで、はたして野生ヤマノイモに依存する生活が可能なのか、という疑問である。それを払拭するためのもっとも明快な方法は、じっさいにヤマノイモを採集して食べる生活の実態を記録することである。私がZ村で参加したバカたちのモロンゴは、まさにその例であった。そこで本章では、（1）調査地の人々と自然環境について概観したあと、（2）バカたちに同行して観察したモロンゴの生活と食物獲得の実態を記述する。そのうえで、（3）計量した食物のデータをもとにモロンゴの食生活における野生マノイモの重要性をあきらかにして、関連する研究成果をまじえてカメルーン東南部の熱帯雨林では年間をとおして野生の食物にのみ依存する生活が可能であることをしめす。

1　フィールドの人々と自然環境

1……ズーラボット・アンシアン村

バカは、カメルーン、コンゴ共和国、ガボンにまたがって分布しており、カメルーンにおける人口がもっとも大きい。カメルーンでは、民族別の人口調査は数十年来なされていないためバカの総人口を把握することは困難であるが、研究者のあいだでは三～四万人という推定値がしばしば言及される（Bahuchet 2014）。バカの分布域には、一八の農耕民がおり、その大部分ははバントゥー諸語を話し、一部がアダマワ・ウバンギ諸語を話す（Bahuchet 1993a, 2012）。バカ語はアダマワ・ウバンギ諸語に属するが、近隣農耕民のアダマワ・ウバンギ諸語とはかなり異なる言語のようである。バカは、それぞれの土地の農耕民とのあいだに、一定の緊張関係をはらみつつも、物資のやりとりや労働力の提供をとおして経済的な相互依存関係を築いている[32]（北西 二〇一〇a；坂梨 二〇一四；戸田 二〇一五；大石 二〇一六）。

カメルーン東南部では、農耕民やバカを対象として、一九三〇年代から一九五〇年代にかけてフランス委任統治政府によって定住化政策が推進され、一九六〇年の独立後にはカメルーン政府によってそれがひきつがれた（Althabe 1965）。こんにち、ほとんどのバカの集団は先に定住していた近隣農耕民の村落の近くに半定住的な集落をつくって生活の拠点としており、バカの人口分布は、ヨカドゥマからモルンドゥの車道沿い、それから枝分かれしてガトー・アンシアンにいたる車道沿い、およびロミエからメソック、ンゴイラ周辺の車道沿いに集中している。

序章で述べたように、本研究のもとになったフィールドワークは、カメルーン東部州ブンバ・ンゴコ県ヨカドゥマ郡にあるズーラボット・アンシアン村（Z村）と、その周辺地域にておこなった。Z村は、カメルーン東

（32）定住化や農耕への依存の程度は地域によって異なるし、おなじ集落のなかでも家族ごとに変異がある。一年の大半を半定住集落や焼畑キャンプですごす人もいれば、一年の半分以上を森のキャンプですごす人もいる。地域によっては、蒸留酒をつくったり（四方篝 私信）、カカオを栽培したり（大石 二〇一六）など「狩猟採集民的でない」生業をするバカもいる。

南部の森林地域を一五〇〜二〇〇キロメートルの間隔をあけて南北に走る二つの幹線道路（アボンバンから南方のロミエを経由してンゴイラへ向かう道と、バトゥリからヨカドゥマを経由してコンゴとの国境にあるモルンドゥへ向かう道）のちょうど中間に位置している（図序―1、六頁）。Z村はカメルーンのなかでもっとも交通の便の悪い村の一つであり、二〇〇一年に私がフィールドワークをはじめたときには、まだ車道が通じていなかった。二〇〇三年八月に私がおこなった人口調査では、Z村のバカの人口は三五世帯一六一人であった（世帯構成については付録1を参照）。平均的なバカの集落は人口五〇人ほどなので（Sato 1992; Tsuru 1998）、一つの集落としてみればZ村の人口は大きいといえる。ただ、じっさいには複数のサブ集団の複合であり、それらが離合集散しながら、ゆるやかに「Z村のバカたち」をかたちづくっている。

焼畑農耕を主たる生業とする農耕民コナベンベは、外来者をのぞいて、二世帯一一人（二〇〇三年八月）いた。コナベンベの村長によれば「ズーラボット」とは彼らの言葉で「人々の足跡」を意味し、それが転じて「人の行き交う場所」すなわち「交差点」という意味になるという。カメルーン東南部の地図をみると「ズーラボット」という名の村が、Z村のほかにすくなくとも三つある。そのうち二つはZ村の北西のロミエ方面にあり、たしかに、それぞれ道が合流するところに位置している。Z村のコナベンベによれば、Z村のあたりは、ドイツ植民地期にはヨカドゥマに通じる北東へ向かう道とロミエに通じる北西へ向かう道にくわえて、いまは森に埋もれている南方のコンゴ共和国方面に向かう道が分岐する場所だったという。もう一つの「ズーラボット」という名の村は、ブンバ川左岸（東岸）にある。そこは、かつてZ村に住んでいたコナベンベたちが移住した村であり、ズーラボット・ヌボーとよばれている。ヌボー（nouveau）とはフランス語で「新」の意味であり、ズーラボット・アンシアン村のアンシアン（ancien）は「旧」を意味する。一九七〇年代にヨカドゥマからコンゴと

写真2-1　ブンバ川の浮き橋。

の国境にあるモルンドゥまで車道が建設され、コナベンベたちは、その車道に近く、交通の便のよいブンバ川左岸に移住したのである。そのため、一九六四年に一五二人を数えたZ村のコナベンベの人口は（ORSTOM 1966）、私がフィールドワークをはじめた二〇〇一年には四人にまで減少していた。

このような状況に変化がみられたのは二〇〇二年四月のことだった。カメルーン東南部では一九九〇年代から商業伐採が拡大していた。私たちがモロンゴから村にもどってきたところ、二〇〇一年にベック川（バカ語ではロベケ川）東岸のマレア・アンシアン村まで達していた道路が、ついに川に橋をかけてZ村まで到達したのである。この車道が開通するまでは、ヨカドゥマからの道程一三〇キロメートルの大半を歩かねばならず、Z村にやってくる人は多くなかった。Z村から五〇キロメートルほど北東にあるグリベ村までは以前から車道があったようだが、ブンバ川の浮き橋（写真2―1）がしばしば故障したので、車の往来は少なかったという。じつのところZ村のコナベンベの村長も、車道の開通以前は、ヨカドゥマ近郊にある妻方の村に住んでいたのであった。村長にくわえていくつかの家族が帰村するなどして、農耕民の人口はすこしずつ増加し、二〇二三年時点では一〇〇人をこえている（ただし、就学中の子供は町の親族などのもとにいて不在であることが多い）。さらに伐採道路はさまざまな外部者をよびこむことになった。とくに狩猟やブッシュミート交易を目的として来村する者が多くおり、常時一〇人をこえる村外者が滞在するようになった。その過程で、土地勘があり、狩猟の技能にひいでたバカの男たちは、ブッシュミート交易ネットワークの末端に組みこまれていった（Yasuoka 2006）。

伐採事業やブッシュミート交易が活発化する一方で、カメルーン東南部では、一九九〇年代末ころからWWFがカメルーン森林・野生動物省（MINFOF）をサポートするかたちで、自然保護プロジェクトがすすめられてきた（市川二〇〇二；服部二〇〇四、二〇一〇、二〇一二）。この計画は、自然保護のみならず、地域住民の生活水準の向上を標榜しており、バカの文化において重要な役割をはたす精霊の名をとって「ジェンギ・プロジェクト」と名づけられた。その対象となる地域は、三つの国立公園をふくむカメルーン東南部全域におよぶ。そのうちの一つ、ンキ国立公園は、公園の境界がZ村の南方わずか五キロメートルのところにある。ロベケ（ベック）川を挟んで東に隣接するブンバ・ベック国立公園とともに二〇〇五年に設立されたのだが、その結果、Z村のバカたちがこれまで利用してきた森へのアクセスが制限されるようになった。こうした森林のゾーニングにかかわる問題にとりくむうえで、本書で構想するマルチスピーシーズ歴史生態学は重要な貢献をしうる。この点については終章の最後に論じる。

2……カメルーン東南部の森林と季節

バカの住んでいるカメルーン東南部はコンゴ盆地の北西縁に位置しており、熱帯雨林におおわれた標高四〇〇～六〇〇メートルのなだらかな丘陵地帯になっている。ジャー川、ブンバ川という川幅が一〇〇メートルほどになる二つの大きな河川が流れている（図序―1）。それらが合流してンゴコ川となり、サンガ川をへてコンゴ川につらなっている。

カメルーン東南部の年平均気温は摂氏二六度程度、年降水量は一六〇〇ミリメートルほどである。一二月から二月にかけて月降水量が六〇ミリメートル未満になることが多い（図2―1）。三か月の乾季があるのでケッペンの気候区分でいえば「熱帯雨林気候」ではないが、FAOによる分類では熱帯雨林とされており、WWFのエコリージョンでは熱帯・亜熱帯湿潤広葉樹林のうち北西コンゴ低地林にふくまれる。マーティンの基準でいえば湿潤常緑樹林ないし湿性半落葉樹林になる。また、カメルーン全土の植生図を作成したレネ・ルトゥゼイ（Letouzey 1985a, 1985b）は、カメルーン東南部の植生は常緑樹林から半落葉樹林への移行帯にあたり、両者の要素が混在していると述べている。いずれにしても、カメルーン東南部は「コンゴ盆地の熱帯雨林」にふくまれている。

季節については二段階で考えておきたい。まず大枠として、一二月から二月の乾季と、三月から一一月の雨季がある。ただし、雨季のうち六月中旬から八月中旬にかけて、年によっては降水量が少なくなることがある。この時期には、バカ語でpekèとよばれる*Irvingia gabonensis*をはじめとして、さまざまな果実が結実する。しばしばバカたちは、この季節をsɔ̀kɔ̀-pekè（*Irvingia gabonensis*の季節）とよぶ。そこで本書では、バカたちにならって、

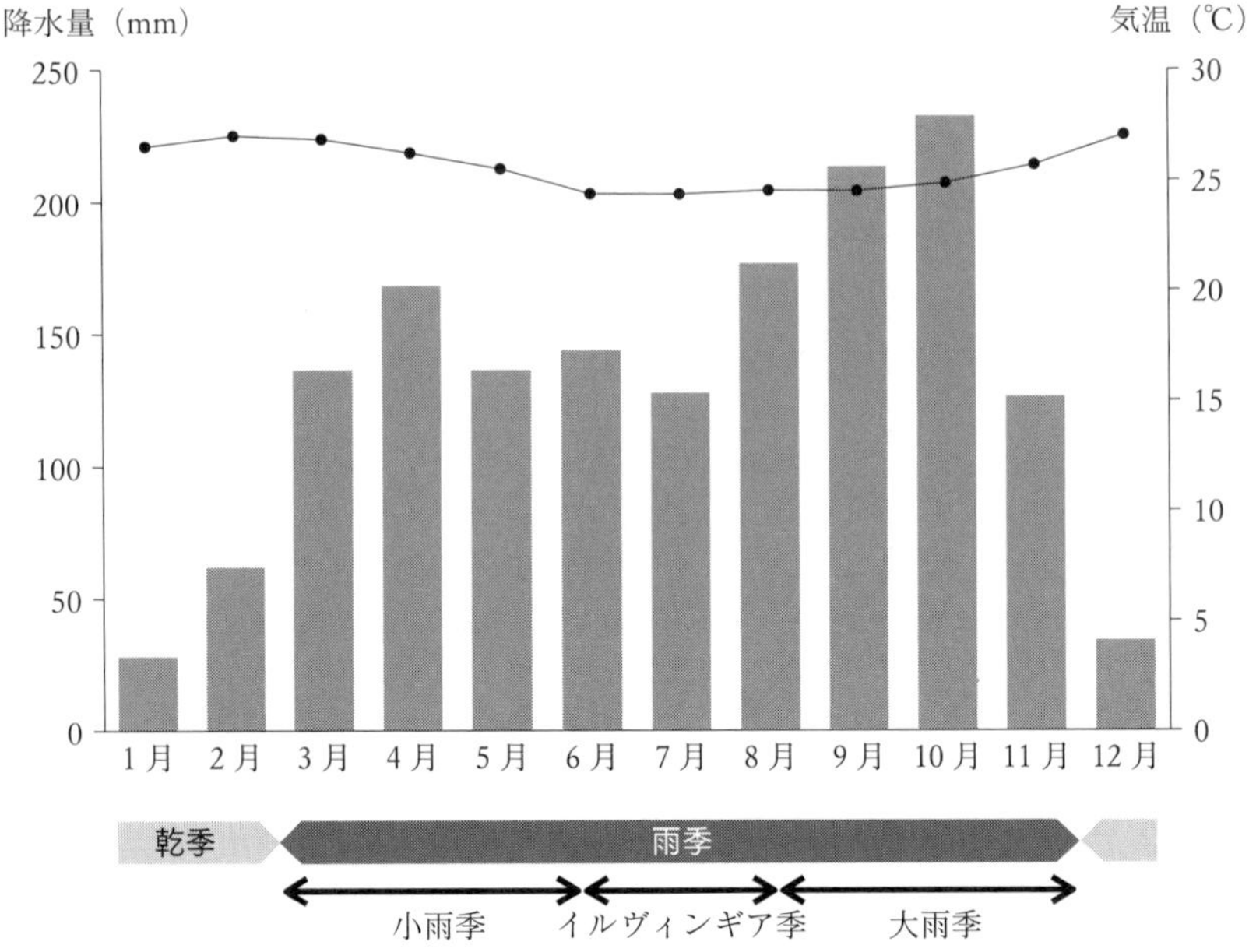

図2-1　Z村の雨温図　年降水量は1,584mm、年平均気温は25.6℃である。月降水量は「世界の雨分布統計(JAXA)」から作成した。情報を利用できる地点のうちZ村にもっとも近い、北緯2.8度、東経14.6度における月ごとの平年値(mm/day)をもとに各月の雨量を積算した。気温は、World Weather Online (https://www.worldweatheronline.com)から近隣の町(ヨカドゥマ、ロミエ、ンゴイラ)の月平均気温を入手し、それらを月ごとに平均した。季節区分は、月降水量が60mm未満になる12月～2月を乾季、3月～11月が雨季とするのが一般的な理解である。6月から7月にかけてやや降水量が少なくなることがあるので、この時期を「小乾季」と記している文献もあるが、降水量から考えると「乾季」とよぶのは適切ではない。ただし、6月から8月には、*Irvingia gabonensis*をはじめ、さまざまな果実が結実する季節であり、バカの生業においても特徴的な季節である。この時期についてバカたちは、sɔkɔ̀-pekè(*Irvingia gabonensis*の季節)とよぶことがある。本書ではそれにならって「イルヴィンギア季」とよぶことにする。「小乾季」としなかったのは、この季節は、あくまで雨季のなかでの特徴的な期間という認識にもとづくものである。とくに明記せずに雨季に言及する場合には、イルヴィンギア季をふくめている。なお、農耕民は、乾季にくわえて、この時期にも焼畑の伐開をすることがあるが、彼らも「乾季」とはよばない(四方 2013)。

六月から八月を「イルヴィンギア季」とよぶことにする、イルヴィンギア季の前後を区別する場合には、三月から六月中旬までを「小雨季」、九月から一一月までを「大雨季」とする。バカたちは大雨季・小雨季ともたんに雨季［sɔkɔ̀-ma］とよんでとくに区別しないが、降水量が累積する大雨季には河川流量が最大化し、川岸の木を切り倒してわたした橋が水面下に沈んでいたり、河道から二〇〇メートル以上にわたって川が氾濫していたりする。

2　ゆたかな狩猟採集生活の実相

1……モロンゴの参加者と行程

私は二〇〇二年二月～四月、二〇〇五年二月～四月、二〇二〇年二月～三月の三度、Z村のバカたちとともにモロンゴ［mɔ̀lɔ̀ngɔ̀］をおこなった。二〇〇二年のモロンゴには一九世帯八九人（既婚男性一七人、既婚女性二二人、一二歳以上の未婚の男女一四人、二～一二歳の子供二七人、二歳未満の乳児九人）が参加し、二〇〇五年のモロンゴには二八世帯一一〇人（既婚男性二五人、既婚女性二九人、一二歳以上の未婚の男女九人、二～一二歳の子供三六人、二歳未満の乳児一一人）が参加した。二〇二〇年のモロンゴには三〇世帯一〇一人（既婚男性二三人、既婚女性二八人、一二歳以上の未婚の男女二一人、二～一二歳の子供二九人、二歳未満の乳児九人）が参加した。

二〇〇二年のモロンゴは、序章にその経緯を記したようにZ村のバカたちが自発的におこなったものである。

それにたいして、二〇〇五年と二〇二〇年のモロンゴは、バカたちと私の思惑が交錯するなかで実施されたものであった。二〇〇五年一月、カメルーンに渡航してすぐ、私はまずZ村の焼畑キャンプでバカたちの農耕の調査をおこなった。そして二月半ばからヤマノイモの生態調査をおこなうために、その焼畑キャンプにいた数家族のバカたちとともに二〇〇二年のモロンゴ逗留地であるモングング川あたりに行くことを計画した。ところが、いくつかの焼畑キャンプに分散していたバカたちがその話を聞きつけて、私たちのモロンゴに続々と合流してきたのである。最終的に一〇〇人をこえる大規模なキャンプになった。二〇二〇年のモロンゴでは、バカたちの自給的な狩猟が動物相におよぼす影響を把握するための調査を主たる目的として、狩猟のモニタリングのために一〇世帯のバカたちとともにジャロフェ地域に向かった。すると、またもやべつの焼畑キャンプにいたバカたちが続々と合流し、最終的に一〇〇人をこえる大規模なキャンプになった。バカたちにとってモロンゴは、入念な準備を要するものではない。ちょっとしたきっかけがあれば気軽に参加するものなのである。しかも、二〇〇二年には一人、二〇〇五年には二人、モロンゴのあいだに赤ちゃんが生まれた。二〇二〇年には妊娠している女性がいた。村にもどってからほどなくして出産したという。なお、Z村のバカたちに私の参加していないモロンゴについて尋ねたところ、一五世帯五〇～六〇人くらいのキャンプになることはあったようだが、二〇世帯をこえるようなキャンプがあったことは確認できなかった。二〇〇五年と二〇二〇年のモロンゴが三〇世帯近くになったのは、あきらかに私が誘因になっていたと考えられる。二〇〇二年のモロンゴの参加者は一九世帯であったが、おそらくこれくらいの規模が最大値であろう。

二〇〇二年のモロンゴの行程を図2―2にしめしてある。二月一三日に一〇世帯ほどで出発して、その日は村から南東に五キロメートルくらいの距離にあるロフェ川の河畔でキャンプした。そこで二泊したあと、ホン

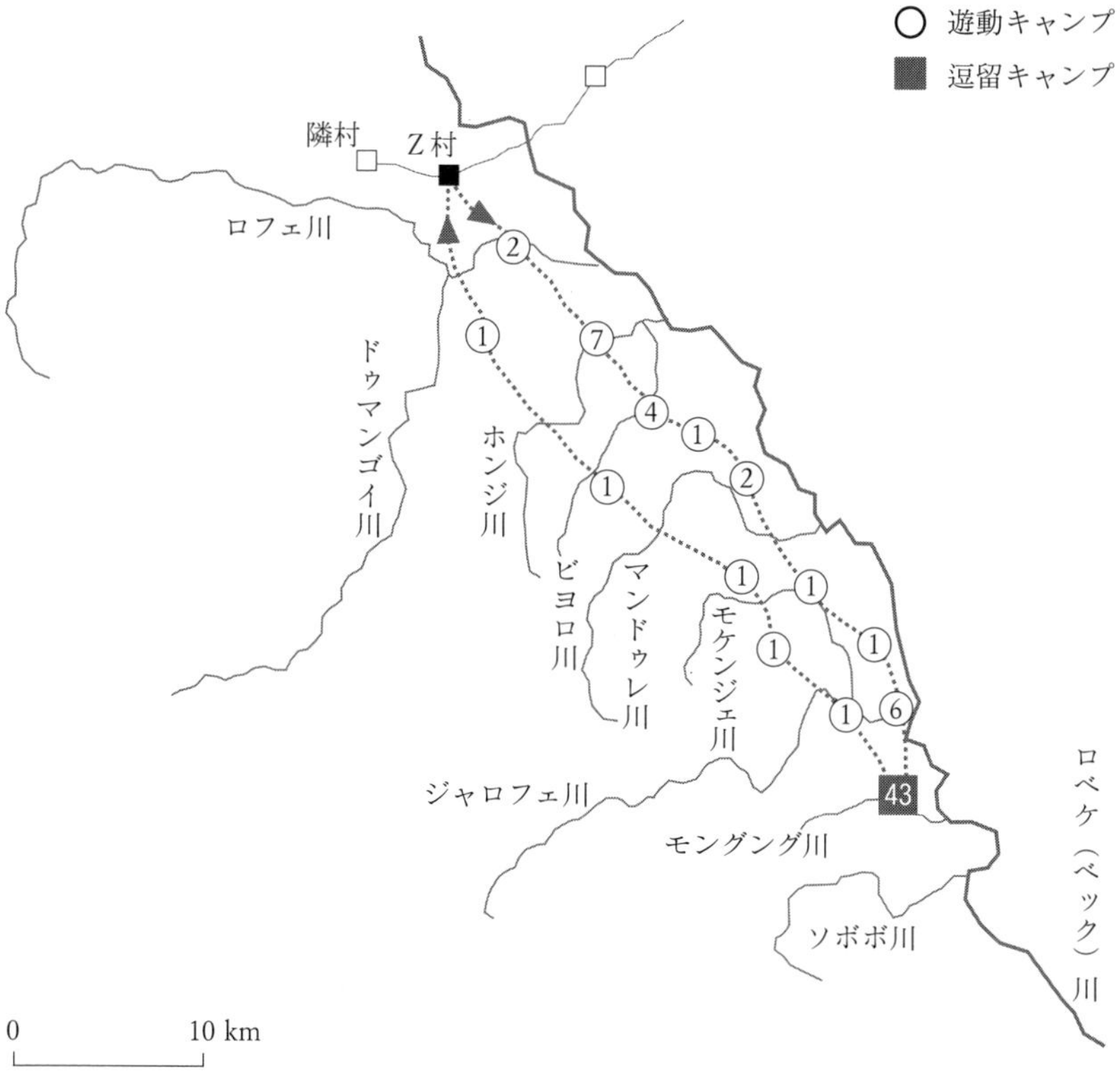

図2-2　モロンゴの行程（2002年2月13日～4月27日）　数字は宿泊数。復路については本文参照。キャンプ地や罠猟のルートなどの位置情報は、Garmin社製GPS端末eTreckをもちいて取得した。バカは河川名によってキャンプ地などの位置に言及することが多いが、それぞれの河川の位置は、じっさいに現地をおとずれて得たGPS情報と、カメルーン国土地理院（Centre Geographique National）が発行する20万分の1地形図をもちいて確認した。

写真2-2　背負籠[gie]に家財道具一式を入れて森のキャンプへ移動するバカたち。

ジ川の畔に移動して後続をまちながら一週間滞在した。ホンジ川に滞在しているあいだに遅れて村を発った人々が合流し、一九世帯八九人になった。これ以降、タバコの葉を入手するために二人の男が六日間キャンプを離れて村にもどったことが一度あったのみで、人の出入りはなかった。ホンジ川で六泊したあと、野生ヤマノイモの一種である*Dioscorea praehensilis*がたくさんあるというジャロフェ川方面に向かって、五キロメートルくらいずつ移動した（写真2—2）。当初、ジャロフェ川のあたりに長く滞在するつもりだったようだが、そこからは*Dioscorea praehensilis*を収穫できる場所が遠いということで、すこし下流でロベケ（ベック）川にそそぐモングング川の近くに移動した。もっとも長く滞在したのはこのモングング川のキャンプで、四三泊した。そこに到達するまでに、八か所のキャンプで二四日を費やした。村からモングング川までは直線距離で四〇キロメートルほどである。たんに移動するだけであれば一泊二日（大人が荷物をもたずに歩けば一日）で行くことができるし、小さな子供でも二泊三日か三泊四日あればじゅうぶんである。しかし、モロンゴの道中、バカたちは道を急ぐことなく、それぞれのキャンプで蜂蜜や野生ヤマノイモを探しながらゆっくりと移動していった。結果的に、長期滞在したモングングのキャンプにたどりつくまでに道中で二四泊したのであった。モロンゴをおえて村に帰るときには二つのグループに分かれ、一つは往路とおなじ道を反対向きにたどり、もう一つはべつの道をとおった。いずれも一週間前後で村に到着した。モロンゴの全期間は七三泊七四日間であった。

先述した季節との対応でいうと、二〇〇二年のモロンゴをした二月から四月は乾季中盤から雨季の初めにあたる。モロンゴに適した季節はほんらい乾季［yaka］だとされているが、出発が乾季の中盤にずれ込んだのは、年明けから一か月ほどはゾウ狩りをしていたからである。それが一段落して、モロンゴに行くことになったというわけである（二〇〇五年と二〇二〇年のモロンゴの開始時期には私自身の都合が大きく影響している）。

移動性の大小の観点から、モロンゴは二つの期間に分けることができる。前半は一つのキャンプに数日から一週間くらいずつ滞在しながら移動生活をつづける「遊動キャンプ」、後半は一つないし少数のキャンプに一か月以上滞在する「逗留キャンプ」である（図2―2）。二〇〇二年のモロンゴでは、八つの遊動キャンプで計二四泊二五日をすごし、逗留キャンプで計四三泊四四日をすごした。二〇〇五年のモロンゴでは、八つの遊動キャンプで計一七泊一八日、逗留キャンプでは計二一泊二二日をすごした。なお、二〇〇五年の逗留キャンプでの滞在が短いのは私の調査スケジュールによるものである。私が帰る日程はあらかじめ伝えていたので、そのときどうするかはたびたび話題になっていた。モロンゴをつづけるという人もいれば、私とともに村にもどるという人もいた。しかし結局、全員が私とともに帰村した。二〇二〇年のモロンゴは、上述のように狩猟の調

写真2-3　細い木を組んでモングル［móngulu］の骨格をつくる。

査を主目的としており、逗留キャンプにできるだけ速く到着するよう移動したため、遊動キャンプは短かった。

2……キャンプでの日常生活

遊動キャンプにおける食物は、蜂蜜と野生ヤマノイモ（以後、ヤマノイモと表記する）が中心となり、それに野生動物の肉がくわわる。移動しない日は、キャンプから三キロメートルくらいの範囲で食物を探す。男たちは蜂蜜を採集したり動物を探索したりし、女たちはヤマノイモの採集にでかける。キャンプを移動する日は、朝八時ころには荷物をまとめて出発し、道中、蜂蜜やヤマノイモを探して分散したり集まったりしながら歩いていく。だいたい昼すぎになるとキャンプ地を決める。女たちはドーム型の簡素な小屋［móngulu］をつくるためにクズウコン科植物の葉や、直径二センチメートルほどの細い木々を

写真2-4　クズウコン科植物の葉に切りこみを入れて、骨格に引っかけていく。

集めにでかける（写真2―3、2―4）。男たちはキャンプに荷物を置いて、ふたたび動物や蜂蜜を探しにでかける。道中で蜂蜜を採集したり獲物を追跡したりして道をそれた男たちも、夕暮れにはキャンプにたどりつく。さまざまな痕跡をたどってキャンプをみつけることができるのである。

数週間の遊動キャンプをへて、ヤマノイモが豊富にある地域に到達すると、そこに長く滞在する。三度のモロンゴとも、Z村から南東方向に三五〜四〇キロメートルほど離れた地域に滞在した。逗留キャンプにおける食物は、ヤマノイモ、動物の肉、蜂蜜が中心になる。逗留キャンプでは、設置に手間のかかる罠猟ができる。仕掛けた罠を確認するのは、おおむね三日に一度である。朝おきてすぐに罠をまわることもあれば、ヤマノイモや蜂蜜を探しにでかけるときに罠を確認することもある。女たちは数人から五〜六人ほどでつれだって、二日に一度くらいの頻度でヤマノイモの採集に行く。それぞれの夫も同

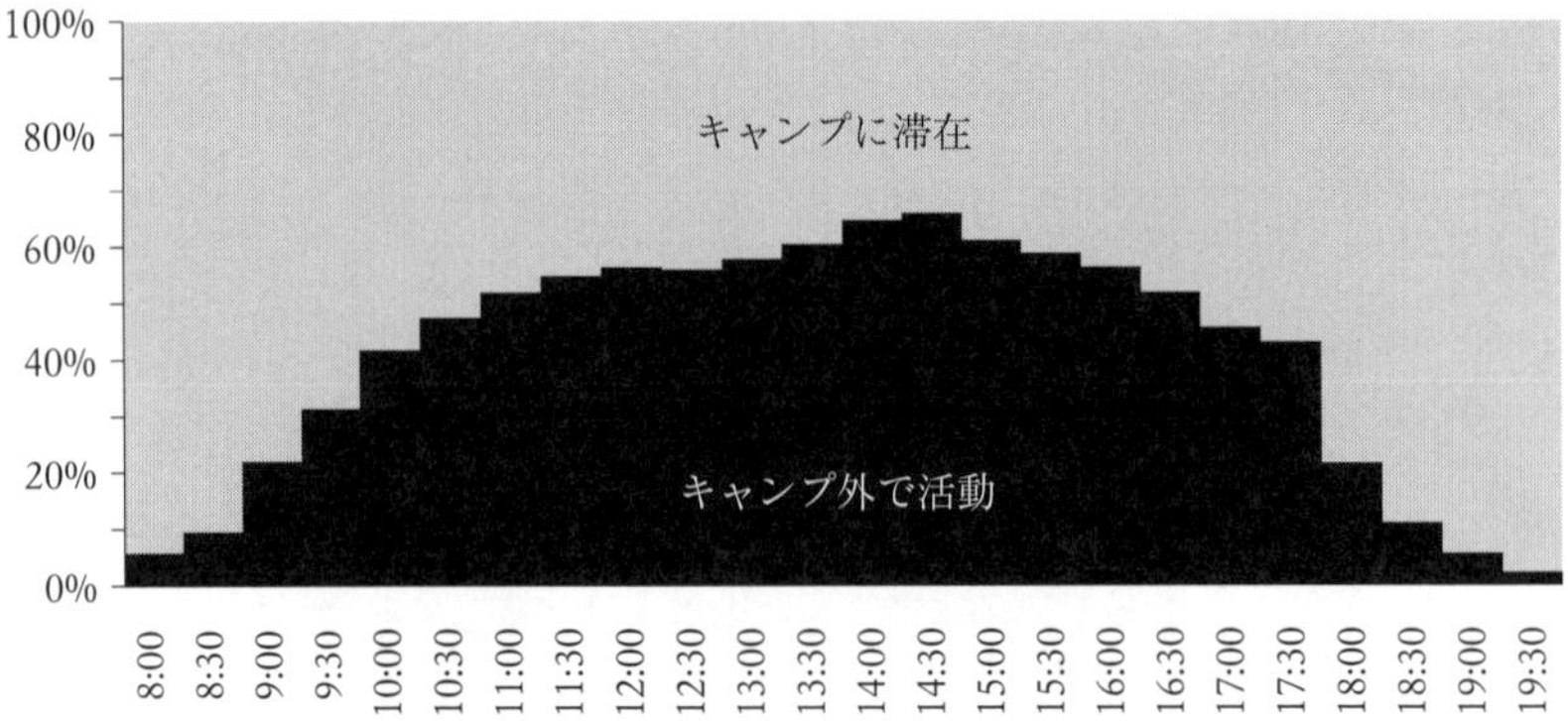

図2-3　2005年のモロンゴ逗留キャンプにおけるキャンプ滞在率の時間変化　3月22日～27日の6日間、成人および生業活動に参与する子供（おおむね7～8歳以上）の計75名について、キャンプに在／不在を30分ごとに確認した（のべ450人日）。四方篝さんの協力によりデータを収集した。

行して、夫婦で採集することもある。群生しているヤマノイモの採集は、いったんその場所をみつけると畑に収穫に行くようなものである。キャンプから数キロメートルの範囲にそのような場所が複数ある。

このように村から遠く離れたところで一〇〇人内外の集団が長期間にわたって生活をともにするモロンゴであるが、ムブティやアカの網猟のように、大勢の参加を要する共同作業がおこなわれるわけではない。罠の設置や確認、蜂蜜の探索、ヤマノイモの採集など、日々の生業活動のレパートリーは、農作物を利用できないという点をのぞけば、村の近くの小規模なキャンプとそれほどちがわない。

逗留キャンプにいるあいだ、一日のうち、いつどれくらいの時間、食物の探索などでキャンプを離れているかを把握するために、誰がキャンプいるかを三〇分ごとに記録した。全体の傾向としては、八時半すぎからキャンプを離れる人が増えはじめ、だいたい一七時半から一八時ころまでに帰着していることがわかる（図2—3）。ただし、朝のうちに雨が降ると昼ごろまでキャンプにいることもあるし、前日の収穫が多かった場合には一日中キャンプでゆっくりすることもある。記録したのべ四五〇人日のうち一〇七人日（二四％）は一日中キャンプにいたので、おおむね四日に一日は休息日ということになる。キャンプから離れて活動している時間は、四五〇人日について平均をとると四・九時間／日、休息日を除外して平均をとると六・五時間／日であった。大きなヤマノイモをみつけて深い穴を掘ったり、蜂蜜の採集に時間がかかったりすると、日が暮れてからキャンプにもどってくることもあり、そのような場合にはキャンプを発ってから帰着するまでに一〇時間をこえることもあった。

2……採集の成果①　ヤマノイモ

モロンゴのキャンプでは、ヤマノイモ、ナッツ類、蜂蜜、きのこ、小魚、イモムシなどが採集される（表2―1）。収穫量が多いのは、おもに女たちが採集するヤマノイモと、男たちが採集する蜂蜜である。とくにヤマノイモは、遊動キャンプ、逗留キャンプともに、もっとも多く採集された食物であった。全部で七種のヤマノイモが採集され、それにくわえて、ヤマノイモに類似した芋をつけるツヅラフジ科の *Dioscoreophyllum cumminsii* も採集された。遊動キャンプと逗留キャンプにおけるヤマノイモの収穫量を比較すると、遊動キャンプでは *Dioscorea mangenotiana* と *Dioscorea burkilliana* が相対的に多く採集され、逗留キャンプでは *Dioscorea praehensilis* と *Dioscorea semperflorens* が多く採集されたことがわかる。つまり、遊動キャンプと逗留キャンプではよく採集するヤマノイモの種類が異なっており、それはそれぞれのヤマノイモの特徴に対応している。

ヤマノイモとは、日本でも食べられるジネンジョ（*Dioscorea japonica*）やナガイモ（*Dioscorea polystachya*）などをふ

表2-1　モロンゴにおける採集および漁撈の成果（g/adult-day）

種名など	バカ語名	遊動キャンプ		逗留キャンプ		
		2005年 866.5人日	2020年 336.5人日	2002年 3325.0人日	2005年 1247.0人日	2020年 1820.0人日
野生ヤマノイモ						
Dioscorea praehensilis	sapà	52.9	9.1	1359.3	976.3	1160.4
Dioscorea semperflorens	ʔèsùmà	306.2	20.9	196.9	772.1	301.9
Dioscorea mangenotiana	ɓa	388.5	126.2	18.6	63.2	80.9
Dioscorea burkilliana	kɛ́kɛ	188.9	77.1	55.5	53.6	74.7
Dioscorea minutiflora	kuku	14.8	7.5	6.8	2.0	4.9
Dioscorea sp.	njàkàkà	1.7	10.0		1.1	0.7
Dioscorea smilacifolia	ɓálɔkɔ	1.1			5.9	
Dioscoreophyllum cumminsii *	ngbí	14.6	2.9	0.9		2.7
野生ナッツ						
Panda oleosa	kanà	1.6	2.4	4.0	2.0	6.9
Irvingia excelsa	ngangendi	2.3	44.8	2.9	0.1	13.0
Irvingia robur	kòmbèlè	3.8		0.2		0.2
	mótumbèlumbè	1.0				
蜂蜜						
ミツバチ（*Apis mellifera scutellata*）の蜜	pɔ̀kì	101.8	55.8	54.9	73.1	25.5
ハリナシバチ（*Meliponula* spp.）の蜜	dàndù	165.8	207.0	23.4	109.7	194.0
	mòpapèle	5.9			3.8	6.0
	ʔeɓɔlɔ	0.9				
	njénje	1.6				
	mókò	0.5				
	mòlèngì					0.4
	ndìbà			0.0		
魚						
小魚一般	si	28.2	14.4	0.7	15.0	16.4
Malapterurus electricus（デンキナマズ）	gbìgbì				56.0	50.9
Parauchenoglanis punctatus（ギギ上科の中型魚）	ngbáàkà				20.0	3.8
Clarias gariepinus（ヒレナマズ）	ndimu				8.0	
無脊椎動物						
Achatina fulica（アフリカマイマイ）	mbɛ̀mbɛ		1.0		0.6	0.5
イモムシ	kɔ́pɔ́ ɓámbu					0.3
	kɔ́pɔ́ gbàdɔ̀			0.2		
	kɔ́pɔ́ káàngà	0.0				
エビ	káànjì	1.8				
カニ	kálá	0.1				
キノコ						
	mòɓolì	3.2		3.8	0.4	1.8
	sámɔ̀ni	1.7		0.1		
	mombùnjambùnjà				1.4	
	mòndùngùlɛ̀			0.8	0.4	
	sákùsa			0.3	0.4	
	túlú mbɔ̀li					0.3
	túlú bɔ̀ngɔ			0.1	0.2	
	njòkàbukà	0.2				
	ngébe					0.1
	kútù					0.1
	dedele					0.0
	tókpólì			0.0		
	túlú atakpo			0.0		
	túlú komandan			0.0		
	túlú（未同定）					0.2

大人1人あたりに換算した1日の収穫量（g/adult-day）をしめしてある。重さは生重量。モロンゴ中にキャンプにもちこまれたすべての食物を記録し、計量した。採集場所での消費はふくまれないので、たとえば蜂蜜の消費量はこれより多いはずである。大人に換算した、のべ人日（adult-day）は、0―2歳未満は大人0人、2―12歳未満は大人0.5人として算出した（Ichikawa 1983, Kitanishi 1995）。小魚についてはまとめて計量したので、個々の重量はわからないが、バカ語でndénge、kpokpo、tokoとよばれる魚が大半を占める。野生ヤマノイモの欄に記してある*Dioscoreophyllum cumminsii*はツヅラフジ科の植物である。ヤマノイモはHladik and Dounias（1993）とHamon et al.（1995）を参照して現地で同定した。

表2-2　バカの居住するカメルーン森林地域に分布するヤマノイモ属の植物

ラテン名	バカ語名	生育環境	生活型		主たる繁殖方法	バカの利用
			蔓	芋		
Dioscorea bulbifera	ndíà mbòke	林縁	1年	1年	ムカゴ・種子	非食（毒）
Dioscorea dumetorum	ndíà ɓɛ̀ŋɓɛ̀	林縁	1年	多年	ムカゴ・種子	非食（毒）
Dioscorea sansibarensis	ndíà pàmɛ̀	林縁	1年	多年	ムカゴ・種子	非食（毒）
Dioscorea preussii	ɲɛ ndíà	林縁	1年	多年	ムカゴ・種子	非食（毒）
Dioscorea hirtiflora	ʔèsɛ̀mgɛ	林縁	1年	1年	ムカゴ・種子	まれ
Dioscorea praehensilis	sapà	森林内〜林縁	1年	1年	種子	高
Dioscorea semperflorens	ʔèsùmà	森林内〜林縁	1年	1年	種子	高
Dioscorea mangenotiana	ɓa	森林内	2年	多年	種子	高
Dioscorea burkilliana	kɛ́kɛ	森林内	多年	多年	種子	高
Dioscorea sp.	ɓolì	森林内	多年	多年	種子	まれ
Dioscorea minutiflora	kuku	森林内	多年	多年	匍匐茎	低
Dioscorea smilacifolia	ɓálɔkɔ	森林内	多年	多年	匍匐茎	低
Dioscorea sp.	njàkàkà	森林内	多年	多年	匍匐茎	低
Dioscorea sp.	ʔèpàngɛ	森林内	多年	多年	匍匐茎	まれ

Hladik and Dounias (1993), Hamon et al. (1995), Dounias (2001)をもとに作成した。Hamon et al. (1995)によれば、*Dioscorea semperflorens*はムカゴをつける。*Dioscorea praehensilis*は、ときどきムカゴをつけることがあるという。

くむヤマノイモ科ヤマノイモ属（*Dioscorea*属）の植物である。そのうち食用になるものは英語でヤム（yam）とよぶ。ヤマノイモ属の植物は、地下に芋（担根体）をもつこと、多年生であること、蔓性であること、雌雄異株であること、穂状花序に小さくめだたない花を多数つけること、果実はさく果で風散布型の翼のある種子をもつことなどに特徴づけられ、世界中の熱帯から温帯に五〇〇〜六五〇種が知られている（Burkill 1960; 寺内 一九九二）。そのうち一部の種で、デンプンの貯蔵庫すなわち芋が食用になる。

カメルーンの森林地帯全体では一五〜一七種のヤマノイモ属の植物が自生しており、バカの住んでいる地域では一四種が知られている（表2—2）。そのうち四種は有毒のもので、残りの一〇種がバカたちに食用として利用されている。頻繁に採集されるのは、そのうち四種、*Dioscorea praehensilis, Dioscorea semperflorens, Dioscorea mangenotiana, Dioscorea*

Dioscorea praehensilis [sapà]

Dioscorea semperflorens [ʔèsùmà]

Dioscorea mangenotiana [ɓa]

Dioscorea burkilliana [kɛ́kɛ]

写真2-5　収穫量の多いヤマノイモ4種

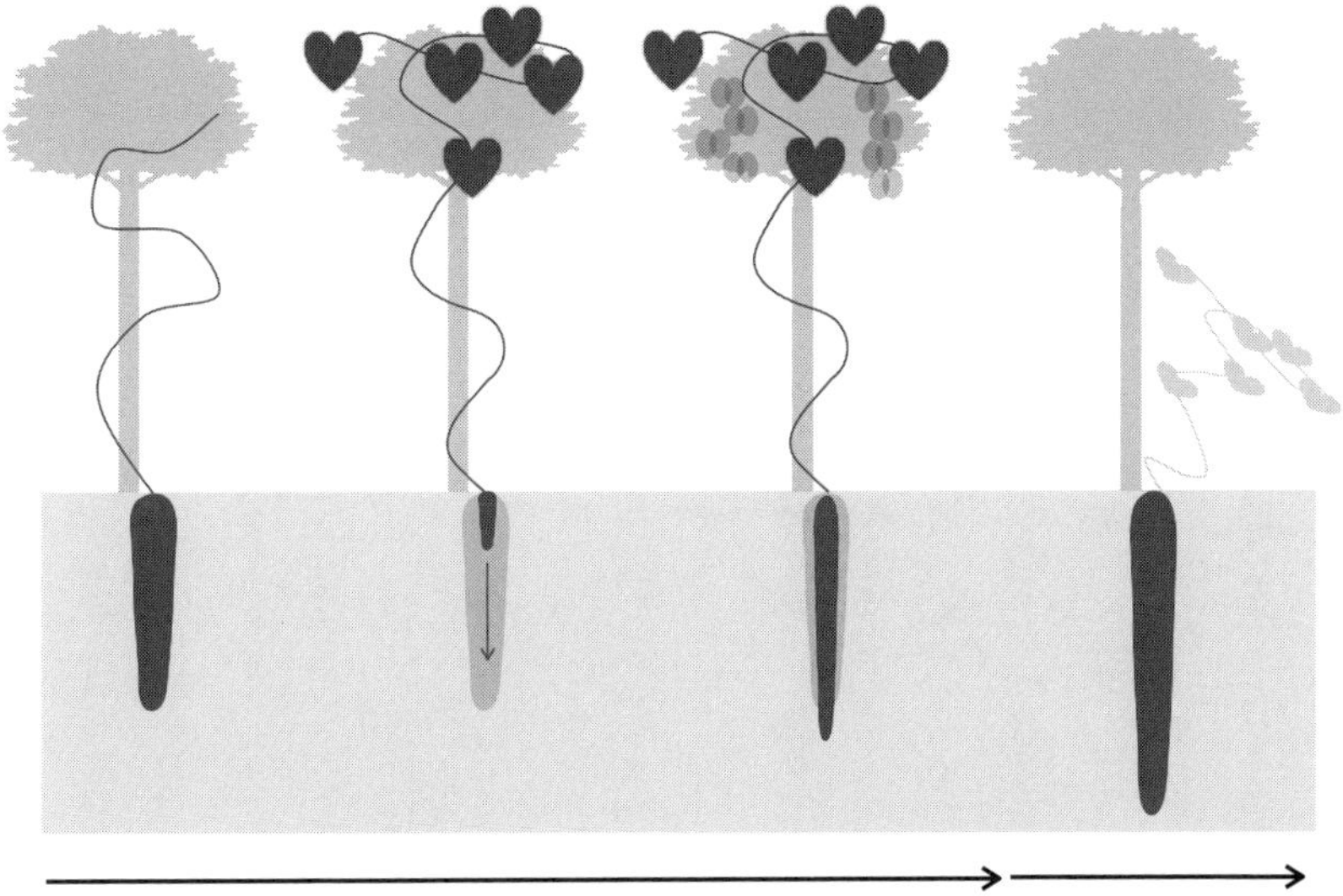

図2-4　一年型ヤマノイモ（*Dioscorea praehensilis*）の生活型　McKey et al.（1998）をもとに作成した。

burkilliana である（写真2―5）。

これらのヤマノイモは、地上部の蔓の生活型にもとづいて「一年型ヤマノイモ」と「多年型ヤマノイモ」という二つのグループに分けて考えると、バカたちとヤマノイモのかかわりあいを整理しやすい。

一年型ヤマノイモは、一年ごとに蔓をつけかえるタイプである。雨季がはじまると芋に蓄えられていた養分をつかって蔓をのばし、林冠に到達したら葉を展開して光合成をおこなう（図2―4）。このときイモムシなどによる蔓の食害は致命的なダメージになる可能性がある。そのリスクを下げるために、花外蜜腺から蜜をだしてアリをひきよせている可能性が指摘されている（Di Giusto et al. 2017）。首尾よく葉を展開することができれば、種子をつけて散布し、デンプンをふたたび芋に貯蔵する。そして乾季になると、蔓や葉などの地上部を枯らす。季節変化におうじて多くの個体が同調して芋を肥大・縮小させるので、雨季末から乾季にかけて、まとまった量の芋を収穫できる。はんたいに雨季の最中には、あまり収穫できないとされている。このような一年周期の生活型をもつヤマノイモの多くは、雨季と乾季の差異が明瞭なサバンナ地域を分布の中心としており、森林地域では村落や二次林など林縁部にかぎられる。ただし、*Dioscorea praehensilis* と *Dioscorea semperflorens* の二種だけは例外的に森林内にも分布している（Dumont et al. 1994; Hamon et al. 1995; Dumont 1997）。サバンナに分布する種の多くは化学的防御（毒）によって食害に対応しているのにたいして、これら二種は物理的防御（密集した棘根）によって対応している（Dounias 2001）。以降、とくに断らないかぎり、*Dioscorea praehensilis* と *Dioscorea semperflorens* に限定して「一年型ヤマノイモ」と言及する。

多年型ヤマノイモは森林地域に分布する。そのうちバカたちがよく採集するのは、*Dioscorea mangenotiana* と *Dioscorea burkilliana* である（表2—1、写真2—5）。多年型ヤマノイモは複数年ないし不定期で蔓をつけかえるので、芋の肥大・縮小の季節性が弱く、個体ごとに芋の生育にばらつきがある。そのため一か所でまとめて収穫することはできないが、年間をとおしてどの季節でもある程度の収穫を期待できる。

Dioscorea mangenotiana の蔓は二年周期で、太く直立して林冠までのびる。芋は多年生で、巨大な木質の部位をもっており、その下にあるやわらかい食用となる部分を動物の食害から保護している。*Dioscorea burkilliana* は多年生の蔓と芋をもち、芋の肥大・減衰のサイクルは不定期である。地表近くにある木質部から下方に細長くのびた器官の先端がふくらんで塊になっており、その塊が食用となる。この部分はバカ語でドンド［dóndo］とよばれる。おなじような形態の芋をつける *Dioscorea minutiflora* とあわせて、これら二種をたんにドンドとよぶことがある。ただ、*Dioscorea minutiflora* は匍匐茎をのばして繁殖する点で、これまでに述べてきたヤマノイモと異

表2-3　モロンゴにおけるヤマノイモ各種の1個体あたりの収穫量

ラテン名	2005年のモロンゴ				2020年のモロンゴ			
	採集穴数	総収穫（kg）	個体あたり収穫(kg)		採集穴数	総収穫（kg）	個体あたり収穫(kg)	
			平均	最大			平均	最大
Dioscorea praehensilis	192	1263.80	6.58	29.40	331	2114.94	6.39	34.33
Dioscorea semperflorens	392	1228.50	3.13	16.50	256	556.47	2.17	10.66
Dioscorea mangenotiana	147	415.50	3.16	15.10	93	189.70	2.04	10.40
Dioscorea burkilliana	228	230.55	1.01	8.50	124	161.99	1.31	14.46
Dioscorea minutiflora	17	15.25	0.90	3.55	16	11.49	0.72	2.99
Dioscorea sp.［njàkàkà］	3	0.95	0.30	1.35	8	4.69	0.59	1.29
Dioscorea smilacifolia	2	0.95	0.48	0.65				
Dioscoreophyllum cumminsii	38	20.05	0.53	2.75	18	5.94	0.33	1.52
計	1019	3175.55			846	3022.90		

キャンプにもちこまれた収穫物を計量するさいにヤマノイモを収穫したヤマノイモの頭の数と掘った穴の数を尋ねて個体数を確認した。収穫のなかった穴の数は記録していない。*Dioscoreophyllum cumminsii* はツヅラフジ科の植物。

なっている。第3章でも述べるように、*Dioscorea minutiflora* は森のなかのいたるところでみられるが（おそらく匍匐茎に資源を投入するため）芋をつけていない個体が多く、分布のわりに収穫量は少ない。そのほか、モロンゴでは *Dioscorea smilacifolia* と *Dioscorea* sp.［njàkàkà］が採集された。これらは匍匐茎をもつなど、*Dioscorea minutiflora* と類似する特徴をもつ。

⁂

一年型ヤマノイモの芋は、蔓の基部から垂直に下方にのびている。*Dioscorea praehensilis* の芋は太く、堅いのにたいして、*Dioscorea semperflorens* の芋は細く、水分を多くふくんでいる。また、*Dioscorea praehensilis* は粘土質の土壌を好むのにたいして、*Dioscorea semperflorens* は砂質の土壌を好む（Dounias 2001）。いずれも採集時には二メートルをこえる穴が掘られることがある。*Dioscorea praehensilis* の平均収穫量は、一個体あたり（穴あたり）約六キログラムで、最大で三四キログラムをこえていた（表2—3、写真2—6）。*Dioscorea semperflorens* の採集穴あたりの平均収穫量は二〜三キログラム、最大で

写真2-6　1つの*Dioscorea praehensilis*からおよそ30kgの芋を収穫してきた夫婦。

一六・五キログラムであった。一年型ヤマノイモ各々について一三か所の採集場を観察したところ、一〇メートル四方の範囲に、*Dioscorea praehensilis*は平均二・五個、*Dioscorea semperflorens*は平均五・一個の穴が掘られて芋が採集されていた。この程度の密度の分布が連続して、かなり大きな群生地となっている場所もある。収穫した穴の深さは、*Dioscorea praehensilis*では四〇〜一八〇センチメートル（平均一一〇センチメートル、計三四か所）、*Dioscorea semperflorens*では三〇〜二〇〇センチメートル（平均一〇〇センチメートル、計六六か所）であった（写真2—7）。収穫のさい、土を掘りくずすために先端を尖らせた木の棒をもちいるが、山刀や古くなった槍の穂先をつかうこともある。一メートルをこえる穴を掘るのはかなりの重労働であるため、穴を掘って収穫するのは概して一日に一か所か二か所である（むろん小さな芋しか収穫できなければ、いくつも掘ることがある）。群生地をいちど発見すると、畑に収穫に行くかのように何度もおなじ場所に通って採集することになる。

　年配の女たちは過去の採集の経験から群生地のある場所を熟知している。その知識を活かして、バカたちはモロンゴ逗留キャンプに滞在しているあいだに、たくさんの一年型ヤマノイモを採集した。ヤマノイモの収穫量は大人一人一日あたり一・六〜一・八キログラムになり、そのうち九〇〜九五％を一年型ヤマノイモが占めていたのである。すべての食物のなかでも一年型ヤマノイモの収穫量は卓越しており、一年型ヤマノイモこそがモロンゴの生活をささえている食物だといえる。とくに*Dioscorea praehensilis*の収穫量は興味深いパターンをしめしている。遊動キャンプではほとんど収穫されていないのにたいして、逗留キャンプにおける収穫量は突出しているのである(表2—1)。逆にいえば、一年型ヤマノイモを大量に収穫できる地域こそがモロンゴの目的地だということになる。そのような場所がどうして村から四〇キロメートルも離れたところにしかないのかについては第3章と第4章で論じる。

⁂

遊動キャンプでたくさん収穫された多年型ヤマノイモは、林冠の閉じた暗い場所でも生育できるので、一年型ヤマノイモとくらべて森のなかに比較的まんべんなく分布している(この点については第3章で論じる)。バカたちは、多年型ヤマノイモの採集のためにどこか特定の場所に行くことはない。ただ、年間をとおして芋をつけている個体があることから、季節によってはもっとも重要なカロリー源になることがあるし、森のキャンプでカロリー源食物が不足したときの補完的な食物として重要である。女たちが森を歩いているとき、

写真2-7 *Dioscorea praehensilis*の芋を収穫した穴。およそ150cmの深さ。

表2-4　2020年の逗留キャンプにおいてバカ女性12名がヤマノイモ採集にでかけた日の活動時間と収穫量

バカ女性	活動時間（分）						収穫量（kg）		
	芋掘り	移動	探索	休憩①	休憩②	計	*D. praehensilis*	*D. semperflorens*	多年型
A	235	210	105	30	35	615	9.60		
B	155	135	80	65	60	495	15.07		
C	130	190	115	0	30	465	6.76		
D	120	195	115	15	50	495	11.41		5.51
E	20	95	95	0	150	360			
F	185	255	5	15	30	490	19.13		
G	225	110	15	60	55	465	3.85	8.76	
H	280	110	25	0	40	455	4.97	3.48	
I	155	75	35	0	15	280		2.64	1.21
J	135	75	5	150	15	380	8.03		
K	155	100	10	15	70	350	13.83		
L	175	90	20	45	10	340	9.17		
計							101.82	14.88	6.72
平均	164	137	52	33	47	433	8.49	1.24	0.56

活動時間のうち休憩①は同行していた夫や娘が作業している時間、休憩②はとくに誰も作業していない時間である。芋掘りの時間には荷物の整理もふくむ。多年型ヤマノイモには、*Dioscorea mangenotiana*, *Dioscorea burkilliana*, *Dioscorea minutiflora*をふくむ。塩谷暁代さんの協力によりデータを収集した。

ふと足をとめ、乾燥して筒状に丸まったヤマノイモの葉を拾いあげることがある。たいてい*Dioscorea mangenotiana*である。葉や蔓などの地上部が枯れているということは、地中の芋の部分にじゅうぶんにデンプンがたくわえられているということである。あたりの藪のなかから枯れた蔓を探しだして生えぎわまでそれをたどり、根元を掘って芋を収穫する。一個体から収穫できる芋はたいてい小さいが、*Dioscorea mangenotiana*は多年型ヤマノイモのなかでは大きな芋をつけていることがあり、平均二〜三キログラム、最大で一五キログラムになることがある（表2—3）。*Dioscorea burkilliana*の芋は、稀に一〇キログラムをこえるものがあるが、概して一キログラム程度である。そのかわり季節性が弱く、まんべんなく分布しているので、モロンゴの遊動キャンプや（一年型ヤマノイモが小さくなる）雨季の食物として重宝されている。

＊＊

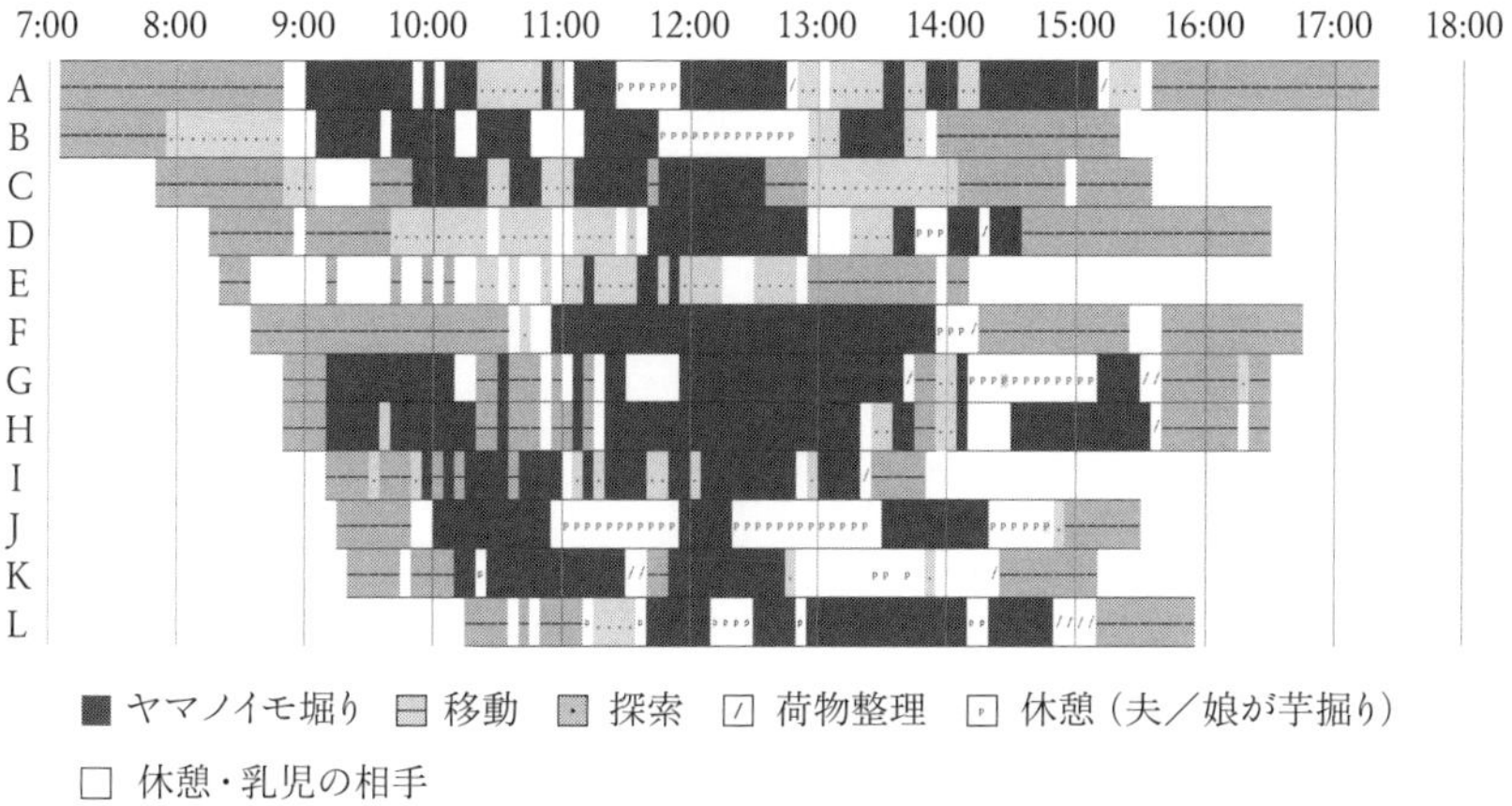

図2-5　2020年の逗留キャンプにおいてバカ女性12名がヤマノイモ採集にでかけた日の活動記録　逗留キャンプを発ってからキャンプに帰着するまで個人を追跡して5分ごとに行動を記録した。A〜Lは出発時刻の早かった順にならべた。GとHは採集に同行したので同時に記録した。データソースは表2-4とおなじである。塩谷暁代さんの協力によりデータを収集した。

それでは、これだけのヤマノイモを採集するのにどれだけの時間が必要だろうか。二〇二〇年の逗留キャンプで、ヤマノイモ採集にでかけた一二人のバカ女性の一日の活動を記録した（表2—4、図2—5）。キャンプを発って帰着するまで平均四三二分（七時間あまり）であった。そのうち一三七分を移動に、五二分を探索に費やしている。移動とはおおよその目的地に向かって道を歩くことであり、探索とは藪に分け入ってゆっくりと歩きながらヤマノイモ（や蜂蜜など）を探すことである。まず指摘できるのは、探索より移動の時間のほうが長いという点である。とくにA、C、F〜Lの九人は、移動のあとほとんど探索することなく芋の掘りだしをはじめている。これは、前日か数日前にそのあたりですでに採集をしており、めあてのヤマノイモがどこにあるかをあらかじめ知っているからである。Aのように、めあてのヤマノイモを収穫したあと、周囲を探索して、新たにいくつかのヤマノイモを採集する場合もあるし、Fのように、一か所で三時間ひたすら掘りつづけて一九キログラムをこえる芋を収穫することもある。特定の個体の生えている場所を知らない場合には、まずヤマノイモがありそうな場所に行ってみて、それから探索して、いくつかのヤマノイモを採集することもある（B、D）。夫や娘が同行している場合には、独自に探索・採集（夫は周囲を歩きながら蜂蜜を探すこともある）することもあれば、妻と夫（や娘）がかわるがわる穴掘りをすることもある（A、B、G、J、L）。なお、Eは、夫が罠を仕掛けるのに同行しながらヤマノイモや蜂蜜を探していたので、ほかの例とは異なるふるまいをしている。Eの午前中の行動に休憩時間が多いのは、夫の作業をまちながら座っていたからである。

この一二人によるヤマノイモの収穫量は平均一〇・三キログラムで、*Dioscorea praehensilis* が大部分を占めていた。大人一人一日のヤマノイモ消費量を一・五キログラムとすれば、およそ七人日分に相当する収穫になる。芋の収穫に要した時間は平均一六四分であったが、休憩中に同行した夫や娘が掘った時間（休憩①）をふくめると計一九七分になる。これらの活動時間は、佐藤（二〇二〇）による実験的狩猟採集生活における時間配分と同程度であった。

二〇二〇年の逗留キャンプにおいてヤマノイモの収穫量が多かった上位六名について、収穫量の日変化を図2―6にしめした。すべて既婚の女性であった。まず、*Dioscorea praehensilis* を採集した日には一〇キログラム以上の収穫を見込めることがわかる。六人のなかに三〇キログラムをこえる収穫が二回、二〇〜三〇キログラムの収穫が一回あったが、いずれの場合も、そのあと四、五日は収穫の少ない日がつづく。一〇キログラム前後の収穫が二日つづくことは、各々一回か二回あったが、三日連続することはなかった。二時間をこえる芋掘りと一時間をこえるキャンプへの運搬はそれなりの重労働になるので、何日も連続するのは負担が大きいだろうし、一〇キログラムの芋があれば、大人二人と一二歳未満の子供三人の世帯であれば二〜三日分の消費量にな

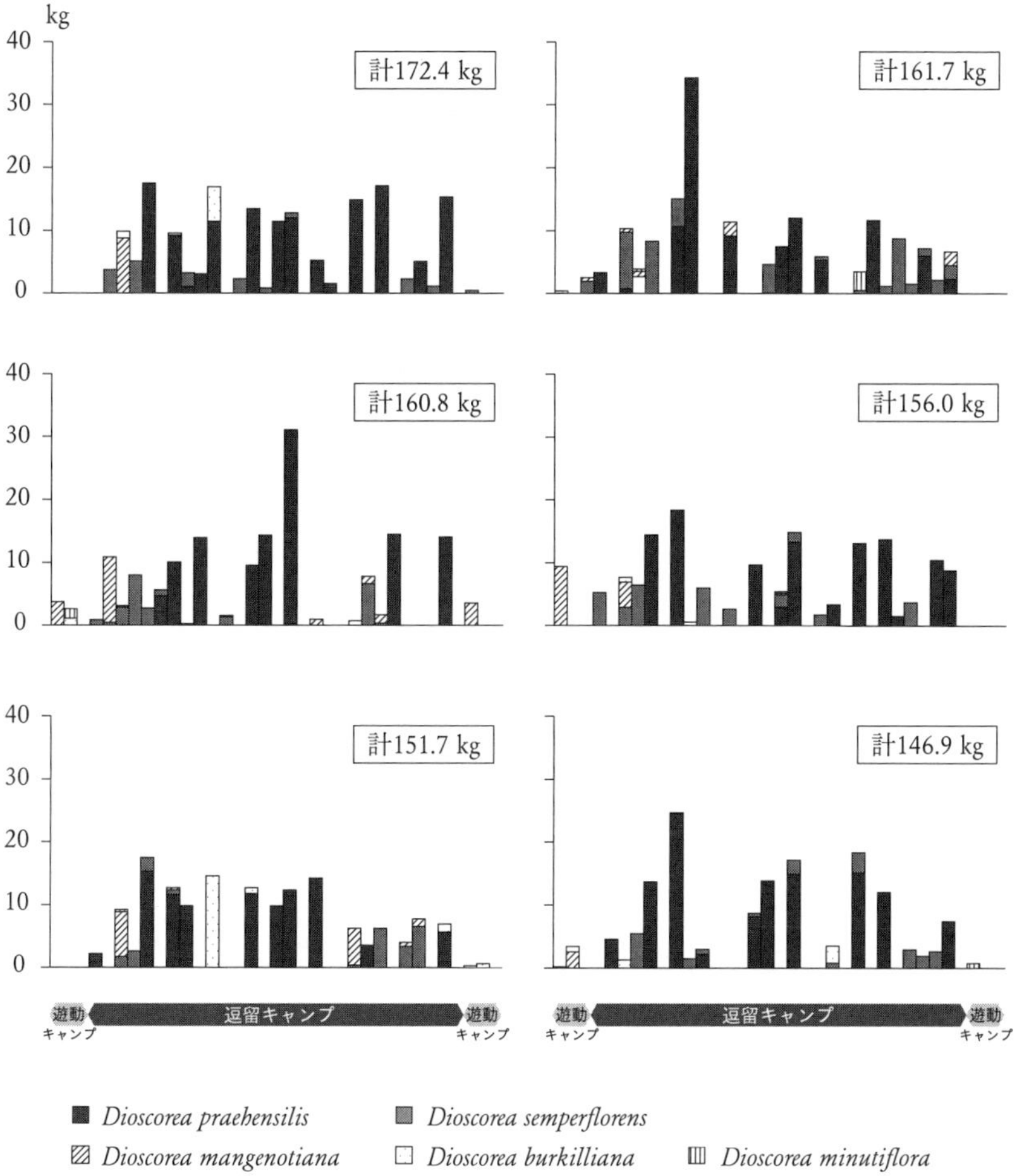

図2-6　2020年のモロンゴにおけるヤマノイモ収穫量上位6名の収穫量の日変化（2020年2月22日～3月26日のデータ）　すべて既婚の女性。*Diocscorea praehensilis*の採集をする日は、10kg前後の収穫を見込める。10kg前後の収穫が3日連続することはない。

る。先に図2―3で二〇〇五年の逗留キャンプの出入りを記述したとき、四日のうち一日はキャンプを離れずにゆっくりしていると述べたが、図2―6における収穫のない日の分布もおなじ傾向をしめしている。

ただ、採集したヤマノイモはその家族だけで消費されるわけではない。収穫したヤマノイモは数日のうちに傷むので、長期間、保存しておくことはせず、一〇キログラム程度であれば、おおかた芋を収穫した当日と翌日に調理して食べてしまう。バカたちの採集するヤマノイモはすべて無毒なので、毒抜きは必要とせず、茹でただけで食べることができる。まず、芋を適当な大きさに切って鍋に敷きつめる（写真2―8）。このとき芋についている土はそのままにしておく。水を入れ、クズウコン科植物の葉で蓋をして、焚火で茹でる。茹であがったら、一つ一つの芋から土を落としていく。さいごに、芋を皿やボウルに取り分けて、周囲の人々に分配して食べる。

食味についてバカたちに聞いたところ、*Dioscorea semperflorens*［ʔèsùmà］と*Dioscorea mangenotiana*［ɓa］が美味だとされている。*Dioscorea semperflorens*の芋は白く、やや弾力性のある食感である。*Dioscorea mangenotiana*の芋は黄色がかっており、やや甘みがある。両者とも繊維質が少ないうえに、*Dioscorea praehensilis*［sapà］とくらべて水分を多くふくみ、食べやすい。*Dioscorea burkilliana*［kɛ̀kɛ］と*Dioscorea minutiflora*［kuku］は*Dioscorea praehensilis*よりも水分が少なく、堅い。食べていると口のなかに砕けた芋片が増えていくだけで、芋片どうしが潰れて練りあわされていく食感はない。*Dioscorea smilacifolia*［ɓálɔkɔ］と*Dioscorea* sp.［njàkàkà］は、あまり味がよくないとされており、妊婦や乳児の両親には忌避される。ツヅラフジ科の*Dioscoreophyllum cumminsii*［ngbí］は採集されるのは少量ずつではあるが、シャキシャキとした食感でおいしく、直火で焼いて食べることが多い。

写真2-8　ヤマノイモの調理と分配。①芋を切って、土がついたまま鍋に入れる。②水を入れてクズウコン科植物の葉で覆い、火にかけて茹でる。③茹であがった芋から皮と土を落とす。④皿やボウルなどに取り分け、分配して食べる。

3……採集の成果②　ヤマノイモ以外の食物

モロンゴの食物としてヤマノイモのつぎに重要なのが蜂蜜である。蜂蜜には、アフリカミツバチ（*Apis mellifera adansonii*［tòngià］）の蜜［pɔ̀kì］と、すこし酸味があって粘り気の弱いハリナシバチ（*Meliponula* spp.）［dàndù, ndìbà, mòpapèle, mòlèngì, ʔɛɓɔlɔ, pɛ̀ndɛ̀, mókò, pɔlì, njénje］の蜜（ハチの名前と同名）がある。ハリナシバチの蜜は、もっとも大型のダンドゥ［dàndù］のものが九五%以上を占めている。

蜂蜜採集は男性の作業であるが、老若男女を問わず、蜂の巣を探すことに余念がない。キャンプを移動するとき、ヤマノイモの採集場に行くとき、罠をまわるとき、動物を追跡するときなど、バカたちが森を歩くときには、つねに蜂の羽音に耳をすまし、頻繁に樹上に目をやって、蜂の巣を探している。ときおり木の根元の土を手にとって、そのなかにミツバチの死骸［liɓɛnji］やその断片が混じっていないか確認する。巣をみつけて採集するときには、巣の近くまでとどいている蔓があればそれをよじ登って収穫し、適当な蔓がなければ木そのものを伐り倒して収穫することもある。

表2―1からわかるように、蜂蜜は、遊動キャンプと逗留キャンプの区別なく相当量の収穫がある。一つの巣からの収穫は五〜一〇キログラムほどである。ただし、季節によっては蜜が溜まっていないこともあるし、一つの巣から二〇キログラムをこえる収穫があることもある。蜂蜜の収量が最大になるのはたくさんの蜜源植物が開花する雨季の初めころからなので、モロンゴの季節は、蜂蜜採集にはすこし時期が早い。それでも、乾季のあいだに咲く花もあるのでそれなりの収穫がある。蜂蜜は採集したその場で分けられ、キャンプにもちかえられるまでに相当量が食べられる（写真2―9）。したがって、モロンゴのあいだにバカたちが消費した蜂蜜は、

写真2-9　採集した蜂蜜は、その場にいる人々で分けられる。量によっては、その場ですべて食べてしまうこともある。

じっさいには表2—1にしめした値よりも多いはずである。

⁂

モロンゴが実施される乾季は、漁撈の季節でもある。流量が減少した河川で、女たちが中心になって掻いだし漁［ngúma］をおこなう（写真2—10）。二〜三人のグループに分かれて川に大きな堰をつくり、その下流に小さな堰をいくつかつくって、堰のあいだの水をクズウコン科植物の大きな葉やバケツなどをもちいて掻きだし、小さな水たまりに残された魚［si］を一つ一つ捕まえていく。このように掻いだし漁は、採集に近いといえる。ときには一〇キログラムほどのデンキナマズ（*Malapterurus electricus*）やニシアフリカコビトワニ（*Osteolaemus tetraspis*）が獲れることもあるが、大半の獲物は体長五〜一〇センチメートルほどの小魚

写真2-10　掻いだし漁で小魚やエビを探す。

写真2-11　小魚を釣ってきた少年たち。

やエビである。

男たちは、釣針に餌をつけて夜どおし仕掛けておく置針漁［màtindi］をおこなう。釣餌には小魚や肉片、石鹸（私が提供した場合など）を仕掛ける。この漁では、デンキナマズや、体長一メートル近くになるヒレナマズ（*Clarias gariepinus*）、体長三〇センチメートルほどのギギ上科の中型魚（*Parauchenoglanis punctatus*）がよく獲れる。ロベケ川にそそぐ支流のなかでは大きめの川であるジャロフェ川河畔に逗留した二〇〇五年と二〇二〇年のキャンプでは、釣針をもっている男たちが置針漁をしていたので、これらの中型〜大型の魚がよく獲れた。

そのほか、少年たちがよく竿釣［njɛ́ɛ̀njɛ̀］をする（写真2―11）。数人でおこなえば、すぐに一〇匹程度の小魚を釣ることができる。釣った魚は、子供たち自身がクズウコンの葉で包んで蒸し焼きにして食べる。肉がないときには大人の男たちも釣りをすることがある。小河川がたくさんある熱帯雨林では、補完的なタンパク源として魚が重要な役割をはたしているといえるだろう。

3……狩猟の成果

遊動キャンプと逗留キャンプでは狩猟の方法が異なる。遊動キャンプでは槍猟が、逗留キャンプでは罠猟が主たる猟法となる。

すぐに移動する遊動キャンプでは罠猟ができないため、動物の肉はそれほど多くは食べられない。とはいえ、肉はバカたちの好物なので熱心に槍猟がおこなわれる。槍をもちいたバカの狩猟行は、大きく二つのタイプに分けることができる。一つ目は、とくに狩猟に目的を限定せず、蜂蜜などを探しながら森を歩いているとき、あるいはキャンプの移動中などに動物の痕跡をみつけると、それを追跡して狩猟する、というものである。これはバカ語でセンド［sɛ̀ndɔ̀］という。遊動キャンプでおこなわれるのは、このタイプである。

槍でねらうのはアカカワイノシシ（*Potamochoerus porcus*）である（写真2―12）。二〇〇二年と二〇〇五年のモロンゴ期間中の猟果をしめした表2―5をみると二回のモロンゴで計一九頭の動物が槍によって捕殺されており、そのうちアカカワイノシシが八頭でもっとも多い。大きさはたいてい二〇〜四〇キログラムで、ときに五〇キログラムをこえる。バカたちは動物の足跡や糞を一瞥するとそれが当日のものかどうか判別できる。当日の痕跡であれば追跡する。アカカワイノシシは群れで行動するので発見できる可能性が高い。追跡は数十分から数時間におよぶこともある。群れに追いつくのは、たいてい湿地で餌を食べているところである。二方か三方に

写真2-12　槍で仕留められたアカカワイノシシ。アカカワイノシシは槍猟でもっとも多く仕留められる動物であり、その肉はバカたちの好物である。

分かれて群れを包囲し、数メートルまで接近して槍を投げ刺す。一撃で仕留めることもあれば、深傷を負った獲物が逃げ、ふたたび追跡することもある。ふだんの生活でバカたちが走ることはまずないが、逃げる獲物を追いかけるときには、まるでヤマハＡＧ１００のように森のなかを疾走する。イヌがいれば傷を負って逃げる獲物に喰らいついて足止めするので、仕留められる可能性が高くなる（逆に、反撃されてイヌが負傷することもある）。

槍猟がうまくいくかどうかは人数によって左右されるが、四人以上いるなら獲物を発見しさえすれば成功率は高い。モロンゴでないときもふくめて私がセンドに同行したことが一四度あったが、そのうちハンターの数が三人以下だった四例はすべて失敗した。一方、ハンターが四人以上だった一〇例のうち、アカカワイノシシに遭遇したのは六例で、うち五例は成功した。しかも、そのうち二例では一度に二頭を仕留めた。その一〇例のうち

表2-5　モロンゴの猟果

ラテン名	バカ語名	和名	2002年のモロンゴ					2005年のモロンゴ				
			遊動キャンプ(23日)		逗留キャンプ(50日)		捕獲総重量	遊動キャンプ(15日)		逗留キャンプ(17日)		捕獲総重量
			槍	その他	罠	その他	(kg)	槍	その他	罠	その他	(kg)
Atherurus africanus	mbòke	フサオヤマアラシ	1				2.8				1（槍）	1.8
Potamochoerus porcus	pàmɛ̀	カワイノシシ	4		3		226.2	4		2		129.0
Hyemoschus aquaticus	gɛkɛ / ʔakɔ̀lɔ̀	ミズマメジカ			2		24.2			6		62.1
Philantomba monticola	dɛ̀ngbɛ̀	ブルーダイカー		1（手）	2		7.9			1		4.0
Cephalophus callipygus	ngɛ̀ndì	ピータースダイカー			38		619.4		1（手）	12		175.8
Cephalophus dorsalis	ngbɔmù	セスジダイカー		1（手）	21		336.1		1（手）	8		132.3
Cephalophus leucogaster	míɛ / mòngala	ハラジロダイカー			5		68.0					
Cephalophus nigrifrons	mònjumbe	スグロダイカー			1		13.0					
Cephalophus silvicultor	bèmbà	コシキダイカー			9	1（槍）	351.9	1		5		195.8
Tragelaphus euryceros	mbɔ̀ngɔ̀	ボンゴ			2		143.6					
Syncerus caffer	mbɔ̀kɔ	アカスイギュウ			1		141.7					
Smutsia gigantea	kelepa	オオセンザンコウ			1		26.7					
Phataginus tricuspis	kokòlo	キノボリセンザンコウ		1（手）			1.4					
Loxodonta cyclotis	yà	マルミミゾウ		1（銃）			777.5					
Badeogale nigripes	busɛ	クロアシマングース						1				4.3
Herpestes naso	nganda	クチナガマングース	1				3.0	1		1		4.8
Felis aurata	ebíe	アフリカゴールデンキャット			2		14.4					
Panthera pardus	súà	ヒョウ			1		25.1					
Pan troglodytes	sèkò	チンパンジー			3		93.0					
Bitis gabonica	mbùmà	ガボンバイパー				1（槍）	2.6					
Python sebae	mekè	アフリカニシキヘビ				1（槍）	35.4					
Varanus niloticus	mbambè	ナイルオオトカゲ				1（槍）	4.5					
Osteolaemus tetraspis	mòkòàkele	コビトワニ	1	1（山刀）			9.6				1（山刀）	1.6
Kinixys erosa	kùnda	モリセオレリクガメ		1（手）		1（手）	3.4				3（手）	6.0
?	lende	ミズガメ		1（手）			1.5				1（手）	1.0
計			7	7	91	5	2932.9	7	2	35	6	718.3

2002年のモロンゴについては全期間にあたる73日間(2月13日から4月27日)、2005年のモロンゴについては全行程42日中32日間(2月24日から3月27日)にキャンプにもちこまれたすべての獲物を計量した。原則として体重を計量したが、マルミミゾウのみ切りだした肉片のうち、バカたちが手にした分(およそ半分)を計量した。哺乳類はKingdon(1997)を参照して現地で同定した。爬虫類は現地で撮影した写真をもとに図鑑等を参照して同定した。

アカスイギュウ（*Syncerus caffer*）に遭遇したのが二例で、うち一例は成功した。このときは逃げるアカスイギュウを猟犬が追いかけて後足に噛みつき、そこに追いついたバカの男が獲物の腹に槍を突き刺した。残りの二例はチンパンジーの群れとの遭遇だったが、ともに失敗した。

後述する森林性アンテロープのダイカー類は単独ないし番（つがい）で行動するので、群れで行動するアカワイノシシとくらべて槍で狩猟することは少ない。ただ、夜行性のセスジダイカー（*Cephalophus dosalis*）は昼間に眠っているので、森を歩いているときに発見して槍で仕留めることがある。また、倒木などのなかに隠れているフサオヤマアラシ（*Atherurus africanus*）をイヌや煙で追いたてて、たまらず出てきたところを槍で仕留めることがある。数人で連れだってそれらを狩猟するために森を探索することをバッサ［gbàsá］という。そのほか、声まねをしてダイカーをおびきだしたところを槍で仕留める、という猟法もある。ただ、じっさいに観察したのは散弾銃をもちいる方法だった。

二〇〇二年のモロンゴ全期間についてみると、罠猟以外の、すなわち槍猟を中心とする猟果は、捕獲頭数にして全体の一七％、重量にして三四％であった。頭数のわりに重量の比率が大きいのは、近隣村の農耕民がゾウ狩りのためにバカの男にライフル銃を委託しており、それをもちいてマルミミゾウ（*Loxodonta cyclotis*）を仕留めたからである。銃を委託されてゾウを仕留めたとき、原則として、肉はバカが消費し、象牙は銃の所有者のために保管しておく。ただし、このときは漁撈をおこなっていた農耕民にモロンゴの道中で遭遇し、彼らがゾウ狩りの話を聞きつけてモロンゴの一行についてきていた。そして肉の分け前を要求したため、バカたちと彼らとで肉を折半したのであった。農耕民は肉を手に入れると、すぐに村に帰った。

ゾウを仕留めるような大がかりな狩猟行は、バカ語でマカ［màkà］とよばれる。これがバカの狩猟行のもう一つのタイプで、男のみからなる狩猟団を編成して一～二週間、獲物を探索するものである。ねらうのはゾウやアカカワイノシシである。村から出発するときもあれば、モロンゴのキャンプから出発するときもある。狩猟を第一の目的とするといっても、ほかの活動を排除するわけではない。獲物を追跡している最中でさえ、男たちは頻繁に樹上をみあげ、蜂の巣を探す。狩猟が不首尾におわった場合には、蜂蜜採集行であったとでもいうべきものとなる。槍をもって参加するのは一〇代後半からだが、それに満たない少年が同行することも多く、森での生活や狩猟行に親しむ機会となっている。こんにちでは、槍のみによっておこなわれるマカは稀である。多くの場合、村外から象牙をめあてにやってきた商人や農耕民から銃を委託されておこなわれる。そのとき銃を委託されるのは一人であり、ほかの参加者は槍をもって参加し、アカカワイノシシやアカスイギュウなどと遭遇すると槍猟をおこなう。(33)

***

話をモロンゴにもどそう。長期滞在するキャンプを定めて腰をおちつけると、翌日から男たちは罠［mòlìngɛ̀］を仕掛けはじめる。伝統的にバカは槍猟によって動物を仕留めてきたとはいえ、今日、獲物の大半は罠猟によるものである。罠を仕掛けてから獲物を捕殺するまで時間差があるものの、いったん仕掛けてしまえば一か月

(33) カメルーン東部州のロミエ地域で調査をおこなったクリスチャン・ルクラーク（Leclerc 2012: 69）は、バカの狩猟は人数、期間、距離をもとに区別されており、センド［sɛ̀ndɔ̀］、バサ［gbásá］、マカ［màka］、モロンゴ［mòlɔ̀ngɔ̀］という四つの形態があると記述している。しかし、私の観察によれば、これらは水準の異なる活動である。とくにモロンゴは森での生活そのものをさす。モロンゴのあいだにセンドをすることもあるし、マカにでかけることもある。

写真2-13　罠にかかったミズマメジカ。

以上継続して捕獲できるので、長期間おなじ場所に滞在する生活に適している。仕掛けるのは、足くくり罠である。動物が穴を踏みぬくと、しならせて固定していた棹がはねあがり、先端にとりつけてあるワイヤーが踏みぬいた足にくいこみながら、勢いよく獲物の身体を引っぱりあげる（写真2―13）。かつては、トウダイグサ科の蔓植物（*Manniophyton fulvum* [kusa]）や、ラフィアヤシ(*Raphia Raphia monbuttorum, Raphia laurentii* [pèke]）の葉軸などの繊維からつくった縄をつかっていたというが、近年は鋼鉄製のワイヤーが普及している。

罠猟のおもな獲物はダイカー類とよばれる森林性のウシ科ダイカー亜科の動物で、おなじみの動物でいえばヤギやカモシカに近縁である。なかでも褐色の毛をもつ、中型（体重一五～二〇キログラム）のレッドダイカー類がよく捕殺される（写真2―14）。自家消費のためであれば、一世帯につき二〇個ほどの罠でじゅうぶんな獲物を捕えることができる。罠にかかった動物は、その日のうちか翌日には死んでしまい、二日もたてば体中がウジだらけになる。すべての獲物を損なわずに回収するには、三日に一度、罠を巡回して獲物を確保しなければならない。

二〇〇二年のモロンゴでは、参加した一七人の既婚男性のうち、罠をかけるためのワイヤーをもってきていたのは一二人だった。ワイヤーをもっていなかった五人の世帯や男性のいない世帯は、親や兄弟たちの罠で捕らえた獲物をもらっていた。罠の数は、ワイヤー所有者は一人あたり二五個で、所有者以外もふくめた全世帯で平均すれば一六個であった。

罠は、けもの道に沿って一〇～二〇メートルおきに仕掛ける。いくつかの罠を近接して設置することもあるし、一〇〇メートル以上の間隔をあけることもある。二〇〇二年の逗留キャンプでは、罠の分布はおおむねキャンプから二～三キロメートルの範囲にあった（図2―7）。親子や兄弟で一つのラインを共有して罠を仕掛けることが多い。二〇〇二年には一個の罠を仕掛けるのに三〇分かかっていたので、一日に仕掛けるのは五～一〇個であった（そのあと罠の構造が改変され、一五～二〇分ほどで一つの罠を仕掛けられるようになった）。逗留キャンプに到着した翌日から罠を仕掛けはじめ、全員ぶんを合計して二〇〇個に達したのが六日目、二五〇個に達したのが一二日目であった。そのあとはすこしずつ増加して、最後の罠が仕掛けられた二六日目に、ちょうど三〇〇個に達した。最初の罠を仕掛けてからキャンプを発つときに撤去するまでの期間は四一日であった。

写真2-14　罠で捕えたピーターースダイカー。

二〇〇二年と二〇〇五年の二回のモロンゴでは、あわせて一六〇頭の獲物を捕殺したが、

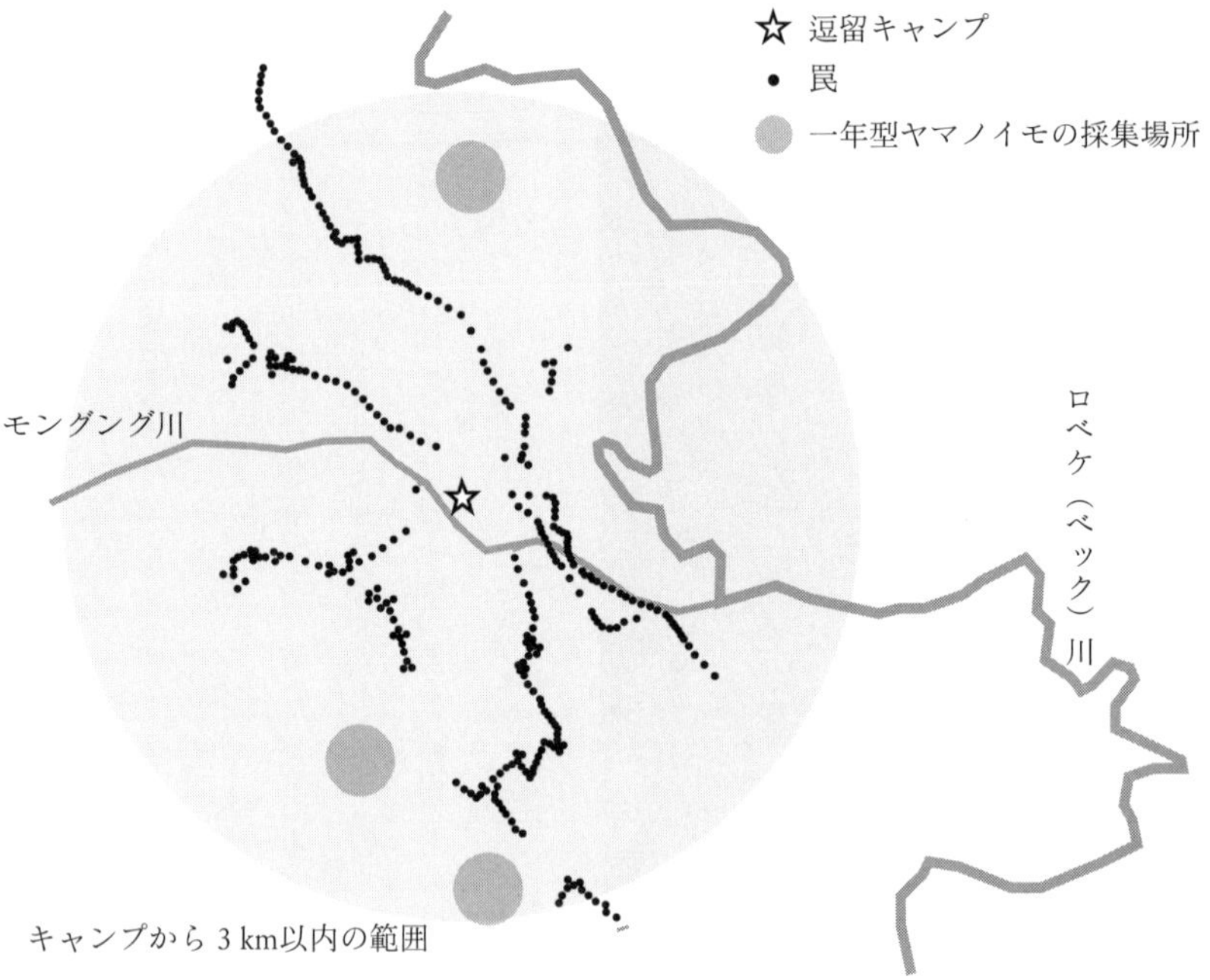

図2-7　2002年のモロンゴ逗留キャンプ周辺の土地利用（3月9日〜4月20日） 位置情報はGPSをもちいて把握した。

そのうち一二六頭（八〇%）が罠猟によるものであった（表2—5）。そのなかでもレッドダイカー類（ピータースダイカー、セスジダイカー、ハラジロダイカー、スグロダイカー）があわせて八四頭ともっとも多かった。それにつづくのが、コシキダイカー、ブルーダイカー、アカカワイノシシであった。先述のように、銃を委託されている場合にはゾウを狩ることがあるし、森を歩いているときに遭遇したアカカワイノシシを狩ることもあるが、捕獲数でいえば、こんにちのバカの狩猟は、罠によるダイカー類の捕殺に特徴づけられている。

二〇〇二年の逗留キャンプに滞在しているあいだに罠で捕えた動物は、計一九三〇キログラムになった。これは大人一人一日あたりに換算すると六〇五グラムになり、可食比率を〇・六とすれば、三六三グラムになる。コンゴ盆地東部のイトゥリの森で乾季に頻繁に網猟をするムブティの例では、大人一人一日あたり五八〇グラム（Ichikawa 1983）から六八〇グラム（Hart and Hart 1986）になる。ただし、ムブティたちはそのすべてを食べるわけではなく、半分かそれ以上の肉を農耕民や商人と交換・交易し、農作物を入手している（Hart 1978; Ichikawa 1983, 1991）。また、サハラ以南アフリカの一人一日あたりの肉の消費量は二〇〜七〇グラムという推定（Desiere et al. 2018）があり、世界各地を対象（アフリカはふくまれていない）とした研究では約八〇グラムという推定（Sans and Combris 2015）がある。これらを勘案すると、モロンゴ期間中の肉の供給はじゅうぶんな量であったといってよい。

罠を仕掛けはじめてから一週間ごとの捕獲頭数をみると、第一週から順に九頭／一六頭／一五頭／一六頭／一六頭／一八頭であった。最初の二週間のうちに八〇％以上の罠がすでに仕掛けられていたことを考えると、この六週のあいだに、ほぼ一定の率で捕獲されていたといえる。したがって、モロンゴをする遠方の森では、半径三キロメートル程度の範囲で罠猟をすることにより、すくなくとも四〇日間、おそらくはもっと長期間にわたって、一〇〇人の集団が持続的に肉を得ることができると考えてよいだろう。

3　食生活をささえるヤマノイモ

1……モロンゴにおけるカロリー供給

モロンゴの遊動キャンプの食物は、多年型ヤマノイモと蜂蜜が中心となり、槍猟に成功すればアカカワイノシシなどの動物がくわわる。逗留キャンプの食物は、一年型ヤマノイモが中心となり、それに蜂蜜や罠猟で捕えたダイカー類がくわわる。遊動キャンプにおけるカロリー源食物のレパートリーは、村の近くの小規模なキャンプ（第5章で記述する）と類似しているが、逗留キャンプの食物レパートリーは、一年型ヤマノイモが重要であるという点で特徴的である。ムブティの生活について記述した市川（一九八二）は、乾季を「狩猟の季節」と記しているが、バカにとっての乾季は「採集の季節」だといってもよいだろう（ただし、乾季にはしばしばゾウ狩りがおこなわれるので「狩猟の季節」という側面もある）。

表2―1および表2―5をもとに、モロンゴにおけるカロリー供給を食物カテゴリーごとに推定して集計した（表2―6、表2―7）。また、それらの日変化を図2―8にしめした。二〇〇五年の遊動キャンプにおけるカロリー供給量は、大人一人一日あたり（以下同様）およそ一八〇〇キロカロリーだった。そのおもな内訳は蜂蜜が六四五キロカロリー（三六％）、多年型ヤマノイモが五八五キロカロリー（三二％）、一年型ヤマノイモが三四五キロカロリー（一九％）、獣肉が八二キロカロリー（五％）であった。ただし、これらはキャンプでの計量にも

表2-6　モロンゴにおける食物カテゴリーごとのカロリー供給（kcal/adult-day）

	遊動キャンプ				逗留キャンプ					
	2005年 866.5人日		2020年 336.5人日		2002年 3325.0人日		2005年 1247.5人日		2020年 1820.0人日	
一年型ヤマノイモ	345	19%	36	2%	1493	62%	1678	61%	1384	48%
多年型ヤマノイモ	585	32%	307	21%	79	3%	121	4%	180	6%
蜂蜜	645	36%	644	44%	183	8%	435	16%	508	18%
獣肉	82	5%	90	6%	604	25%	461	17%	664	23%
ナッツ類	58	3%	321	22%	30	1%	20	1%	100	3%
農作物	70	4%	60	4%					2	0%
魚介類ほか	16	1%	13	1%	1	0%	57	2%	51	2%
計	1801		1471		2390		2773		2889	

大人1人あたりに換算した1日あたりのカロリー供給量（kcal/adult-day）、および全供給量にたいする割合をしめしている。遊動キャンプでは2005年2月24日～3月10日、2020年2月21日～24日、3月24日～26日、逗留キャンプでは2002年3月3日～4月21日、2005年3月11日～27日、2020年2月25日～3月23日に、キャンプにもちこまれたすべての収穫物を計量した。カロリー供給量（E）は以下の方法で算出した。まず、各食材の生重量（W_i）、食材ごとに設定した可食部率（R_i）、食材ごとに設定した単位重量あたりのカロリー価（V_i）の3つの値からカロリー供給量を算出し、その総計を、調査期間にキャンプに滞在していた、のべ人日（A, adult-day）で割った。数式であらわすとつぎのようになる。

$$E = \Sigma\ W_i R_i V_i / A.$$

各食材の可食部重量比とカロリー価は表2―7を参照。大人に換算したのべ人日（adult-day）は、0～2歳未満は大人0人、2～12歳未満は大人0.5人として算出した（Ichikawa 1983、Kitanishi 1995）。一年型ヤマノイモは*Dioscorea praehensilis*と*Dioscorea semperflorens*、多年型ヤマノイモは*Dioscorea mangenotiana*と*Dioscorea burkilliana*、*Dioscorea minutiflora*、*Dioscorea* sp.［njàkàkà］、*Dioscorea smilacifolia*、および*Dioscoreophyllum cumminsii*（ツヅラフジ科）。

とづいており、収穫してすぐに食べられた蜂蜜はふくまれていない。それをふくめると日によっては食物の大半が蜂蜜だったこともあっただろう。二〇二〇年の遊動キャンプもほぼ同様に蜂蜜と多年型ヤマノイモが重要であったが、*Irvingia excelsa* のナッツが大量に収穫されたため、ナッツ類が三二一キロカロリー（二二%）を供給していた点に特徴がある。

逗留キャンプのカロリー供給は、二〇〇二年には計二三九〇キロカロリー、二〇〇五年には計二七七三キロカロリー、二〇二〇年には計二八八九キロカロリーであった。これらの値がじゅうぶんな量であったかどうかを判断するために、基礎代謝量とくらべてみよう。国立健康・栄養

表2-7　各食物（グループ）の可食部重量比とカロリー価

	可食部の重量比	カロリー価（kcal/100g）
野生ヤマノイモ	0.8	120
蜂蜜	0.75	311
哺乳類	0.6	150
爬虫類	0.6	95
野生ナッツ	0.8	670
野生ナッツ（果実にたいして）	0.05	670
プランテンバナナ	0.5	135
キャッサバ	0.6	150
アブラヤシの種子	0.2	850
魚	0.6	95
アフリカマイマイ	0.4	107
Gnetum sp.（葉）	0.9	25
きのこ	0.9	32

可食部重量比は、Ichikawa(1983)、Bailey and Peacock(1988)、Kitanishi (1995)、Sato(2014)から、カロリー価はLeung (1968)から入手した。記載のないものは類似した食物の値をもちいた。

研究所（Ganpule et al. 2007）によると基礎代謝量はつぎの式によって推定できる。

男：(0.0481×体重＋0.0234×身長－0.0138×年齢－0.4235)×1,000/4.186

女：(0.0481×体重＋0.0234×身長－0.0138×年齢－0.9708)×1,000/4.186

たとえば、バカのなかでは大きな体格といえる、体重六〇キログラム、身長一六〇センチメートルの二五歳男性の基礎代謝量は一一六七キロカロリーになる。体重五〇キログラム、身長一五〇センチメートルの二五歳女性では九五五キロカロリーである。これに身体活動レベルにおうじて、一・五（低レベル）、一・七五（中レベル）、二・〇（高レベル）を乗じることで、一日に必要なカロリーを（かなり大雑把にではあるが）推定できる。高レベルを想定するならば、一日に必要なカロリーは右記の男性では二三三四キロカロリー、女性では一九一〇キロカロリーになる。ほとんどのバカの男性は六〇キログラム未満、女性は五〇キログラム未満であり（Yamauchi et al. 2000; Sato et al. 2014）、労働量を勘案しても、逗留キャンプではじゅうぶんなカロリーが供給されていたといえるだろう。三回のモロンゴとも食物カテゴリーごとの傾向はおなじで、一年型ヤマノイモが五〇〜六〇％を占めており、獣肉が二〇％前後であった。蜂蜜は二〇〇二年の供給がやや少ないが、それでも一〇％弱から一五％強のカロリーを供給していた。

二〇〇五年の二月に焼畑キャンプで食物の計量をしたところ（詳細は第5章で述べる）カロリー供給は二三七四キロカロリーであった。内訳は、プランテンバナナが一一〇五キロカロリー（四七％）、アブラヤシが六九三キロカロリー（二九％）、多年型ヤマノイモが二〇七キロカロリー（九％）などであった。ここで注目すべきは、このときの焼畑キャンプよりモロンゴ逗留キャンプのほうが、カロリー供給が多かったということである。遊動キャンプでは焼畑キャンプを下まわるものの、計量できなかった蜂蜜のぶんを考慮すると、大きな差にはならないだろう。

図2—8の二〇〇五年のモロンゴの例にとくに明瞭にしめされているように、モロンゴ逗留キャンプに到着すると、ただちにカロリー供給における一年型ヤマノイモの比率が大きくなっている。二〇〇五年と二〇二〇年のモロンゴは、先述したように一か月強の短い期間であったが、二〇〇二年のモロンゴは七四日間（二か月半）におよぶものであった。しかも、モロンゴは一〇〇人内外の集団による大規模な狩猟採集生活である。その生活をささえているのは、一年型ヤマノイモであり、全カロリー供給に占めるその貢献率は、焼畑キャンプにおける農作物の貢献率に匹敵するものであった。その意味で、バカたちが一年型ヤマノイモの集中分布している場所を畑のようだというのは、比喩というより事実に近い。それにくわえて、モロンゴではバカたちの好物である肉や蜂蜜やたらふく食べることができる。バカたちにとってモロンゴ逗留地域は、まさに〈ゆたかな森〉なのである。

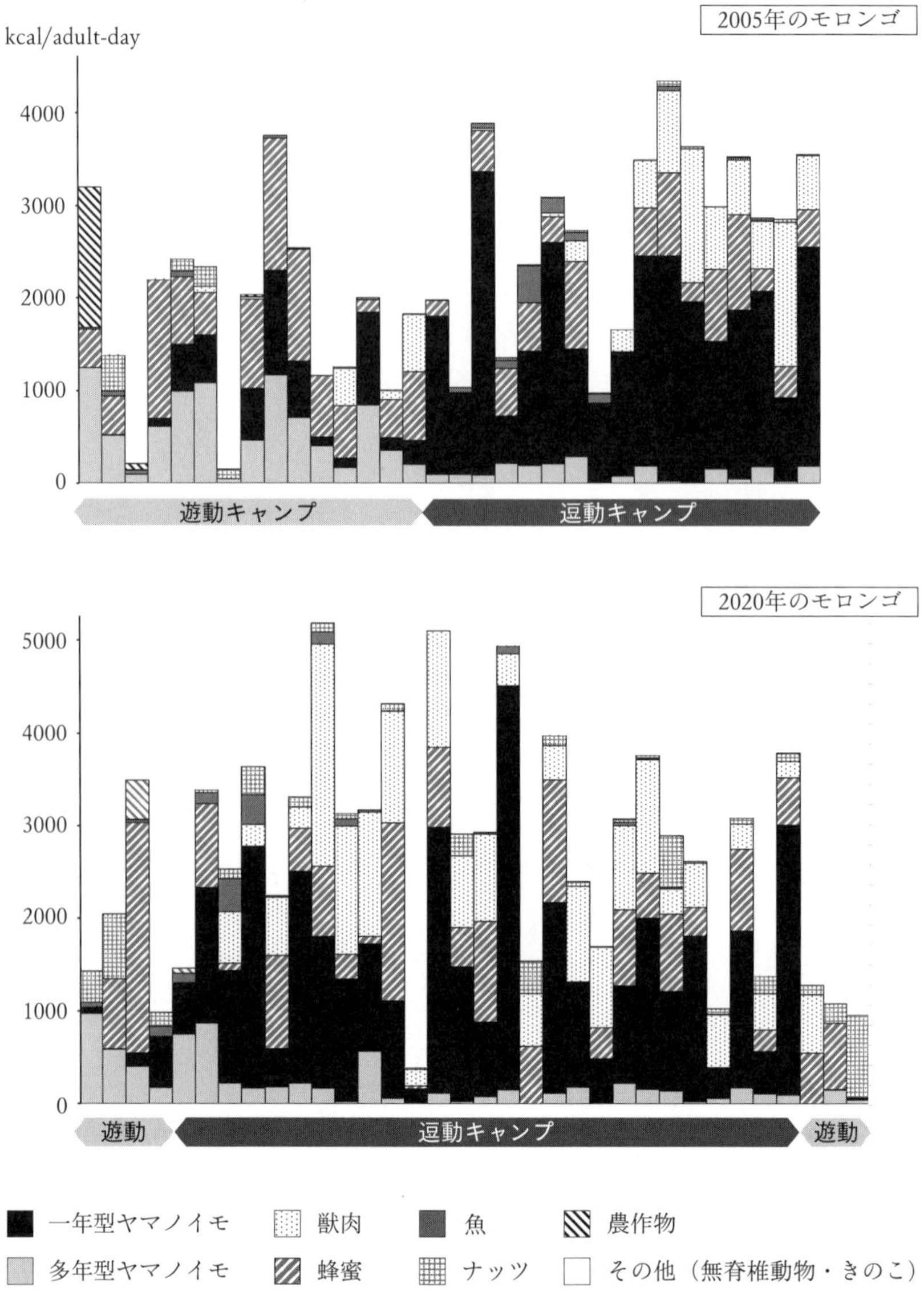

図2-8　2005年と2020年のモロンゴにおける食物カテゴリーごとの大人1人あたりのカロリー供給量の日変化

2……〈ゆたかな森〉の人口支持力

一年型ヤマノイモの集中分布する〈ゆたかな森〉の人口支持力はどの程度だろうか。モロンゴ逗留キャンプにおける土地利用をしめした図2―7をみると、逗留キャンプに集中的に利用する森は、キャンプから三キロメートル以内の範囲にあることがわかる。二〇〇二年当時は、まだ感度の悪いGPS端末しかなかったし、私が一つ所持していただけだったので、罠の位置情報を得るだけでもひと苦労だった。しかし、二〇二〇年のモロンゴ逗留キャンプでは感度のよいGPS端末をたくさん利用できたので、参加者一〇〇名のうち成人男女四四名にGPS端末をもち歩いてもらい、毎日の行動の軌跡を記録した（図2―9）。その結果をみると、やはり原則としてキャンプから三キロメートルの範囲のなかで食物を探索していることがわかる。キャンプを中心として毛細血管のようにひろがっている線が個々人の行動の軌跡である。ところどころ血栓ができて出血しているようにみえるところがあるが、それはヤマノイモや蜂蜜を採集するため、罠を仕掛けるため、あるいは休憩するために同一地点にとどまりつづけていたことをしめしている。端末が動いていなくても位置情報にふくまれる誤差の範囲で凝集して動きつづける軌跡が記録されるからである。

この図には、キャンプを中心とする毛細血管状の軌跡にくわえて、キャンプの南東方向およそ五キロメートルの地域にのびでた行動範囲が描かれている。そこには一年型ヤマノイモ、とりわけ*Dioscorea praehensilis*の群生地がたくさんある。バカたちは、過去の経験にもとづいてその地域に群生地があることをあらかじめ知っており、図2―5でしめした女性の何人かのように、まず群生地がありそうな場所にまっすぐ向かい（その道が太い線になってしめされている）そこでヤマノイモを探索するわけである。図の上方にのびた軌跡は、モロンゴの途中

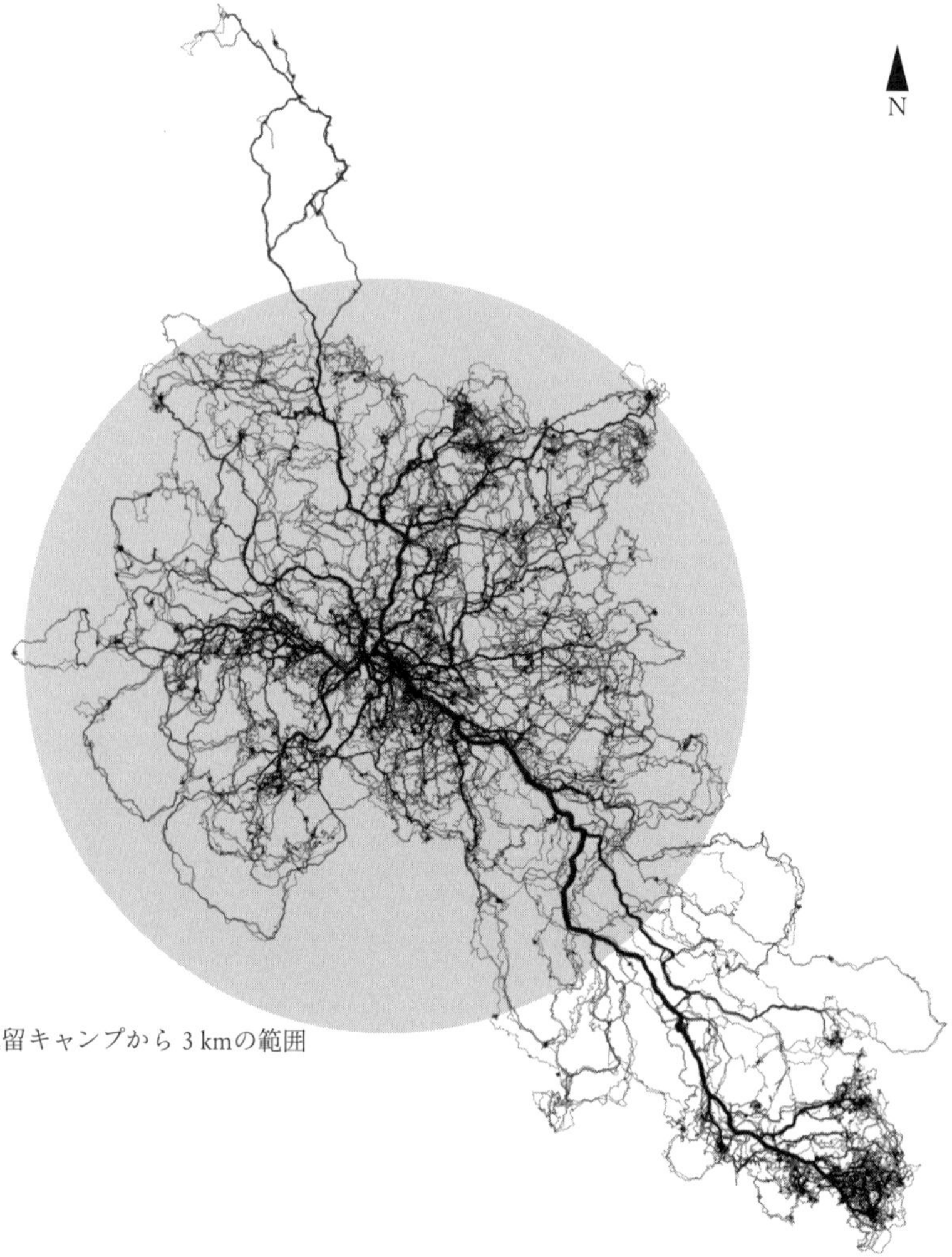

図2-9　2020年のモロンゴ逗留キャンプにおける人々の行動範囲　円の周は中心に位置する逗留キャンプから3kmの距離になる。成人男女44名に毎日GPSをもって行動してもらい、2月26日から3月23日までの全員分の軌跡をすべて図示した。モンロンゴには25ペアの成人男女がいたので、その大部分の行動範囲をおさえていることになる。右下にとびだしている行動範囲は一年型ヤマノイモ、とくに*Dioscorea praehensilis*が、とりわけ多く集中分布しているところである。

で私たちの逗留キャンプに合流したグループが、もといたキャンプにもどって罠を回収してきたものである。なお、男女別に軌跡を描写してもほとんどおなじものになった。それは夫婦が一緒に行動することが多かったことを反映している。

⁂

図2―5と図2―9から判断するに、モロンゴ逗留キャンプで利用する土地の面積は三〇～四〇平方キロメートルだといってよいだろう。二〇〇二年のモロンゴでは、この範囲で八九人の集団が四三日間の食物を得ることができた。つまり、このときのモロンゴの期間に限定すれば〈ゆたかな森〉の人口支持力は二～三人／平方キロメートルになる。むろん、これは厳密な意味での人口支持力ではない。モロンゴのような生活を一年のうちどれだけの期間おこなうことができるか、そのうちどれだけを一つのキャンプを中心とする三〇～四〇平方キロメートルの範囲でまかなうことができるかが問題である。

まず、モロンゴをつづけることが可能な時期と期間について検討しよう。*Dioscorea praehensilis* は、雨季のはじまる三月から五月に蔓をのばす。六月から七月には林冠に葉を展開して芋が肥大していく（図2―4）。そして雨季の後半になると、たっぷりデンプンを蓄えて肥大した芋を収穫できる。*Dioscorea semperflorens* も類似の生活型をもっている（Hamon et al. 1995; Dounias 2001）。このような性質をふまえてエドモンド・ドゥニアス（Dounias 2001）は、一一月から三月のあいだが一年型ヤマノイモの収穫に適した時期であると述べている。ただ、Z村のバカたちは四月末までモロンゴをつづけたことから、一年型ヤマノイモに依存する生活は一一月から四月のあいだ、すくなくとも一年のうち六か月程度は可能だと考えてよいだろう。

一つの逗留キャンプで生活できるのは、どれだけの期間だろうか。二〇二〇年の逗留キャンプは一〇〇人による一か月弱の滞在だったが、二〇〇二年の逗留キャンプでは八九人が四三日間滞在した。ただ、この人数はバカの集団としては大きめで、平均的な集団サイズは五〇人である（Sato 1992; Tsuru 1998）。そこで五〇人の集団を想定すると、二〇〇二年の逗留キャンプで得られた食物は七五日間分に相当する。しかも、逗留キャンプに滞在しているあいだに周辺の一年型ヤマノイモが採集されつくされたわけではなかったし、収穫量が徐々に減少してきたわけでもなかった。二〇〇二年の四月下旬に村に帰ることになったのは、雨季になって一年型ヤマノイモが蔓をのばしはじめたことにより、芋が繊維質になって苦味が増してきたからであった。したがってモロンゴ逗留キャンプで利用した森は、五〇人の集団であれば三か月間の食物をまかなうことはじゅうぶんに可能だろう。つまり、モロンゴを半年間継続するためには、先述した面積の二倍の六〇〜八〇平方キロメートルあればよい、ということになる。そのとき人口密度は、〇・六〜〇・八人／平方キロメートルになる。

ただし、もう一つ検討事項がある。ある年に半年間継続してモロンゴを実施できるからといって、おなじ地域で毎年のように可能であるわけではない。ドゥニアス（Dounias 2001）が指摘したように、バカたちはヤマノイモを採集するとき、蔓とその基部を残しておくことでその個体が死んでしまわないように配慮しているが、ドゥニアスの推定では、そのような配慮をしたとしても、翌年収穫できる芋は八〇％ほどの大きさに縮小するという（ただし、五個体のサンプルによるあくまで暫定的な推定である）。いずれにしても、連続しておなじ個体から収穫するのは望ましくないし、じっさいZ村のバカたちも連続しておなじ地域で逗留キャンプをすることはないという。したがって、潜在的に先にあげた面積の三倍が必要になるとみておくべきだろう。とすれば、一八〇〜二四〇平方キロメートルが必要になり、そのとき人口密度は、〇・二〜〇・二五人／平方キロメートルになる。第1章でも言及したバユシェら（Bahuchet et al. 1991）は、ワイルドヤム・クエスチョンに反論した論文のなかで、アカの人口密度を〇・一人／平方キロメートルとしている。一年型ヤマノイモを利用できない時期にどの程度の面積が必要であるかにもよるが、カメルーン東南部における狩猟採集民の人口密度は、バユシェらの推定よりやや大きいといえる。

3……雨季の狩猟採集生活

ここまでの記述と考察によって、モロンゴ逗留キャンプでは一年型ヤマノイモを中心として狩猟採集のみによってじゅうぶんな食物が得られていること、すくなくとも乾季の三か月をとおして狩猟採集生活を継続できることがあきらかになった。そして、そのような生活は、乾季の前後をふくむ半年間にわたって可能であろうことが示唆された。そのような長期間かつ大規模な生活が可能であることは、コンゴ盆地はもとより、東南アジアやアマゾニアの熱帯雨林においても報告されていなかった。第1章で述べたように、ヘッドランドやベイリーらが熱帯雨林において年間をとおした狩猟採集生活は不可能であるとの仮説を提示したとき（Headland 1987; Bailey et al. 1989）、アフリカの事例として最重要の論拠とされたハートらの研究（Hart and Hart 1986）では、とくに乾季において森の食物が不足し、狩猟採集のみに依存する生活がきわめて困難になると指摘されていた。北西の研究（Kitanishi 1995）でも、雨季後期から乾季のあいだは農作物の利用が必要になることが示唆されていた。したがって、乾季にモロンゴがおこなわれていることは、ワイルドヤム・クエスチョン（WYQ）において重要な意味をもっている。コンゴ盆地において狩猟採集生活の不可能性をしめす最大の根拠となっていたハートらの主張は、すくなくともカメルーン東南部においてはなりたたない。

表2-8　雨季の実験的狩猟採集生活における大人1人1日あたりの食物（kcal/adult-day）

	雨季前期	雨季中期	雨季後期
ヤマノイモ	1649.3	1804.6	1705.6
蜂蜜	226.3	18.0	63.0
獣肉	8.8	392.7	493.8
ナッツ類	124.9	315.2	275.6
魚介類ほか	83.0	98.6	158.8
計	2092.3	2629.1	2696.8

佐藤（2020: 42–43）から作成した。ヤマノイモの91.2～96.4％が*Dioscorea praehensilis*で、ナッツ類の大部分が*Panda oleosa*である。

そうなると、WYQとの関連において問題となるのは、むしろ一年型ヤマノイモをじゅうぶんに利用できないと想定される雨季のほうが厳しい季節なのではないかということである。この点については、佐藤弘明らが検証している。佐藤らは、二〇〇三年八～九月（雨季中期）、二〇〇五年一〇月（雨季後期）、二〇一〇年四月（雨季前期）の三回にわたって、ドンゴ村のバカとともに狩猟採集生活の「実験」をおこなった（佐藤ら二〇〇六；佐藤二〇二〇；Sato 2014; Sato et al. 2012, 2014）。その結果の要点は表2―8に記してある。佐藤（二〇二〇）は一連の「実験」から得られた知見をつぎのように総括している。

① ヤマノイモから大人一人一日あたり一六五〇～一八〇〇キロカロリーを得ており、狩猟採集生活はじゅうぶんに可能である。

② 各世帯は、二日に一度、ヤマノイモを採集する。芋の掘りだし作業は一日あたり一・五～三時間である。ただし、運搬もふくめた採集の労力は採集場との距離に依存し、一日あたり六～八時間である。

③ ヤマノイモを採集する日には、時間と労力を要するほかの労働をする余裕はない。

④ カロリー源として第二位、タンパク源として第一位であった野生動物を捕獲する罠猟は、ヤマノイモ採集日かどうかにかかわらず従事できる。

⑤　時間と労力を要するヤマノイモ採集を二日に一度おこなう森の狩猟採集生活は、サーリンズが「始原のゆたかな社会」としてとりあげた事例（一日あたり四時間未満）とくらべるとハードである。

ヤマノイモの採集には金属器は必須ではないが、表2―8の結果は、斧や山刀、罠用のワイヤーを使ったうえでのものなので、それらの金属器が利用可能になる以前には、さらにハードな生活であったと予想される。とはいえ本章で記述した私のモロンゴの事例も勘案しながら、熱帯雨林での完全な狩猟採集生活は可能であると佐藤は結論づけている。(34)

この結果は、*Dioscorea praehensilis* は雨季がはじまると芋の養分をつかって蔓をのばすため芋が縮小すると述べている先行研究（McKey et al. 1998; Dounias 2001）と矛盾しているようにみえるが、おそらく、大きな芋をつけている個体では雨季のあいだも芋が完全に消失してしまわないのだと考えられる。表2―3に記したように、*Dioscorea praehensilis* の芋は一個体あたり平均六キログラムをこえており、大きいものでは三〇キログラムになる。これだけのサイズの芋が一年のサイクルのなかですべて消失して、その都度、ふたたび肥大しているとは考え

---

(34)　佐藤（二〇二〇）は、このようなハードな生活をするうえでは低身長であることが適応的であった可能性があると述べている。また、ピグミーの祖先はなぜこのようなハードな生活にもかかわらず熱帯雨林のなかでくらすようになったのか、という疑問にたいして、以下の仮説を提示している。第一に、熱帯雨林では人間を襲う可能性のある捕食者はヒョウにかぎられているため、サバンナより安全だということ。第二に、当時は金属器はなかったが、より乾燥した環境だったためにヤマノイモの生産力が現在より大きかったかもしれないこと、そして第三に、ヤマノイモの生産力は人間活動との相互作用をとおしてより大きくなる可能性があること（Dounias 2001; Yasuoka 2013）。

にくい。

ただし、佐藤らの研究はあくまで「実験」であり、すくなくともZ村のバカたちは、雨季のあいだには一年型ヤマノイモに強く依存する大規模な狩猟採集生活はしていない。すでに述べたように、雨季になると一年型ヤマノイモの芋は繊維質になって苦味が増してくる。バカたちがふだんはこの時期に一年型ヤマノイモを食べないのは、食べられないことはないが、あえて不味い芋を食べることもない、ということなのだろう。

雨季にバカたちが森のキャンプで生活するときには、ふつう一〜五世帯の小規模なキャンプをつくる。雨季に利用する森の食物は、おもに蜂蜜と多年型ヤマノイモであり、広く分散しているこれらの資源を採集するうえでは、小さなグループに分かれたほうが都合がよい。また、雨季のキャンプは、おおむね村から一〇〜二〇キロメートルの範囲に位置しており、それは日帰りで村と往復して農作物を補充できる距離である。六月後半からのイルヴィンギア季には *Irvingia gabonensis* のナッツを利用できることを考えれば、四月〜六月の小雨季が森の食物がもっとも少なくなる時期であり、現在ではこの時期に農作物を利用することが多い。表2—6にしめしたように、二〇〇五年のモロンゴの遊動キャンプでは、大人一人一日あたりにして、蜂蜜から六四五キロカロリー、多年型ヤマノイモから五八五キロカロリーが得られていたので、雨季でもこの程度の収穫は見込めるだろう。それに野生動物や *Irvingia excelsa* や *Panda oleosa* などのナッツ類がくわわり、必要におうじて一年型ヤマノイモを食べることで、野生の食物のみによってじゅうぶんなカロリー供給は可能であろう。佐藤らの研究は、そのうえで、この時期に残存している一年型ヤマノイモの芋が主たる食物としてじゅうぶんに利用できることを実証した点で重要である。

4……ワイルドヤム・クエスチョンの反証

カメルーン東南部の熱帯雨林では、年間をとおして野生の食物資源のみに依存する完全な狩猟採集生活が可能である。これが、モロンゴの事例と佐藤らの研究によって得られた結論である。

それにくわえてモロンゴの事例で強調しておきたいのは、野生の食物資源に完全に依存しているにもかかわらず、バカたちは、村での生活と同程度か、より多くのカロリーを獲得できていたということである。また、肉や蜂蜜などを食べられるという意味で、食の質にかんしても、もうしぶんのない生活であった。しかも、少人数による短期のものではなく、一〇〇内外の人々が二か月にわたっておこなった、大規模かつ長期の狩猟採集生活であった。佐藤（二〇二〇）の指摘するように、それなりにきつい生活ではあるが、毎日休みなく朝から晩まで働きつづけるような生活でもない。WYQをめぐる当初の論争において多くの反論者は、熱帯雨林はそれまで考えられていたようなゆたかな環境ではないかもしれないがと譲歩しつつ、しかし狩猟採集生活が不可能であるとはいえないだろうと反論していた。しかしモロンゴの例は、むしろ、それまで考えられてきたよりも、熱帯雨林における狩猟採集生活がゆたかである可能性を示唆している。

ただし、モロンゴの事例から得られた結論を、ただちにコンゴ盆地のほかの地域に外挿できるわけではない。バカの利用する二種の一年型ヤマノイモのうち *Dioscorea praehensilis* は、コンゴ共和国北東部のアカはあまり利用していない（Kitanishi 1995）ようであるし、コンゴ盆地東部のイトゥリの森に住んでいるムブティやエフェが、バカのモロンゴのようなかたちでヤマノイモを採集する生活をしているという報告はない。このような *Dioscorea praehensilis* の分布と利用の地域差は、どのような要因によって生じているのかは、まだわからない。

このような差異を念頭においたとき、WYQとの関連で論じておくべきことがある。それは第1章で整理したWYQの論点③に関係している。ようするに、現在の熱帯雨林で狩猟採集生活が存立可能だとして、そこは「真正な熱帯雨林」だといえるのか、という指摘である。ただ、熱帯雨林における「狩猟採集民の真正性」を問うだけでなく、熱帯雨林そのものについても真正性を要求するのは、首尾一貫しているといえばそうであるが、ややもすればWYQを肯定するためだけに条件を厳しくしているようでもあり、生産的な議論の範疇から足をふみだしているように思える。

この隘路は、人間から独立して「真正な熱帯雨林」が存在している、あるいは存在しているべきだ、という想定に由来している。そこで軽視されているのは、歴史生態ランドスケープとしての熱帯雨林を構築してきた、人間と多種多様な生物たちの相互作用である。一年型ヤマノイモのアベイラビリティの大小は、ピグミー各集団の食生活や居住形態、集団構成の季節変化、農耕民との共生関係の構築のされ方などをふくむ、人間と多種多様な生物たちの連関のあり方に影響をおよぼしてきただろう。しかし、一年型ヤマノイモの分布がまずあって、それがピグミーたちのかかわるマルチスピーシーズの連関を規定している、という環境決定論的な主張をするわけではない。マルチスピーシーズの連関のあり方は、一年型ヤマノイモの分布に影響されつつも、その分布に影響をおよぼしていると考えるべきであろう。「熱帯雨林は狩猟採集民の生態基盤を有するのか」という問いは「真正な熱帯雨林」を想定している場合とそうでない場合とでは、まったく異なる射程をもつはずである。そして「真正な熱帯雨林」なるものを想定せずに探究をすすめていくことこそが、狩猟採集民研究におけるつぎなるパラダイムシフトの端緒となるだろう。第3章と第4章では、このような視座から、バカたちとヤマノイモのかかわりあいについて記述していく。

第3章

一年型ヤマノイモの集中分布

カメルーン東南部の熱帯雨林では、すくなくとも現在は、年間をとおして狩猟採集生活を継続できる可能性が高い、というのが前章の結論であった。しかし素朴な疑問がわいてくる。どうして一年型ヤマノイモを採集するために村から四〇キロメートルも離れたところにまで行く必要があるのだろうか。それほど遠くに行かなければ大量のヤマノイモを産出する〈ゆたかな森〉はないのだろうか。いいかえれば、モロンゴの基盤となる〈ゆたかな森〉が、コンゴ盆地の熱帯雨林においてどの程度の一般性をもって存在しているのか、という問いでもある。そこで本章では、一年型ヤマノイモの分布様式について考察する。はじめに（1）過去におこなわれたモロンゴの逗留キャンプの分布範囲を把握し、ついで（2）一年型ヤマノイモと多年型ヤマノイモの生育環境を比較しながら一年型ヤマノイモの分布様式について論じる。さいごに（3）Z村周辺とジャロフェ地域の植生を比較してモロンゴ逗留地域の植生の特徴をあきらかにし、第4章で検討すべき論点を提示する。

1　過去のモロンゴ逗留地の分布

1……過去のモロンゴ

Z村の人々によってどの程度の広さの森林が利用されており、そのなかにヤマノイモが集中分布する〈ゆたかな森〉がどのように分布しているのかを知るために、まずZ村の五〇代の男（序章でも言及したマユア）に聞き取りをして、彼が記憶しているモロンゴの逗留キャンプの場所を年代ごとに記録した。二〇〇二年当時、彼は

Z村に三人いた五〇代の男の一人で、Z村のバカの長［ククマ kukuma］であり、ゾウ狩りの名手［トゥマ tuma］でもあった。ククマであったり、トゥマであったりすることは、日常生活においてバカたちのなかで格別の地位にあることを意味するわけではないが、農耕民や外来の商人からは一目置かれる存在であった。つまり、バカ以外の人々との対応にさいして、本人が望むかどうかはべつにして、彼はZ村のバカを代表するような立場になることがあった。モロンゴをおこなった年代については、一般にバカたちは年齢を数えていないし、西暦などの暦を参照しないので、推測にならざるをえない。じっさいには、彼自身の成長過程や、子供の誕生などの出来事と照合しながらモロンゴの実施年代をおおまかに推測した。

まず年代ごとの実施回数をみると、一九六〇年代と一九七〇年代には、それぞれ九回、七回のモロンゴがおこなわれたのにたいして、一九八〇年代と一九九〇年代には、それぞれ五回、四回しかおこなわれておらず、近年になるにしたがって減少傾向にあることがわかる（図3―1）。細部に記憶違いがある可能性はあるが、彼が一〇代から二〇代のころには毎年のようにモロンゴにでかけていたと考えてよいだろう。一方、近年になって頻度が減少したのは、定住化がすすみ、みずから農作物を栽培するようになったことによるものだろう。モロンゴに適した乾季は、焼畑をつくる季節でもある。

彼がモロンゴに行ったことのある地域をみると、おおまかに三つの目的地があるといえる。第一に、第2章で記述した村の南東方向にあるジャロフェ川からモングング川・ソボボ川の流域、第二に、村の南方のリンゴンドとよばれる丘陵地域、第三に、村の南西方向のロロボイ川流域である。この三地域に、一年型ヤマノイモが豊富に存在する〈ゆたかな森〉があると推測できる。

この図からもう一つわかることは、八〇年代までは、これら三つの地域でまんべんなくモロンゴがおこなわれていたのにたいして、九〇年代以降はジャロフェ川方面に偏っていることである。近年になって全体の回数が減り、そのうえでジャロフェ地域にモロンゴが集中するということは、そこは、とりわけモロンゴに適した地域であることを示唆している。

マユアにくわえて、三〇代から五〇代の男一二名にも過去一〇年程度のモロンゴの経験について聞き取りをした。一人ひとり個別に、調査をおこなった二〇〇二年の前のキャンプ、またその前のキャンプというふうに年を遡りながら、キャンプ地、季節、参加者を記録したうえで、個々人のデータを照合しながら参加者と年代を確定した。その結果、過去一〇年ほど、すなわち一九九〇年代については、ほぼ信頼できる情報が得られた。聞き取りでは小規模なキャンプも確認したが、一〇世帯をこえるもの、あるいは村から三〇キロメートル以上離れた地域にまででかけたものを表3―1に記してある。一〇世帯をこえるモロンゴは、四回あった。私がフィールドワークをはじめた前年の二〇〇〇年には、一一世帯でドゥマンゴイ川からロロボイ川の方面にモロンゴに行ったという。このときは、銃をバカに委託した農耕民の男も同行し、マカ（ゾウ狩り）が同時におこなわれたようである。一九九八年には、一五世帯程度が参加してドゥマンゴイ川の上流部に逗留キャンプをもうけたという。そこでは、もっぱら掻いだし漁をおこなったということである。一九九〇年代はじめころには、Z村の四世帯が隣村のガトー・アンシアン村の人々とともにロロボイ川方面にモロンゴに行き、西方を流れるジャー川まで到達したという。そのなかには先述したマユアもふくまれており、彼の二人目の妻がガトー・アンシアン村の出身であることが、このモロンゴへの参加のきっかけになったと思われる。また、表には掲載していないが、二〇一四年の乾季に私がフィールドワークをしたときには、一〇世帯ほどの集団がジャロフェ川南方のソボボ川（ボシエ川の手前）でモロンゴをおこなっていた。

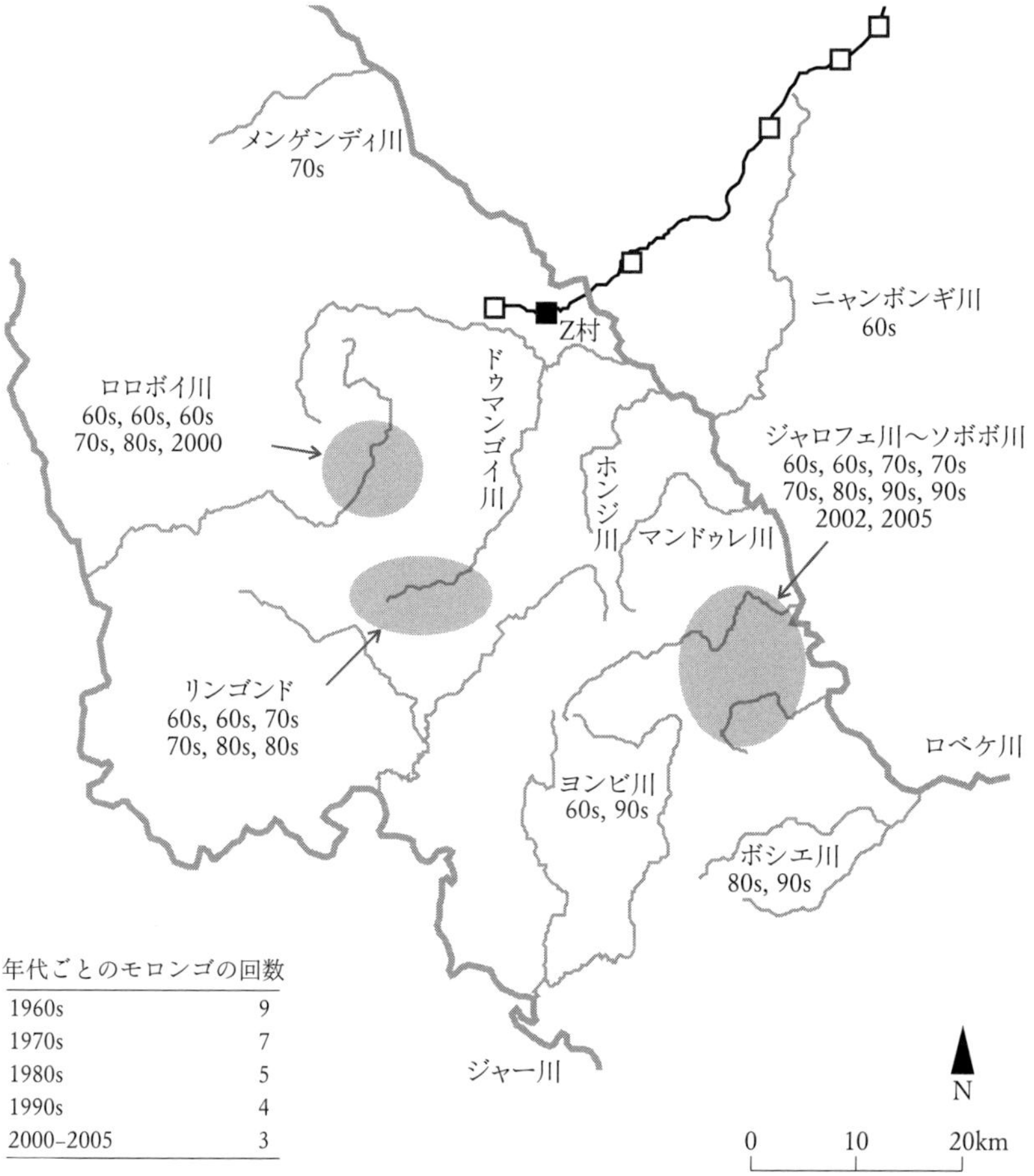

年代ごとのモロンゴの回数	
1960s	9
1970s	7
1980s	5
1990s	4
2000–2005	3

図3-1　Z村のある50代男によるモロンゴの経験　Z村の年長の男に聞き取りをおこない、彼が記憶しているモロンゴの逗留キャンプの場所を年代ごとに記録した。バカたちは西暦をもちいて年代を把握していないので、彼自身の成長過程や、子供の誕生などの出来事と照合しながらモロンゴの実施年代を推定した。なお、Z村の場所は、ここ50年間、大きく移動していないということである。

表3-1　1990年代におけるモロンゴについての聞き取り

逗留キャンプの流域河川	村からの距離（km）	経過年数	参加世帯数
① ドゥマンゴイ → ロロボイ	20～30	2	11＋
② ドゥマンゴイ（モカ）	20	～5	15＋
③ ビヨロ	15	5±	12＋
④ ホンジ → マンドゥレ	15–30	5±	6
⑤ ホンジ → マンドゥレ	15–30	～10	7＋
⑥ ロロボイ → ジャー	30–50	～10	4＋隣村世帯
⑦ ジェロフェ	45	～10	10＋
⑧ ジャロフェ → ボシエ	40～60	10±	8＋
⑨ ジェロフェ	40～45	10±	5＋
⑩ ジャロフェ（モケンジェ）	30～35	10±	6＋

30代～50代の男性12人への聞き取り。①10世帯をこえるキャンプ、②村から30km以上離れた地域での5世帯をこえるキャンプ、のいずれかに該当するものを記した。参加世帯数は確認できた世帯数なので、じっさいにはこれよりも多い可能性がある。隣村はガトー・アンシアン村。

以上のものは比較的規模の大きなモロンゴであるが、このほかに五～一〇世帯が参加したモロンゴも幾度かおこなわれている。そのなかには村から五〇キロメートルほど離れた地域で一年型ヤマノイモを食べる生活をした例もあれば、村に近い地域のキャンプも多数あった（表3—1には記していない）。バカ語で「モロンゴ」というとき、一般的には第2章で述べたような乾季の大規模なものをさすが、文脈によっては、長期間の森での生活全般を意味することがある。たとえば、村の南方一〇キロメートルほどに位置するドゥマンゴイ川やホンジ川で掻いだし漁や魚毒漁などの漁撈を中心とするキャンプ生活をすることがあるが、それも「モロンゴ」とよばれることがある。先述した一九九八年のほか、二〇〇四年の乾季にもドゥマンゴイ川流域にて、漁撈を中心とする「モロンゴ」がおこなわれた。

2……世代ごとのモロンゴ経験

つぎに〈ゆたかな森〉の分布をべつの角度から検証してみよう。Z村のバカたちのうち一〇歳以上の男女計八七人に聞き取りをおこない、地域（河川）ごとにモロンゴの経験を尋ねた。その結果を①四〇代以上、②三〇代、③二〇代と一〇代の既婚者、④一〇代の未婚者、そして⑤他村から婚入してきた女性、これら五つのカテゴリーに分類して集計し、図示したのが図3―2である。各世代について、八〇％および六〇％以上の人がモロンゴに行ったことのある地域に、それぞれ色をつけてある。なお、調査は二〇〇二年におこなった。推定年齢は当時のものである。

四〇代以上の人々は、村の北方や南西方向をふくむ広い範囲の森でモロンゴを経験している。マユアによれば、彼らの祖父の時代、つまり二〇世紀初頭から半ばころまでは、バカたちは原則として森のキャンプで生活をおくっており、ときおり農耕民の集落に出入りする程度であったという。こんにちではもっぱら半定住集落でおこなわれる歌と踊りの集まりや精霊のパフォーマンスも、当時は森のキャンプでおこなわれていたという。べつの五〇代の男の話では、彼が若いころには森のキャンプですごしているうちに連続して二度の乾季［yaka］が経過したこともあったということである。つまり一年から一年半にわたって、ずっと森のなかで生活することもあったわけだ。また、ロベケ川沿いに下っていき、ブンバ川と合流するあたりまでモロンゴにでかけたこともあったという。したがって、五〇代や四〇代の人々が若いころには、現在よりも長い期間にわたってモロンゴがつづけられていたことはまちがいない。むしろ、モロンゴが通常の生活であり、どちらかといえば村に滞在する生活のほうが特別な状況だったというべきだろう。むろん、雨季のただなかには乾季ほどには一年型ヤマノイモに依存できないため、多年型ヤマノイモや蜂蜜、そして*Irvingia gabonensis*などの果実・種子類を利用していたのであろう。

三〇代の人々からも、乾季がはじまったころ（一二月）にモロンゴにでかけ、イルヴィンギア季（六〜七月）に村にもどってきた、つまり半年以上におよぶモロンゴをおこなったことがあるという話を聞いた。ただ、三〇代の多くは南東のジャロフェ地域や、南方のリンゴンド地域にモロンゴに行ったことがあるというものの、四〇代とくらべて村の北方の森や南西のロロボイ川流域におけるモロンゴの経験が少ない。先述のように、これらの地域は隣村のガトー・アンシアン村の人々がしばしば利用する地域であり、そこで実施されるモロンゴには、婚姻関係をたどってガトーの人々とともに参加することが多い。つまり、北方や南西方向へのモロンゴ経験における三〇代と四〇代との差には、妻方の村でモロンゴに参加する機会の多寡が反映されている可能性がある。

二〇代と一〇代後半の既婚者は、南東のジャロフェ地域へモロンゴにでかけたことのある人が多い一方で、南方のリンゴンド地域への経験は減少している。その理由の一つは、農耕が普及してモロンゴの頻度が減ったため、幅ひろい地域にでかける必要がなくなったからだろう。

図3—2をもとに、Z村の人々がモロンゴを経験したことのある地域の、おおよその面積を算出すると、四〇代以上では二一〇〇平方キロメートル（八〇%が経験）から三四〇〇平方キロメートル（六〇%が経験）、三〇代では九〇〇〜一二〇〇平方キロメートル、二〇代・一〇代既婚者では五〇〇〜九〇〇平方キロメートルとなる。上述のとおり四〇代以上の経験地域には、隣村の人々の利用地域が多くふくまれているので、Z村の人々がもっぱら利用する森林としては三〇代の九〇〇〜一二〇〇平方キロメートルを採用すべきであろう。

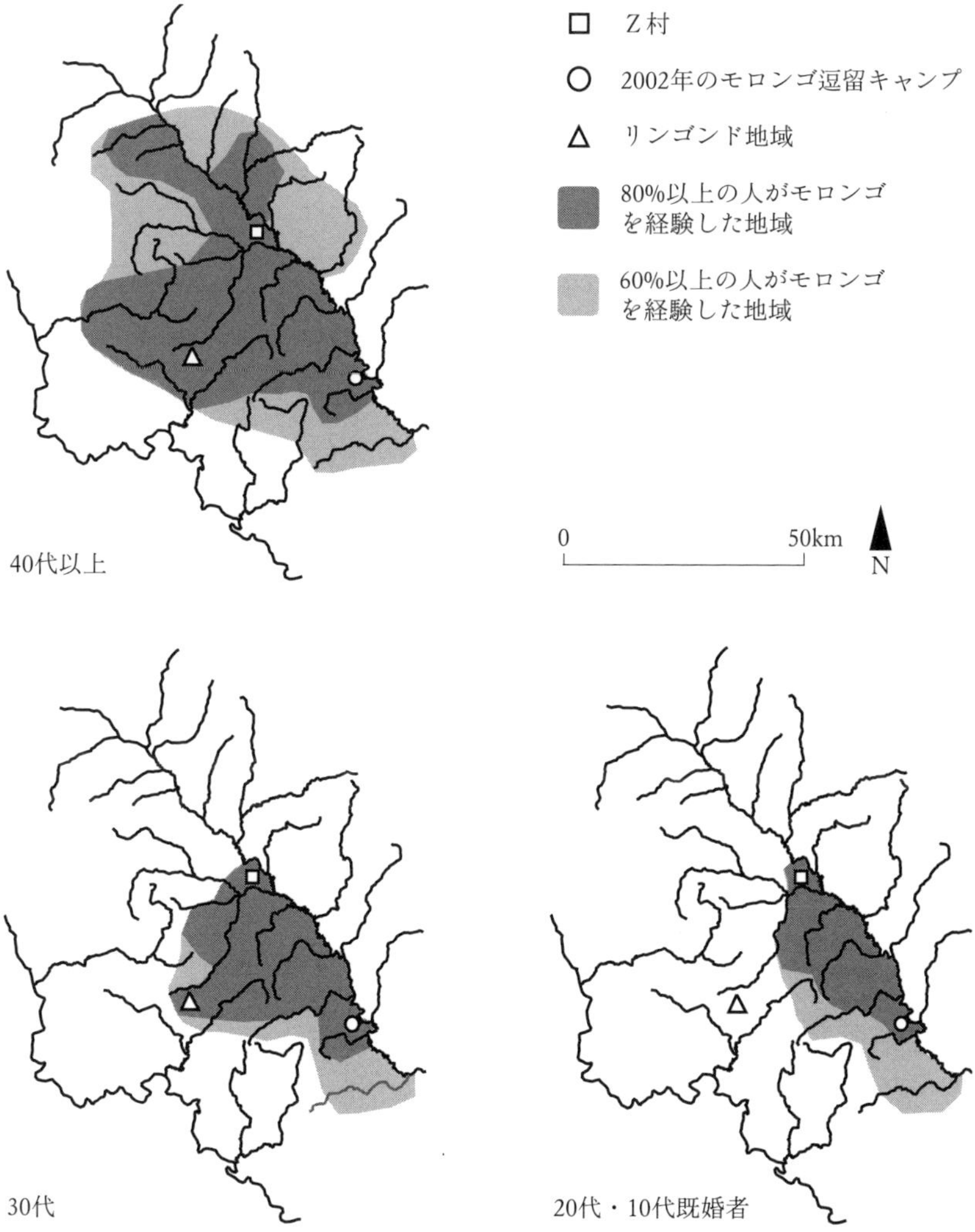

図3-2　Z村の人々がモロンゴを経験した地域　Z村のバカたちのうち10歳以上の男女計87人に聞き取りをおこない、地域(河川名)ごとにモロンゴの経験を尋ねた。その結果を、①40代以上、②30代、③20代と10代の既婚者、④10代の未婚者、⑤他村から婚入してきた女性、の5つのカテゴリーに分類して集計し、図示した。⑤の女性は①～④から除外してある。年齢は2002年当時のもの。もとになるデータは、④と⑤もあわせて、付録2、3に掲載してある。なお、図にしめしたのはモロンゴをした地域であって、彼らの全経験を反映しているわけではない。とくに男たちは、10代でも20代でも、ゾウ狩りでかなり広い地域を歩いている。

ワイルドヤム・クエスチョンとの関連において問題となるのは、これだけの地域にモロンゴ逗留キャンプの基盤となる〈ゆたかな森〉がどれだけあるかである。さしあたり、第2章で述べた、五〇人内外の人々の半年間の食物を供給できる六〇〜八〇平方キロメートルの森を〈ゆたかな森〉の単位とするならば、Z村の人々の利用する森林は、その一五〜二〇倍程度だということになる。Z村の人口は一六〇人ほどなので、実質的に五〜六倍の面積があることになる。バカたちの話では、ジャロフェ川のさらに南方のボシエ川のあたりでは、ジエロフェ川地域よりもたくさんの*Dioscorea praehensilis*を収穫できるという。したがって、すくなくとも、ジャロフェ川とモングング川の周辺から南方のボシエ川流域にかけて複数の〈ゆたかな森〉があると考えてよい。また、リンゴンド地域にも、いくつかあると考えてよいだろう。もし毎年のようにモロンゴをおこなうのであれば、これらの地域を順繰りに利用することで、持続的に一年型ヤマノイモを収穫できるだろう。じっさいバカたち自身、かつては、そのようにしてモロンゴをおこなっていたと語るのである。

2　ヤマノイモの生育環境と分布

1……ヤマノイモの生育環境

つぎに一年型ヤマノイモ(*Dioscorea praehensilis, Dioscorea semperflorens*)と多年型ヤマノイモ(*Dioscorea mangenotiana, Dioscorea burkilliana*など)それぞれの生育環境と分布の特徴について検討する。第2章で述べたように、一年型ヤマノイモは季節変化にともなって芋が肥大・減衰する。雨季になると蔓をのばして光合成をし、芋にデンプンをたくわえる。乾季になると芋が最大化し、蔓を枯らす。このサイクルの要となるのは、光合成が可能なところまで蔓をのばして葉を展開できるかどうかである。それを左右するもっとも重要な条件の一つは、光環境である。明るい場所であればちょっと蔓をのばすだけで日光を受けられる位置に到達できるが、林冠の閉じた暗い場所だと数十メートルの高さまで蔓をのばさねばならない。他方、多年型ヤマノイモの蔓は複数年にわたって維持され、芋の肥大・減衰のサイクルはかならずしも季節変化に同調しない（それゆえどの季節でも芋をつけている個体がある）。多年型ヤマノイモのこのような性質は、林冠の閉じた暗い環境で、倒木などの偶発的な撹乱にすぐさま反応して蔓や葉をのばすことができるように進化した特徴だと考えられている（Hladik et al. 1984）。そもそも熱帯雨林に分布している野生ヤマノイモの多くは多年型である。ふつう一年型のサイクルをもつヤマノイモはサバンナ地域に分布しており、森林地域に入ってきたとしても林縁部などの明るい環境に限定されている（Dumont et al. 1994; Hamon et al. 1995; Dumont 1997）。そのような傾向にもかかわらず、*Dioscorea praehensilis* と *Dioscorea semperflorens* の二種は森林地域にも広く分布しているのである。

一年型ヤマノイモと多年型ヤマノイモの生活型には明確な差異があることから、ともに森林地域に分布しているとはいえ、それぞれの生育環境には相応の差異があることが予想される。そこで、それぞれのヤマノイモを収穫した場所で全天写真を撮影して開空度を測定し、この地域の森林における平均的な開空度（無作為区）と比較した（方法は図3―3および図3―4の注に記してある）。

典型的な植生における全天写真と開空度の対応をみると、林冠の閉じた場所の開空度は〇～五％、倒木などによって林冠の開いた小さなギャップの開空度は五～一〇％、複数の大木が根こそぎ倒されてできるような大

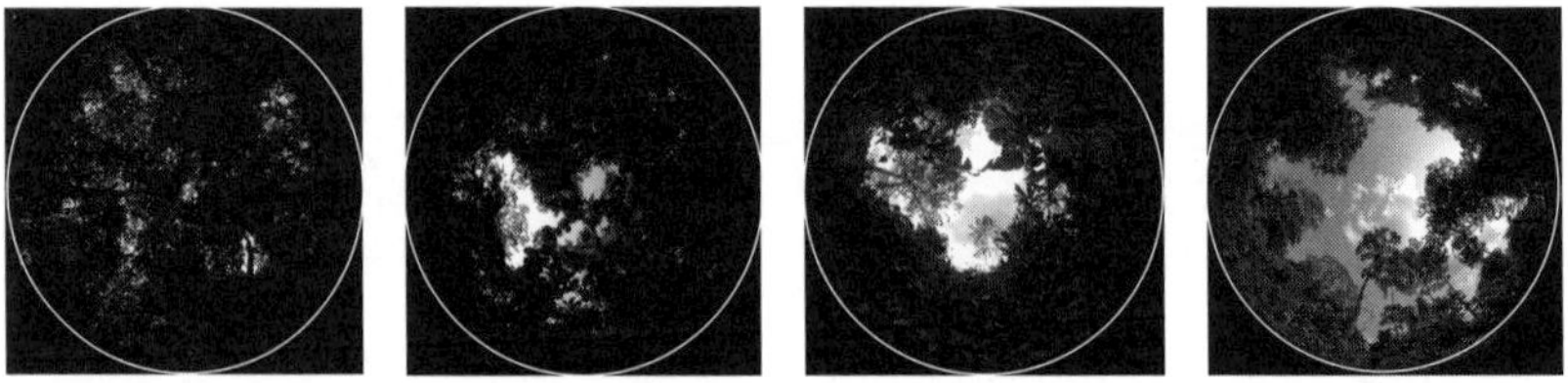

林冠の閉じた場所（開空度：2.1%）　小さなギャップ（開空度：8.2%）　大きなギャップ（開空度：18.2%）　集落跡（開空度：34.4%）

図3-3　植生景観、全天写真、開空度（ISF）の対応関係　Fisheyeレンズ（FC-E8）を装着したニコン製デジタルカメラ（CoolPix4500）を地上60cmの位置に水平に設置し、原則として、シャッター速度1/500秒、絞りf/2.6の設定で撮影した。写真の解析にはHemi View（Delta-T Devices, Burwell, Cambridge, U.K.）をもちい、開空度の指標にはISF（indirect site factor）を使用した。これは全天写真上の開空場所（地平近くか、天頂方向か）や、散乱光の存在を勘案して補正した開空度である（Kawamura and Takeda 2002; Hale and Edwards 2002; Jonckheere et al. 2004）。開空部分と遮光部分の閾値の設定は解析時にモニター上にて目視でおこなうため、各写真について3回ずつ試行して中央値を採用することでぶれを軽減した。

きなギャップの開空度は一〇～二〇%、そして林縁や畑などのかなり開けた場所の開空度は三〇%をこえる（図3—3）。

それぞれのヤマノイモの収穫場所および無作為区の開空度分布を図3—4にしめしてある。まず、無作為区をみると、分布の中心が二・五～七%の範囲にあり、中央値は約四%あった。したがって、この地域の森林の半分強は、林冠の閉じた場所であることがわかる（写真3—1）。とはいえ、全体の三分の一ほどは、ギャップであることにも留意しておくべきだろう。

つぎに、*Dioscorea praehensilis* および *Dioscorea semperflorens* の収穫場所の開空度分布をみると、ほとんどが五%をこえる範囲にあり、中央値はともに一〇%弱であった。したがって、一年型ヤマノイモは小さなギャップから大きなギャップにまたがるかたちで分布していることがわかる（写真3—2）。両者とも、無作為区の開空度とのあいだに有意な差があり、中央値は二倍以上大きかった。他方、多年型ヤマノイモ（*Dioscorea mangenotiana, Dioscorea burkilliana*）の収穫場所の開空度は一部の例外をのぞいて、ほとんど五%以下の範囲にあった。したがっ

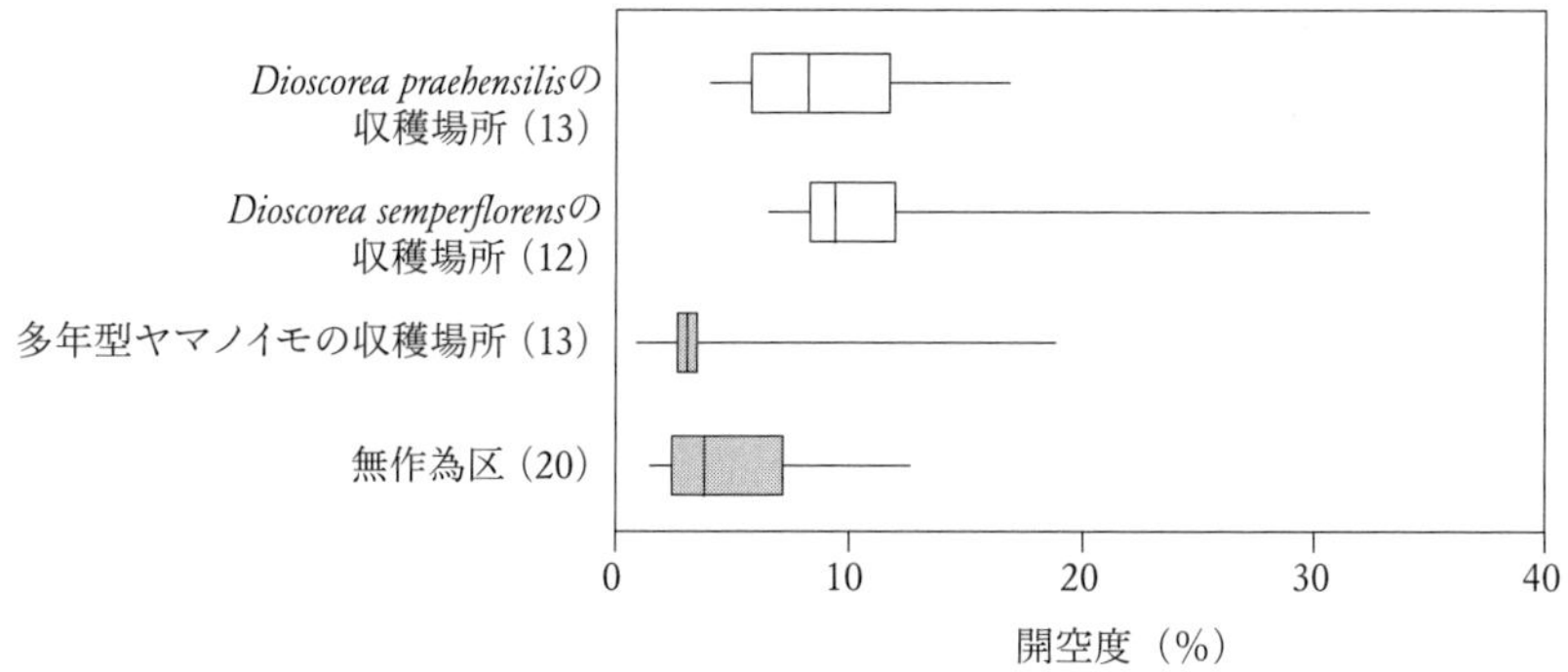

図3-4　ヤマノイモの収穫場所の開空度（ISF）　ボックス内の縦棒は中央値、ボックスは1/4分位から3/4分位、横棒は最小値から最大値をしめす。白抜きのボックスは無作為区と有意に異なる（中央値検定，$p < 0.05$）。調査は2005年2月～3月（乾季末）のモロンゴに参加しているあいだに実施した。括弧内の数字はプロットの数。多年型ヤマノイモは、*Dioscorea mangenotiana*が9か所、*Dioscorea burkilliana*が3か所である。各プロットではバカたちがヤマノイモを収穫した場所にカメラを設置して全天写真を撮影した。プロット内に複数の個体があった場合には、それぞれの場所で撮影して平均値を採用した。また、この地域の森林の平均的な光環境を把握するための無作為区として、表3-2にしめした野生ヤマノイモの分布密度を計測したトランセクト上で250mごとに全天写真を撮影した。20m四方の正方形を設置し、中心と4つの頂点で撮影して平均をとった。

て、多年型ヤマノイモは林冠の閉じた場所にも多く分布していることがわかる。無作為区の開空度分布とのあいだには有意な差はなかった。

なお、開空度を測定したヤマノイモのプロットはバカたちがじっさいに採集した場所である。食生活の中心をなすヤマノイモをわざわざ分布の少ない場所で探索するとは考えにくいので、図3−4のヤマノイモ各種の開空度分布には、バカたちの認識にもとづくバイアスがかかっている可能性がある。とはいえ、じっさいの分布は、図にしめしたものより分散がやや大きくなる程度だろう。いずれにしても、一年型ヤマノイモは林冠ギャップに多く分布しており、この地域の植生景観の平均的なありようとくらべて光環境のよい明るい場所に偏っていることは確からしいといえる。

写真3-1　林冠の閉じた場所。バカたちは、林冠が閉じており林床相が発達していない場所をマンジャ[manjà]とよぶ。

写真3-2　草や蔓植物が茂っている林冠ギャップの景観。バカはこのような場所をビ［bi］とよぶ。写真の右下の男は*Dioscorea praehensilis*を収穫した穴に入っている。

2……一年型ヤマノイモの分布の偏りと拡散力

つぎに、ヤマノイモ各種の分布密度を、モロンゴの遊動キャンプ周辺と、逗留キャンプ滞在中の一年型ヤマノイモの採集場所の近辺で調査した（表3―2）。遊動地域の調査プロットは無作為に設置したものであり、採集場所近辺のプロットは、バカたちが一年型ヤマノイモを収穫した場所をふくむかたちで設置したものである（方法は表3―2の注に記してある）。

まず一年型ヤマノイモについてみると、遊動地域では*Dioscorea praehensilis*はまったく出現しなかった。*Dioscorea semperflorens*は、〇〜〇・二五個体／ヘクタール（平均〇・七）と低い出現頻度であった。それにたいして逗留地域では、バカたちの採集場の近くで計測しただけあって、*Dioscorea praehensilis*は二八個体／ヘクタール、*Dioscorea semperflorens*は二一個体／ヘクタールと高い出現頻度をしめした。表2―1をみると、二〇〇五年の遊動キャンプにおける*Dioscorea semperflorens*の収穫量は、多年型の*Dioscorea mangenotiana*のつぎに多かった。ただし*Dioscorea mangenotiana*は毎日のように採集されたが、*Dioscorea semperflorens*は四日間のうちに収穫量の七五％が集中して採集された（図2―8）。つまり*Dioscorea semperflorens*は遊動キャンプ地域にも存在しているとはいえ、多年型ヤマノイモとくらべると特定の地域に集中分布しているということである。

多年型ヤマノイモは、すべてのプロットにおいて、まんべんなく出現した。*Dioscorea mangenotiana*は〇・五〜六・〇個体／ヘクタール（平均二・五）、*Dioscorea burkilliana*は二・〇〜九・五個体／ヘクタール（平均五・八）となっており、一年型ヤマノイモとくらべて出現頻度が高く、偏りの小さい出現パターンをしめした。なお、*Dioscorea minutiflora*の分布密度はかなり大きな値になっているが、それは各個体が複数の匍匐茎をつけているためである。また、芋をつけていないことが多く、茎数をカウントした場合の存在感とくらべてバカの食生活における重要性は高くない。

先に論じたように、一年型ヤマノイモは平均的な森林景観とくらべて光環境のよい林冠ギャップに生育している。そして、表3―2にしめした結果からも、バカたちの話からも、一年型ヤマノイモは、Z村から三〇キロメートルほどまでの地域にはあまり分布しておらず、村から三〇～四〇キロメートル離れたジャロフェ地域に集中分布していると考えてよい。であるならば、村から三〇キロメートルほどまでの地域には林冠ギャップがほとんどなく、村から三〇～四〇キロメートル離れた地域にはたくさんのギャップがある、というふうに想像できる。はたしてそうなっているだろうか。

⁂

写真3―1と写真3―2で対比したように、バカたちは、森林の景観をおおまかに二つに分類している。林冠が閉じており林床の植生がほとんどない場所を「マンジャ［manjà］」とよび、草や蔓植物が茂っている林冠ギャップを「ビ［bì］」とよぶ。そのほかにも森林の景観に言及する語彙はあるが、バカたちの日常生活のなかでは「マンジャ」と「ビ」の対比がもっともよく言及される。森のなかを移動したり、キャンプをつくったりといった日常的な行動に直接的に関与するからだろう。

バカたちは、ヤマノイモ各種の分布と景観の関係について、つぎように語る。*Dioscorea mangenotiana*［ɓa］、*Dioscorea burkilliana*［kɛ́kɛ］、*Dioscorea minutiflora*［kuku］は「ビ」にも「マンジャ」にもあるが、それらをみつけても、一度に収穫できるのはたいてい一つずつである。一方、*Dioscorea praehensilis*［sapà］と*Dioscorea semperflorens*［ʕèsùmà］はたいてい「ビ」にあり、一つみつけるとその周辺でたくさん収穫することができる。しかし、な

表3-2　モロンゴの遊動地域および逗留キャンプ周辺におけるヤマノイモ各種の分布密度（stem/ha）および撹乱地の割合

	遊動地域					採集場所の近辺	
	1	2	3	4	5	*D. pra.* 区	*D. sem.* 区
村からの距離	13 km	17 km	22 km	28 km	33 km	37 km	32 km
Dioscorea praehensilis						28	
Dioscorea semperflorens	1.0				2.5		21
Dioscorea mangenotiana	3.5	1.5	0.5	1.0	6.0	2	7
Dioscorea burkilliana	9.5	5.5	6.0	2.0	3.5	6	8
Dioscorea minutiflora	51.5	151.0	98.0	112.0	175.5	102	133
Dioscorea smilacifolia	2.0	13.5	12.5	11.0	15.0	12	5
Dioscorea sp.［njàkàkà］	7.5	0.5	4.0	1.0	2.0		2
Dioscoreophyllum cumminsii	8.0	18.0	8.0	3.0	13.5	10	2
計	83.0	190.0	129.0	130.0	218.0	160	178
撹乱地［bi］の割合（%）	39.5	62.0	22.5	36.5	62.0	80.0	70.0

2005年のモロンゴの遊動キャンプ9か所のうち、5か所の周辺（村から13、17、22、28、33kmの位置）および逗留キャンプ滞在中における*Dioscorea praehensilis*と*Dioscorea semperflorens*の採集場所の近辺に調査区を設置した。ただし、遊動地域の5番目の調査区は逗留キャンプに近接している。遊動地域では、キャンプから5分歩き、そこから南方ないし北方にむけて20m×500m（1ha）のベルト・トランセクトを2つずつ設置した。採集場所近辺では20m×250m（0.5ha）のベルト・トランセクトを*Dioscorea praehensilis*については1つ、*Dioscorea semperflorens*については2つ設置した。トランセクトでは、バカの成人男性5人とともに500m/h程度の速度で歩きながら、トランセクト内で観察された食用となるヤマノイモ各種および*Dioscoreophyllum cumminsii*のstem（蔓）数を記録した。また、トランセクト内の植生について、10m×10mを単位として調査助手の認識にもとづく分類を記録した。植生は、manjàとbi、その中間のkolopipiに分類した。manjàとbiについては写真3-1、3-2を参照。

いところにはまったくない。バカによるこの説明は、図3－4にしめされた一年型ヤマノイモと多年型ヤマノイモの生育地の特徴を的確に表現しているし、表3－2にしめされた広域におけるヤマノイモの分布パターンともよく一致している。

ただし、ほとんどの「ビ」に一年型ヤマノイモが分布している、というわけではない。一年型ヤマノイモが生えているのは「ビ」であるが、逆はかならずしも真ではないのである。表3－2の下方に、各プロットにおける「ビ」の割合を記している。一年型ヤマノイモの採集場近辺のプロットでは、たしかに「ビ」

の割合が七〇％ないし八〇％と高い値をしめしている。ところが、遊動キャンプ周辺でも二三〜六二％（平均四五％）の区画が「ビ」であった。つまり遊動地域にもそれなりの割合で林冠ギャップがあるということである。熱帯雨林は木々が幾層にも茂っており、林床は暗く、下草が生えていない、といったイメージがあるが、じっさいに森を一直線に歩いてみると、大木がまわりの木々を巻きこんで倒れるなどしてできたギャップが意外に多い。ギャップには、光要求性の高いパイオニア植物が繁茂している。パイオニア植物は、新しくできたギャップにつぎつぎと進出してすばやく生長する。この地域の典型的なパイオニア植物には、棘のついた蔓性のクズウコン科植物の*Haumania danckelmaniana*［kpàsɛlɛ］、蔓の繊維から紐をつくることのできる蔓性のトウダイグサ科植物の*Manniophyton fulvum*［kusa］、細い棘が密集してついている蔓性のヤシ科植物で、背負子のフレームに利用する*Laccosperma secundiflorum*［kàò］などがあり、多くのギャップで観察することができる。

それにたいして、一年型ヤマノイモの分布には偏りが大きい。表3―2にしめしたように、遊動地域ではおおむね三分の一から三分の二の区画がギャップであったにもかかわらず、一年型ヤマノイモはほとんど出現しなかった。森のなかにモザイク状に分布しているギャップにたいして、一年型ヤマノイモの分布は、そのほんの一部に限定されている。つまり、森のなかに「ビ」はランダムに分布しているのにたいして、一年型ヤマノイモは一部の「ビ」に集中分布している、ということができる。このことは、おなじように明るい環境を好む典型的なパイオニア植物との競争において、一年型ヤマノイモが優位にたてる条件がかぎられていることを示唆している。一年型ヤマノイモの拡散力は、新しくできた撹乱地につぎつぎと侵入していくような典型的なパイオニア植物ほどには強くないということであろう。

コンゴ盆地西部におけるヤマノイモの分布密度にかんする先行研究において、一年型ヤマノイモの分布密度は、表3―2の遊動地域の調査プロットのように、多年型とくらべて小さい値となっている（Hladik et al. 1984; Sato 2001）。しかし、集中分布する資源のアベイラビリティを正しく評価するためには、かぎられた範囲における調査では不十分である。調査区のなかにたまたま群生地があるかどうかで結果が大きく左右されてしまうからである。一年型ヤマノイモは、ある場所にはあるし、ない場所にはない。バカたちは、森のなかで一年型ヤマノイモをむやみに探しているのではなく「ヤマノイモがある場所」に行く。ヤマノイモの分布パターンを熟知しているからこそ、彼らは村から数十キロメートルも離れた場所にまでモロンゴにでかけるのである。したがって図3―4や表3―2の結果はヤマノイモの生育環境と分布を、まったくバイアスなしに表現した「事実」というよりも、むしろ、ヤマノイモという資源にたいするバカたちの認識を跡づけたものだといえる。とはいえ、ヤマノイモの生態についてのバカたちの認識は、すくなくともモロンゴにおいて「ゆたかな生活」が実現しているのとおなじ程度に成功しているといえるだろう。

3　モロンゴ逗留地の植生の特徴

1……モロンゴ逗留地とZ村近辺の植生調査

それでは、一年型ヤマノイモがZ村から遠く離れたジャロフェ地域やリンゴンド地域にたくさん分布しているのはどうしてだろうか。一つの可能性としては、人口圧の高くなりがちな村の周辺で資源が枯渇したために相対的に多くなっただけ、という仮説が考えうる。しかしZ村のバカたちがモロンゴを経験したことのある地域をしめした図3―1と図3―2からわかるように、彼らは定住化まもない一九六〇年代から、すでに広い地域でモロンゴをおこなっている。したがって、Z村のごく近辺においてヤマノイモ分布が少なくなった可能性はあるにしても、ジャロフェ地域やリンゴンド地域には定住化以前から一年型ヤマノイモが集中して分布していたと考えるのが蓋然性の高い仮説だといえる。そこで、ジャロフェ地域に一年型ヤマノイモにとって好適な環境があるかどうかを探るために、Z村周辺とジャロフェ地域における植生を比較した。

Z村周辺とジャロフェ地域は、ともにロベケ（ベック）川水系にふくまれ、標高六〇〇〜六五〇メートルのゆるやかな丘陵がつらなっている。ロベケ川は、支流のジャロフェ川の合流点から南方に二〇キロメートルほどのところで九〇度おれまがって東進する（図序―1）。ジャロフェ川の上流部は南方のジャー川水系にふくまれるヨンビ川と隣接している（図3―1）。ジャー川はロベケ川水系よりも標高が低くなっており、ジャー川にそそぐ支流の流れる地域は起伏の大きい地形になっている。

植生調査の方法の詳細、および調査プロットの概要は、表3―3に記してある。調査は一ヘクタールごとに実施したが、Z村周辺に設置したZサイトでは、いくつかのプロットには湿地林がふくまれ、湿地林の植生は乾性林とまったく異なっているので、湿地をふくむユニットをとりだして独立したプロット（ZS）とした。したがってZサイトの乾性林プロットZ1〜Z8は一ヘクタールよりやや小さくなっている（平均九・三ヘクタール）。Z1〜Z8では、胸高直径一〇センチメートル以上の樹木（および蔓）が平均四七七個体（三九科一一八種）出現し、胸高断面積の合計は平均三一・七平方メートルであった。ジャロフェ川流域のJサイト（J1〜J4）では平均三九七個体（三六科九九種）が出現し、胸高断面積の合計は平均二七・六平方メートルであった。Zサ

表3-3　植生調査をおこなった各調査プロットの概要

調査プロット	面積	個体数	科数	種数	胸高断面積（m^2）
Z1	0.925	409	37	122	26.2
Z2	1.000	656	37	118	42.1
Z3	1.000	521	40	128	38.7
Z4	0.825	470	40	111	29.3
Z5	0.850	381	38	109	34.9
Z6	1.000	511	40	110	29.0
Z7	0.950	453	41	129	26.9
Z8	0.900	415	38	116	26.7
ZS	0.550	272	34	94	19.6
Z1–Z8の平均	0.931	477	39	118	31.7
統合プロットZ1～8＋S	8.000	4088	50	222	273.5
J1	1.000	444	40	105	30.0
J2	1.000	357	31	92	25.7
J3	1.000	397	37	92	24.1
J4	1.000	388	36	107	28.3
J1–J4の平均	1.000	397	36	99	27.6
統合プロットJ1～4	4.000	1586	49	180	108.1

Z村周辺（Zサイト：Z1–Z8, ZS）と、モロンゴ逗留キャンプの位置するジャロフェ地域（Jサイト：J1–J4）にて実施した。まず、10m×1000m（1ha）の調査プロットをZサイトに8個、Jサイトに4個設置した。各プロットは10m×25mに分割して1ユニット（1プロットに40ユニット）とした。ユニットごとにロープを張って、その内部にある胸高直径（DBH、1.3m高）10cm以上の樹木および蔓を対象として胸高直径を計測し、樹種名を記録した。調査は4名のバカの成人男性とともにおこなった。Zサイトについては、いくつかのプロットに湿地林がふくまれており、湿地林の植生は乾性林とまったく異なっていたので、湿地をふくむユニットをとりだして独立したプロット（ZS）とした。そのためZサイトのいくつかのプロットは1haより小さくなっている。同定は、まずバカ語名で樹種を記録しておき、別途、出現した樹種のさく葉標本を作成して、カメルーン国立植物標本館に同定を依頼した。その結果をLetouzey（1976）と参照し、誤同定の疑いのあるものは数度にわたって同定をおこなった。種数はバカ語名に準拠している。それほど多くはないが、複数の種がバカ語では同一名称になっている場合がある。

イトの各プロットの面積はやや小さいにもかかわらず、平均出現個体数において八〇個体多く、平均胸高断面積において四・一平方メートル大きかった。種の多様性は、大きな差があるわけではないが、概してZサイトのほうが多様だった。各々のプロットを統合したものについてみると、Zサイトの統合プロットの出現樹種は五〇科二二二種、Jサイトの統合プロットでは四九科一八〇種であった。Zサイトのほうが倍の面積があることを勘案すると、両者の多様性に明確な差があるとはいえない。

このことは、Jサイトでは、プロット間の差異が大きいことを示唆している。プロットZ1〜Z8、S、およびJ1〜J4の計一三個からつくられる計七八個のペアについて類似度（percentage similarity）を算出したものを表3—4にしめしてある。Zサイトどうしのペアの類似度は平均五四・八、Jサイトどうしのペアの類似度は平均四八・四、ZサイトとJサイトのペアの類似度は平均三八・六であった。また、湿地林（ZS）はZサイトともJサイトとも類似度が低かった。さらに、非計量多次元尺度法（NMDS）による各プロットの配置を図3—5にしめした。Zサイトのプロットは図の右側に配置されている。Z8がやや離れているのは、プロットが焼畑放棄後まもない二次林をふくんでおり、*Musanga cecropioides*など若い二次林に特徴的な種が多く出現したことによる。それ以外の七つのプロットは近接している。Jサイトは図の左に配置されており、プロット間の距離はやや離れている。これらの結果をあわせると、Jサイトのプロット間の相違は、Zサイトにおけるプロット間の差異より大きく、それゆえ全体としての多様性は大きな差になっていないのだと考えられる。

これからおこなう議論との関連で重要なのは、ZサイトとJサイトとの相違は、両サイトの内部における相違よりも、かなり大きいということである。熱帯雨林は、そもそも植生の多様性が高く、隣接した場所でもそれなりに植生が異なっている。そのため、ある二つの地域で得られた植生調査の結果に相違がみられたとして

表3-4　植生調査のプロット間の類似度

	Z1	Z2	Z3	Z4	Z5	Z6	Z7	Z8	J1	J2	J3	J4
Z2	51.4											
Z3	60.2	58.7										
Z4	65.3	59.4	61.1									
Z5	56.1	64.5	59.6	62.3								
Z6	58.4	53.0	55.3	64.5	57.5							
Z7	58.7	49.2	57.8	53.5	51.3	55.8						
Z8	46.4	46.3	46.1	46.5	46.7	48.0	41.4					
J1	38.3	41.5	42.8	46.3	44.1	38.0	36.3	29.9				
J2	31.2	39.4	35.6	32.4	36.2	31.4	33.3	28.2	46.4			
J3	37.4	48.7	43.3	39.4	47.7	36.7	39.7	29.2	50.9	50.1		
J4	40.9	44.7	42.7	41.1	44.3	41.6	43.6	30.7	45.4	42.2	55.4	
ZS	36.3	37.2	35.4	40.4	34.5	32.6	32.1	38.2	26.1	24.4	21.8	21.3

平均	
Z-Zペア	：54.8
J-Jペア	：48.4
Z-Jペア	：38.6
Z-ZSペア	：35.9
J-ZSペア	：23.4

調査プロット間の樹種構成の類似度の指標として、樹種ごとの優占度EIV(表3-5、表3-6の注を参照)をもとにpercentage similarity(Renkonen 1938, Wolda 1981)を算出した。プロットAとプロットBのpercentage similarity(P)は以下のように計算される。

$$P = \Sigma \text{ minimum } (P_{Ai}, P_{Bi})$$

P_{Ai}はプロットAにおける樹種iのEIV、P_{Bi}はプロットBにおける樹種iのEIVである。その小さいほうをすべての樹種について累計したものが、プロットAとプロットBの類似度Pである。

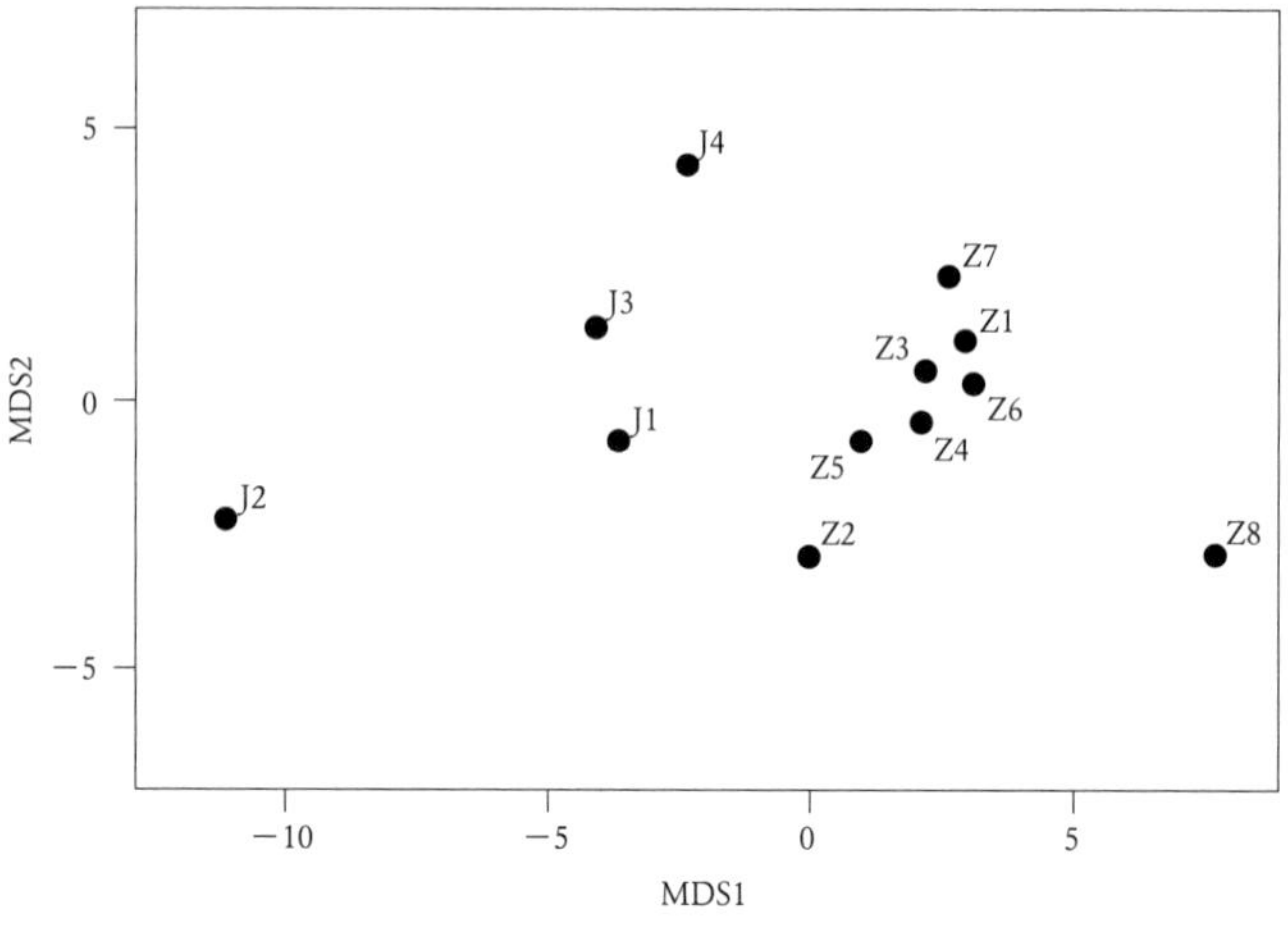

図3-5　非計量多次元尺度法(NMDS)によるZ1〜Z8およびJ1〜J4のプロット　R v4.3.1 (R Core Team, Vienna, Austria)のveganパッケージにある関数metaMDSをもちいた。湿地林は分析から除外した。

も、それがほんとうに両地域の植生のちがいを反映しているのか、たんに熱帯雨林の多様性ゆえにそうみえるのか、ということの判断が難しい。しかし、ここでの検討をふまえると、ZサイトとJサイトのあいだには、実質的な差があると考えてよいだろう。

2……モロンゴ逗留地とZ村近辺の植生の特徴

それでは、Zサイトの(ZSをふくむ)九プロットを統合したものと、Jサイトの四プロットを統合したものを比較していこう。それぞれのサイトにおける優占種を判定するために、EIV(Ecological Importance Value)という指標をもちいた。これは個体数、分布の偏り、胸高断面積の三要素を勘案して算出する優占度の指標である(Curtis and McIntosh 1951, Greig-Smith 1983, Campbell et al. 1986, Baleé 1994)。〇〜一〇〇の値をとり、その樹種が一本もなければ〇、その樹種しかなければ一〇〇になる。すべての樹種について合計すると一〇〇になる。表3—5および表3—6には、両サイトにおけるEIV上位三〇種をリストアップしてある(全樹種のリストは付録4に記載した)。それらについて、林冠の閉じた場所でも生育する耐陰性の種(Shade tolerant, ST)、林冠ギャップにいちはやく進入してくるパイオニア種(Pionieer, P)、パイオニア種ではないが明るい環境を好む種(Non-pionieer light demanding, NPLD)の三つの再生産ギルドのどれにあたるか、また、常緑樹であるか落葉樹であるかを、文献(Fayolle et al. 2014, Gourlet-Fleury et al. 2013, Hirai et al. 2023)にもとづいて同定した。

両サイトにおいてトップにリストアップされている*Scorodophloeus zenkeri*(マメ科)は耐陰性の常緑樹で、三〇メートルをこえる林冠に到達する種である。小さな葉が並んだ一回羽状複葉をつけるが、一見したところ二回

表3-5　Zサイト(Z村周辺)統合プロットにおけるEIV上位30種

ラテン名	バカ語名	EIV	再生産ギルド	葉のフェノロジー
Scorodophloeus zenkeri（マメ科）	mìngɛ̀nyɛ̀	5.32	ST	EG
Greenwayodendron suaveolens（バンレイシ科）	ɓòtunga	3.51	ST	EG
Anonidium mannii（バンレイシ科）	ngbé	3.13	ST	EG
Pentaclethra macrophylla（マメ科）	mbalaka	2.75	NPLD	EG
Coelocaryon preussii（ニクズク科）	mbàmbàyòko	2.54	ST	EG
Entandrophragma cylindricum（センダン科）	bòyo	2.50	NPLD	DC
Trichilia monadelpha / T. rubescens（センダン科）	mayìmbo	2.19	ST	EG
Afrostyrax lepidophyllus（ヒウア科）	ngìmbà	2.10	ST	EG
Dichostemma glaucescens（トウダイグサ科）	mòngamba	1.84	ST	EG
Lasiodiscus mannii（クロウメモドキ科）	ʔèsumà	1.72	ST	EG
Staudtia kamerunensis（ニクズク科）	màlàngà	1.62	ST	EG
Musanga cecropioides（イラクサ科）	kòmbò	1.54	P	EG
Celtis mildbraedii（アサ科）	ngombe	1.53	NPLD	DC
Cylicodiscus gabunensis（マメ科）	ɓòlùma	1.51	NPLD	DC
Pycnanthus angolensis（ニクズク科）	ʔètɛ̀ngɛ̀	1.42	NPLD	EG
Irvingia gabonensis（イルヴィンギア科）	pekè	1.42	ST	EG
Uapaca spp.（コミカンソウ科）	sèngì	1.42	P	EG
Petersianthus macrocarpus（サガリバナ科）	bɔ̀sɔ	1.38	NPLD	DC
Corynanthe macroceras（アカネ科）	wasàsà	1.27	ST	EG
Trichilia tessmannii（センダン科）	mayìmbo nà gbangà	1.22	ST	EG
Raphia monbuttorum / R. laurentii（ヤシ科）	pèke	1.18	NPLD	EG
Albizia adianthifolia（マメ科）	bàmbà (saá)	1.17	P	DC
Desbordesia glaucescens（イルヴィンギア科）	mɛ̀lɛa (ndoò)	1.16	ST	EG
Duboscia macrocarpa（アオイ科）	nguluma	1.06	NPLD	EG
Leplaea thompsonii（センダン科）	njòmbò	1.05	NPLD	EG
Hexalobus crispiflorus（バンレイシ科）	pòtà	0.99	ST	EG
Celtis tessmannii（アサ科）	kɛkɛlɛ	0.99	NPLD	DC
Rinorea oblongifolia（スミレ科）	sandjambɔ̀ngɔ̀	0.97	ST	EG
Piptadeniastrum africanum（マメ科）	kùngu	0.92	NPLD	DC
Panda oleosa（パンダ科）	kanà	0.91	ST	EG

EIV（Ecological Importance Value）とは、個体数、分布の偏り、胸高断面積の三要素を勘案して算出する優占度の指標である（Curtis and McIntosh 1951; Greig-Smith 1983; Campbell et al. 1986; Baleé 1994）。各プロットに出現した樹種iのEIVの算出は、まず、樹種iの出現個体数(N_i)を全樹種についての出現個体数の和(ΣN_k)で割り、樹種iの出現ユニットの和(U_i)を全樹種についての出現ユニットの和(ΣU_k)で割り、樹種iの総胸高断面積の和(B_i)を全樹種についての総胸高断面積の和(ΣB_k)で割って、樹種iの相対分布密度(Rel_N_i)、相対出現ユニット(Rel_U_i)、相対胸高断面積(Rel_B_i)を計算する。

$$Rel_N_i = N_i / \Sigma N_k \times 100$$

$$Rel_U_i = U_i / \Sigma U_k \times 100$$

$$Rel_B_i = B_i / \Sigma B_k \times 100$$

これら3指数の平均が樹種iのEIV_iである。すなわち、

$$EIV_i = (Rel_N_i + Rel_U_i + Rel_B_i) \div 3$$

表3-6　Jサイト（ジェロフェ地域）統合プロットにおけるEIV上位30種

ラテン名	バカ語名	EIV	再生産ギルド	葉のフェノロジー
Scorodophloeus zenkeri（マメ科）	mìngɛ̀nyɛ̀	5.96	ST	EG
Anonidium mannii（バンレイシ科）	ngbé	4.69	ST	EG
Cola lateritia（アオイ科）	pòpòkò	3.40	ST	EG
Celtis mildbraedii（アサ科）	ngombe	3.00	NPLD	DC
Celtis adolfi-friderici（アサ科）	kàkàlà	2.88	NPLD	DC
Duboscia macrocarpa（アオイ科）	nguluma	2.57	NPLD	EG
Desplatsia chrysochlamys（アオイ科）	liamba	2.31	ST	EG
Greenwayodendron suaveolens（バンレイシ科）	ɓòtunga	2.03	ST	EG
Afzelia bipindensis（マメ科）	timi	1.92	NPLD	DC
Angylocalyx pynaertii（マメ科）	yɔ̀ngà	1.82	ST	EG
Funtumia elastica（キョウチクトウ科）	ndamà	1.74	ST	EG
Strombosia pustulata（ボロボロノキ科）	ɓòmbongo	1.72	ST	EG
Gambeya lacourtiana（アカテツ科）	ɓámbu	1.72	NPLD	EG
Dichostemma glaucescens（トウダイグサ科）	mòngamba	1.67	ST	EG
Triplochiton scleroxylon（アオイ科）	gbàdɔ̀	1.56	P	DC
Lasiodiscus mannii（クロウメモドキ科）	esuma	1.51	ST	EG
Entandrophragma cylindricum（センダン科）	bòyo	1.46	NPLD	DC
Newbouldia laevis（ノウゼンカズラ科）	piàmbè	1.44	P	DC
Anthonotha macrophylla（マメ科）	popolo	1.36	ST	EG
Diospyros iturensis（カキノキ科）	babango	1.33	ST	EG
Corynanthe macroceras（アカネ科）	wasàsà	1.32	ST	EG
Albizia adianthifolia（マメ科）	bàmbà (saá)	1.20	P	DC
Klainedoxa gabonensis（イルヴィンギア科）	bòkɔ̀kɔ̀	1.17	P	DC
Dialium pachyphyllum（マメ科）	mbelenge	1.09	ST	EG
Trichilia monadelpha / T. rubescens（センダン科）	mayimbo	1.07	ST	EG
Hexalobus crispiflorus（バンレイシ科）	pòtà	1.01	ST	EG
Trichilia tessmannii（センダン科）	mayìmbo nà gbangà	0.98	ST	EG
Manilkara letouzeyi（アカテツ科）	mòngènjà	0.96	ST	EG
Amphimas pterocarpoides（マメ科）	kànga	0.95	NPLD	DC
Caloncoba glauca（アカリア科）	gbàgɔ̀lɔ̀	0.90	NPLD	EG

（表3-5注からのつづき）全樹種のEIVを合計すると100になる。熱帯雨林には、胸高断面積が小さく個体数の多い樹種（下層木）と胸高断面積が大きく個体数の少ない樹種（上層木）が混在していること、また重層的な構造になっているため「被度」のような目視による優占度の推定が困難なため、調査プロットにおける樹種構成を把握するさいの優占度の指標としてEIVが有効である。

再生産ギルドと葉のフェノロジーについては、文献（Fayolle et al. 2014; Gourlet-Fleury et al. 2013; Hirai et al. 2023）にもとづいて判定した。再生産ギルドは、林冠の閉じた場所でも生育する耐陰性の種（Shade tolerant, ST）、林冠ギャップにいちはやく進入してくるパイオニア種（Pionieer, P）、パイオニア種ではないが明るい環境を好む種（Non-pionieer light demanding, NPLD）の3つに分類した。葉のフェノロジーは常緑（Evergreen, EG）と落葉（Deciduous, DC）に分類した。

ZサイトおよびJサイトとも、調査プロットに出現した樹種の完全なリストは付録4に掲載してある。

羽状複葉にもみえる。森を歩くと、いたるところに*Scorodophloeus zenkeri*の幼木が生えている。*Anonidium mannii*（バンレイシ科）は、Ｚサイトで三位、Ｊサイトで二位であり、おなじくバンレイシ科の*Greenwayodendron suaveolens*（*Polyalthia suaveolens*）は、Ｚサイトでは三位、Ｊサイトでは八位であった。これら二種は、*Scorodophloeus zenkeri*のように林冠を構成する高木ではないが、耐陰性の強い、中程度の大きさの常緑樹である。これら三種は、この地域の森林を特徴づけている種だといえる。

Ｚサイトでは明るい環境を好む種（NPLD, P）が一四種、Ｊサイトでは一二種で、Ｚサイトのほうが撹乱環境を好む種がやや多かった。Ｚサイトの調査プロットは半定住集落や焼畑キャンプから遠くないところに位置しており、その一部に焼畑後の二次林がふくまれていたからだと考えられる。*Musanga cecropioides*（イラクサ科）は焼畑や若い二次林に生えるパイオニア種であり、*Pentaclethra macrophylla*（マメ科）、*Celtis mildbraedii*（アサ科）、*Pycnanthus angolensis*（ニクズク科）、*Petersianthus macrocarpum*（サガリバナ科）、*Albizia adianthifolia*（マメ科）、*Celtis tessmannii*（アサ科）、*Piptadeniastrum africanum*（マメ科）などは、*Musanga cecropioides*の優占する二次林のあとに形成される遷移の進んだ二次林によくみられる樹種である（Schmitz 1988; 中条 一九九二）。先行研究では分布の特徴を確認できなかったが、*Cylicodiscus gabunensis*（マメ科）、*Duboscia macrocarpa*（アオイ科）、*Leplaea thompsonii*（センダン科）も古い二次林によくみられる樹種だと考えられる。そのほか、雨季に冠水する場所に生える*Uapaca* spp.（コミカンソウ科）や湿地に生える*Raphia monbuttorum*, *Raphia laurentii*（ヤシ科）も明るい環境を好む種である。

Ｊサイトの上位三〇種にみられた明るい環境を好む種（NPLD, P）はＺサイトより少なかったが、上位一〇種についてみると、うち四種が明るい環境を好む種であった。そのうち、*Celtis mildbraedii*と*Celtis adolfi–friderici*（アサ科）が上位にある点がＪサイトの特徴だといえる。*Celtis*属（*Celtis*属はもともとニレ科に分類されていた）は、カメルーン東南部からコンゴ共和国北部にわたる地域にひろがる半落葉樹林を特徴づける樹種である（White 1983; Letouzey 1985a; Fayolle et al. 2014）。また、*Duboscia macrocarpa*（アオイ科）、*Afzelia bipindensis*（マメ科）、*Gambeya lacourtiana*（アカテツ科）、*Entandrophragma cylindricum*（センダン科）、*Newbouldia laevis*（ノウゼンカズラ科）、*Albizia adianthifolia*（マメ科）、*Amphimas pterocarpoides*（マメ科）、*Caloncoba glauca*（アカリア科）など、パイオニア種ではないが明るい環境を好む種も多く生えている。これらは半落葉樹林に広く分布する樹種である。また、*Cola lateritia*（アオイ科）、*Anglocalyx pynaertii*（マメ科）、*Funtumia elastica*（キョウチクトウ科）、*Anthonotha macrophylla*（マメ科）は耐陰性の常緑樹であるが、半落葉樹林にも広く分布している樹種である（Vivien and Faure 2011; Schmitz 1988; 中条 一九九二）。

二つのサイトについて科ごとにＥＩＶを集計したところ、マメ科、バンレイシ科、トウダイグサ科が両サイトで同程度のＥＩＶをもって上位にあらわれていた（表3―7）。Ｚサイトで上位に位置するニクズク科とイルヴィンギア科は、Ｊサイトではそれほど大きなＥＩＶをしめしていない。これらの科の樹種の多くは耐陰性の常緑樹である。イルヴィンギア科はＪサイトでもやや大きな値であったが、それはイルヴィンギア科では少数派になる明るい環境を好む*Klainedoxa gabonensis*が多くあらわれたからである。他方、アオイ科、アサ科、キョウチクトウ科は、Ｚサイトとくらべてサイトにおいて大きなＥＩＶをしめした。これらの科にふくまれる種の多くは落葉樹であり、明るい環境を好む。ルトゥゼイ（Letouzey 1985a）は、カメルーン東南部にはニレ科（*Celtis*属はアサ科に移行）やアオギリ科（現アオイ科に統合）の優占する半落葉樹林が分布しており、カメルーン南部の大西洋岸に近づくにつれて、すなわち降水量が多くなるにつれて、マメ科ジャケツイバラ亜科（*Scorodophloeus zenkeri*もふくまれる）の優占する常緑樹林に移行していくと述べている。また、Ｚサイトでは近年の焼畑による撹乱が

表3-7　ZサイトとJサイトにおけるEIV上位20の科

Zサイト		Jサイト	
マメ科	17.4	マメ科	18.8
バンレイシ科	8.9	アオイ科	14.4
センダン科	8.2	バンレイシ科	9.4
ニクズク科	5.6	アサ科	6.3
トウダイグサ科	5.4	センダン科	4.7
アオイ科	5.0	トウダイグサ科	4.5
イルヴィンギア科	4.9	キョウチクトウ科	4.0
アサ科	3.3	アカテツ科	3.4
アカネ科	3.2	オラクス科	3.4
ツゲモドキ科	3.2	アカネ科	2.9
アカテツ科	2.6	ツゲモドキ科	2.3
コミカンソウ科	2.3	カキノキ科	2.2
ヒウア科	2.1	コミカンソウ科	2.2
キョウチクトウ科	2.1	イルヴィンギア科	2.1
クロウメモドキ科	1.9	ノウゼンカズラ科	2.0
イラクサ科	1.8	クロウメモドキ科	1.9
オラクス科	2.7	オクナ科	1.2
ヤシ科	1.7	アカリア科	1.1
クワ科	1.6	シクンシ科	1.0
サガリバナ科	1.4	クワ科	0.9

各科にふくまる種のEIVを集計したもの。全科について合計すると100になる。すべての科のEIVは付録4に掲載してある。

あり、Jサイトではそうではないことを勘案すると、両サイトとも常緑樹林と半落葉樹林の要素が混在する混交林である点は共通しているものの、Zサイトはもともと常緑樹林要素の強い傾向があり、Jサイトはもともと落葉樹や明るい環境を好む樹種が多い傾向がある、という理解になるだろう。(35)

＊＊

先述のように、一年周期の蔓をもつ野生ヤマノイモの多くは季節変化の明瞭なサバンナ地域に分布している。そのなかでバカたちの利用する*Dioscorea praehensilis*と*Dioscorea semperflorens*は森林地域に適応している。ただ、一年型ヤマノイモがよく生えているのは、やはり林冠ギャップであること、また、森のなかにランダムに分布している林冠ギャップにたいして、一年型ヤマノイモは集中分布する傾向があることを指摘した。一年型ヤマノイモは光環境の改善した撹乱環境に生育しやすいと考えられるが、その拡散力は典型的なパイオニア植物ほどには強くないと思われる。であれば、ジャロフェ地域における一年型ヤマノイモの集中分布は、広大な森のなかの「離れ小島」の一つなのだろうか。もしそうなら、どのようにしてその「離れ小島」が形成されたのだろうか。

ここまで比較してきた植生の差異は、その要因になりそうではある。モロンゴの逗留地になっているジャロフェ地域では明るい環境を好む樹種が生育しやすいということであれば、一年型ヤマノイモにとっても好適な環境である可能性が高い。熱帯雨林の落葉樹は乾季に葉を落とす。したがって半落葉性の強い森では、一年型ヤマノイモが蔓をのばす雨季の初めころ、林床における光環境がよくなるだろう。とはいえ、そもそも林冠ギャップは常緑性の強い森林にもあるのだから、落葉性の強い森であることが一年型ヤマノイモの分布に決定的な影響をもつかどうかは不明である。あるいは、ジャロフェ地域には半落葉性の強い森が形成されやすく、かつ一年型ヤマノイモの群生地が形成されやすい共通の条件があった可能性もある。たとえば、次章で論じるように、ニレ科（現アサ科）やアオギリ科（現アオイ科）の優占する森林は、かなり古い人為の影響によって形成された可能性が指摘されている。そこで第4章では、人間活動の影響に目を配りながら、一年型ヤマノイモの集中分布の要因について検討する。

（35）バカたちの食生活と関連する点としては、Jサイトには、優良な蜜源植物である *Pentaclethra macrophylla*（マメ科）、*Irvingia gabonensis*（イルヴィンギア科）、*Petersianthus macrocarpus*（サガリバナ科）が少なく、上位にあらわれていないことがあげられる（*Albizia adianthifolia*（マメ科）は両サイトで上位にあらわれている）。じっさいバカたち自身も、モロンゴのさいに、ジャロフェ川の周辺にはそれらの樹種があまりないから蜂蜜の収穫量が少ないといって愚痴ることがあった。

第4章

ヤマノイモ分布の歴史生態学

第3章では、カメルーン東南部に分布する野生ヤマノイモのなかでバカたちのカロリー源としてもっとも重要な一年型ヤマノイモ（*Dioscorea praehensilis, Dioscorea semperflorens*）が、特定の地域に集中分布していること、また、一年型ヤマノイモの集中分布があるジャロフェ地域は半落葉性の強い森になっていることを指摘した。それをうけて本章では、人間活動がその分布にどのような影響をおよぼしたのかについて検討する。はじめに（1）モロンゴの逗留地域に残る古い集落跡とヤマノイモの分布を照らしあわせて、農耕民による森林撹乱（焼畑や集落の造成など）がヤマノイモの拡散に影響した可能性を指摘する。ついで（2）二つのモロンゴ逗留キャンプで放棄後に再生したヤマノイモの分布を記述し、農耕民による撹乱がなくてもヤマノイモが拡散してきた可能性について検討する。さいごに（3）キャンプ跡に再生した一年型ヤマノイモ（*Dioscorea praehensilis*）の遺伝構造を分析し、その結果を解釈しながら、ヤマノイモ分布の歴史的構築について論じる。

1 ヤマノイモの分布と人間活動

1……集住化以前の集落跡

一年型ヤマノイモは、林冠ギャップの明るい環境を好むが、拡散力はそれほど強くない。であれば、一年型ヤマノイモはどのようにしてZ村から遠く離れた森の奥深い地域に集中して分布するようになったのだろうか。これが第3章のさいごに提示した疑問であった。まったくの自然状態のもとで、ジャロフェ地域に分布するようになったのだろうか。ジャロフェ地域には、もともと一年型ヤマノイモにとって好適な環境があったのかもしれない。しかし、そこをさらに好適な条件にした何かがあったのではないか。

じつをいうと、Z村のバカたちがモロンゴにでかけるジャロフェ地域には、集住化・定住化以前の農耕民の小集落があったことがわかっている（図4—1）。第一次世界大戦以前、カメルーンがドイツによって統治されていた時期にマックス・モイゼルが作成した地図には、モングング川のあたりに、まさに「モングング」という集落が記されている。また、そのあたりには「Esiel」という民族名が記載されている（Moisel 1910）。その南方のボシエ川には「モシエ」という集落が記されている。現在、コンゴとの国境をながれるジャー川流域に居住するバントゥー系農耕民バクウェレの一部に、エセル（Essel）と自称する人々がいる（République Féderale du Cameroun 1971, Dieu and Renaud 1983; Joiris 1998）。彼らはモイゼルの地図に「Esiel」と記載された人々の末裔だと考えられ、その祖先の一部が二〇世紀初頭までモロンゴ逗留地域のあたりに住んでいたことはまちがいないだろう。モルンドゥに近いジャー川流域の村でバカの狩猟と精霊のかかわりについて研究したダウ・ジョワリ（Joiris 1998）によれば、ドイツ統治時代に、Z村の北西にあるロミエ地域（図序—1を参照）からZ村あたりを通ってコンゴ共和国へ向かう道路の建設のために、多くの人々が強制労働にかりだされたという伝承が残っているという。また、Z村の農耕民コナベンベの村長によれば、彼らの祖先はもともと現在のZ村の南方、すなわちモロンゴ逗留地域のあたりに住んでいたのが、この地域でドイツとフランスが交戦した第一次世界大戦のあと、現在のZ村のあたりに移動してきたのだという。当時ドイツ領だったカメルーンは周囲をフランスやイギリスの植民地に囲まれており、アフリカにおける戦線の一つだったのである。戦争後、フランスがカメルーン東部の統治権を握って集住化がすすめられるなかで、Z村から南方に向かう道は廃れていった。モロンゴ逗留

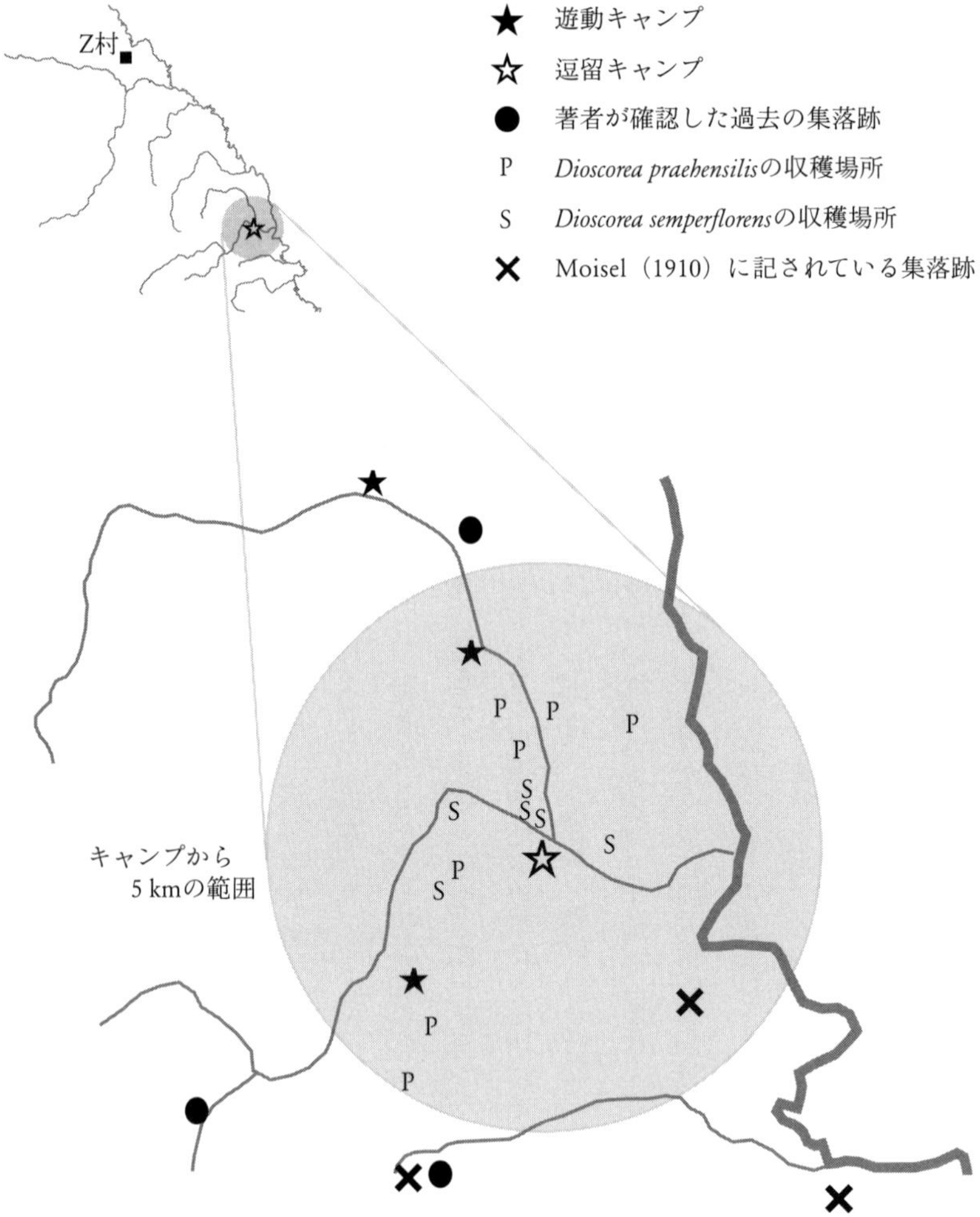

図4-1　2005年のモロンゴ逗留地域（ジャロフェ川）における一年型ヤマノイモの分布と過去の集落跡　一年型ヤマノイモ（*Dioscorea praehensilis* と *Dioscorea semperflorens*）の収穫場所の記号は隣接する複数の収穫場所をふくむ。図示してある収穫場所は私自身がGPSで位置情報を得たもののみで、じっさいにバカたちが収穫した場所はほかにもたくさんある。

地域に住んでいた人々の一部は北上して現在のZ村や周辺の村々へ移住し、一部はジャー川流域へ南下したのであろう。なお、モイゼルの地図には、ロロボイ川沿いに下ってジャー川にいたり、対岸のンゴイラに通じる道も記載されている。図3―1、図3―2に記してあるように、ロロボイ川流域も、しばしばモロンゴの逗留地になっていたところである。

⁂

このような歴史的経緯をふまえると、Z村のバカたちは村から遠く離れたところに一年型ヤマノイモの群生地があることをどのようにして知ったのか、と問うことには意味がないことがわかる。その群生地は、Z村から探索にでかけた誰かが発見したものではなく、定住化以前からすでに知られていたのである。

一九三〇年代から定住化・集住化のすすんだ農耕民から遅れて、バカは、二〇世紀半ば以降にようやくすこしずつ定住化するようになった。バカはフランス統治初期には行政機関を極度に恐れ、道路沿いに移住した農耕民の集落を訪れることさえしなかったというが、一九五〇年代から実施されたさまざまな定住化の試みをとおして、しだいにバカの定住が本格化していったようである（Althabe 1965; Joiris 1998）。

それ以前のバカの生活は現在よりずっと遊動的で、より広い地域を利用していたと考えられる。とはいえ、バカは、獣肉や蜂蜜など森の産品と農作物や鉄器などの交換をとおして農耕民と交流していただろう。Z村のバカの祖父母たちは、おそらくジャロフェ地域の農耕民とつきあっており、その地域に一年型ヤマノイモの群生地があることを知っていたはずである。雨季のあいだは多年型ヤマノイモや蜂蜜など分散している食物資源に対応して数家族ですごし、乾季になると一年型ヤマノイモのある地域に集まって大きな集団を形成したり、近場に複数のキャンプをつくっていたのだろう。いずれにしても、第2章で述べたような、Z村を発して大勢で遠征するようなかたちでおこなわれるモロンゴは、道沿いの半定住集落という生活の拠点ができて以降、すなわち二〇世紀半ば以降にかたちづくられたものだということになる。

2……植生撹乱と一年型ヤマノイモの分布

さて、もういちど図4―1をみると、モロンゴの逗留キャンプの周辺には、いくつかの古い集落跡があることが記されている。第3章で論じたように一年型ヤマノイモは明るい環境を好むということであれば、焼畑やその跡地は格好の生育環境である。となると、この地域に分布している一年型ヤマノイモは、かつて農耕民が植えたものなのだろうか。

しかし、カメルーン東南部の農耕民は野生ヤマノイモをほとんど食べない。もちろん、まったく食べないわけではない。バカにもらったりバカから買ったりして食べることや（四方 二〇一三）、森のキャンプでみずから採集して食べたりすることはある（大石 二〇一六）。しかし、農耕民バンガンドゥの食事調査によれば、主食（炭水化物）のなかでの野生ヤマノイモの出現頻度はたかだか一％程度である（四方 二〇一三）。また、Z村で聞いた話によれば、私がフィールドワークをはじめた二〇〇一年の数年前に、近隣の村で農耕民が有毒の野生ヤマノイモを食べてしまい、死亡する事故があったという。これらのことから農耕民が野生ヤマノイモを日常的な食物とはしていないことが示唆される。じっさいのところ、私はZ村でコナベンベが野生ヤマノイモを畑に植えるのを観察したことはない。農耕民にかんする人類学的・農学的研究をみると、栽培化されたヤマノイモ属植物であるニガカシュウ（*Dioscorea bulbifera*）やシロギニアヤム（*Dioscorea rotundata*）、キイロギニアヤム（*Dioscorea cayenensis*）などが焼畑に植えられていることはあるし、野生ヤマノイモが一つ二つたまたま生えていることはあるにせよ、農耕民が野生ヤマノイモを意図して植えつけることはないようである（Komatsu 1998; 小松・塙 二〇〇〇; 四方 二〇一三）。また、コンゴ盆地にバナナが伝来して二〇〇〇年以上が経過し、キャッサバが伝来して数百年が経過している（重田 二〇〇二; 安渓 二〇〇三）ことを考えれば、一〇〇年前まで農耕民が野生ヤマノイモに強く依存していて、そのあと急速に廃れた、という筋書きには無理があるだろう。したがって、こんにちバカたちが利用している一年型ヤマノイモの群生地が、農耕民による意図的な栽培（あるいはその試み）のなごりであるとは考えにくい。

ただし、農耕民の存在が一年型ヤマノイモの群生地の形成にたいして間接的に貢献した可能性はある。第3章で、一年型ヤマノイモの分布は半落葉性の強い森の分布と関係している可能性が高いと指摘した。じつのところ半落葉性の強い森林は、農耕の影響によって形成された可能性があることが指摘されている。カメルーンの森林地域で植物社会学的な研究をした中条廣義（一九九二）は、半落葉樹林では高木層をなす樹種の稚樹が林床にないことが多いと指摘している。ジュリー・モラン＝リヴァら（Morin-Rivat et al. 2017）は、カメルーン東南部からコンゴ共和国北部、中央アフリカ共和国南西部でおこなわれた木材会社による森林のインベントリーを分析して同様の指摘をしている。それによれば、*Amphimas*（マメ科）、*Baillonella*（アカテツ科）、*Bombax*（アオイ科）、*Canarium*（カラシン科）、*Ceiba*（アオイ科）、*Entandrophragma*（センダン科）、*Erythrophleum*（マメ科）、*Ficus*（クワ科）、*Irvingia*（イルヴィンギア科）、*Klainedoxa*（イルヴィンギア科）、*Lophia*（オクナ科）、*Lovoa*（センダン科）、*Pericopsis*（マメ科）、*Pericopsis*（マメ科）、*Piptadeniastrum*（マメ科）、*Pteleopsis*（シクンシ科）、*Ricinodendron*（トウダイグサ科）、*Terminalia*（シクンシ科）、*Triplochiton*（アオイ科）などの属では、インベントリーされた個体の直径を一〇センチメートルごとに区切って集計した度数分布が、逆J字型から逸脱していた。個体数が維持されるためには、小径木が多くあり直径が大きくなるにつれて数が減少していく逆J字型の度数分布になっている必要がある。しかし、先述の樹種では小さな個体が少ないため個体群が「高齢化」しており、度数分布が逆J字型から逸脱していたのである。これらの樹種のほぼすべてに共通しているのは、明るい環境を好む（パイオニア種と非パイオニア種の両方をふくむ）こと、そして落葉樹であることである（*Irvingia* のみ例外である）。

明るい環境を好む樹種が定着して生育するためには、比較的大きな林冠ギャップが必要である。ギャップは暴風や突風によって複数の樹木が根こそぎ倒されて生じることもあるが、人間が伐開した焼畑や定住化以前の小集落などもおなじような役割をはたすだろう。モラン＝リヴァらは、いくつかの樹種について、新たな個体の導入が少なくなりはじめた年代を推定したところ、一九世紀半ばころという結果を得た。この時期は、カメルーンと中央アフリカ共和国の国境を流れてコンゴ共和国北部を横断するサンガ川水系（カメルーンではブンバ川とジャー川）で植民地化が進展し、農耕民が河川や道路沿いに定住しはじめた時期にあたる。さらに一九三〇年代から植民地統治が強化されて集住化が加速し、焼畑や集落の造成によって森林が撹乱される範囲が限定されるようになった。その結果、明るい環境を好む樹種の更新が滞るようになり、年齢構成の歪みが拡大してきたのではないかと論じている（Morin-Rivat et al. 2017）。

このように半落葉樹林や半落葉性の強い混交林に区分されている森のすくなくとも一部は、焼畑などの人間活動によって撹乱された古い二次林である可能性が高い（中条 一九九二、一九九七；van Gemerden et al. 2003; Brncic et al. 2007; Morin-Rivat et al. 2017）。図4―2にしめしたルトゥゼイの植生図をみると、ジャロフェ地域をふくむZ村の南方には、常緑性の強い森林のなかにひっかき傷のようなかたちで半落葉性の強い森林が入りこんでいる

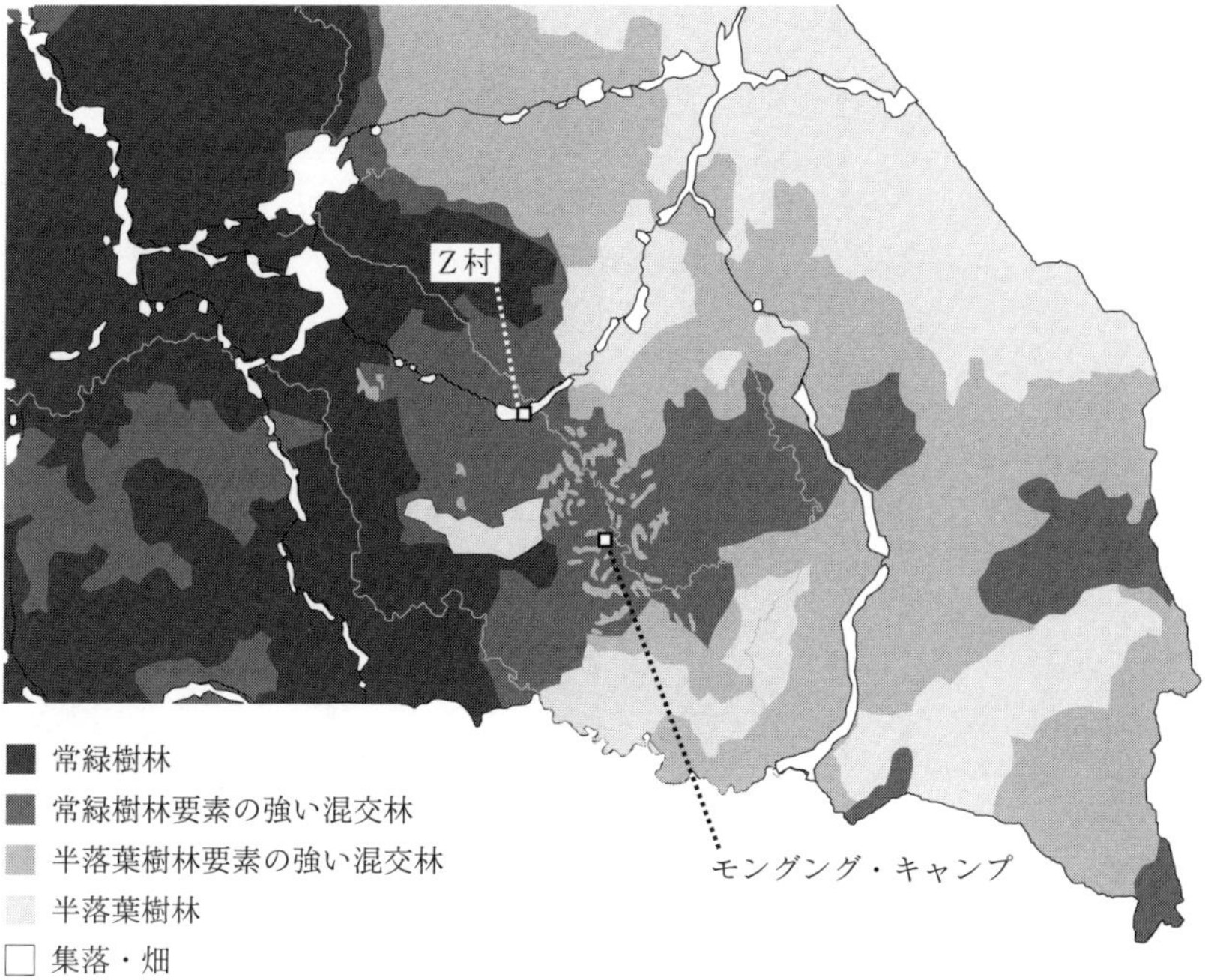

図4-2　カメルーン東南部の植生図　*Carte Phytogéographique du Cameroun au 1:500000*（Letouzey 1985a）をもとに作成。

のが目につく。先述のように、この地域には一〇〇年前ころまで集落があったことを勘案すると、それらの半落葉樹林のパッチのいくつかは、農耕民による撹乱によって生じたと考えてよいだろう。

⁂

林冠ギャップの明るい環境を好み、しかし拡散能力がそれほど強いとはいえない一年型ヤマノイモが、もっとも近い集落から四〇キロメートルも離れ、人間の存在とは隔絶しているかのような地域に、どのような経緯で分布するようになったのか、という問いには、ひとまずつぎのように答えることができるだろう。

現在のジャロフェ地域は村から四〇キロメートル離れた森のなかに位置し

写真4-1　2005年のモロンゴ逗留キャンプから南南西6キロメートルほどのところにある古い集落跡

ていることになるが、植民地時代以前、つまり定住化・集住化がなされる以前には、この地域には農耕民が住んでおり、彼らの小集落が点在していた。一年型ヤマノイモの性質を考えれば、この事実は、現在の集中分布の形成になんらかのかたちで貢献した可能性がある。ただし、それは畑への植えつけなどのような直接的な関与によるものではなく、焼畑などにともなう撹乱地にたまたま一年型ヤマノイモの種子が定着し、そこに群生地が形成されるといったような間接的なものだったと考えられる。

ただ、林冠の開けた空間が大きければ大きいほど一年型ヤマノイモがたくさん分布しているかというと、かならずしもそうではない。図4—1にしめしたジャロフェ地域にある定住化以前の農耕民の集落跡だとされる場所（図の中央下）に行ってみたところ、いまだに発達した森林が形成されておらず、明るい景観が維持されていた（写真4—1）。ところが、同行したバカたちとともにヤマノイモを探したのだが、多年型ヤマノイモの*Dioscorea burkilliana*や*Dioscorea minutiflora*はあったものの、一年型ヤマノイモは一つも発見できなかったのである。いったん定着することさえできれば群生地をつくって維持できる環境だと思われるが、先にパイオニア植物が繁茂して地表近くの光環境が悪くなってしまうと、一年型ヤマノイモの種子があとから進入してきて実生が定着するのは困難なのだろう。

つまり、明るい環境であることは、一年型ヤマノイモの群生地が形成される必要条件ではあるが、十分条件ではないということになる。一年型ヤマノイモの群生地が形成されるかどうかは、ギャップ形成後の植生がどれだけの期間ヤマノイモの種子が発芽して定着できるような状態にあるか、また、人間による採集圧が高くなりすぎない距離にあるか、といった諸条件によって左右されることに留意しておくべきだろう。そのうち、もっとも重要な条件と思われるのが、次節で述べる種芋の散布である。

2　芋片から再生するヤマノイモ

1……一〇年後のモロンゴ・キャンプ

前節でしめしたように、一年型ヤマノイモが集中分布しているジャロフェ地域には植民地時代以前から小さな集落が点在していたようである。また、カメルーンの森林は何世紀にもわたって焼畑耕作によって撹乱されており、植生を構成する樹種のなかには撹乱環境を好むものが多くふくまれている。したがって、焼畑による森林撹乱が、光要求性の高い一年型ヤマノイモの分布に影響をおよぼしてきた可能性は高い。ワイルドヤム・クエスチョン（WYQ）との関連でいえば、狩猟採集生活の基盤となるヤマノイモの群生地が形成されるうえで、農耕民の集落や焼畑に起因する撹乱が不可欠であったかどうかが気になるところである。もし農耕民の存在にともなう植生撹乱が必須であるのなら、第2章で記述したモロンゴの事例をＷＹＱを反証するものとして位置づけることができないことになる。

ここまでが二〇〇一年から二〇〇五年におこなったフィールドワークで得られたデータからいえることであった。そのあとしばらくフィールドから遠ざかっていたのだが、ひさしぶりにＺ村を訪問した二〇一二年二月に興味深い話を聞いたのだった。アラジというバカの男が数か月前に第2章で記述したモロンゴのキャンプ跡を通ったところ、ヤマノイモが生えていたというのである。どうせ一つ二つだろうとも思ったが、彼はものすごくたくさんあったという。そこで私は、それをたしかめるためにキャンプ跡に行ってみることにした。

一年型ヤマノイモは、雨季がはじまると蔓をのばし、葉をひろげて光合成をして、芋を肥大させる。乾季になると地上部を枯らす。したがって、すべての個体を把握するためには蔓がのびはじめた雨季中盤に調査をおこなう必要がある。二〇一二年五月一五日に次男が生まれたのだが、翌六月、私はＺ村に行き、六人のバカとともにモロンゴ跡地に向かった。モロンゴのときには日々の食物を探しながら動くので、遊動キャンプを移動するときであっても一日ですすむ距離はせいぜい五キロメートルだった。そのため逗留キャンプまで数週間かかったのだが、この調査行では食料を用意して現地に直行したので、一泊二日で到着した。二〇〇五年のモロンゴ逗留キャンプはジャロフェ川沿いにあった。

キャンプ跡では蔓や木々が茂っており、モロンゴのときとはかなり景観が異なっていた（写真４―２、４―３）。しかしモロンゴに同行していたバカたちは、当時からあった大きな木を参照しながら「ここにヤスオカのテントがあって、あそこに自分のモングル（半球形の小屋）があって……」というふうに、すべてのモングルの位置をよく覚えていた。また、モロンゴのときに私はすべてのモングルの位置と私のテントの位置関係を測量して

写真4-2　モロンゴ逗留キャンプ。ただし、この写真は2020年のモロンゴである。

写真4-3　モロンゴから7年後のキャンプ跡。

いたので、そのノートとバカたちの記憶を照合しながらキャンプ時のモングルの位置を同定することができた。キャンプ跡では一〇メートル四方の方形区を二四個設置して、各々の内部にあるヤマノイモの蔓をプロットし、種名、蔓の長さ、蔓の直径を記録した。キャンプ跡の光環境を調べるため、各方形区の中心と四つの頂点で全天写真を撮影し、開空度を算出した。各サイトの中心部にある四つの方形区では、内部にあるすべての植物種を記録した。植物名はまずバカ語で記録しておき、文献からラテン語名を同定した（Brisson 2011; Letouzey 1976; Yasuoka 2009）。各植物の特徴はバカたちの知識と文献（Hirai et al. 2023）にもとづいている。これらの調査を、二〇〇二年のモロンゴ逗留キャンプ跡（モングング）と二〇〇五年のモロンゴ逗留キャンプ跡（ジャロフェ）で実施した。

2……モロンゴ跡地のヤマノイモ

両サイトとも一年型ヤマノイモ（*Dioscorea praehensilis, Dioscorea semperflorens*）が多く観察されたが、多年型ヤマノイモはあまりなかった。モングングでは、*Dioscorea praehensilis*が七五個体、*Dioscorea semperflorens*が四一個体（実生をのぞく）、それらをふくめて六種一三七個体が記録された（表4―1）。ジャロフェでは、*Dioscorea praehensilis*が五〇個体、*Dioscorea semperflorens*が二九個体、それらをふくめて七種一二九個体が記録された（表4―2）。

ヤマノイモの分布は、両サイトともキャンプ跡内に集中していた（図4―3、4―4）。モングングでは、*Dioscorea praehensilis*と*Dioscorea semperflorens*は、キャンプ内でそれぞれ五七個体と三六個体が観察されたのにたいして、キャンプ外ではそれぞれ一八個体と五個体だった（表4―1）。同様にジャロフェでは、キャンプ内ではそれぞれ

表4-1　モングングのキャンプ跡に生えていたヤマノイモ

ラテン名	キャンプ内（0.08625 ha）		キャンプ外（0.15375 ha）	
	茎数	密度（茎数/ha）	茎数	密度（茎数/ha）
Dioscorea praehensilis	57	661	18	117
Dioscorea semperflorens	36	417	5	33
Dioscorea semperflorens（実生）	7	81		
Dioscorea burkilliana	5	58	5	33
Dioscorea mangenotiana			3	20
Dioscoreophyllum cumminsii	1	12		
計	106	1229	31	202
計（実生のぞく）	99	1148	31	202

Dioscoreophyllum cumminsii はツヅラフジ科の植物で、芋を食べる。

表4-2　ジャロフェのキャンプ跡に生えていたヤマノイモ

ラテン名	キャンプ内（0.08625 ha）		キャンプ外（0.15375 ha）	
	茎数	密度（茎数/ha）	茎数	密度（茎数/ha）
Dioscorea praehensilis	49	509	1	7
Dioscorea semperflorens	28	291	1	7
Dioscorea semperflorens（実生）	9	94	23	160
Dioscorea smilacifolia	9	94		
Dioscorea mangenotiana	4	42		
Dioscorea burkilliana	1	10	1	7
Dioscorea minutiflora	1	10	1	7
Dioscoreophyllum cumminsii	1	10		
計	102	1060	27	188
計（実生のぞく）	93	966	4	28

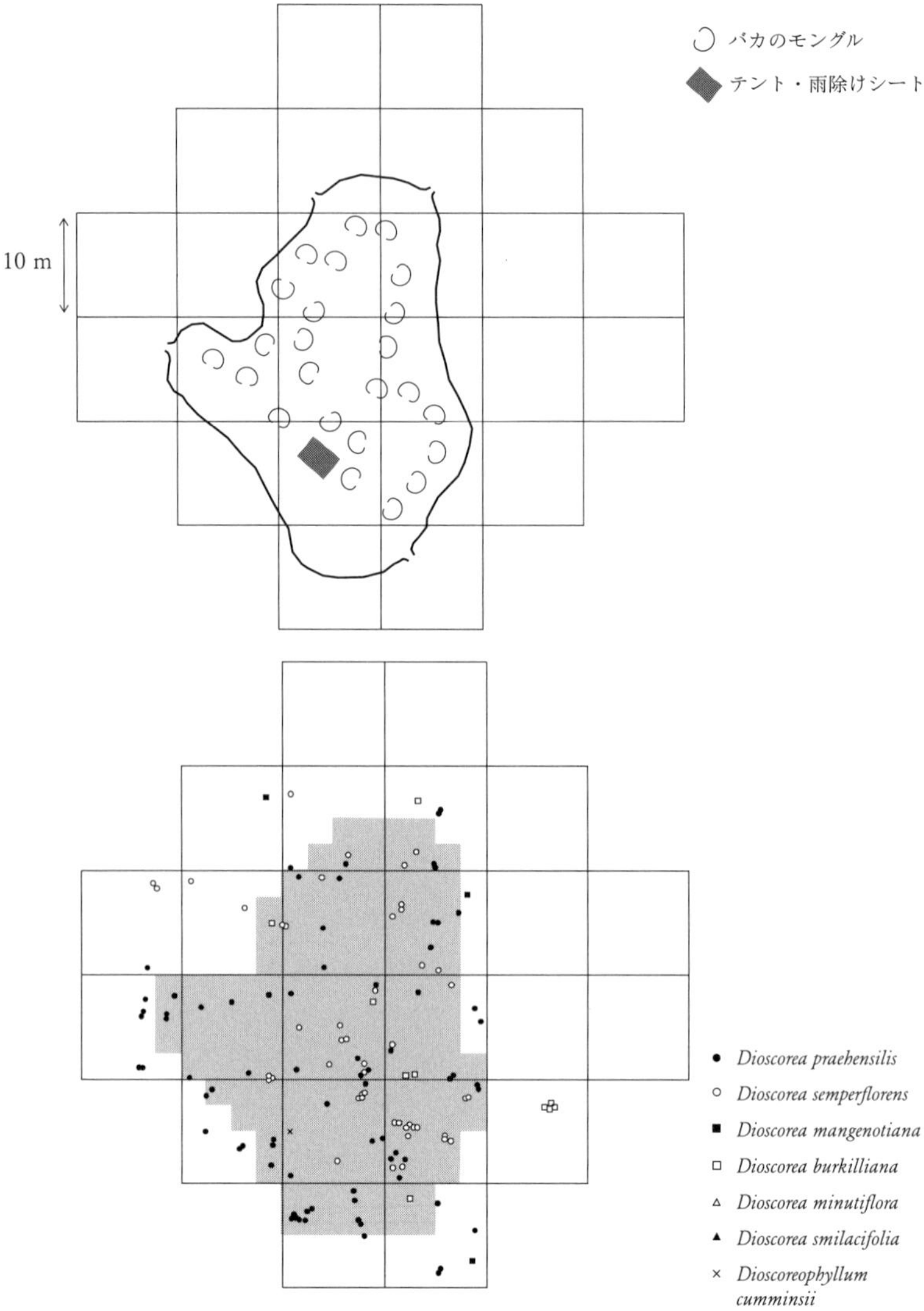

図4-3　モングングのキャンプ跡におけるヤマノイモの分布　2002年のモロンゴから10年後。ヤマノイモの密度をキャンプ内外で分けて算出するため、各方形区を2.5×2.5m²に分割し、その小さい区画ごとにキャンプ内にあるか外にあるかを判断した。キャンプの範囲は、モロンゴに参加していたバカとともに、キャンプ時に作成しておいたモングルの配置図と樹木の位置などをつきあわせて画定した。

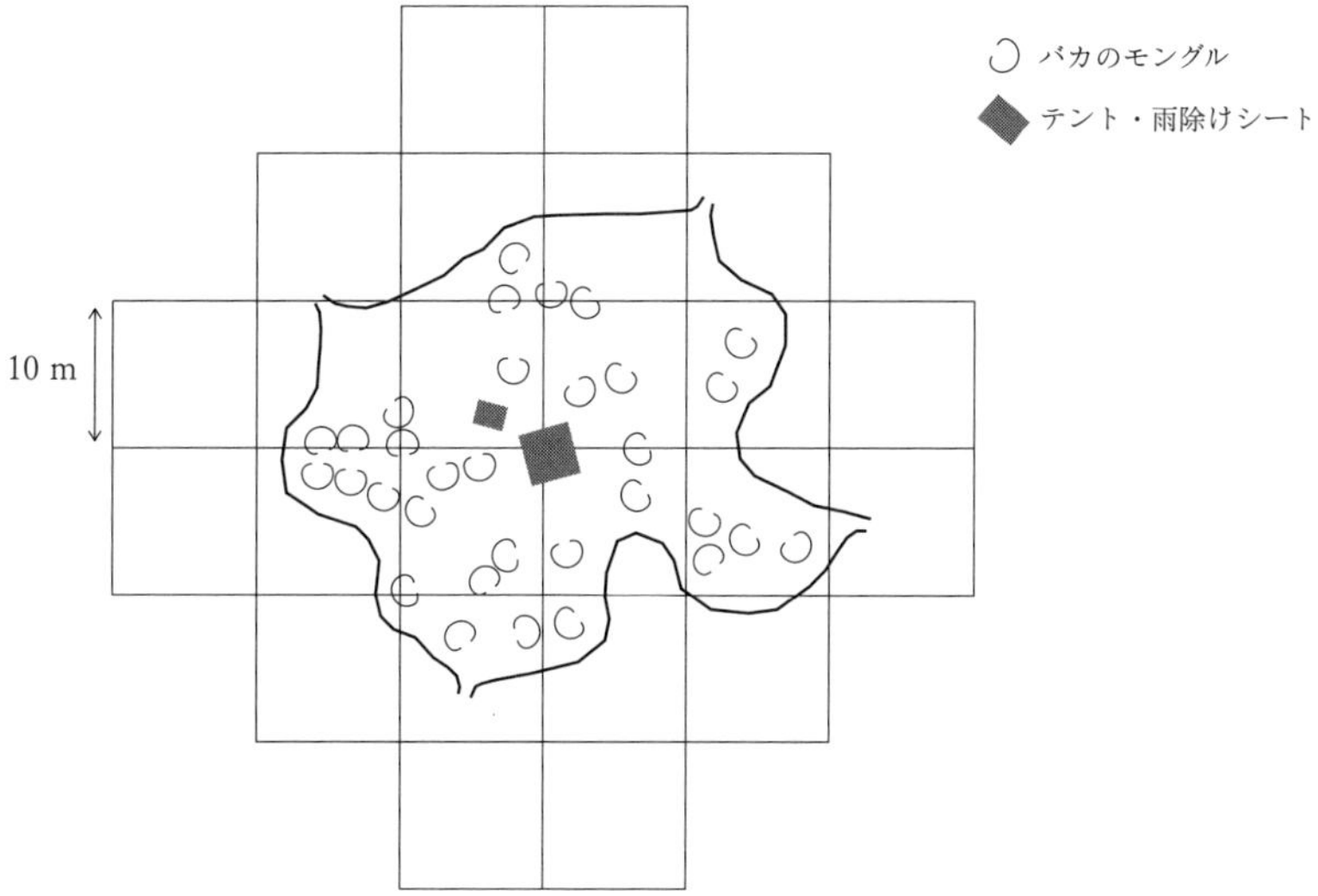

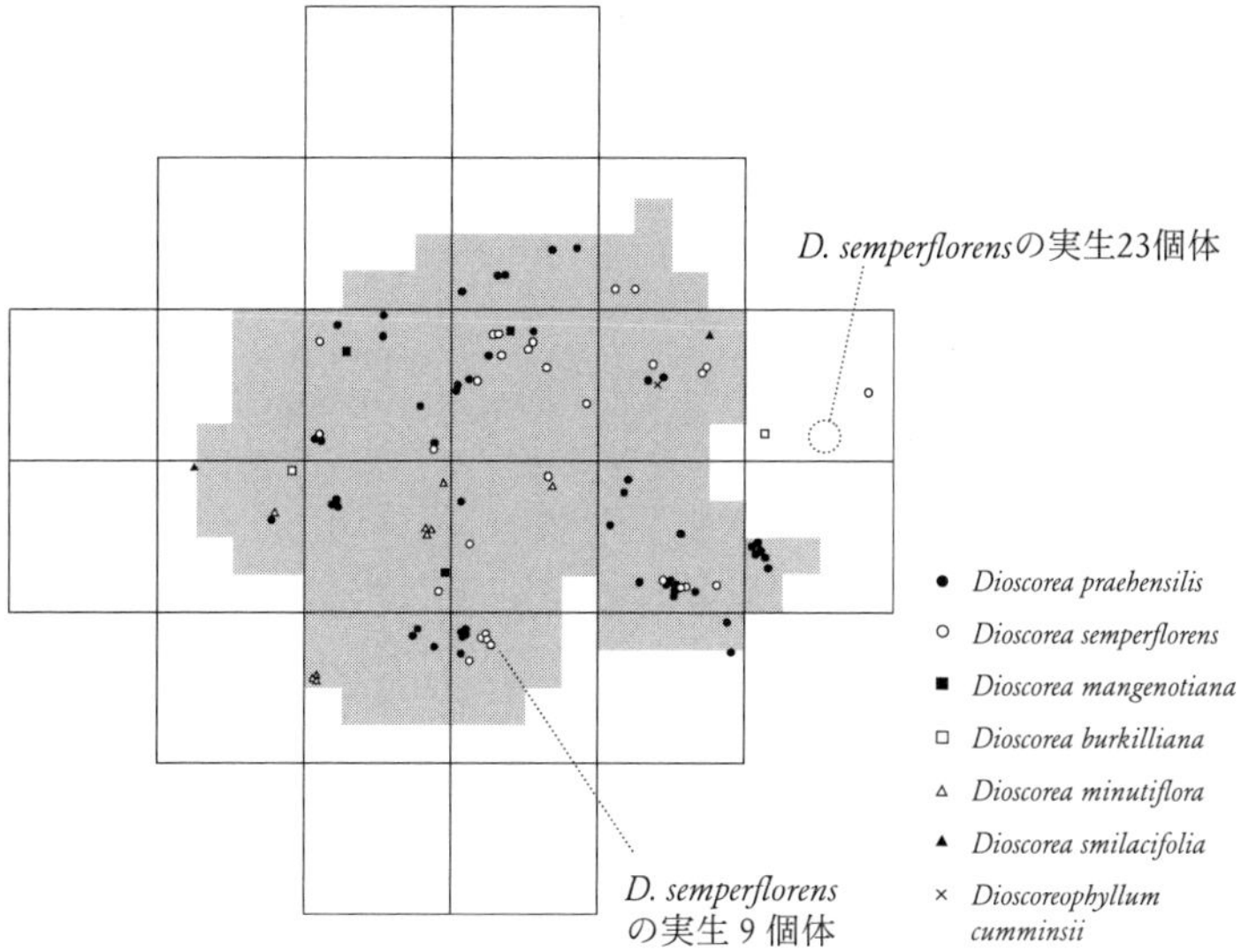

図4-4　ジャロフェのキャンプ跡におけるヤマノイモの分布　2005年のモロンゴから7年後。調査方法はモングングのキャンプと同様。モングング、ジャロフェとも調査区の外側およそ20mほどの範囲を探査してヤマノイモの有無を確認したが、発見できなかった。

四九個体と二八個体が観察されたが、キャンプ外ではそれぞれ一個体しか観察されなかった（表4—2）。念のため、調査区の外側およそ二〇メートルの範囲を探査したが、ヤマノイモは発見できなかった。分布の集中度を先行研究と比較するために、キャンプ内の個体数をもとに一ヘクタールあたりの密度を算出すると、モングでは、*Dioscorea praehensilis* が六六一個体、*Dioscorea semperflorens* が四一七個体、ジャロフェでは、それぞれ五〇九個体と二九一個体になる。これらの数値は表3—2でしめした結果や、コンゴ盆地西部でおこなわれた先行研究（Hladik et al. 1984; Hladik and Dounias 1993; Sato 2001）、とくに一年型ヤマノイモがあまり定着しない成熟した森林における密度と比較するとはるかに大きい。ドゥニアス（Dounias 2001）は、*Dioscorea praehensilis* の生えている二次林にて三九三個体／ヘクタールの密度を報告している。また、Z村から南方およそ一〇〇キロメートルのコンゴとの国境地域でフィールドワークをおこなってきた佐藤（Sato 2006）は、拠点とするドンゴ村から二〇キロメートルほどの距離あるベク山とよばれる丘陵地に一ヘクタールをこえる面積にわたって一四五個体／ヘクタールという高い密度で *Dioscorea praehensilis* が生育している場所があることを報告している（興味深いことに、そこでは土器が出土したという）。また、丘の上に限定すれば、六〇二個体／ヘクタールの密度になり、その九四%が *Dioscorea praehensilis* であったと報告している。いずれにせよ、本研究で記録したヤマノイモの密度は、これらの結果より大きい。

バカたちの話すところによれば、このようなキャンプ跡に生えているヤマノイモは、調理のときに捨てた芋片から再生したものだという。彼らがキャンプで意図的に芋の一部を植えることはないが、調理時に芋の不味そうな部分を切り落として、モングルの裏などに捨てる。それらの一部から再生するのである。

なお、調査結果において *Dioscorea semperflorens* の個体数がかなり多かったことは、先述したドゥニアスや佐藤の結果との興味深い差異である。再生したヤマノイモにおいて一年型が大半を占めること、また *Dioscorea praebensilis* にくわえて *Dioscorea semperflorens* の個体数が顕著であることは、キャンプ跡におけるヤマノイモ群落の構成がモロンゴでの消費量（表2—1）と明白に対応していることを意味しており、キャンプ跡のヤマノイモは調理時に捨てた芋片から再生したものだというバカたちの話を裏づけている。

3……キャンプ跡の光環境と植生

つぎにキャンプ跡の光環境をみてみよう。光環境の計測は、二つのキャンプ跡の内外にくわえて、林冠の閉じた場所、放棄後数年内のキャンプ跡、および無作為区にて実施した。調査方法の詳細は図4—5の注に記してある。

調査の七年前にモロンゴをしたジャロフェのキャンプ跡内と最近放棄されたキャンプ跡は、無作為区より有意に開空度が大きかった。中央値を比較すると、最近のキャンプ跡では無作為区の五倍、ジャロフェのキャンプ跡内では無作為区の二倍であった。一方、ジャロフェのキャンプ跡外、および一〇年前に使用したモングングのキャンプ跡内・外の開空度は、無作為区との有意差がなかった。

ただし、ジャロフェのキャンプ跡内の開空度は、最近のキャンプ跡の半分ほどしかなく、一方で、ジェロフェのキャンプ跡外、モングングのキャンプ跡内・外よりさして大きいわけではなかった。この結果は、ジャロフェのキャンプ跡内でも植生遷移がある程度進行していることを示唆している。なお、ジャロフェのキャンプ跡では、モロンゴのあと直径五〇センチメートルの樹木が倒れており、この場所の開空度が大きくなることに

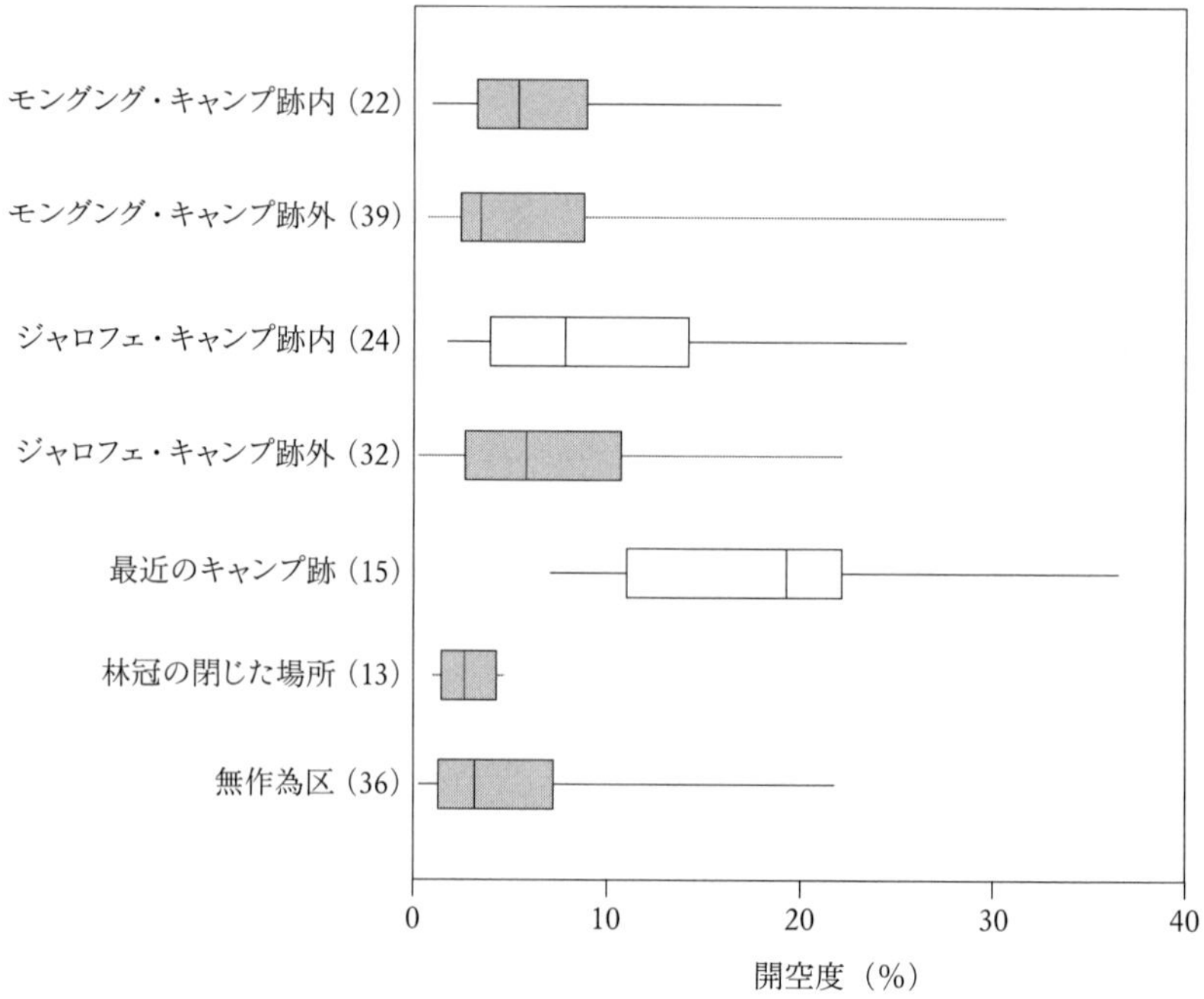

図4-5　モロンゴ・キャンプ跡などの開空度　箱は中央値、25%、75%をしめし、ひげは最小値と最大値をしめす。調査区名に添えた数字は全天写真を撮影した地点数をしめす。撮影はニコン製魚眼レンズ（FC-E8）を装着したCOOLPIX4500を使用した。カメラは1mの高さに水平に設置し、露出を抑えて撮影した。開空度の解析にCanopOn2（http://takenaka-akio.org/etc/canopon2/）をもちいた。開空度とは、開けた場所にたいする拡散日射量比である。標準的な曇天モデルを仮定して天球の表面積に応じて各方向を重みづけし、天頂から地平線に向かって光強度が減少すると仮定した（天頂は地平線より3倍明るい）。各調査区と無作為区の有意差は中央値検定（$p < 0.05$）で検定した。なお、各キャンプ跡の測定地点は計61地点になるはずだが、ジャロフェでは一部が川になるため計56地点になった。無作為区はジャロフェのキャンプ跡からおよそ200m離れたところに、10m×10mのグリッドを50m四方の範囲に設置してグリッド上で撮影した（計36地点）。比較のために、近年のキャンプ跡計3か所で、各々5地点で撮影した。いずれもおよそ1年半前に利用したキャンプである。さらに、バカ語でマンジャとよばれる林冠の閉じた成熟した場所（計13地点）でも撮影した。

表4-3　モングングおよびジャロフェのキャンプ跡で観察された植物

ラテン名	バカ語名	出現した方形区数 (0–8)	生活形	光要求性
Aframomum spp.（ショウガ科）	njíyi	8	草	+
Haumania danckelmaniana（クズウコン科）	kpàsɛlɛ	8	蔓	+
Rinorea welwitschii（スミレ科）	ngindi	8	低木	
Millettia sanagana（マメ科）	ngánda	7	低木	
Sarcophrynium brachystachyum（クズウコン科）	ngoasa	7	草	+
Scorodophloeus zenkeri（マメ科）	mìngɛ̀nyɛ̀	7	高木	
Sloetiopsis usambarensis（クワ科）	ndúndu	7	低木	
Tricalysia coriacea（アカネ科）	ngbɛ̀ɛ	7	低木	+
Caloncoba glauca（アカリア科）	gbàgɔ̀lɔ̀	6	低木	+
Discoglypremna caloneura（トウダイグサ科）	jìlà	6	高木	+
Hypselodelphys zenkeriana（クズウコン科）	lìngɔ̀mbɛ̀	6	蔓	+
Lasiodiscus mannii（クロウメモドキ科）	èsumà	6	低木	
Rourea obliquifoliolata（マメモドキ科）	túkusà	6	蔓	+
Xylopia cupularis（バンレイシ科）	gbɛgbɛlɛ	6	低木	+
Alchornea floribunda（トウダイグサ科）	yàndo	5	低木	+
Anthonotha macrophylla（マメ科）	popolo	5	低木	+
Dichostemma glaucescens（トウダイグサ科）	mòngamba	5	高木	
Leptaspis zeylanica（イネ科）	ndingbɛlɛngbɛ	5	草	+
Manniophyton fulvum（トウダイグサ科）	kusa	5	蔓	+
Millettia barteri（マメ科）	mòkɔkɔdi	5	蔓	
Palisota mannii（ツユクサ科）	njayà	5	草	+
Anonidium mannii（バンレイシ科）	ngbé	4	高木	
Cogniauxia podolaena（ウリ科）	monioku	4	蔓	+
Corynanthe macroceras（アカネ科）	wasàsà	4	高木	
Dewevrea bilabiata（マメ科）	kata	4	蔓	+
Drypetes principum（ツゲモドキ科）	mòtotòmbo	4	低木	
Macaranga barteri, spp.（ドウダイグザ科）	mòsàasàa	4	低木	+
Megaphrynium macrostachyum（クズウコン科）	ngòngò	4	草	+

2つのキャンプ跡中央の計8個の方形区で観察された120種のうち、4個以上の方形区で観察された種をしめしてある。ヤマノイモはすべての方形区にあったが、表からは除外している。生活形および光要求性は、バカたちの認識にもとづく。

影響した可能性がある。もし偶然の倒木がなければ、ジャロフェ・キャンプ跡の光環境はすでに無作為区に近いものになっていたかもしれない。

⁂

両サイト中央にある計八個の方形区における植生調査では、計一二〇種の植物（ヤマノイモ各種と*Dioscoreophyllum cumminsii*をのぞく）を記録した。このうち二八種が四か所以上の方形区に出現した（表4―3）。キャンプ前から存在していたと考えられる耐陰性の植物が一〇種あり、キャンプ放棄後に定着したと考えられるパイオニア植物ないし光要求性の高い種は一八種であった。パイオニア植物にはアフリカショウガ（*Aframomum* spp.）やクズウコン科植物（*Sarcophrynium brachystachyum, Haumania danckelmaniana, Megaphrynium macrostachyum*）などの草本にまじって、*Caloncoba glauca, Discoglypremna caloneura, Tricalysia coriacea, Macaranga barteri*など、生長の速い樹木がふくまれていた。これらのパイオニア植物が枝葉をひろげていることにより林床における光量が減少する。しかし、それらの樹高はおおむね五メートル以下なので、森林の中層における光環境はより良好だったと考えられる。ヤマノイモの蔓は、これらの木に巻きつきながら上方に展開しているものが多かった。

先述した開空度の比較とあわせると、キャンプを放棄してから数年間は地表近くまで光環境の改善がみられ、捨てられた芋片からヤマノイモが再生する確率が高かったと考えられる（それが最初の数年間だけなのか、五年をこえるのかは、いまのところ不明である）。そのあと七〜一〇年を経過すると、地表近くの光環境はもとの状態（無作為区と区別できない状態）にもどる。それでも、再生した一年型ヤマノイモが順調に生長をつづけていれば、周囲の木々の上まで蔓をのばして葉を展開することはじゅうぶんに可能だろう。ただし、ヤマノイモの主要な繁殖方式である種子繁殖にたいしては、地表近くの光環境の悪化はネガティブな影響をおよぼすはずである。

キャンプ跡で再生した一年型ヤマノイモは、その数の多さ、密度の大きさにもかかわらず、キャンプ後七年ないし一〇年経過したあとでも、キャンプ跡内部やごく周辺にとどまっていた。このことは、第3章で指摘したように、一年型ヤマノイモの繁殖は光環境のよい場所に限定されていることと符合している。とはいえ、ヤマノイモの種子には翼がついている。うまく風にのってキャンプ跡から数十メートルの範囲にあるギャップに運ばれることがあれば、そこに定着して新しい群生地を形成することはありうるだろう。

4……キャンプ跡のヤマノイモはモロンゴの生態学的基盤になりうるか

モロンゴ跡地に大量のヤマノイモが生えていることは、すくなくとも部分的には、モロンゴの生態基盤がモロンゴそのものをとおして再生産されていることを意味している。それでは、モロンゴをとおして再生産されるヤマノイモ分布は、毎年のモロンゴをささえられるだけの規模になりうるだろうか。

まず、毎年のモロンゴに必要なヤマノイモの群生地の数を試算しよう。バカの平均的な集団サイズである五〇人（Sato 1992; Tsuru 1998）を想定し、子供の割合を第2章で記述したモロンゴとおなじとすると、一つの集団の消費人数は大人三五人に相当する。大人一人が一日に一・五キログラムのヤマノイモを食べる（第2章）とすれば、一年型ヤマノイモの芋が肥大化している一一月から四月の半年間における成人三五人の消費量は九四五〇キログラムになる。*Dioscorea praehensilis* の芋の大きさは平均六・六キログラム（表2―3）あるいは四キログラム（Dounias 2001）、*Dioscorea semperflorens* の芋は平均三・一キログラム（表2―3）なので、小さめに見積もって一個体あたり三キログラムとしておこう。さて、本節で記述したように、モロンゴのキャンプ跡とその周辺には、*Dioscorea praehensilis* と *Dioscorea semperflorens* があわせて一〇〇個体あまりあったので、一つのキャンプ跡に形成された群生地から三〇〇キログラムの芋が収穫できることになる。したがって、九四五〇キログラムの芋を入手するためには、おなじような群生地が三二個必要である。くわえて、持続的な収穫のために三年間の間隔をあけるとすれば、この三倍の数が必要になる。以上から、五〇人の集団が六か月間のモロンゴを毎年おこなうためには、一回のモロンゴによって形成される三〇〇キログラムのヤマノイモを産出する群生地が、九六個必要だという試算になる。

つぎに、各々の群生地がどれくらいの期間持続する必要があるのかを検討しよう。バカたちの森の生活では、腰を落ちつけて滞在する場合であっても、短くて一か月、長くても二か月でキャンプを移動する（二〇〇二年の逗留キャンプは一・五か月、二〇〇五年は一か月だった）。したがって、六か月間の森の生活を継続すると平均的には四つのキャンプがつくられ、四つの群生地が形成されると想定してよい。毎年四つの群生地がつくられていけば、九六個の群生地のストックは二四年かけてつくられることになる。つまり、一つの群生地が、平均的に二四年間にわたって三年おきに反復して利用できるならば、モロンゴの実践をとおしてモロンゴの生態基盤を再生産できることになる。

では、一つの群生地は二四年のあいだ維持されうるだろうか。この点については、現状では検証できるだけのデータがない。たとえば図4―5にしめしたように、キャンプ跡の光環境は一〇年内外でもとの状態にもどることが予想できる。ただ、バカたちはキャンプ滞在中に一〇〜一五メートルの高さの木を伐り倒すことが多く、そうすればキャンプは一時的に明るくなる。キャンプ放棄後にはパイオニア植物が生長して枝葉をひろげ、その下の光環境が悪化するが、最初の段階でうまく定着してしまえば、一年型ヤマノイモは問題なく蔓をのばすることができる。したがって、芋の収穫にともなう枯死などがなければ、ヤマノイモの群生地が二〇年以上維持される可能性は高い。

しかし、地表近くの光環境がいったん悪化して種子繁殖の効率が低下してしまったあとでは、バカが収穫したり動物が食べたりして一定数の個体が死んでしまったとき、個体数を回復するのは困難になると予想できる。バカたちは収穫時にヤマノイモが死んでしまわないようにするため、芋の横に穴を掘って蔓がついている芋の頭の部分には手をつけずにそのまま残しておき、その下の部分だけを収穫する。しかし、私の観察では、土をもとどおりに埋め戻すことはほとんどないので、芋が再生したとき、イノシシなどに食べられてしまいやすくなる。

二〇一九年七月、ジャロフェ地域で野生動物の生態調査をしたとき、モングングとジャロフェのキャンプ跡にも行ってみた。それぞれモロンゴから一九年後、一四年後になる。モングングでは、*Dioscorea praehensilis* が一二個体、*Dioscorea semperflorens* が一三個体、そのほかのヤマノイモが二個体、ジャロフェでは、*Dioscorea praehensilis* が二個体、*Dioscorea semperflorens* が一一個体、そのほかのヤマノイモが九個体あった。ジャロフェでは、アカカワイノシシが土を掘り返して *Dioscorea praehensilis* の芋を食べた跡がいくつかあった。また、漁撈か狩猟をしたと思われるキャンプが近くにあったので、継続的な採集圧があった可能性が高い。バカたちの話によれば、いずれのキャンプ跡でも過去に何度かヤマノイモが収穫されているという。じつをいうと、二〇一二年六月にヤマノイモの分布調査をしたあと、私はつぎの乾季にあたる二〇一三年一月にモロンゴをして、キャンプ跡のヤマノイモをすべて収穫し、どれだけの芋があるのか計量しようと考えていた。しかし、二〇一三年の渡航時には不運にも体調が悪化したために調査ができなかった。そのあと聞いたところによると、私とともに分布調査をしたバカのうち数家族がジャロフェ地域にモロンゴに行って、ヤマノイモを収穫して食べたということであった。

このように何度か収穫されて一定割合のヤマノイモが死んでしまった場合、個体数が維持されるかどうかは種子繁殖の成功率に依存するだろう。二〇一九年には、モングングやジャロフェのキャンプ跡の光環境はかなり悪くなっていた。一方で、さまざまな偶然によって光環境が維持されている場所では、継続的な採集圧のもとでもヤマノイモの個体数が維持されうるだろう。また、キャンプ跡から種子が散布される範囲に運よく新しい林冠ギャップができれば、そこに群生地をつくる可能性もあるだろう。したがって、モロンゴによって形成された群生地の持続性や現存量は、光環境が悪化していくキャンプ跡に残る個体だけでなく、種子散布をとおして周囲にひろがっていく個体も勘案する必要がある。植生遷移とともに消滅する群生地もあるだろうし、周辺にいくつかの群生地をつくることもあるだろう。

以上をまとめると、モロンゴをとおして再生産されるヤマノイモの群生地が毎年のモロンゴをささえられる規模になりうるか、という問いにたいしては「その可能性はじゅうぶんにある」という回答になる。その可能性を実証するためには、光環境の変化とヤマノイモの個体数動態の関係、種子散布の距離や成功率、収穫後の個体の生存率、人間以外の捕食者の影響などについて、さらなる研究が必要である。ただ、現状においても、農耕民に由来する植生撹乱はヤマノイモ分布の形成や維持に貢献した可能性があるものの、モロンゴの基盤がかたちづくられるうえで必須ではなかった、ということは確からしいといえる。

3 ヤマノイモ分布の歴史的構築

1……キャンプ跡に生えたヤマノイモの遺伝的構造

つぎに、キャンプ跡に生えたヤマノイモの遺伝的構造についての情報をもとに、ヤマノイモの分布が形成されたプロセスについて考察する。二〇一二年に再訪したモロンゴのキャンプ跡では、記録したヤマノイモ全個体の遺伝子サンプルを採取した。また、Z村からジャロフェ川へ向かう途中にあった二つのキャンプ跡（ビヨロ・キャンプ跡①②）でもサンプルを採取した。これらは調査時当年のキャンプなので、すべて芋片から再生したものだと考えられる。サンプルは私が日本学術振興会海外特別研究員として当時在籍していたフランス国立科学研究所（CNRS）の機能・進化生態学センター（CEFE）にもちかえり、マイクロサテライト多型にもとづく遺伝的構造の分析をおこなった。分析実験はCEFEのロール・ブノワさんがおこない、遺伝的構造の解析はフランス国立開発研究所（IRD）のノラ・スカルチェッツリさんと私がおこなった。[36]

マイクロサテライトとはゲノム上にある短い塩基配列の反復である。遺伝的に中立であることが多く、反復回数の多型を遺伝マーカーとして利用できる。遺伝子サンプルは全種について採取したが、先行研究（Tostain et al. 2006）において分析に適したマイクロサテライト座がすでに同定されていた *Dioscorea praehensilis* のみを分析対象とした。なお、ヤマノイモ属の植物は雌雄異株であり、自家受粉はしない。*Dioscorea praehensilis* の花粉媒介者はわかっていないが、日本に自生するジネンジョ（*Dioscorea japonica*）の花粉は、体長数ミリメートルのアザミウマ目の昆虫が媒介している（Mizuki et al. 2005）。一般にアザミウマの飛翔能力は低く、強い風にのらないかぎり長距離を移動することはない。たとえば日本のネギアザミウマの移動距離は四八時間で六七メートルという報告がある（相澤ほか 二〇一五）。*Dioscorea praehensilis* はジネンジョとくらべて大きな花をつけるわけではないので同程度のサイズの昆虫が花粉を媒介していると想定できる。であれば、受粉距離はそれほど大きくなく、おおむね群生地内や近接する群生地間での受粉にかぎられていると考えられる。

さて、結果をみると、四つのキャンプ跡で採取したサンプルの遺伝的構造は四つのクラスターに分けられた（図4—6、図4—7）。ところが、興味深いことに、クラスターとサイト（キャンプ跡）はまったく対応しておらず、四つのクラスターそれぞれが、四つのサイトにおなじように分布していた。サイト間の遺伝的分化の指数（F_{ST}）はすべて〇・一未満で、分化の程度は小さかった（表4—4）。

このような結果になる要因としてまず思いつくのは、それぞれのキャンプで生活していたバカたちが、クラスターごとに地理的にまとまった「四つの群生地」からヤマノイモを収穫してきた、という可能性である。しかし、それは考えにくい。ビヨロ①とビヨロ②は三キロメールほどの距離なのでおなじ場所で収穫した可能性はあるが、それら二つのキャンプとジャロフェは一五キロメートル以上、モングングは二〇キロメートル以上離れている。また、ジャロフェとモングングは、六キロメートルほど離れている。バカたちはおおむねキャンプから三キロメートル以内の範囲を利用していたので、モングングとジャロフェの収穫場所は一部重複していた可能性はあるものの、すべてが重なっていたとは考えられない。したがって、四つのクラスターは地理的にはまとまっておらず、それぞれのキャンプの周辺に、おなじような遺伝的構造をもつ *Dioscorea praehensilis* の「メ

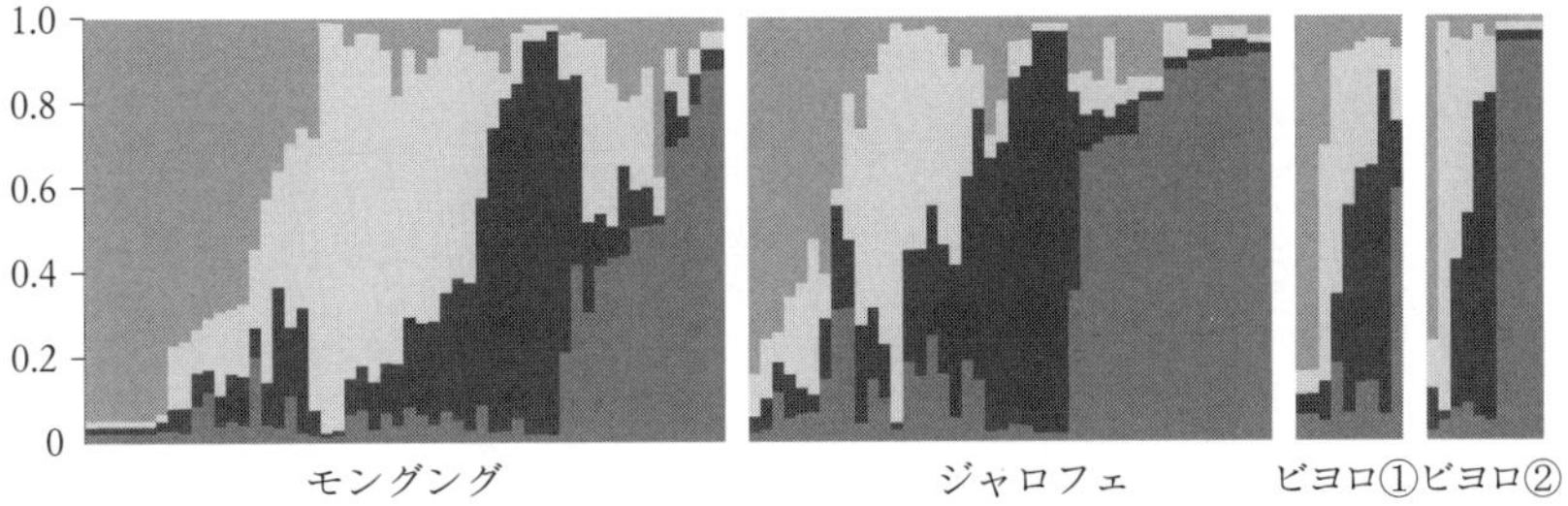

図4-6　4つのキャンプ跡で採取した*Dioscorea praehensilis*の遺伝的構造　全12座のマイクロサテライト座のうちPCRによる分析時に欠損率が大きかった5座を除外して7座をもちいた。全サンプルにおいてアレルの欠損率が10%以下になり、かつサンプル数ができるだけ多くなるようにサンプルを選択した。構造分析にはSTRUSTURE2.0をもちいた。

表4-4　4つのキャンプのサンプル間における遺伝的分化の固定指数(F_{ST})

	モングング	ジャロフェ	ビヨロ①
ジャロフェ	0.010＊		
ビヨロ①	0.012	0.006＊	
ビヨロ②	0.059＊	0.065＊	0.045

＊はボンフェローニ補正のもとで有意($p < 0.05$)。

図4-7 *Dioscorea praehensilis*のサンプルを採取した4つのキャンプ跡の位置

タ集団」が分布していることになる。

おなじような遺伝的構造をもつメタ集団が異なる地域に分布しているということは、ふつうに考えると地域をまたいで活発に遺伝的交流があるはずである。ただし、二〇キロメートル以上離れた範囲で同一の遺伝的構造をもつ集団になるためには、きわめて活発な遺伝的交流が必要である。なぜなら、ヤマノイモの個体は動かないので、ある程度までの活発さであれば、空間的な距離に比例して遺伝的差異が大きくなり、結果的に遺伝的構造と空間的構造が対応すると考えられるからである。

そこで、遺伝的交流の活発さを確認するために採取した*Dioscorea praehensilis*のサンプルについて、八つのマイクロサテライト座におけるアレル（対立遺伝子）のヘテロ接合体の頻度がハーディー・ワインベルグ平衡（HW平衡）から逸脱しているかどうかを検定した。そのさい収穫時におなじ個体の芋片から再生したクローンだと思われる複数の個体（同一ジェネットに属するラメット群）からは一つだけ分析サンプルに残した。結果をみると、モングングでは八座のうち三座で（表4—5）、ジャロフェでは八座のうち二座でヘテロ接合度が期待値を有意に下まわっていた（表4—6）。また両サイトとも、全八座についての平均ヘテロ接合度は期待値を有意に下まわっていた。つまり、両サイドでHW平衡からの逸脱が確認されたことになる。

一般に、特定の遺伝子座において以下の条件が満たされるとき、HW平衡になる。①集団サイズがじゅうぶん大きい。②この遺伝子座にかんして雌雄間の交配が任意である。③この遺伝子座にかんして自然選択がない。④この遺伝子座に新たな突然変異が生じない。⑤個体の移住がない。逆にいえば、HW平衡からの逸脱は、いずれかの条件が満たされていないことを意味する。あるいは、もう一つの可能性として、ヌル対立遺伝子の存在のために分析時に片方のアレルしか検出されず、ほんらいヘテロ接合体であるものがホモ接合体と判定され

表4-5　モングングのキャンプ跡で採取した*Dioscorea praehensilis*のマイクロサテライト座におけるハーディー・ワインベルグ平衡からの逸脱の検証

マイクロサテライト座	サンプル数	アレル数	ヘテロ接合観察値		ヘテロ接合期待値		近交係数
			個数	比（h_o）	個数	比（h_e）	（$F=1-h_o/h_e$）
3D06	45	8	31	0.689	30.6	0.681	−0.012
YM13	45	10	32	0.711	36.3	0.808	0.121
2C05	45	21	40	0.889	40.4	0.898	0.011
3F12	44	4	7	0.159	26.6	0.605	0.706＊
3B12	43	6	29	0.674	28.2	0.656	−0.028
3F04	42	8	28	0.667	28.0	0.668	0.001
1F08	43	11	29	0.674	34.5	0.803	0.161＊
2D06	42	20	33	0.786	38.6	0.919	0.147＊
全	349		229	0.656	263.4	0.755	0.131＊

表4-6　ジャロフェのキャンプ跡で採取した*Dioscorea praehensilis*のマイクロサテライト座におけるハーディー・ワインベルグ平衡からの逸脱の検証

マイクロサテライト座	サンプル数	アレル数	ヘテロ接合観察値		ヘテロ接合期待値		近交係数
			個数	比（h_o）	個数	比（h_e）	（$F=1-h_o/h_e$）
3D06	34	5	18	0.529	19.3	0.568	0.068
YM13	34	12	26	0.765	25.8	0.759	−0.008
2C05	34	19	28	0.824	28.7	0.843	0.024
3F12	34	4	14	0.412	21.1	0.622	0.341＊
3B12	31	4	16	0.516	14.4	0.466	−0.110
3F04	34	8	24	0.706	26.0	0.765	0.079
1F08	33	9	28	0.848	27.7	0.839	−0.012
2D06	30	15	22	0.733	26.8	0.894	0.183＊
全	264		176	0.667	189.9	0.719	0.073＊

表4-5、表4-6ともGENEPOP（Raymond and Rousset 1995, Rousset 2008）をもちいてマイクロサテライト・アレルのヘテロ接合度がハーディー・ワインベルグ平衡から有意に下まわっているかどうかを検定した。モングングでは75個体、ジャロフェでは50個体から遺伝子サンプルを得た。そのうち各遺伝子座において欠損率が10%以下なり、かつアレル数ができるだけ多くなるように、8つの遺伝子座について各々52、42サンプルを分析対象とし、さらにクローン個体を除外して各々45、34個体について、近交係数を算出した。近交係数が有意（$p<0.05$）に0から乖離しているとき、ハーディー・ワインベルグ平衡からの逸脱となる。＊はヘテロ接合度が期待値より有意に小さく、近交係数が0から有意に乖離していることをしめす。

ることで、HW平衡から逸脱しているようにみえることがある。現状ではこれらのうちどの条件が満たされていないのか、あるいはヌル対立遺伝子によるものなのかは確定できない。ただ、HW平衡からの逸脱を説明しうる確からしい仮説を提示することはできる。

それは、キャンプ跡での種子繁殖が限定的であるため、*Dioscorea praehensilis* の集団が異系統の混在になっている、というものである。いわゆる「ヴァールント効果」である。キャンプ跡で再生したヤマノイモは、もともと異なる群生地から収穫されてきたものなので、遺伝的に異なる系統の個体から構成されている。しかし、ある世代でHW平衡から逸脱していたとしても、原理的には、上記の条件を満たしていれば次世代でただちに平衡になる。ところが、*Dioscorea praehensilis* は毎年開花するにもかかわらず七年ないし一〇年が経過してもなおHW平衡から逸脱しているということは、種子繁殖が限定的であるため当初の「移住」にともなうHW平衡からの逸脱が解消されていない、という可能性が高い。前節で論じたように、キャンプ跡で再生したあと植生の回復にともなって地表部分の光環境が悪くなるため、最初の数年間をのぞいて種子繁殖があまり成功していないのであれば、一〇年経過してもヴァールント効果が残存していることはじゅうぶんにありうるだろう（ただし、図4―6にあるようにクラスター間のハイブリッドは生じているので、種子繁殖がまったく機能していないわけではない）。この仮説は、第3章で指摘した、新しくできた林冠ギャップにつぎつぎと進出していくような強力な拡散力をもっているわけではない、という一年型ヤマノイモの特徴とも符合する（新たな個体がキャンプ跡に「移住」しつづけているとは考えにくい）。

おなじような遺伝的構造をもつ集団が異なる地域に分布していることを説明しようとするここまでの議論をまとめると図4―8のようになる。仮説①「各キャンプの人々が遺伝的構造の明瞭な『四つの群生地（群）』からヤマノイモを収穫してきた」というのは、キャンプの地理的な配置を勘案すると現実的ではない。仮説②「遺伝的構造を共有する『一つの集団』が各キャンプの利用地域をふくむ広域に分布している」というのは、広域において「きわめて活発な遺伝的交流」がなされていることが前提となる。しかし、それも考えにくい。したがって、仮説③「各キャンプの利用地域に四つのクラスターが入り組んで分布している」がもっとも確からしい。

しかし仮説③が正しいとすると、解決しなければならない問いが一つ生じてくる。すなわち、異なるクラスターに属する *Dioscorea praehensilis* の個体が、どのようにして地理的に離れた地域にモザイク状に分布するようになったのか、という問いである。すくなくとも種子繁殖のみによっては、そのような分布にはならない。種子繁殖はつねに遺伝的交流をともなうので（仮説②で想定する「きわめて活発な遺伝的交流」でないのなら）種子散布をとおして形成される *Dioscorea praehensilis* の集団においては、遺伝的距離と空間的距離はおおむね相関するはずである。

それにたいして、クローンによる繁殖は遺伝的交流をともなわないので、異なる系統の個体が地理的に重な

---

(36) 二〇一〇年の第一〇回生物多様性条約締結国会議にて採択された「遺伝資源の移動及びアクセスと利益配分（ＡＢＳ）」にかんする名古屋議定書が二〇一四年に発効した。カメルーンは二〇一六年に名古屋議定書を批准し、二〇二〇年および二〇二一年に関連法を制定した。ここで分析した遺伝子サンプルは二〇一二年に採取したので名古屋議定書には拘束されない。ただし、その場合でも、一九九三年発効の生物多様性条約にもとづいて相手国とＰＩＣ（Prior Informed Consent）／ＭＡＴ（Mutually Agreed Terms）を締結しておくことが望ましい。この調査は日本とカメルーンの国際共同研究であるＳＡＴＲＥＰＳ（ＦＯＳＡＳプロジェクト）の枠組みのなかで実施したので条件を満たしている。

仮説①：各キャンプの人々が遺伝的構造の明瞭な「４つの群生地（群）」からヤマノイモを収穫してきた。

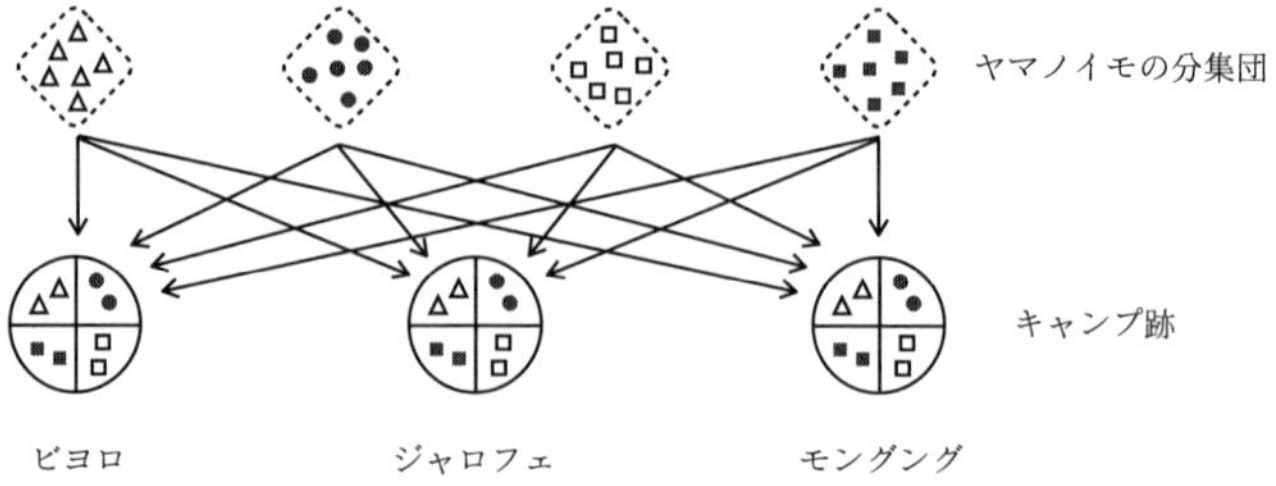

仮説②：遺伝的構造を共有する「１つの集団」が各キャンプの利用地域をふくむ広域に分布している。

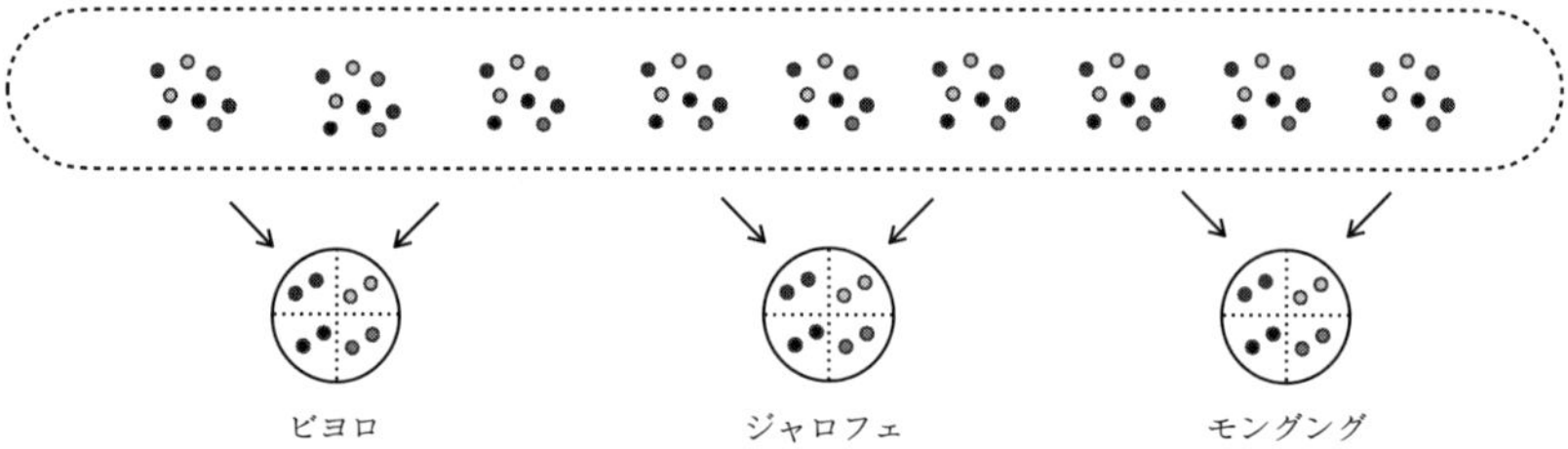

仮説③：各キャンプの利用地域に４つの分集団がそれぞれ入り組んで混在している。

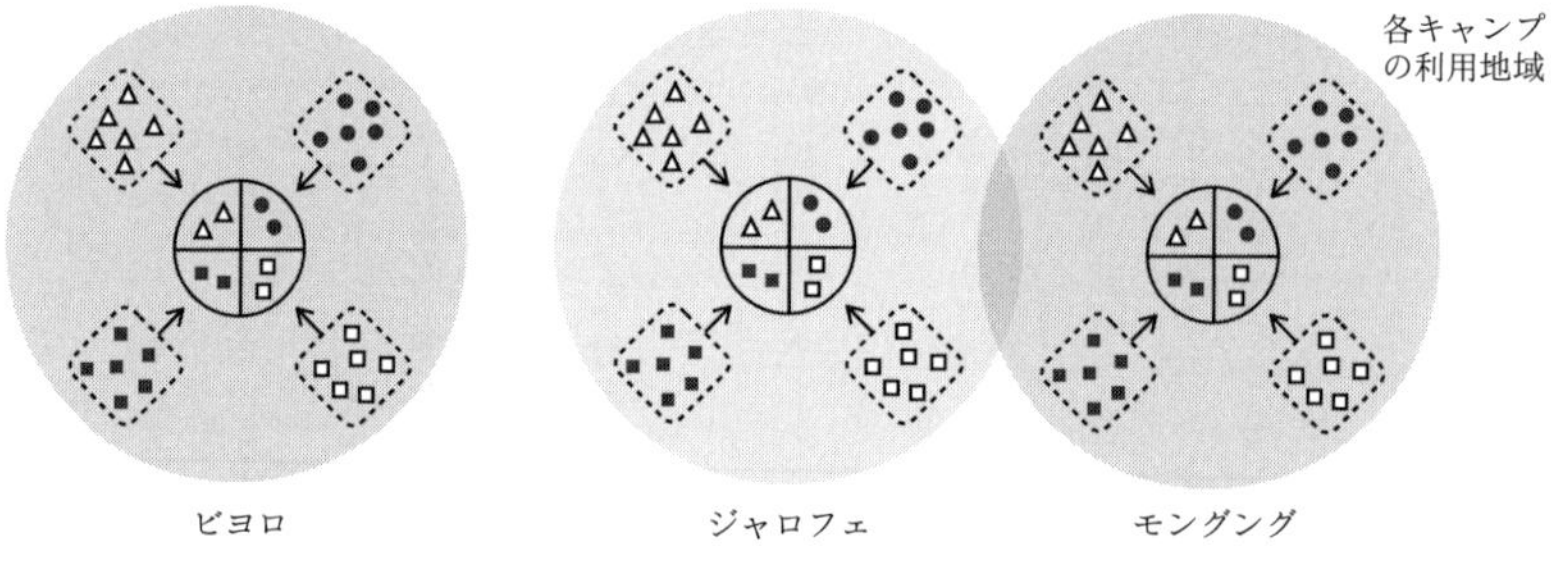

図4-8　モングング、ジャロフェ、ビヨロのキャンプ跡の*Disocorea praehensilis*に共通して4つの分集団があることを説明する3つの仮説　ビヨロのキャンプは2つあるが1つのみ記してある。ジャロフェとモングングのキャンプでは利用地域が一部重複していたが、それらとビヨロの2つのキャンプの利用地域には重複はない。

りあって分布する要因になりうる。ヤマノイモの繁殖形態は、種子によるもの、ムカゴ（珠芽）によるもの、匍匐茎によるものがあり、種ごとに特徴がある。*Dioscorea praehensilis* は匍匐茎をつけず、ムカゴをつけることは稀で、繁殖はほとんど種子によるものである[37]（Hamon et al. 1995; Dounias 2001）。かりにムカゴをつけたとしても、ムカゴによる散布距離は種子散布の一〇分の一程度であり、運よく水流にのることがなければ、せいぜい一〇メートル内外である（井上 二〇〇七）。したがって、群生地周辺への散布はあっても、複数の遺伝系統のモザイク分布が数キロメートルから数十キロメートルのスケールで生じることはないだろう。

しかし、人間が運ぶのなら話はちがってくる。たとえば、つぎのような筋書きが想定できるだろう。

① Z村のバカたちが利用する地域に、異なる遺伝的クラスターの *Dioscorea praehensilis* の集団が、それぞれ群生地をつくっていた。

② バカたちの採集をとおしてキャンプに各クラスターの *Dioscorea praehensilis* が集められ、一部の芋片から再生して群生地を形成した。

③ バカたちがキャンプを移動するさいに、採集した *Dioscorea praehensilis* の一部をもち運び、移動先のキャンプで調理して食べた。そのさいに捨てられた芋片からも再生した。それにともなって *Dioscorea praehensilis* が数キロメートルから数十キロメートルのスケールで「移住」した。

（37） 一年型ヤマノイモの *Dioscorea semperflorens* はムカゴをつける（Hamon et al. 1995）。

④キャンプ跡や群生地では、種子繁殖（や稀にムカゴ）をとおして個体数を増やすものの、遺伝的交流は群生地内にとどまり、しかも遺伝的に完全に混ざりあうほどには活発なものではなかった。また、群生地間の遺伝的交流は限定的でありつづけてきた。

このような筋書きによって現在の *Dioscorea praehensilis* の分布がつくられてきたのだとすれば、Z村のバカたちが利用する地域では、異なる遺伝的クラスターが完全に混ざりあうことなくモザイク状に分布する状況が生まれるはずである。そして、それぞれのキャンプ跡で再生した *Dioscorea praehensilis* の遺伝的構造は、図4―6に描かれたものになりうる。この仮説を検証するためには、ロベケ川の対岸において *Dioscorea praehensilis* のサンプルを採取して、同様に遺伝的構造を分析するのがよいと思われる。Z村のバカたちはロベケ川を渡河することはほとんどないので、仮説が正しければ、ロベケ川の両岸ではごく近い距離の群生地であっても異なる遺伝的構造をもつ集団が分布しているはずである。

2……歴史生態ランドスケープとしての熱帯雨林

第1章で述べたように、アフリカ熱帯雨林に住むピグミーにとって一年型ヤマノイモ（*Dioscorea praehensilis, Dioscorea semperflorens*）はもっとも重要な食物の一つであり、おそらく、それらなくして狩猟採集生活は不可能であるか、かなり厳しいものになると考えられてきた。そして第2章で論じたように、カメルーン東南部には、年間をとおして狩猟採集生活をささえるのにじゅうぶんなだけのヤマノイモがある。ところが第3章で指摘したように、一年型ヤマノイモは光条件のよい環境を好むため、森林内では拡散力が高くないと考えられ、それゆえ熱帯雨林におけるその分布は大きな制約のもとで実現していると考えられる。問題は、現状の一年型ヤマノイモの分布にたいして、どのような人間活動が、どの程度影響してきたかである。

したがって、熱帯雨林における狩猟採集生活をささえられるだけの一年型ヤマノイモのアベイラビリティが形成される過程で……

① 人間の関与がほとんどない状況下での拡散
② 狩猟採集民の利用に付随する拡散
③ 農耕民による大規模な撹乱地への進入

という規模の異なる人間活動の関与のうち、どこまでを要したかが論点になる。熱帯雨林において完全な狩猟採集生活が可能かどうかを問うワイルドヤム・クエスチョン（ＷＹＱ）との関連でいえば、①と②でよいのか、あるいは③も必要なのか、ということである。

本章の第１節では、このうち③の、農耕民による大規模な植生撹乱が現状のヤマノイモ分布の形成に貢献した可能性を指摘した。ドイツ統治時代の一九一〇年に作成された地図によれば、モロンゴ逗留地域には、かつて農耕民の集落があった。現在、カメルーン東南部の農耕民がヤマノイモを採集したり、食べたり、また畑に植えたりするのは稀であることから、そこに住んでいた農耕民自身が意図的にヤマノイモを植えていたとは考えにくい。しかし、焼畑や集落などの大きなギャップの形成とともに、一年型ヤマノイモが森の奥深くにまで拡散した可能性はある。したがって、モロンゴの事例や佐藤らの研究（佐藤ら二〇〇六；佐藤二〇二〇；Sato 2014; Sato et al. 2012, 2014）が、WYQを反証する証拠となるためには、狩猟採集生活をささえられるだけのヤマノイモの分布が、どのようにして形成されたのかをあきらかにする必要がある。

そこで第2節では、バカたちがかつてヤマノイモを大量に消費した二つのモロンゴ逗留キャンプを再訪して、ヤマノイモの分布状況を調査し、農耕民による森林の撹乱がなくても大量のヤマノイモが分布を拡大してきた可能性について検討した。両キャンプ跡では、調理中に捨てられた芋の一部から再生したヤマノイモが群生していることを確認した。つまり、バカあるいはその祖先の狩猟採集民は、ヤマノイモを収穫し、キャンプで調理して食べるだけで、しばしば無意識のうちにヤマノイモの拡散に貢献してきたのである。むろん、バカたちは、自分たちの捨てた芋片からヤマノイモが再生することを知っている。しかし、たとえそのことを知らなくても、かつて人間がヤマノイモを食べるようになったその時から、人間はヤマノイモを拡散してきたことになる。

さらに本節での遺伝的構造の分析によれば、狩猟採集民の利用にともなう「移住」が一年型ヤマノイモの拡散に寄与している可能性がある。たしかに、大きな森林撹乱をひきおこす農耕民の活動は一年型ヤマノイモの拡散に寄与しただろう。とはいえ、農耕民の関与はヤマノイモの種子が定着するのに適したハビタットを意図せずしてつくることにとどまる。それにたいして、狩猟採集民の利用にともなう「移住」はクローンによる栄養繁殖であり、種子繁殖とくらべて定着する可能性が高い。むろん、新しい地域に「移住」したヤマノイモはキャンプ跡内や周辺の林冠ギャップに種子を散布し、その一部が定着することはあるだろうし、そこに焼畑などがあれば、うまく定着する可能性は高くなるだろう。しかしながら、本章で検討したように、モロンゴの基盤となるだけの一年型ヤマノイモの分布は、農耕民による大規模な撹乱がなくても形成されうるのである。

以上をまとめると、カメルーン東南部における一年型ヤマノイモの分布は、狩猟採集民による利用が組みこまれたプロセスをとおして形成されてきた可能性が高く、そのプロセスをとおして増大した一年型ヤマノイモのアベイラビリティが、モロンゴの基盤になっている、ということである。

⁂

第2章からここまで、第1章で提示したWYQを念頭におきながら、バカたちとヤマノイモのかかわりあいを記述・分析してきた。その結果、すくなくともカメルーン東南部においては、WYQは、おおむね反証されたと結論づけてよいだろう。まだデータの欠けている部分はあるが、メルカデルらの考古学的研究の成果（Mercader 2002, 2003）もあわせて考えれば、コンゴ盆地の熱帯雨林においては、ヤマノイモに主たるカロリー源を依存することにより、農耕以前から人間が生活してきたことは、きわめて蓋然性が高いといってよい。

それにくわえて、ここまでの考察をとおして得られた知見が示唆しているのは、WYQの問題構制そのものが、もはや組みかえられるべきものだということである。第1章で、バユシェらによるWYQへの反論にたいしてなされたベイリーとヘッドランドの再反論をふまえて三つの論点を提示しておいた。そのうち論点①（野生ヤマノイモの現存量）と論点②（野生ヤマノイモに依存する生活の実現可能性）についてはWYQの枠組みのなかで検討されてきたし、本書でもそうしてきた。しかしながら「現在の熱帯雨林で狩猟採集生活が存立可能だとして、それは『真正な熱帯雨林』といえるのか」という論点③は、このままでは生産的な議論にはつながりそうにないことを指摘しておいた。

なぜなら、人間から独立して存在する「真正な熱帯雨林」において「純粋な狩猟採集生活」が可能であるかと問うとき、人間と多種多様な生物たちの相互作用をとおして構築されてきた歴史生態ランドスケープとしての熱帯雨林という観点が欠如しているからである。ここまで論じてきたように、バカやその祖先たちがヤマノイモを採集して食べてきた森は、人間の営為とは独立して存在している「ありのままの自然」ではない。意図的であれ、非意図的であれ、彼らがヤマノイモを食べれば食べるだけ、芋片がキャンプ内外にばらまかれ、結果としてヤマノイモの群生地が増えてきた。つまり、熱帯雨林における人間生活の基盤は、人間とヤマノイモの相互作用をとおして形成されてきたのである。この種の相互作用は、大なり小なり、あらゆる生物のあいだに生じているはずである。熱帯雨林は、そしてあらゆる歴史生態ランドスケープは、人間をふくむ多種多様な生物たちの絡まりあいをとおして、異種生物どうしの共生関係の〈歴史〉のなかで構築されているのである。であれば「ありのままの自然」としての「真正な熱帯雨林」を前提とする「純粋な狩猟採集生活」が可能であるかどうかは本質的な問いではないし、現代の「狩猟採集民」が「農耕以前の人類」から一貫して「純粋な狩猟採集民」であったかどうかも本質的な問いではない。

序章にて、本書における記述の文脈を構成する二つの問いを提示した。そのうち第一の問い、すなわち狩猟採集民の真正性についての問いにかんして、その具体的なバージョンである「バカのくらすコンゴ盆地西部の熱帯雨林には、完全な狩猟採集生活の基盤となるだけのヤマノイモ（や代替しうる食物資源）が分布しているのか」という問いへの解答は「ＹＥＳ」ということになる。しかしながら、真正性にかかわる問いそのものの是非については、問いのフレームに問題があった、という結論になる。

狩猟採集という生業は、生態系にある資源を収奪するだけのものではない。人々の行為は生物たちに影響をおよぼし、それに反応して生物たちはつねに変化している。人々は、その変化に対応しつつ、生活を再編しつづけている。そのような相互作用は狩猟採集と農耕牧畜をまたいで作動しており、その外側に大きくひろがっている。人間と多種多様な生物たちの絡まりあいとして、すなわちマルチスピーシーズの連関として構築されてきた歴史生態ランドスケープにおいて、農耕以前と農耕以後には本質的な差異はないのである。これが本書の提示する一つ目のアンチ・ドムスである。

⁂

しかし、それならば「狩猟採集民」とは、いったいどのような人々のことなのだろうか。

この問いが本書の後半における探究の出発点になる。それは、狩猟採集と農耕の二項対立、あるいは野生と栽培の二項対立が無効になり、それらの連続性がうかびあがってくる地点から開始される。ただし、次章で論じるように、その連続性は、狩猟採集から農耕へという通時的な連続性ではなく、野生と栽培のあいだにひろがる領域を共時的にみわたす「半栽培」のパースペクティブである。

第5章

生業の農耕化か、多様化か？

第1章から第4章まで、狩猟採集民の真正性にかかわる問いの文脈において、バカとヤマノイモのかかわりあいを記述してきた。狩猟採集民の真正性を問うことは、ともすれば、人間の都合にあわせて自然を改変する農耕民と、ありのままの自然に依存する狩猟採集民という対比が確認され、文化と自然の二項対立を強化することにつながる可能性もあった。しかし、モロンゴの生活の基盤である一年型ヤマノイモのアベイラビリティは、モロンゴの実践それ自体によって増大してきたことがあきらかになった。つまり、狩猟採集という生業は生態系にある資源を収奪するだけのものではなく、歴史生態ランドスケープを構築してきたのである。こうして真正性への問いを貫徹することによって、むしろ、文化と自然の二項対立は霧散したのであった。しかし、ここで新たな問いが生まれる。農耕以前と農耕以後の区別に実質的な意味がないのだとしたら「狩猟採集民」とは、いったいどのような人々のことなのだろうか。これは序章で提示した二つ目の問いであり、二つ目の（本書においてより重要な）アンチ・ドムスにかかわる考察になる。本章では、まず（1）バカの農耕と近隣農耕民の農耕の相違点を整理したうえで、（2）バカたちが森で採捕しているさまざまな食物を概観する。さいごに（3）野生と栽培のあいだにひろがる領域を共時的にみわたす半栽培のパースペクティブのなかにそれらを布置しながら、近年のバカの生業の変化、すなわち農作物の栽培の受容について、農耕化か、あるいは多様化か、という観点から論じる。

1　農作物を栽培する狩猟採集民

1……畑は「採集」の場？

二〇〇五年二月、私はZ村でバカたちの焼畑について調査していた。各々の畑の所有者とともに畑をめぐり、畑の面積や伐開時期などを記録していた。そのさい、ある畑で印象的な出来事があった。伐開して三年ほどの畑だった。すでに藪のようになっているその畑で、その主に、プランテンバナナをいつ収穫したのかと尋ねたのだった。すると彼は、この畑では収穫していないという。森のキャンプにいるあいだに誰かに食べられてしまったというのである。農耕民に食べられたのかと私は訊いた。たとえば鍋や山刀がなくなったとき、バカたちは農耕民や商人が犯人だと決めつけることが多かったからである。しかし彼は「バカだよ」と答えたのだった。そのとき彼の表情には、ちょっとした憤りが浮かんだのだが、それを向かわせる先がみあたらない、といった素振りであった。おなじころ、焼畑キャンプでも似たようなことがあった。あるバカの女がバナナを収穫してきた。私は、どの畑から収穫してきたのかと彼女に訊いた。すると彼女は、ある方向を指さして、あっちの畑だという。しかし、ちょうど畑の調査をしていた私は、その方向には彼女の畑がないことを知っていた。そこで、誰の畑から収穫したのかと訊くと、彼女は照れ笑いをうかべて口ごもってしまった。あとで彼女が一人でいるときにもういちど確認すると、彼女の兄の畑から収穫してきたのだという。バカたちのあいだでは、他人の畑であっても自由に収穫してよいという合意があるわけではないし、人前で公言するような行為でもないようである。とはいえ、ごく日常的に、バカたちは他人の畑で「採集」していることも事実である。私自身、いっしょに歩いていたバカが他人の畑からバナナを「採集」する現場に何度もいあわせたことがある。

このような状況を、新しく導入されたテクノロジーが既存の権利関係に不整合をもたらしている事案だと捉えるならば、私たちの社会でも同様のことは頻発しているといえる。たとえばインターネットの普及や情報のデジタル化にともなう著作権や肖像権にかかわる問題などは、その典型であろう。そのときグレーゾーンの行為をしている人を目撃したとしたら私たちはどうするだろうか。たいていの場合、面食らって、どうしたらよいのかわからないまま、事態の推移にまかせることになる。バカたちも同様だろう。誰かが自分の畑から作物を収穫しているところに、鉢合わせてしまったとしたら（私はまだそのような現場にいあわせたことはないが）おそらくその場では「犯人」にたいしてどのような態度をとってよいのかわからず、あいまいな態度に終始するだろうと思われる。

これは、狩猟採集民であったバカたちが、農耕という「新しいテクノロジー」に適応して農耕民になるまでの移行期的な状況なのだろうか。その答えはYESでもありNOでもある。YESというのは、栽培植物の導入によって、それまでに構築されていた、バカたちにかかわるマルチスピーシーズの連関は組みかえられていくプロセスにあるはずだからである。しかしNOでもあるというのは、連関の組みかえをとおして、栽培植物とバカたちのかかわりあい、また農作物をめぐるバカたちどうしの関係は、農耕民とおなじようなものになるとはかぎらないし、おそらく、かなり異なるかたちになると考えられるからである。

2……バカたちの生活の類型

農作物を栽培する狩猟採集民という、いささか矛盾めいた描写にすすむまえに、Z村のバカたちの生活を概観しておこう。彼らの生活は、その拠点がどこにあるかにもとづいて、おおまかに以下の五つの類型に分類できる（図5—1）。

①村（半定住集落／焼畑キャンプ）での生活。年間をとおしておこなわれ、季節的な偏りはほとんどない。焼畑キャンプは五〜一〇世帯からなり、半定住集落から数キロメートルの範囲にある。生業活動のうち農作業にもっとも多くの時間が割かれ、食物の多くを農作物に依存している。二〇〇〇年代までZ村には農耕民が少なかったので、農作業の手伝いなどの機会はかぎられていた。ただ、Z村を拠点に活動している商人から、大工仕事や運搬作業を依頼されることがあった。

②森の小規模キャンプでの生活。年間をとおしておこなわれ、とくに季節的な偏りはない。キャンプは、村から比較的近い（一〇〜二〇キロメートル）地域に位置し、多年型ヤマノイモ、蜂蜜、ナッツ、獣肉、魚などの野生の食物にくわえて、村の畑からプランテンバナナやキャッサバを収穫してきたり、商人から購入（交換）したキャッサバ粉などを利用できる。ある程度、村との往来を前提としており、キャンプの規模は小さく、おおむね一〜五世帯である。

③モロンゴ。おもに乾季におこなわれるが、かならずしも毎年おこなわれるわけではない。村から遠く（二〇〜五〇キロメートル）離れた地域にキャンプをつくり、数か月にわたってほとんどすべての食物を、

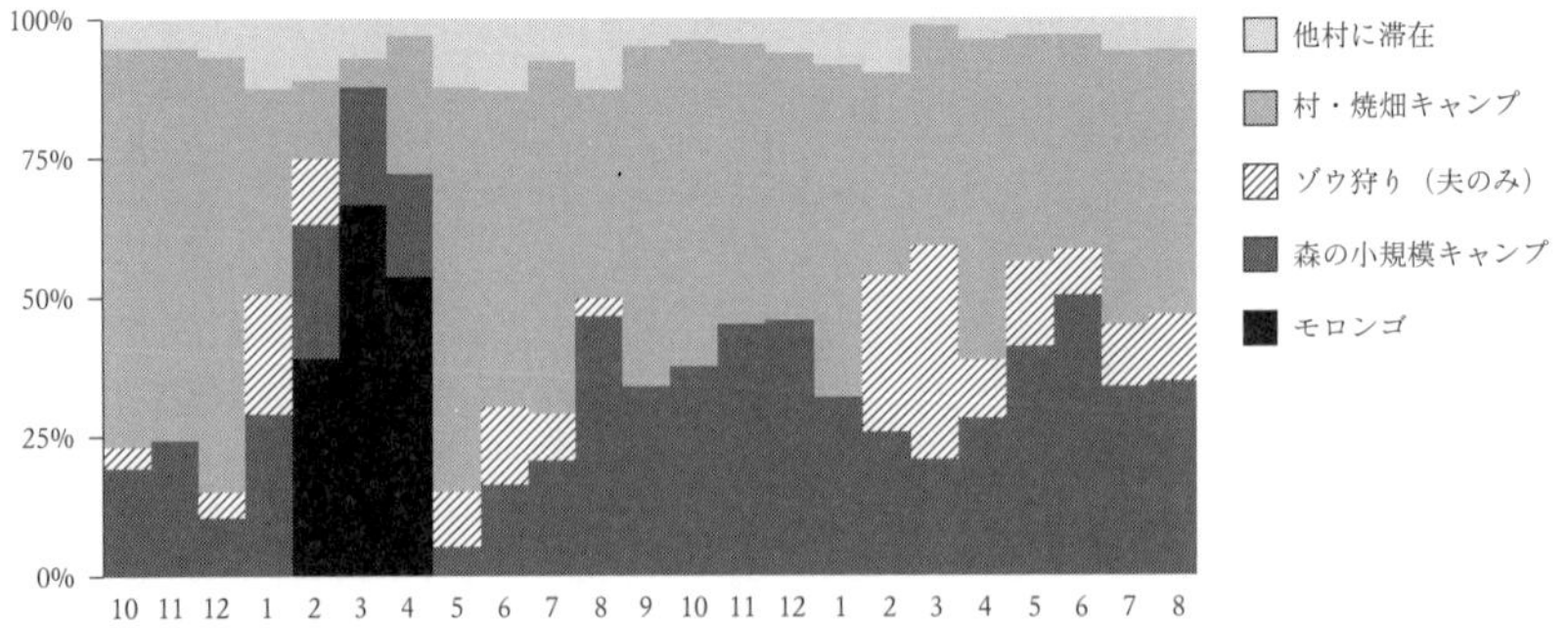

図5-1　Z村に住むバカ世帯の生活類型ごとの世帯・日数の割合の月変化（2001年10月〜2003年8月）
対象世帯数はおおむね30世帯。各世帯の滞在場所と活動を毎日記録して月ごとに集計した。1か月以上村外に滞在した世帯は除外した。1か月以内であれば「他村に滞在」とした。2002年10月〜12月については2003年1月に聞き取りした。バカは原則として核家族世帯を単位として生活しているが、10歳以上の子供はオジ・オバのキャンプに行くこともある。夫がゾウ狩りに参加しているときには、女性や幼い子供は村・焼畑キャンプ、あるいは森のキャンプにいる。なお、図に反映されている森の小規模キャンプはのべ45か所、ゾウ狩りは38回、モロンゴは1回であった。

一年型ヤマノイモを主とする狩猟採集の産物に依存する。一〇世帯からときに二〇世帯をこえる大規模なキャンプをつくることがある。序章でも述べたように、一見したところ「始原的な狩猟採集民」を彷彿とさせる生活である。

④ゾウ狩り。年間をとおしておこなわれるが、乾季に多い。ゾウ狩りに参加するのは男のみで、そのあいだ女たちは村や森のキャンプに滞在する。厳密には①〜③の類型と同列にあつかうべきものではないが、私が長期のフィールドワークをおこなった二〇〇〇年代前半のZ村では、ゾウ狩りはバカたちの生活を左右するものであった[38]。本書では深入りしないが、ゾウ狩りはバカの狩猟文化（あるいは存在論）の中核をなしている（安岡 二〇一二；Yasuoka 2021）。

⑤他村や町に滞在。バカたちは、親族や姻族を

訪ねて数週間から数か月にわたってZ村を離れることがある。そのまま移住してしまうこともある。また、未婚の少年が連れだって、カカオ栽培の労働者としてヨカドゥマ〜モルンドゥ間の幹線道路沿いの村で数か月ほど住みこみで働くことがある。そのまま何年も滞在することもある。聞き取りによれば、Z村の多くの人が、若いころにそのような経験をしたことがあるという。

Z村のすべての世帯を対象として滞在場所を記録した二〇〇一年一〇月〜二〇〇三年八月についていえば、それぞれの生活ののべ日数比は、村：四九％、小規模キャンプ：二九％、ゾウ狩り：九％、モロンゴ：七％、他村：六％であった。つまり、バカの生活は、村と森の小規模キャンプの行き来を軸として編成されており、それにゾウ狩りやモロンゴが彩りをくわえている、ということになる。

3……村（半定住集落／焼畑キャンプ）での生活

半定住集落[39] [gba] や焼畑キャンプ [péti] での生活では、生業活動のうち農作業にもっとも多くの時間が費

(38) 二〇〇一年から二〇〇三年にかけて、さかんにゾウ狩りがおこなわれていたが、二〇〇五年にンキ国立公園が設置されて以降は、やや沈静化したようである。ただ、二〇一〇年代前半にンキ国立公園内のゾウの生息数が大きく減少したという報告（Nzooh Dongmo et al. 2016）があり、この時期にふたたびゾウ狩りがさかんになっていた可能性がある。

(39) 「半」定住と表記するのは、いちおうの拠点ではあるものの、つくりかけの家や半分壊れかけた家が多いからである。

写真5-1　半定住集落のモングルの前で蓙[búngù]を編む。

やされ、食物の多くを農作物に依存する。半定住集落であれ焼畑キャンプであれ、日々の生業活動にかんするかぎり大差はない。二〇〇三年四月から八月にかけて断続的に二八日間、半定住集落に滞在している七七人の成人男女を対象として、午前九時／正午／午後三時に個々人が集落にいる／いないを確認し、不在であった場合にはあとで活動内容について質問した。その結果、男女とも全時点の六三％で集落におり、住居のなかやその周辺でのんびりしていた。図2―3で記した森のキャンプでの調査では三〇分ごとに記録をとっていたが、そこから午前九時／正午／午後三時の記録を抽出して集計するとキャンプ滞在比率は五三％になる。粗い比較ではあるものの、村にいるときのほうが住居周辺でのんびりしている割合がやや大きいといえる。ただし、のんびりしているといっても、女たちは蓙［búngú］を編んだり（写真5―1）、男たちはラフィアヤシの葉を編んで屋根の材料になる莚（むしろ）をつくったりしているこどもあるし、日除けの屋根をかけて長椅子をおいたたまり場［mbanjɔ］でおしゃべりしていることもある。集落に不在のときには、女たちはおおむね畑に行っていた（二一%）が、男たちは罠の確認や蜂蜜の探索のために周囲の森を歩くのと、畑で作業をするのがおなじくらいの割合（各一三%）であった。

Z村のバカの生業活動において農作物の栽培の比重が増してきた過程には二つの契機があったと考えられる。第一に、二〇世紀半ばから本格化した定住化をへて、農耕民の手伝いをとおして栽培技術を身につけたバカが増えてきたこと、第二に、一九七〇年代ころからZ村の農耕民コナベンベが移住したあと、彼らが放棄した焼畑跡地や二次林を利用して、Z村のバカたち自身が焼畑［gbíé］をつくって農作物を栽培するようになったことである。

焼畑耕作をするうえで、半定住集落に滞在するか、そこから数キロメートル離れたところに焼畑キャンプを設けるかは、畑の造成に適した二次林の分布や、人間関係など、さまざまな要因によってかわってくる。車道沿いには農耕民や商人などが住んでいるので、そこから距離をとるために焼畑キャンプを好む人もいる。なかには半定住集落に家屋をもたない世帯もある。二〇〇五年にはZ村に五か所の焼畑キャンプがあり、半定住集落から三〜五キロメートルのところに位置していた。キャンプの規模は三〜八世帯であった。多くの場合、モングルをつくる（写真5―2）が、近くにラフィアヤシがあれば、その葉を編んで屋根を葺いた小屋をつくることもある。

キャンプの構成は親世帯と息子世帯の組みあわせが多い。（男からみると）妻の親［gi-］の世帯とともに焼畑キャンプをつくったり、母方オジ［tità-］の世帯とともに焼畑キャンプをつくったりすることもある。妻の親世帯とともに焼畑をつくるのは婚資労働の意味あいがある。何年かすると夫方の家族のもとにもどることが多

写真5-2　焼畑キャンプ。村から数kmほどの場所に位置し、規模は5世帯前後から最大で10世帯ほど。手前に半球形のモングルがあり、奥の畑にはプランテンバナナが育っている。

いが、妻方の家族と長く同居することもある。あるいは、数年単位で妻方と夫方を往来することもある。畑での労働は世帯単位で独立している。Z村ではバカどうしで雇用したりされたりという関係はないし、共同労働や労働交換がおこなわれることもない（農耕民は労働力確保のためにバカを雇うことがある）。

畑には、主にプランテンバナナが植えられる。キャッサバも混植されるが、Z村ではバナナとくらべて食生活における重要性は低い。農耕民の畑でごく普通にみられるトウモロコシ、ラッカセイ、サツマイモ、ヤウテア（アメリカ原産のサトイモの仲間）などを栽培している世帯もいくつかある。ただし、いずれも小規模であり、再生産のための種子や種芋を残さずに食べてしまうことが多いため、持続的でない。この地域の代表的な商品作物のカカオを栽培する人は二〇〇〇年代にはいなかったが、近年になってごく小規模なカカオ畑をつくっ

写真5-3 プランテンバナナの皮をむくバカの女。バナナは、まだ青いうちに収穫し、なべで茹でて、そのまま食べる。ヤマノイモとおなじ調理法だが、この調理法だとヤマノイモの方がずっとおいしい。

た人がいる。

バカたちは、バナナでもキャッサバでも、原則として、その日に調理するぶんだけ収穫する。残っていれば翌日の朝にも食べることはあるが、数日をこえてとりおくことはない。農耕民のようにバナナを臼でついてダンゴ状にすることは稀で、皮をむいて鍋で茹でただけで食べることが多い（写真5—3）。キャッサバ粉や酒などの加工食品は、Z村のバカはつくっていなかった。

バカのバナナ栽培の手順は農耕民とおなじである。まず森を伐り開き、ころあいをみて火入れをして、順次、バナナ、キャッサバ、トウモロコシを植えつけていく。栽植後三か月ほどでトウモロコシ、半年ほどでキャッサバ、一年半ほどでバナナが収穫できる（四方二〇一三）。畑をつくること自体は、それなりの労力を要するとはいえ、バカたちにとって難しい作業ではない。問題となるのは、いつ、どれだけの畑をつくるかである。

二〇〇五年一～三月にZ村を訪れたさいに一つの焼畑キャンプに滞在していた八世帯を対象として、伐開作業中の畑の面積、作物を収穫していた畑の面積、およびそれらの伐開時期について調査をしたところ、カメルーン東南部に住む農耕民バンガンドゥとの対比において以下の三点の特徴がみられた。

第一に、一筆の畑の面積が小さい。バンガンドゥは、毎年、乾季とイルヴィンギア季の二回ずつ、平均して一回に〇・三七ヘクタール（〇・七四ヘクタール／年）の畑を造成する（四方 二〇一三）。それにたいして、バカの畑の面積は一筆〇・一ヘクタール前後で、しかも年によるばらつきが大きい（表5―1）。周年のデータが得られている二〇〇二年から二〇〇四年についてみると、各世帯一年あたりの畑の造成面積は〇・〇八ヘクタールであった。

第二に、農耕民的な考えにしたがえば、バカは伐開の季節をまちがっている。農耕民は、乾季とイルヴィンギア季に木を伐っておき、雨季のはじまる直前に火入れをする。これにたいして、表5―1にしめした二九筆の畑のうち、乾季ないしイルヴィンギア季に伐開されたのは一〇筆（三四％）にすぎない。その理由は、乾季にはヤマノイモ、イルヴィンギア季には *Irvingia gabonensis* のナッツ（仁）を採集するために、森のキャンプに滞在することが多いからである。

第三に、周年収穫を意図した営農感覚がない。バンガンドゥは、バナナの果房が成熟し、収穫可能と判断してから一～二週間以内に収穫する。また、長期間の貯蔵はできないので、早めに食べる必要がある。それゆえ、バンガンドゥの農耕システムにおける種々の工夫は、一定量の収穫を周年的に確保することに向けられているのである（四方 二〇〇四、二〇一三）。それにたいして、伐開した面積のばらつきから容易に予測できるように、バカのバナナ栽培は収穫量の変動がはげしい。農作物の周年収穫はまったく達成されていないどころか、その

表5-1　ある焼畑キャンプの8世帯の畑の面積（ha）と伐開時期

年	季節	世帯							
		A	B	C	D	E	F	G	H
2002	乾季						0.03		
	小雨季							0.13	0.09
	イルヴィンギア季								
	大雨季								
2003	乾季	0.13							
	小雨季	0.19		0.10		0.08			
	イルヴィンギア季								
	大雨季		0.06				0.03		
2004	乾季	0.09							
	小雨季	0.05	0.10	0.08	0.10	0.06	0.07	0.15	0.09
	イルヴィンギア季								
	大雨季					0.08	0.03	0.04	0.04
2005	乾季	0.18	0.17	0.22		0.10	0.21	0.09	0.21

2005年1月にZ村から3kmほどのところにある焼畑キャンプに住んでいた8世帯を対象として2002～2005年に伐開した畑の面積を計測した。畑の形状を6角形に近似して中心から6個の頂点までの距離を計測して面積を算出した。畑の伐開時期は聞き取りと出来事の記録を照合して推定した。このキャンプでは、Aが2003年に畑をつくりはじめ、2004年になってから彼の息子や娘の世帯が畑をつくるようになった。したがって、2002年と2003年の畑は離れた場所にあった。

ような安定的な収穫をめざす意図があるかどうかも疑問である。

バカの農耕は、現在ある畑から収穫できる作物が減少してくると、ようやく新しい畑を造成しはじめるといったものである。じっさいZ村では、多くの世帯が二〇〇二年から二〇〇三年に畑を造成しなかったため、二〇〇四年から二〇〇五年にかけて収穫量がかなり少なかったようである。二〇〇五年二月、表5―1にしめした焼畑キャンプの八世帯を対象として食生活について調査したところ、大人一日一人あたりに換算して、一二七三キロカロリーを得ていた。これはモロンゴ逗留キャンプにおけるカロリー供給の二七七三キロカロリーとくらべて少ない。カロリー供給のうち、プランテンバナナは四七%、キャッサバは五%を占めているにすぎず、残りは再野生化したアブラヤシや、ヤマノイモなどによってまかなわれていた。しかも、この値は、彼らが焼畑キャンプに滞在しているときの値である。森の生活もふくめ、一年あるいはもっと長い期間をならしてみると、農作物の比重はさらに小さくなるだろう。

コンゴ盆地の農耕には非集約性として概括できる特徴がみられ（掛谷 一九九八）、バカのバナナ栽培も非集約的な農耕として理解できるものである。しかし、農耕民とくらべると、バカのバナナ栽培の非集約性はきわだっている。やや古い研究になるが、コンゴ盆地の農耕民は、一般に、カロリー摂取量の八〇〜九〇％を農作物から得る（Miracle 1967）といわれているし、生態人類学的研究（佐藤 一九八四；Takeda 1990; Yasuoka et al. 2012）をみても、さまざまな野生の動植物を利用しながらも、農作物が食生活の基軸となっていることは明白である。[40] それにたいして、焼畑キャンプにおける生活であってもバカの食生活における農作物の比重は、基軸というには小さく、かつ不安定で、とても「農耕民のような生活」とよぶことはできない。その背景には、森のキャンプに行けばヤマノイモや*Irvingia gabonensis*のナッツ、蜂蜜などの豊富な食物にありつくことができるので農作物のみによって周年的に食物を確保する必然性がない、ということがあるのだと思われる。

2 多種多様な生物たちとの連関

1……森の小規模キャンプ

バカたちは、第2章で記述したモロンゴにくわえて、数か月単位で小規模な森のキャンプ［bala］で生活す

郵 便 は が き

料金受取人払郵便

左京局
承 認

1063

(差出有効期限
2025年 9 月30日
ま で)

606-8790

(受 取 人)

京都市左京区吉田近衛町69
京都大学吉田南構内

京都大学学術出版会
読者カード係 行

▶ご購入申込書

書　名	定　価	冊　数
		冊
		冊

1．下記書店での受け取りを希望する。

都道府県　　市区町　　店名

2．直接裏面住所へ届けて下さい。

お支払い方法：郵便振替／代引　　公費書類(　　　)通　宛名：

送料　ご注文 本体価格合計額　2500円未満:380円／1万円未満:480円／1万円以上:無料
代引でお支払いの場合　税込価格合計額　2500円未満:800円／2500円以上:300円

京都大学学術出版会
TEL 075-761-6182　学内内線2589 / FAX 075-761-6190
URL http://www.kyoto-up.or.jp/　E-MAIL sales@kyoto-up.or.jp

お手数ですがお買い上げいただいた本のタイトルをお書き下さい。

（書名）

■本書についてのご感想・ご質問、その他ご意見など、ご自由にお書き下さい。

■お名前

（　　歳）

■ご住所

〒

TEL

■ご職業

■ご勤務先・学校名

■所属学会・研究団体

■E-MAIL

●ご購入の動機

A.店頭で現物をみて　B.新聞・雑誌広告（雑誌名　　）

C.メルマガ・ML（　　）

D.小会図書目録　E.小会からの新刊案内（DM）

F.書評（　　）

G.人にすすめられた　H.テキスト　I.その他

●日常的に参考にされている専門書（含 欧文書）の情報媒体は何ですか。

●ご購入書店名

都道府県　　市区町　　店名

※ご購読ありがとうございます。このカードは小会の図書およびブックフェア等催事ご案内のお届けのほか、広告・編集上の資料とさせていただきます。お手数ですがご記入の上、切手を貼らずにご投函下さい。

各種案内の受け取りを希望されない方は右に○印をおつけ下さい。　案内不要る。森の小規模キャンプは、主たる活動によってさまざまな名前でよばれる。たとえば罠猟に重きがあるときには罠猟のキャンプ［bala a waiya / bala a molingɛ̀］、*Irvingia gabonensis*［pekè］の採集に重きがあるときにはフエケのキャンプ［bala a pekè］、漁撈に重きがあるときには魚／漁撈のキャンプ［bala a si / bala a ngúma］とよぶ。森のキャンプは、村から一〇～二〇キロメートル離れた地域に一～五世帯の規模でつくられる（図5―2）。

Z村には、南方の森へとつづく主要なルートが三つあり、さらにそれから枝分かれした数多くの小道がある。キキャンプは、それらの道から数十～数百メートルほど脇道に入った水場に近いところにつくる。食物は、キャンプ周辺で森の産物を採集するが、村から一五キロメートルほどの距離なら一日で村と往復できるので、村にもどってバナナやキャッサバを収穫したり、商人からキャッサバ粉などを購入したりなどして、食物を補給することができる。森のキャンプにおける食生活は、村との距離、季節、畑の状況によって変化に富むので、農作物と森林産物のどちらが主たる食物であるかと問うことはあまり意味がない。なお、図5―2にあるように、二〇〇二～二〇〇三年のキャンプの分布とくらべて、二〇一九～二〇二〇年の分布はやや遠くに位置しているようにもみえる。その理由はいまのところ定かではないが、村から一〇キロメートル以内の森では動物が減少している可能性がある（Hongo et al. 2022）。

二〇〇一年一〇月から二〇〇三年八月に設けられた四五か所の小規模キャンプの平均サイズは、二・四世帯（二〇人程度）で、もっとも大きなキャンプでも五世帯であった。世帯数は、おおむねモングルの数と一致する。

（40）コンゴ共和国北部の農耕民はカロリーのかなりの部分をヤシ酒から摂取していることもある（塙 一九九六）ので、農耕民の多様性を無視してはならないだろう。とはいえ、塙は、バナナが農耕民の食生活の基盤であるとも記している。

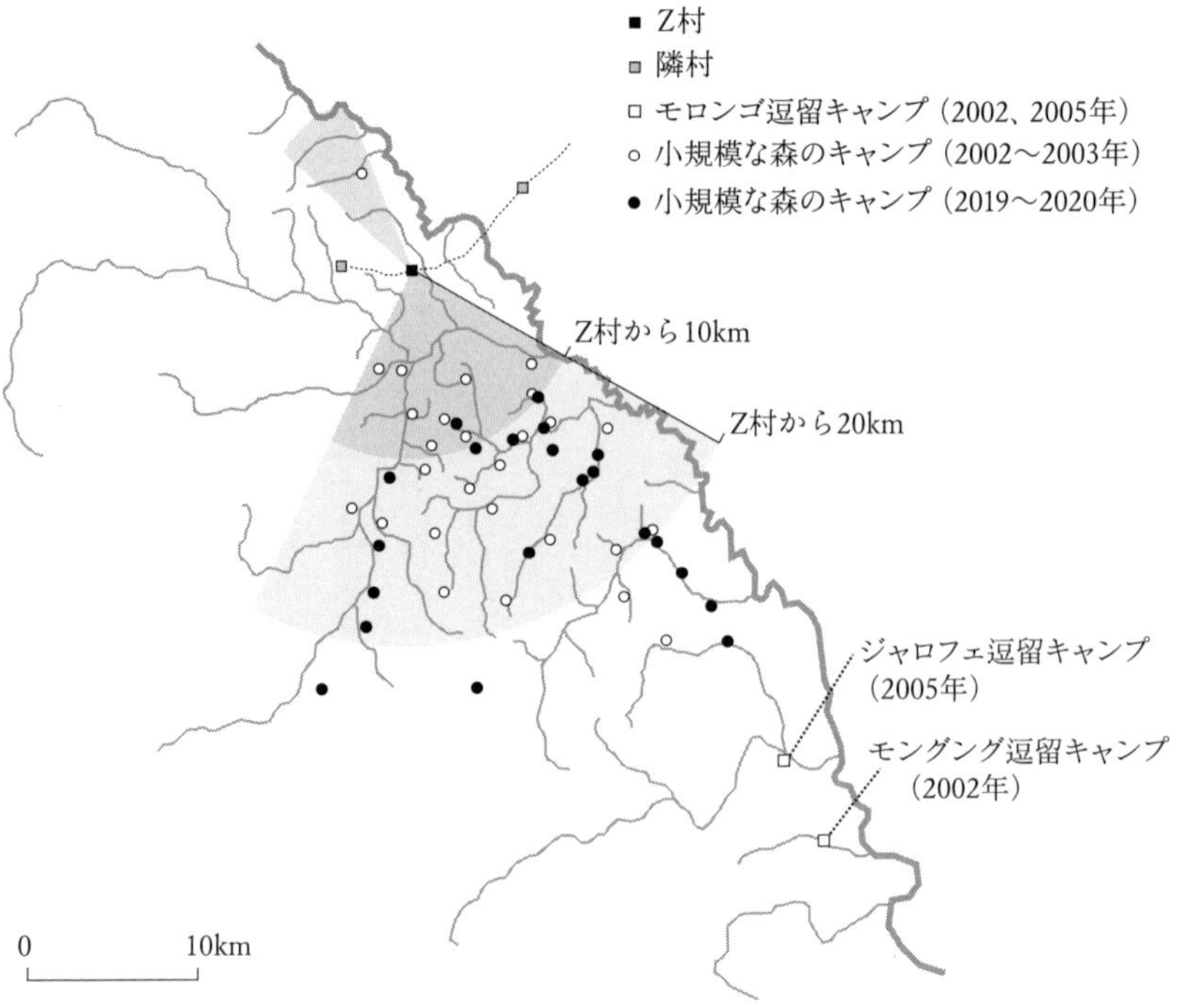

図5-2　森の小規模キャンプ　おおむね5世帯程度。2019〜2020年のキャンプの位置情報はコメカ・プロジェクトから得た。

ただし一〇代の未婚の少女は自分のモングルをつくることがあるし、おなじ年ごろの少年たちが簡易的な小屋に集まって寝泊まりすることもある。小規模キャンプをつくる地域は、よくキャンプをともにする人々ごとにおおまかに決まっているが、特定の個人や親族集団と関係づけられた排他的なテリトリーはない。キャンプの構成はそのつど組みかえられるので、まったくおなじになることはあまりない。焼畑キャンプのまとまりで森に行く場合でも、まったくおなじ構成のことは稀であり、数世帯が合流したり、ほかの集団のキャンプに移動したりすることが多い。キャンプの核にある関係性は、父の世帯と息子の世帯あるいは兄弟どうしの世帯であることが多いが、つねにそうであるわけではない。ある男の世帯が妻の親世帯［gí-］や妻の兄弟世帯［bɛ̀ndɛ̀-］と同行することも多いし、母方オジ［titá-］と姉妹の息子［nɔ̀kɔ-］の関係にあたる男たちの世帯が同行することも多い。個々の世帯の視点からいえば、このような親族・姻族関係をたどって集団を移っていくわけである。

キャンプ地が決まると、女たちが細い木々を組んでドーム状の枠組をつくり、そこにクズウコン科植物の大きな葉をひっかけて屋根を葺く。近くにラフィアヤシが群生していれば男たちが数日かけてラフィアヤシの葉を編んで、屋根葺きや壁にもちいる莚をつくり、より堅固な方形の小屋を建てる。ラフィアヤシの葉軸でベッドをつくることもある。キャンプの滞在期間はおおむね二か月である。正確な日数がわかった一七例についていえば、平均滞在日数は五八日であった。

森のキャンプ生活では、主たる目的が何であれ、罠猟を組みあわせることが多い。キャンプについた翌日あるいは数日内に一日に一〇個くらいずつ罠を仕掛けはじめる。何日かつづけて罠を仕掛けると、つぎの日は蜂蜜を探しにでかけたりする。罠の仕掛け方やメンテナンス、主たる獲物などは、第2章で記述したモロンゴでの罠猟とおなじである。ただ、モロンゴのキャンプは村から遠く離れているため獲物は自家消費するが、村に近いキャンプでは、頭と首、内蔵だけを食べて、残りを半身にして燻製にしておき、村にもちかえって売ることが多い。また、村からそれほど遠くない場合には、キャンプをひきはらうときに罠を残したままにしておき、村を拠点としながら罠猟だけをつづけることもある。

2……野生ナッツ類

三月から一一月までの雨季の中頃にあるイルヴィンギア季は、森の生活において乾季とならんで特徴的な季節である。この季節には、食用になるものであれ、そうでないものであれ、多種多様な果実が実る。表5―2に掲載してあるのは、バカたちがじっさいに採集しているのを私自身が観察したものである。そのなかで代表的なものが、*Irvingia gabonensis*［pekè］である。バカたちがこの季節に言及するとき、しばしば*Irvingia gabonensis*の季節［sɔkɔ̀-pekè］という。

村の周囲やよくキャンプをする森では、誰もが*Irvingia gabonensis*の木が生えている場所をよく知っており、果実が落果しはじめると薄明かりのなか朝六時ころからバカの女たちが採集に向かう。木の場所がキャンプから近い場合には一度に二〇～三〇キログラムの果実を集めてキャンプにもちかえってくることもあるが、たいてい木のそばで果実を山積みにして、ナッツ（仁）をとりだす作業をする（写真5―4）。果実は生食できるので、ときおり甘い果肉をかじりながら、山刀で果実ごと種子を二つに割ってナッツをとりだす作業をつづける。このような果実採集とナッツのとりだし作業を一日に二度、三度とくりかえす。とりだしたナッツは方形の笊［lòkàlà］にのせて乾燥させながら保存しておく（写真5―5）。自家消費する場合には、ある程度の量がたまったところで、火で炙り、臼でつぶして、油脂を搾りとる。残った固形部は鍋などの型にはめて冷却して保存しておき、料理のさいにすこしずつ削りとって調味料として利用する。固形油脂は長期間保存でき、半年後の乾季まで、ときには翌年のイルヴィンギア季まで食べつづけることがある。*Irvingia gabonensis*と同属の*Irvingia excelsa*, *Irvingia robur*, *Irvingia grandifolia*なども、ナッツを炙ってスナックとして食べるが、*Irvingia gabonensis*のよ

表5-2 調査期間中に利用が観察された食用となる(半)野生植物

ラテン名	科名	バカ語名	食用となる部位
乾季			
Ceiba pentandra	アオイ科	kúlò	蜜源
Dioscorea praehensilis	ヤマノイモ科	sapà	芋
Dioscorea semperflorens	ヤマノイモ科	ʔèsùmà	芋
Entandrophragma candollei	センダン科	káàngà	鱗翅目(チョウ類)の幼虫
Erythrophleum suaveolens	マメ科	ngbàndà	蜜源
Gambeya lacourtiana	アカテツ科	ɓámbu	鱗翅目(チョウ類)の幼虫
Irvingia excelsa	イルヴィンギア科	payo (ngángendí)	仁
Irvingia robur	イルヴィンギア科	kòmbèlè	仁
Triplochiton scleroxylon	アオイ科	gbàdɔ̀	鱗翅目(チョウ類)の幼虫
小雨季			
Dichostemma glaucescens	トウダイグサ科	mòngamba	蜜源
Irvingia gabonensis	イルヴィンギア科	pekè	蜜源
Pentaclethra macrophylla	マメ科	mbalaka	蜜源
Phyllocosmus africanus	イクソナンテス科	lìkumbì	蜜源
Pterocarpus soyauxii	マメ科	ngɛlɛ	蜜源
イルヴィンギア季			
Afrostyrax lepidophyllus	ヒウア科	ngìmbà	仁
Albizia adianthifolia	マメ科	bàmbà / sáa	蜜源
Anonidium mannii	バンレイシ科	ngbé	果肉
Antrocaryon klaineanum	ウルシ科	gɔ́ngu	果肉
Baillonella toxisperma	アカテツ科	màɓè	油/果肉
Chytranthus atroviolaceus	ムクロジ科	tokombòlì	仁
Cola acuminata	アオイ科	ligɔ́	仁
Entandrophragma cylindricum	センダン科	bòyo	鱗翅目(チョウ類)の幼虫
Gambeya lacourtiana	アカテツ科	bámbu	果肉
Irvingia gabonensis	イルヴィンギア科	pekè	仁/果肉
Irvingia grandifolia	イルヴィンギア科	sɔ́ɔ̀lià	仁
Klainedoxa gabonensis	イルヴィンギア科	ɓɔ̀kɔ̀kɔ̀	仁
Myrianthus arboreus	イラクサ科	ngàta	果肉
Nauclea pobeguinii	アカネ科	mɔsɛ	果肉
Petersianthus macrocarpus	サガリバナ科	bɔ̀sɔ	蜜源
Plukenetia conophora	トウダイグサ科	kaso	仁
Trichoscypha oddonii	ウルシ科	ngɔ́yɔ	果肉
Unidentified vine		monjumbe	蜜源
大雨季			
Pentaclethra macrophylla	マメ科	mbalaka	蜜源
通年/弱い季節性			
Aframomum sericeum	ショウガ科	tóndo, móngàmbà	果肉
Gnetum africanum	グネツム科	kɔ̀kɔ̀	葉
Dioscorea burkilliana	ヤマノイモ科	kɛ́kɛ	芋
Dioscorea mangenotiana	ヤマノイモ科	ɓa	芋
Dioscorea minutiflora	ヤマノイモ科	kuku	芋
Dioscorea smilacifolia	ヤマノイモ科	ɓalɔ̀kɔ̀	芋
Dioscorea sp.	ヤマノイモ科	njàkàkà	芋
Dioscoreophyllum volkensii	ツヅラフジ科	ngbí	芋/果肉
Elaeis guineensis	ヤシ科	mbílà	果肉/仁/樹液/甲虫の幼虫
Panda oleosa	パンダ科	kanà	仁
Raphia monbuttorum / laurentii	ヤシ科	pèke (kùnde)	樹液/甲虫の幼虫
Raphia hookeri	ヤシ科	mɛ̀sìɛ̀	樹液/甲虫の幼虫
Ricinodendron heudelotii	トウダイグサ科	gɔ́bɔ̀	仁

調査期間中に観察したものだけを記してある。蜜源については蜂蜜を食べたときに聞き取りしたものである。このほかにバカは数十種の野生植物を食用とする。Baka of Dimgba et al. (2021)を参照。

写真5-4　*Irvingia gabonensis*の果実を割って仁を採取しているところ。商人から掛買いしたラジオの代金を支払うため、夫も毎日のように収穫にでかける。

うに大量には収穫できない。*Irvingia excelsa*と*Irvingia robur*の結実は季節性が弱く、モロンゴのおこなわれる乾季にもよく食べられる（表2―1）。

イルヴィンギア季には、*Baillonella toxisperma*も収穫できる。べとつき感のある甘い果肉が、スナックとして生食される。種子は有毒物質をふくむが、食用になる油をとることができる。まず果肉から種子をとりだして、日干しにして乾燥させる。つぎに殻を割って胚乳をとりだし、強火であぶってから、臼でつぶして分離した油を手で搾りとる（写真5―6）。残滓はふたたび火にかけ、さらに二度、油を搾る。有毒物質がふくまれている残滓は食べない。

ニンニクの風味がある*Afrostyrax lepidophyllus*（ヒウア科）もイルヴィンギア季に採集され、調味料として利用される。ナッツはちょうど人間の眼球くらいの大きさなので、スープのなかに目玉がたくさん浮いているようにみえて驚いたことがある。

写真5-5　採集した*Irvingia gabonensis*のナッツは方形の笊[lòkàlà]にのせて乾燥させる。

*Irvingia gabonensis*はナッツを乾燥させた状態、*Baillonella toxisperma*は種子ないし油の状態で商人に売ることがある（Toda and Yasuoka 2020）。二〇〇〇年代前半は、*Irvingia gabonensis*は二リットルのボウル一杯（一〜一・五キログラム）で五〇〇CFAフラン、*Baillonella toxisperma*の油は一リットル一〇〇〇CFAフラン程度で取引されていた。また、*Afrostyrax lepidophyllus*のナッツや*Aframomum* spp.（ショウガ科）の果実も、ボウル一杯二五〇〜五〇〇CFAフランで商人が買いつけていた。

*Irvingia gabonensis*や*Baillonella toxisperma*の収穫量は年変動が大きい。Z村では二〇〇一年と二〇〇二年には*Irvingia gabonensis*が豊作だったものの、二〇〇三年には、ほとんど収穫されなかった。二〇〇五年の一月に再訪したときに聞いた話では二〇〇四年は豊作だったという。もっとも、Z村で不作だった二〇〇三年には隣村のガトー・アンシアン村では収穫があったようで、Z村の女たちは

写真5-6　*Baillonella toxisperma*の油を搾りとっているところ。奥に種子の乾燥台がある。

隣村へ採集にでかけていた。*Irvingia gabonensis* の収穫が少ない年は五年に一度くらいの頻度であるが、隣村もふくめてZ村の人々がアクセスする森全体でみれば、毎年ある程度の収穫を期待してよいだろう。*Baillonella toxisperma* の結実の間隔はもっと広く、結実の少ない年が数年つづくことがある。

そのほか重要な食物に *Panda oleosa*（パンダ科）がある。*Panda oleosa* の木は、森のキャンプと村を往来するときの休憩場所になっていることがある。木の下には果肉が腐ってむきだしになった種子が散乱しており、その種子を割ってナッツをとりだして食べる。結実の季節性が弱く、また、落果から数年間休眠するため落果後かなり時間の経過した種子の仁でも食べることができるので、手軽なスナックとして重宝されている。

3……蜂蜜

バカたちは、イルヴィンギア季の前後の季節をとくに区別しておらず、たんに雨季［sɔkɔ̀-ma］とよぶ（図2—1）。本書では、両者を区別する必要があるときには、三月から六月中旬を「小雨季」、八月中旬から一一月を「大雨季」とよぶ。雨季をとおしてもっとも重要な食物の一つが蜂蜜である。森のキャンプで生活しているとき、バカたちは、日々、食物を探索して森を歩く。そのさい、しばしば立ちどまって木々をみあげ、蜂の巣を探す（写真5—7）。

一つの巣からの収穫は五～一〇キログラムほどである。蜂蜜の収量が最大になるのは、たくさんの蜜源植物が開花する雨季の初めころからである。乾季には収穫しても蜜がほとんどないことがある。ただし乾季に咲く花もあるので、収穫がまったく期待できないわけではない。豊富な蜜を提供する *Pentaclethra macrophylla* や *Irvingia*

写真5-7　樹上をみあげて蜂の巣を探す。

gabonensis の花が咲く季節には一つの巣から二〇キログラムをこえる蜂蜜が収穫できることがある。ときには蜂蜜だけで数日を過ごすこともあり、蜂蜜は、バカたちにとって主食にもなりうる重要な食物である（写真5—8、9、10、11）。

第2章でも述べたように、蜂蜜には、アフリカミツバチ［tòngìà］の蜜［pɔ̀kì］と、ハリナシバチ［dàndù, ndìbà, mòpapèle, mòlèngì, ʔeɓɔlɔ, pɛ̀ndɛ̀, mókò, pɔli, njénje］の蜜がある。ほとんどは樹上に巣をつくるが、pɛ̀ndɛ̀ と mókò は地中に巣をつくる。ハリナシバチの蜜の大部分はもっとも大型のダンドゥである。蜜の味は蜜源の植物によってちがっており、バカたちは蜜の香りや味から蜜源がわかるようだ。アフリカミツバチの蜜とハリナシバチの蜜は蜜源がおなじでも風味が異なっている。ハリナシバチの蜜は粘り気が弱く、酸味がある。ミツバチの蜜の味も蜜源によってさまざまで、*Pentaclethra macrophylla*［mbalaka, マメ科］の蜜がもっとも甘いとしてバカたちに好まれている。*Irvingia gabonensis* もよい味だという。乾季にとれる *Erythrophleum suaveolens*［ngbàndà, マメ科］の蜜は赤みがかっており、やや酸味がある。*Dichostemma glaucescens*［mòngamba, トウダイグサ科］の蜜もよく収穫されるが、辛味があるためあまり好まれない。また、*Pericopsis elata*［mòbayì, マメ科］の蜜をあつめたダンドゥを食べると、酒に酔ったような感じになるという。

写真5-8　蜂蜜採集のために蔓でつくったロープ[yèndà]をつかって木に登っている。

写真5-11　クズウコンの葉で包んだ蜂蜜[gbà-pɔ̀kì]をキャンプにもちかえる。

写真5-9　樹上で巣の一部をとりだす。右下にあるのは収穫した蜂蜜をいれる籠[pɛ̀ndi]。

写真5-10　収穫した蜂蜜。その場で全員に分けられる(写真2-8)。

採集した蜂蜜をいれる籠［pèndì］、体をささえるロープ［yèndà］、燻してミツバチを追いはらうための枝葉の束［yànjì］、採った蜂蜜を置く敷物［kpa-ngòngòなど］、蜂蜜をキャンプへもちかえるための包み［gbà-pɔ̀kì］など、斧［kopa］と火をおこす道具一式［sàwàlà］（金属片、石、および若いヤシの幹からとれる繊維を乾燥させたもの）をのぞいて、蜂蜜採集のための道具はすべて採集場所の周辺で材料を集めてつくられる。プラスチック製のバケツやペットボトルが手に入るため近年はほとんど利用されなくなっているが、*Gilbertiodendron dewevrei*［ɓèmbà］の樹皮をもちいて蜂蜜を保存する容器［mòkɔ̀bɛ］をつくることもある。

4……多年型ヤマノイモ

雨季の食物として蜂蜜とならんで重要なのが、多年型のヤマノイモである。第2章で述べたように、バカの住んでいる地域には食用となるヤマノイモが一〇種ある（表2―2）。そのうち八種が多年型ヤマノイモで、フィールドワーク中に五種の利用を確認した（表5―2）。一年型ヤマノイモが一年周期で蔓をつけかえ、芋が肥大・縮小するのにたいして、多年型ヤマノイモは複数年ないし不定期で蔓をつけかえるので、芋の肥大・縮小の周期の季節性が弱く、個体ごとに芋の生育状況にばらつきがある。そのため、一か所でまとまって収穫できない反面、年間をとおしてどの季節でもおなじくらいの収穫の見込みがある。*Dioscorea mangenotiana* の蔓は二年生で、太く直立して林冠までのびる。地下部は多年生で、巨大な木質の部位をもっており、その下にあるやわらかい食用となる部分を動物の食害から保護している。その芋は一五キログラムに達することがある。*Dioscorea burkilliana* は多年生の蔓と芋をもち、芋の肥大・減衰のサイクルは不定期である。地表近くにある木質部から下方に細長くのびでた器官の先端がふくらんで塊になっており、ここが食用となる。おなじような形態の芋をつける*Dioscorea minutiflora*とともに、バカたちはこれらのヤマノイモをdóndoとよぶこともある。*Dioscorea burkilliana*の芋は、採集の頻度は多いものの、一度に収穫できる芋は一キログラム程度である。ただし、森のなかにまんべんなく分布しているので、ほかの野生ヤマノイモがみつからなかったときなどに重宝する。そのほか、Z村のバカたちは、しばしば*Dioscorea minutiflora, Dioscorea smilacifolia, Dioscorea* sp.［njàkàkà］を採集したが、その頻度と収穫量はわずかであった。これらは多年型の生活型をもち、蔓が地表を匍匐する。とりわけ*Dioscorea minutiflora*は、森のなかのいたるところで蔓をみつけることができるが、大きな芋をつけていることは稀で、多くの場合、蔓を発見しても収穫しようとはしない。

5……魚介類、無脊椎動物、きのこ

河川の流量が減少する乾季になると、Z村の近くの小川や、村の南方を流れるロフェ川やドゥマインゴイ川で掻いだし漁［ngùma］をおこなう（川の位置は図2—2を参照）。村から五キロメートルほどのロフェ川でおこなう場合には半定住集落や焼畑キャンプからでかけることが多い。また村から五〜一五キロメートルのドゥマンゴイ川流域でキャンプをしながら、掻いだし漁を連日おこなうこともある。掻いだし漁は女たちが主導権をもっておこなうが、男たちも同行して、作業を手伝ったり、女たちが働いているあいだに子守りをしたりすることも多い。

まず漁場の上流に、木で組んだ土台に泥をかぶせて大きな堰［nyíì-ngùma］をつくる（写真5—12）。その下流では水量が減少するので、水を掻きだすのに適当な場所をみつけたら、五メートルほど間隔をあけて小さな堰［njò-líba］を二つつくり、そのあいだの河道［líba］にある水を、クズウコン科の大きな葉やバケツ、鍋などをもちいて下流側に掻きだしていく。水がほとんどなくった河道には小さな水たまりだけが残る。そこにいる小魚や泥のなかにいるエビ［káànji］やカニ［kálá］などを一匹一匹つかまえる（写真5―13）。大きなナマズやコビトワニがいることもある（写真5―14）。一つの区画で魚を獲りつくしたら、上流側に新しい堰［njò-líba］をつくり、同様の作業をくりかえす。つまり、漁場は下流から大きな堰［nyìí-ngùma］に近づいていく。人数が多いときには、皆で協働して大きな堰をつくり、その下流で姉妹や母娘ごとに二～四人のグループになって、各々、数十メートルの間隔をあけて漁をおこなう。二～三時間すると上流につくった大きな堰が決壊して水が流れ込んでくるので、漁は終了となる。

二〇一四年二月の森のキャンプでは、さかんに掻いだし漁をおこなっていた。そのキャンプの記録では、一日の漁獲高は一世帯あたりおおむね二～三キログラムだった。魚種はバカ語名で一七種（未同定）を確認した。

バカたちが共同しておこなうもう一つの漁法に、魚毒漁がある。*Millettia* sp.（mòngɔmbɔ, マメ科）、*Diospyros canaliculata*（mbolоa, カキノキ科）、*Turraeanthus africanus*（ʔasàmà, センダン科）などの樹皮を叩きつぶして樹液とともに川に流し、フラフラと浮いてきた魚を籠ですくったり山刀で叩いてから手でとったりする。もっともよくもちいられる蔓植物の*Millettia* sp.はバカ語でmòngɔmbɔとよばれることから、この漁もおなじ名前でよばれる。そのほか、第2章で述べたように、竿釣［njɛ́ɛ̀njɛ̀］や置針漁［màtindi］をおこなう。

Z村のバカたちの漁撈は、おおむね小規模なものである。ただ、隣村のマレア・アンシアン村に住んでいる農耕民コナベンベは、乾季になるとロベケ川をカヌーで上下して精力的に漁撈をおこなう。急流のある数十キ

写真5-12　掻いだし漁をするため、まず上流に大きな堰［nyíì-ngùma］をつくって漁場の水量を少なくする。

写真5-13　大きな堰の下流に小さな堰をいくつもつくって、そのあいだの水を掻きだして魚をとる。

ロメートルほど下流まで下ることができるという。

＊＊＊

無脊椎動物では、先述したエビやカニのほか、特定の樹種につく鱗翅目（チョウ・ガのなかま）の幼虫［kɔ̀pɔ̀］も重要な食物である（写真5—15）。Z村でしばしば収穫を観察したのは、*Triplochiton scleroxylon*（アオイ科）、*Entandrophragma cylindricum*（センダン科）、*Entandrophragma candolei*（センダン科）、*Gambeya lacourtiana*（アカテツ科）の樹木につく幼虫だった。そのほか*Petersianthus macrocarpus*（サガリバナ科）、*Duboscia macrocarpa*（シナノキ科）、*Bridelia grandis*（トウダイグサ科）、*Uapaca* spp.（トウダイグサ科）などの樹木につく幼虫が食用となる。これらの食用昆虫の収穫期は、種によってそれぞれ異なっている。また、ラフィアヤシ（*Raphia monbuttorum, Raphia hookeri*）やアブラヤシ（*Elaeis guineensis*）の幹のなかにいる甲虫の幼虫［pɔ̀sɛ̀, kpokòlo など］も食用となる。そのほかイルヴィンギア季には、羽化前後のシロアリ［ɓàndi］を収穫できる。第2章で記したようにアフリカマイマイ［mbɛ̀mbɛ］も食用になる。

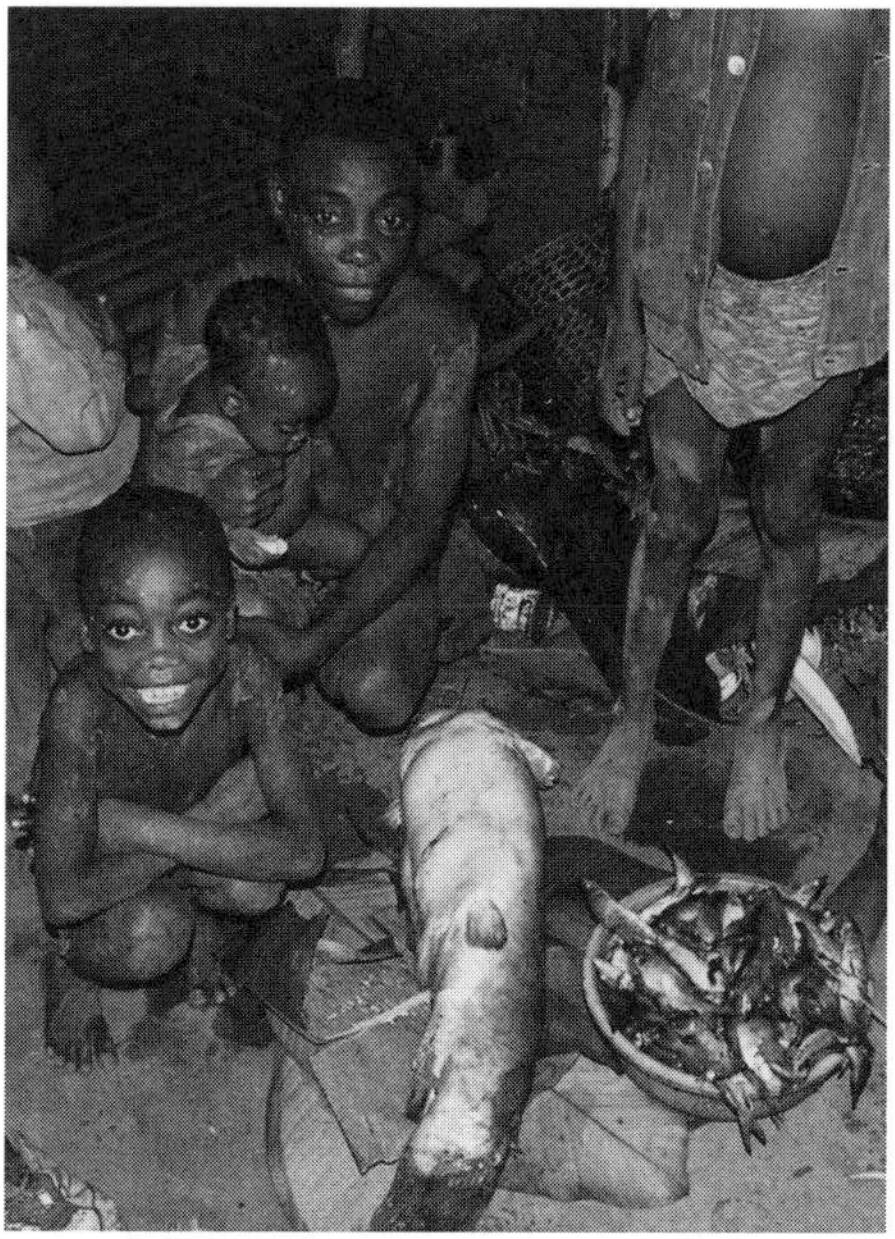

写真5-14　掻いだし漁で穫れるのは小魚が多いが、大きなナマズが獲れることもある。

さいごに、きのこ類である。カロリー供給源としてはさして重要ではないが、それ

鱗翅目の幼虫[gbàdɔ̀]

鱗翅目の幼虫[ɓámbu]

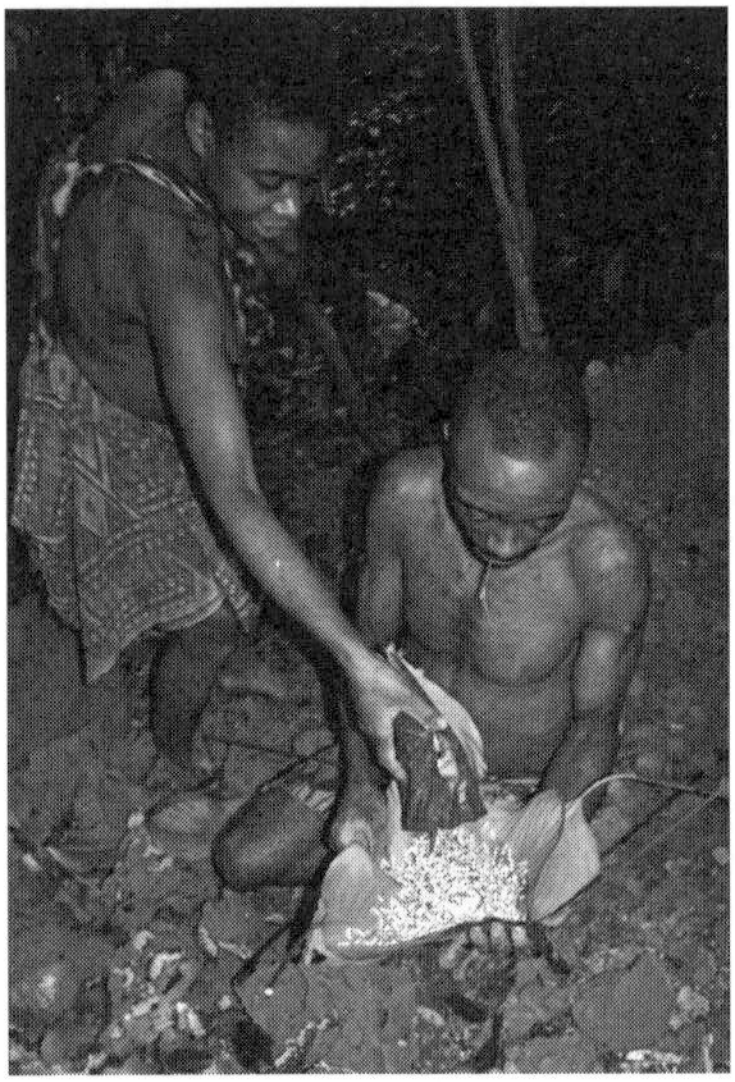

シロアリ[ɓàndi]

甲虫の幼虫[pɔ̀sɛ̀]

写真5-15　さまざまな食用昆虫。

写真5-16　少女たちが採集した大きなきのこ[kútù]。

ぞれ独特な風味を料理につけくわえる。バカたちは食用になるきのこを発見すると、迷わず採集する（写真5—16）。収穫物調査（表2—1）ではバカ語名で一六種（未同定）を確認したが、そのほかにもたくさんの種がある。

6……「主食」の多様性

ここまで記述してきたように、バカたちは多種多様な食物を利用する。図5—3に、森のキャンプと村での生活における食物カテゴリーごとのカロリー供給量の比率をしめしてある。モロンゴをふくむ森のキャンプのデータは乾季から雨季初めのものであるが、おなじ季節であっても、状況におうじてさまざまに異なる食物が利用されていることがわかる。モロンゴ遊動キャンプでは、蜂蜜（五種）と多年型ヤマノイモ（六種）がおもなカロリー源であった。逗留キャンプでは一年型ヤマノイモ（二種）、森のキャンプ

モロンゴ遊動キャンプでの食物
866.5 abult-days
(2005.2.24-3.10)

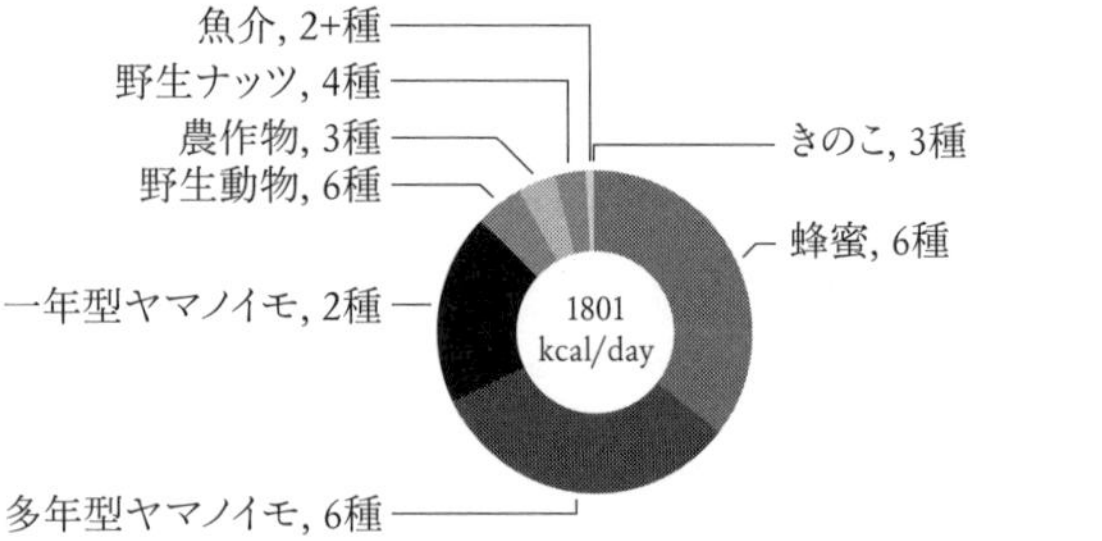

モロンゴ逗留キャンプでの食物
1247.5 abult-days
(2005.3.11-3.27)

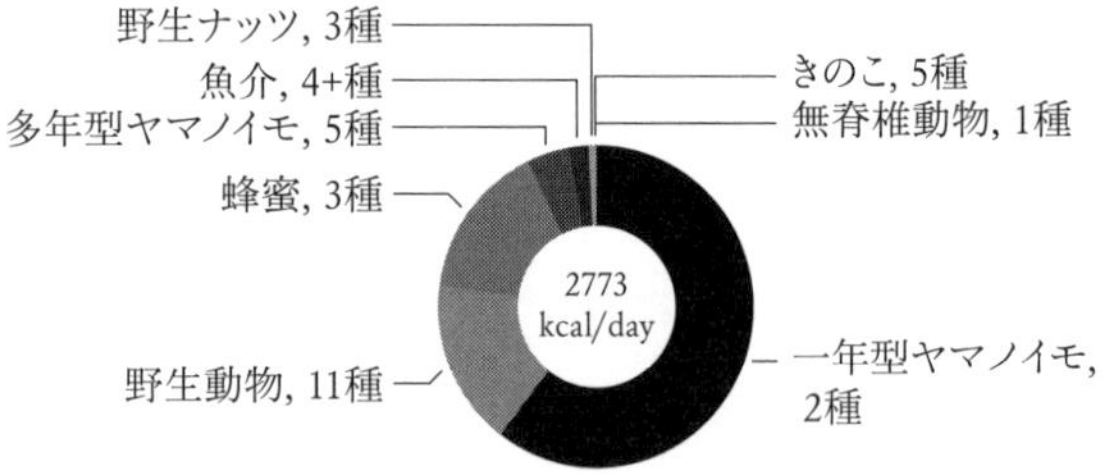

森のキャンプでの食物 ①
268.5 abult-days
(2012.3.4-3.13)

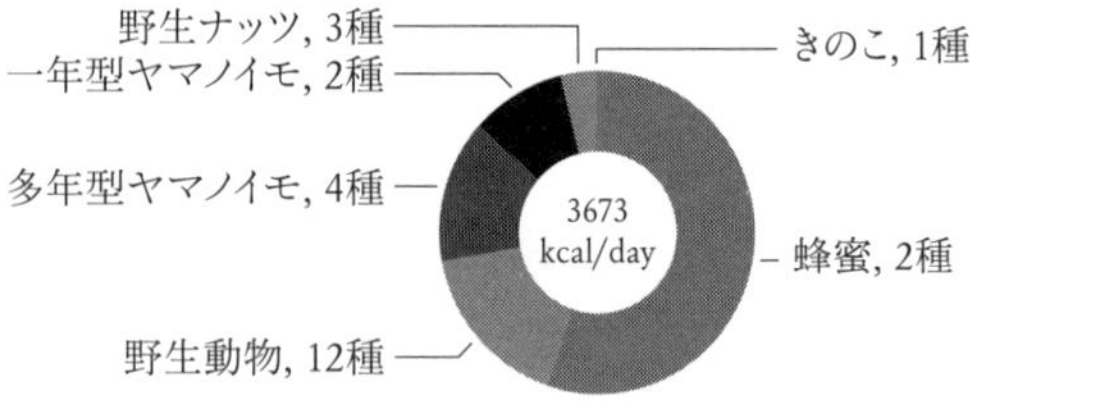

森のキャンプでの食物 ②
224.0 abult-days
(2014.2.24-3.4)

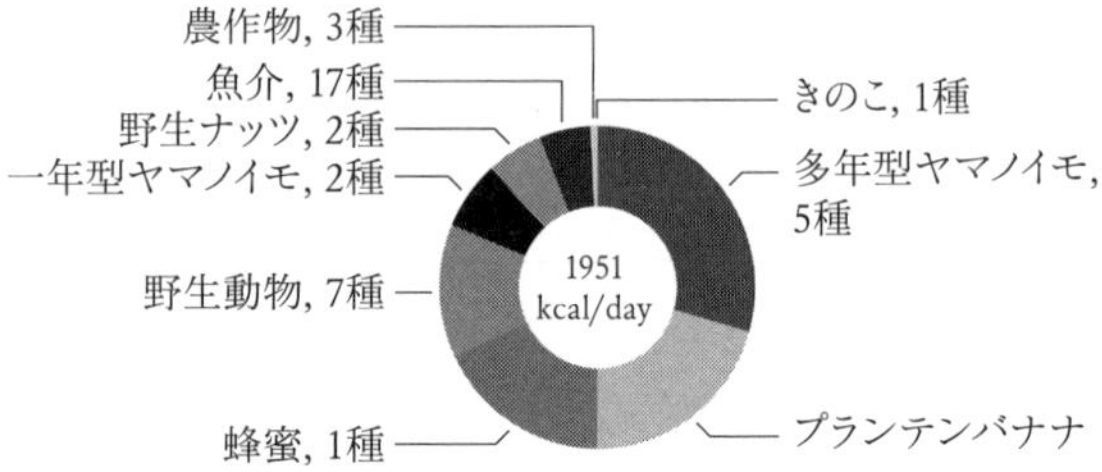

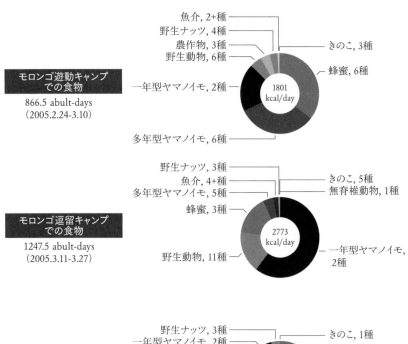

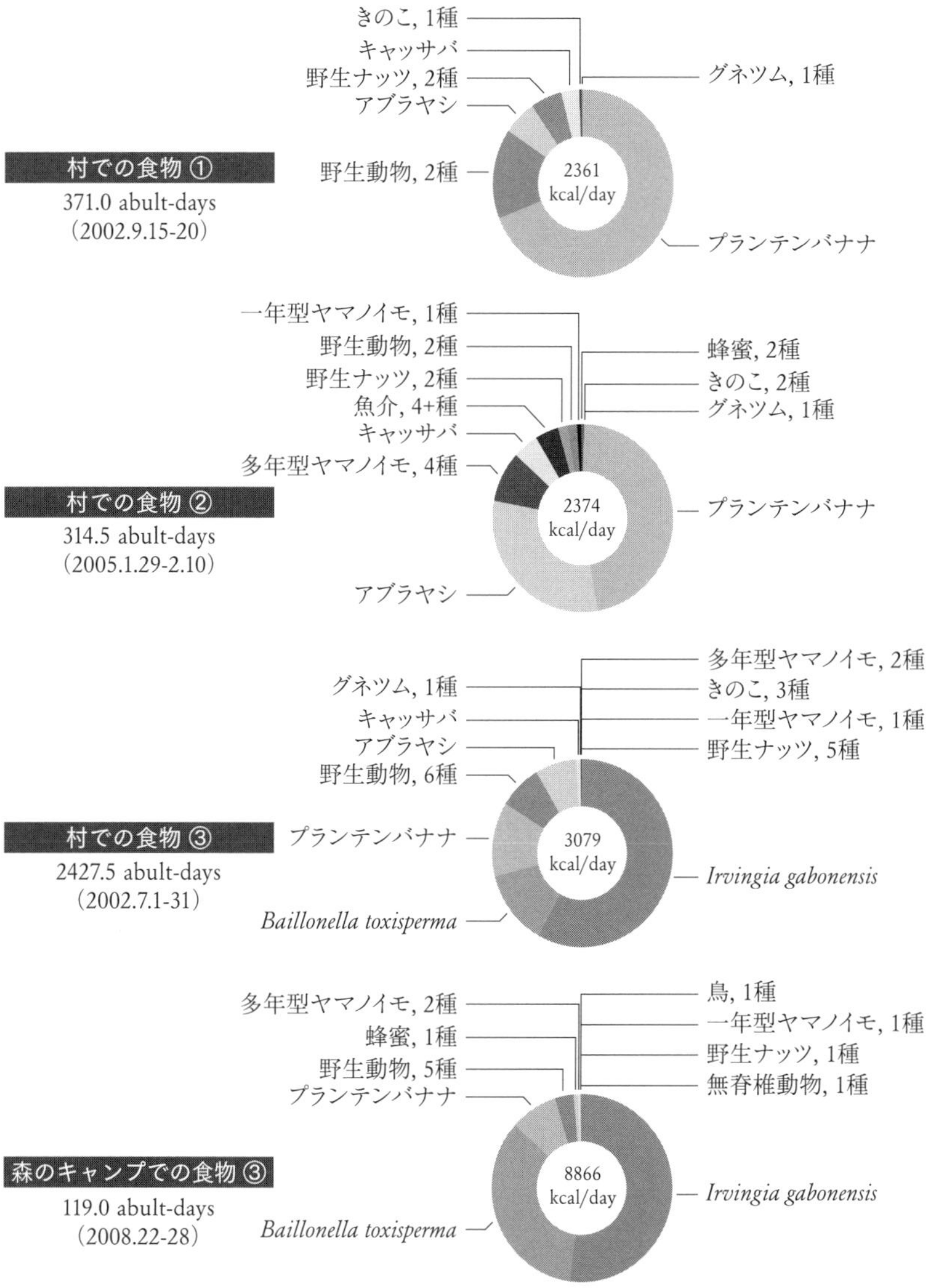

図5-3　モロンゴ、森の小規模キャンプ、村(半定住集落／焼畑キャンプ)における食物の構成　森のキャンプでの食物③では、総カロリーが非常に大きいが、すべて食べたのではなく、大部分はナッツあるいは油にして商人に販売した。小魚の種数を把握できていない場合には[+]と表記した。

①では蜂蜜（二種）、森のキャンプ②では多年型ヤマノイモ（五種）、プランテンバナナ、蜂蜜（一種）がおもなカロリー源になっていた。森のキャンプ②でプランテンバナナが大きな比率をしめしているのは、数人がキャンプと村を往復したさいに畑で収穫してきたからである。野生動物（七〜一二種）は第一のカロリー源にはなっていなかったが、モロンゴもふくめて、いずれの森のキャンプでも二〜四位であった。

村（半定住集落や焼畑キャンプ）では、①と②にあるように、ふだんはプランテンバナナが主要なカロリー源になっている。それに半野生化しているアブラヤシ、多年型ヤマノイモ、野生動物などが組みあわされている。村での食物①は雨季、②は乾季の調査であるが、イルヴィンギア期に調査した村での食物③では、*Irvingia gabonensis* と *Baillonella toxisperma* が大きな比率を占めている。すべてを食べたと仮定してカロリー供給量を算出すると、大人一人一日あたりにして三〇七九キロカロリーになるが、収穫したナッツの一部は商人に販売していた。おなじくイルヴィンギア期に調査した森のキャンプ③でも、*Irvingia gabonensis* と *Baillonella toxisperma* が大量に採集されており、すべての食物をカロリー換算すると、八八六六キロカロリーに相当した。ただし、これらも大部分は販売を目的として採集したものである。とはいえ、いざとなれば、これらの野生ナッツはかなりのカロリーを供給できるということである。

カロリー源として重要な食物を「主食」とよぶとすれば、バカたちの主食になりうるのは、一年型ヤマノイモ、多年型ヤマノイモ、蜂蜜、*Irvingia gabonensis* などの野生ナッツ、プランテンバナナであろう。第2章で述べたように実験的な狩猟採集生活をおこなった佐藤（二〇二〇）は、一年型ヤマノイモが雨季でもじゅうぶんなカロリー源になりうることをしめしたが、じっさいのところバカたちは、年間をとおして一年型ヤマノイモを「主食」として生活しているわけではない。また、それはプランテンバナナについても同様である。農耕民のようにさまざまな工夫をこらして畑をつくれば、年間をとおしてプランテンバナナを「主食」として生活することができるはずであるが、バカたちはそのようにはしない。むしろ、その時々の状況におうじて、じつに多様な食物を「主食」にして生きていけるという柔軟性こそが、バカたちの食生活を特徴づけているといえるだろう。

3 半栽培の視座と諸生業の布置

1……未熟な農耕民?

本章第1節で述べたように、こんにちバカたちは多くの時間を半定住集落か焼畑キャンプですごしている。森のキャンプによく滞在する人もたしかにいるが、森での生活が一年のうち半分をこえることは稀である。バカたちは栽培技法を身につけ、みずからバナナやキャッサバを栽培しており、そのような生活は一見したところ農耕民の生活とほとんどおなじようにみえる。

とはいうものの、私がフィールドワークをとおして観察してきたバカたちの農耕は、農耕民とくらべて、ずいぶんと「いいかげん」なものであった。畑は小さく、みずから栽培する農作物だけでは、自分たちの主食すら、年間をとおしてまかなうことができない。畑をつくる作業を途中でやめて森のキャンプへ行ってしまったり、収穫の時期に森のキャンプに滞在していたために自分が植えた作物を食べられないといったことも、たびたびある。また、農耕の比重が大きくなっているとはいえ、バカたちにとって森の動植物はあいかわらず重要な食物源である。もちろん農耕民も森のキャンプにでかけたり野生動植物を利用したりする。しかし、あくまで農耕が生業活動の基軸である。それにたいして、バカの農耕は、いくつかの選択肢の一つでしかないようにみえる。Z村のバカたちの場合、焼畑キャンプに滞在しているときでさえ、農作物からの供給が六〇％に満たないことがある。すなわち、バカたちが農耕をはじめたといっても、彼らの食生活における農作物の重要性は、農耕民とくらべると限定的かつ不安定であり、とても「農耕民のような生活」をはじめたとはいえないのが現状である（第2章の注（32）でも述べたように地域差はある）。

このようなバカたちの農耕にたいする態度を、狩猟採集生活から農耕生活への移行という、マクロな人類史を後追いするプロセスにある未熟な段階だとするのは拙速であろう。農耕の開始は人類史を画期するできごとの一つではあったが、それを過度に重視すると「ありのままの自然に依存する狩猟採集」と「人間の都合にあわせて自然を改変する農耕」という二項対立が尖鋭化し、両者の差異が強調されすぎてしまう。本書の問題意識との関連でいえば、その二項対立は、マルチスピーシーズの連関を精確に記述することを妨げてしまう。したがって、バカたちの種々の生業の記述、すなわちバカたちの〈生き方〉をめぐるマルチスピーシーズの連関の記述は、以下の二つの課題を克服した視座からなされねばならない。第一に、狩猟採集と農耕、野生と栽培の二項対立ではなく、両者の連続性に着目することである。第二に、その連続性は、古いものから新しいものへの移行という通時的なものであってはならない。これらを同時に克服するのは、第4章までのバカとヤマノイモのかかわりについて考察するなかで得られた、野生と栽培のあいだにひろがる領域を共時的にみわたすパースペクティブ、すなわち「半栽培のパースペクティブ」だということになる。

2……半栽培のパースペクティブ

まず、ここでの考察の鍵となる「半栽培」という概念について確認しておこう。中尾佐助（一九七七、二〇〇四：六八七―六八八）は、半栽培についてつぎのように述べている。

人間が農耕時代に入っていくまでには、長い前段階があったに相違ないだろう。その絶対年数は、農耕時代よりずっと長いものであろう。人間が植物と結び、農耕に入っていくのには、まずその初めは植物生態系の攪乱、破壊からはじまったと言えよう。自然生態系を人間が攪乱、破壊すると、それに植物の側が反応して、突然変異などの遺伝的変異も含めて、新しい環境への適応がおこる。そうした植物の中から、人間が利用をはじめると、植物の側から適応力をさらに進めていくこともおこり得る。こうしたことが何千年も積みかさなると、狩猟採集の段階でも、人為的環境の中で経済がいとなまれることになる。その段階では人間は意識的に栽培をすることはなくとも、農耕の予備段階に入ったと言えよう。それは広義の半栽培の段階とも言えよう。或いはもっと適格に言えば、生態系攪乱段階と言ってもよいだろう。こうして生態系攪乱をして、新しい環境に適応したものの中から有用なものを保護したり、残したりするようになると、これはもうはっきりとした半栽培段階と言ってよいだろう。

中尾による半栽培への着目は、新たな学術領域の創出につながる画期的なものであったが、宮内泰介（二〇〇九）が指摘するように、中尾は、半栽培を、採集から栽培に長い年月をかけて移行していくプロセスとして、すなわち栽培化の道筋を説明するための歴史的な概念として位置づけている。したがって、半栽培という概念を導入して採集と栽培の連続性を意識化するだけでは、狩猟採集から農耕へという一方向の時間軸が忍びこんでくる可能性がある。宮内は、中尾のいう半栽培の概念を継承しながらも、ある時点のある地域における自然との関係が、野生と栽培とのあいだのさまざまなバリエーションをもっているという意味での半栽培にも注目すべきだとしたうえで、半栽培を把握するための三つの次元を指摘している。

① 遺伝的変異をともなう栽培化のプロセスにおける半栽培
② 植物に好適な環境が人為によって（意図的あるいは非意図的に）形成されるかたちの半栽培
③ 人間の認知における半栽培

これらは相互に関連しつつも、独立した次元である。ある植物の遺伝的性質やその分布がまったく変化しなくても、その植物にたいする人間の認知のしかたが変化することで、半栽培とみなされるようになる場合がある（③の次元）。たとえば「ある植物を放置しておく」とき、それが「わざと」なのか「偶然に」なのかは人間の認知の問題であり、「わざと」ならば管理の側面が強くなり、「偶然に」ならば野生に近いといえる（宮内二〇〇九）。一般に、管理の強度と利用の強度は相関するだろう。利用の強度が大きいと、その植物の生育環境の形成を人間が補助していたり、収穫する行為そのものがその植物の生育環境の形成につながっていたりすることがあるだろう（②の次元）。そのような介入の程度が大きい場合には有意な選択圧がかかっている可能性があり、そうであれば遺伝的変化をともなう栽培化のプロセスに入っているとみなせる（①の次元）。ただし、それぞれの次元における半栽培の程度はかならずしも同調しておらず、ずれがある場合もあるだろう。たとえば、畑に植えつけて栽培している場合でも、つまり人間の認知や生育環境の形成はすすんでいたとしても、遺伝的にはいまだ野生種と変わらないことがあるかもしれない。はんたいに、人間の認知においては野生のものであっても、生育環境はほぼ人間によって形成されており、遺伝的な変化が生じていることもあるだろう。

いずれにせよ重要なことは、半栽培の状態にある生物と人間の関係を把握しようとするとき、安易に採集から栽培へ向かうプロセスの途上にあると位置づけるのではなく、あくまで野生と栽培のあいだをみわたす共時的なパースペクティブのなかに位置づけて記述することからはじめるべきである、ということである。

3……一年型ヤマノイモの半栽培

バカの利用する種々の食物を半栽培のパースペクティブに布置するとき、その中央に配置されるのが一年型ヤマノイモである。バカと一年型ヤマノイモのかかわりあいについては、すでにくわしく記述してあるが、ここでの考察の出発点とするうえでの要点をまとめておこう。

一年型ヤマノイモは、雨季がはじまると蓄えておいた芋の養分をもちいて蔓をのばし、葉を展開して光合成をする。光合成でつくられたデンプンはふたたび芋に貯蔵され、雨の少ない乾季になると蔓や葉などの地上部を枯らす。こうして季節変化におうじて芋が同調して肥大・縮小するので、収穫に適した季節は芋が肥大する雨季の後半から乾季になる。バカたちは広い森のなかで一年型ヤマノイモの群生地がどこにたくさん分布しているかを知っている。第2章で詳述したように、そのような地域では一〇〇人ほどの人々が一つのキャンプに集まって、数か月を過ごすことができる。そこでは大人一人一日あたり二七七〇キロカロリーが摂取され、その六〇％強が二種の一年型ヤマノイモによってまかなわれていた。バカたちはまるで畑から収穫するようにヤマノイモを採集しており、ヤマノイモのカロリー供給は村での生活における農作物のカロリー供給に匹敵していた。

第3章で述べたように、これら二種のヤマノイモがよく生育するのは、地表に近いところまで日光が射しこみ、蔓や下草が茂っている、いわゆる林冠ギャップである。そこには、大量の種子を遠くまで散布し、すばやく生長するパイオニア植物が繁茂している。群生するヤマノイモも、それに近い特徴をもっている。しかし、大木がまわりの木々を巻きこんで倒れるなどして生じたギャップは森のなかに比較的まんべんなく分布しているのとくらべて、ヤマノイモの分布はかなり限定されている。新しくできたギャップにつぎつぎと種子を散布して定着し、生息地をひろげていく典型的なパイオニア植物ほどには、ヤマノイモの種子散布力は強くないようである。

したがって第4章で論じたように、バカたちの利用をとおした再生産と拡散が、これらの一年型ヤマノイモが特定の地域に集中分布するようになった要因の一つだと考えられる。バカたちが大量にヤマノイモを消費したキャンプ跡をその一〇年後に訪れてみると、一〇〇個体を越えるヤマノイモが生育していた。それらの大部分は調理のさいに捨てられた芋片から再生したものである。ただし、バカたちは後々の利用を意図してキャンプ地に種芋を植えているわけではない。キャンプ跡に再生したヤマノイモは誰のものでもなく、たまたま通りかかった人が収穫して食べてよい。ここで重要なことは、バカたちあるいはその祖先たちがヤマノイモをただ採集して食べることだけで、キャンプ内外に芋片がばらまかれ、ヤマノイモが新しいハビタットに進出するのにじゅうぶんであった、ということである。もともとヤマノイモ群生地の多い地域では、より頻繁にヤマノイモが採集され食べられただろう。その結果、キャンプ跡に捨てられた芋片からヤマノイモが再生して群生地が増加する、というフィードバックがより活発に働いてきたのだと考えられる。

⁂

ヤマノイモへのバカたちの関与としては、再生の補助がある。カメルーン東南部で民族植物学的研究をおこなったエドモンド・ドゥニアス（Dounias 1993, 2001）は、バカたちが、ヤマノイモを採集したあと蔓のついているヤマノイモの基部（バカ語では頭［njò-sapà など］という）に一定量のイモを残したままにしておいたり、掘った穴を埋めもどしたりすることを報告している。そうすることでバカたちは、その株を殺してしまわないよう配慮しているのである（写真5―17）。ただし、翌年の芋は小さくなるので持続的な利用のためには二〜三年の間隔をあける必要があるという。ドゥニアスは、この行為がなされるのは一年型ヤマノイモにくわえて、多年型ヤマノイモのなかでもとくに大きな芋を収穫できる *Dioscorea mangenotiana* だけだと述べているが、Z村のバカたちは、*Dioscorea burkilliana* についても基部を残して穴の埋めもどしをする

写真5-17 *Dioscorea praehensilis*を採集した穴。中央上に蔓がのびている。穴のなかには残された芋の「頭」がみえる。中央左にあるのは1mの棒。

写真5-18　*Dioscorea praehensilis* の頭［njò-sapà］を畑に植えるという。

ことがあった。

ドゥニアスが強調するのは、これらの行為は、やがて完全な栽培へと移行することが想定される原栽培（proto-cultivation）ではなく、栽培のようではあるけれども完全な栽培にいたることのない疑似栽培（para-cultivation）として理解すべきだということである。両者を区別する点としてドゥニアスは、疑似栽培には、採集した株をべつの場所に移植する行為が欠落していることを指摘している。つまり、移動生活を継続するなかで、たまたまおなじ場所をおとずれたときに採集するかもしれない、という扱いにとどまっているということである。このような原栽培と疑似栽培の区別は、共時的なパースペクティブとしての半栽培という見立てと呼応するものだといえるだろう。さらにドゥニアスは、疑似栽培は、ヤマノイモのほかにも、あるいはバカにかぎらず、熱帯雨林のさまざまな野生資源の利用に共通してみられるものではないかとも述べている。

Z村のバカたちもドゥニアスのいう疑似栽培をおこなっているが、それにくわえて、*Dioscorea praehensilis* の頭部を村にもちかえって畑に植えつけることがある(写真5—18)。ただし、大量にというわけではなく、各々、一つ二つ植えるだけである。この行為が、いつごろから、どのような規模でなされていたのかについてはわかっていない。おそらく、近年になってみずから畑をつくってバナナなどを栽培するようになってからのことだろう。

いずれにしても、バカたちと一年型ヤマノイモのかかわりあいは、状況におうじて多様だといえる。疑似栽培(埋めもどし)すらせず、採集したままにしておくこともあれば、疑似栽培をしたり、移植したりすることもある。つまり、バカとヤマノイモの関係は、半栽培のパースペクティブの一点に位置づけられるのではなく、ある程度の幅をもっているということである。ヤマノイモの立場からいえば、農作物のように人間の側によりそってくるのではなく、まったくの野生のなかで旺盛に生息地を拡大しているわけでもない。即かず離れずの適度なかかわりあいをとおして、村から数十キロメートル離れた奥深い森に集中分布するという現在のヤマノイモ分布が形成されてきたのであろう。

先述した半栽培の三つの次元にもとづいていえば、バカと一年型ヤマノイモのかかわりあいは、環境形成の次元(②)と認知の次元(③)において半栽培であるといえるだろう。ただし、畑に植えたとしても、たいていは一回ないし数回の収穫で枯れてしまって継続的な栽培にいたることはない。したがって、遺伝的な次元(①)においては野生とほとんど変らないと考えられる。

4……半栽培のパースペクティブのなかに諸生業を布置する

バカと一年型ヤマノイモのあいだには、バカがヤマノイモを食べるという捕食―被食関係だけでなく、おたがいに便益をもたらしあう共生関係が成立している。バカとヤマノイモもまた、序章で指摘したような、異種どうしの共生関係の〈歴史〉を生きているのである。それは、さまざまな生物とのかかわりあいにおいても同様であろう。図5―3に記したように、バカたちの主たるカロリー供給源という意味での「主食」になりうる食物として、蜂蜜、多年型ヤマノイモ、野生ナッツ（*Irvingia gabonensis*）、プランテンバナナがあるが、ここでは、一年型ヤマノイモとの比較を念頭におきながら、それらを半栽培のパースペクティブのなかに布置していく。また、比較のために、第1節で述べた農耕民によるプランテンバナナ栽培もとりあげる。表5―3は、それらについて、分布様式、季節性、入手の確実性、労働投入の時期、再生産への関与、認知および管理の単位、遺伝的変化の観点から整理したものである。

蜂蜜はもっとも「野生」寄りである。森のなかに広く分散しており、一つ一つ、そのつど探しだして採集する。乾季には蜜が溜まっていない巣が多くなるが、季節性はそれほど強くない。入手できるかどうかはすぐれて機会依存的である。半日森を歩けば一つ二つ発見できるが、しばしば無駄足におわることもある。労働投入は、探索、木登りや伐木などで、その都度、必要におうじておこなう。樹上での作業は一時間程度で、下でまつ人々は樹上をながめながら談笑したり、周囲をぶらぶら歩いて何か探したりしている。木を伐り倒す場合には、人数と木の大きさ、樹種によって作業時間が大きくちがってくる。胸高直径六〇センチメートルほどの柔らかい木ならば二時間もあれば伐り倒すことができるが、堅い大きな木だと丸一日かかることもある。収穫し

表5-3　バカのおもな「主食」とその性質

食物	分布様式	季節性	入手の確実性	労働投入	再生産への関与	認知と管理の単位	遺伝的変化
蜂蜜	森に分散	弱い	機会依存	都度	なし	個々の巣	小
多年型ヤマノイモ	森に分散	弱い	機会依存	都度	非意図的な種芋散布とハビタット形成、稀に再生補助	個体	小
一年型ヤマノイモ	森に集中分布	強い	季節・場所により高い	都度	非意図的な種芋散布とハビタット形成、再生補助、移植	群生パッチ	小
野生ナッツ	森に集中分布	強い	季節・場所により高い	都度	非意図的な種子散布とハビタット形成	樹木	小
プランテンバナナ（バカ）	畑に集中分布	弱い	畑にあれば高い	1〜2年前	ハビタット形成栽植	食物パッチとしての畑	大
プランテンバナナ（農耕民）	畑に集中分布	弱い	高い	1〜2年前	ハビタット形成栽植、個体数管理	個体識別される諸個体	大

た蜂蜜の相当量がその場で消費され、残りも分配されるので、運搬の労力は軽微である。バカたちは養蜂（営巣場所の提供）はせず、野生のものを採集するだけなので、ミツバチやハリナシバチとバカのあいだに共生関係といえるものはない。蜂蜜は多種多様な蜜源植物とハチの共生関係の産物であるが、バカたちはそれらの共生関係にただのりしているといえる。ただし、一部の蜜源植物の種子散布にバカたちが寄与している可能性はある。

多年型ヤマノイモも「野生」寄りに位置づけられる。蜂蜜とおなじく森に広く分散しており、一つ一つ探索する。季節性は弱く、入手は機会依存的である。労働投入は、探索と掘りだし、運搬で、その都度おこなわれる。掘りだしに要する時間は、小さなものだと一〇分ほどで、大きいものでも数十分程度である。一〇キログラムをこえることは稀で、運搬の労力は小さい。芋の頭部は木質化しており、そこから下方にのびてふくらんだ部分を収穫するので、収穫によってその個体が死んでしまうことはない。いつかまた収穫する可能性を念頭において、芋を掘りだした穴に土をかぶせておくことはあるが、たいていは収穫しっぱなしである。ただ、キャンプ跡に多年型ヤマノイモが再生していることがあるし、それほど頻繁にではないがヤマノイモの「頭」をもちかえって畑に植えることもある。したがって、多年型ヤマノイモの再生産と分布拡大にバカたちはそれなりに貢献しており、一定の共生関係が構築されているといえるだろう。

Irvingia gabonensis や *Baillonella toxisperma* は、やや「栽培」寄りに位置づけられるだろう。各個体から大量のナッツを収穫でき、数十メートルほどの範囲に複数の個体が生えていることが多い（*Irvingia gabonensis* のほうが個体数が多い）。季節性は明瞭で、両者ともイルヴィンギア季に収穫できる。また、結実量の年変動があり、*Baillonella toxisperma* のほうが大きい。分布や結実状況にかんする知識や情報があれば、確実に相当量のナッツを収穫できるし、おなじ場所で幾度も採集できる。この点は、一年型ヤマノイモと類似している。採集と加工に要する労力は、バカたちが自家消費する程度の量であればたいしたことはないが、近年は商品として販売されるため朝から夕方まで収穫をつづけることがある。

Irvingia gabonensis のナッツは、首都ヤウンデやカメルーン西部、さらには隣国のナイジェリアなどに移出・輸出されている。その結果、バカと農耕民の伝統的な関係を基盤として、バカが森のキャンプで採集したナッツを農耕民が買いあつめ、それを商人に売るというかたちで、バカは、サプライチェーンの発端に組みこまれていった（Toda and Yasuoka 2020）。農耕民とバカはおもに信用取引をしている。まず農耕民がバカに酒や農作物、音楽プレーヤー、懐中電灯、衣類などを、なかば強引に売りつけておき、ナッツによる後払いで代金を回収するのである。農耕民としては、バカが自主的に採集したナッツをそのつど買い取るのでは効率が悪いので、信用取引にひきこんでバカを働かせているわけである。とはいえ、かならずしも農耕民の思惑どおりにはならない。すでに物を受けとっているバカたちはいわれるままに労働するわけもなく、のらりくらりと採集をさぼって農

写真5-19　キャンプ跡に生えた*Baillonella toxisperma*の実生

耕民を苛立たせる。そのため農耕民は頻繁にキャンプを訪問してバカたちを監督し、ときにはモチベーションとして酒を提供して（この酒代もナッツで回収する）ナッツの採集を急かさねばならない。このように*Irvingia gabonensis*は市場経済と結びつくことで、バカと農耕民の共生関係の基盤の一つになっている。

森の生物たちとの関係に目を転じると、*Irvingia gabonensis*と*Baillonella toxisperma*の果実はゾウの食物になるが、種子はそのまま飲みこまれ、排泄をとおして離れたところに散布される。つまり、これらの樹種とゾウは共生関係を構築してきたのである。一方、人間は種子を割ってそのなかにある仁（ナッツ）を食べたり、搾油したりするので、種子を破壊する「捕食者」である。しかし、採集した果実の山からいくつか転がりおちたり、果肉をすこし噛って捨てたりするなどして、意図せずして種子を散布することがある。じっさい、ナッツを採集したキャンプ跡には、*Irvingia gabonensis*や*Baillonella toxisperma*が生えていることが多い（写真5—19）。キャンプ跡は概して光環境がよいので、実生はよく生長する。このような人間による種子散布が全体からみると無視できる誤差でしかないのか、あるいは一年型ヤマノイモとおなじようにそれらの分布に相当の影響をおよぼしているのかは、いまのところ不明である。しかし、ゾウと*Irvingia gabonensis*や*Baillonella toxisperma*の共生関係のなかに、人間が何らかのかたちで組みいれられており、そこには共生関係の要素が多少なりともあるということである。

栽培植物であるプランテンバナナは当然ながら「栽培」に近いところに位置づけられるが、ここでの考察の観点からは、バカと農耕民ではその位置づけにちがいがある。バナナは畑に集中分布しており、穀物とちがって季節性はなく、年間をとおして収穫できる。ただしそれは、本章第1節で述べたように、農耕民がおこなうような綿密な栽培管理のもとで実現していることである。農耕民は保存の効かないバナナの周年収穫を実現するために一～二年後の収穫を想像しながら、そこから逆算して栽植数や品種を調整したり、伐開する面積を定めたりしている。結果的に、一人の女性が一〇〇〇個体におよぶバナナを管理していることになるという（四方二〇一三）。

バカたちのバナナ栽培は、農耕民とくらべて不完全・不徹底にみえるところが多々ある。畑の面積は小さく、伐開時期のばらつきが大きく、周年的に安定した収穫は期待できない。それゆえ焼畑キャンプにおける農作物からのカロリー供給は、モロンゴにおける一年型ヤマノイモからのカロリー供給とくらべて、食物全体にしめる割合でも、カロリー供給の絶対値としても、しばしば小さくなる。バカたちは一年型ヤマノイモの群生地を「畑のようだ」と表現することがあるが、むしろ、逆に考えたほうがよいだろう。バカたちにとっての畑とは、まさに一年型ヤマノイモの群生地のようなものだということである。それなりの量の食物が集中分布している場所ではあるが、一年中それに依存して生きていくことを期待しているわけではない。バカたちとバナナは一定の相互依存のもとで共生関係を構築していることはたしかであるが、共生関係の深化の程度は、農耕民とバナナの関係とくらべてかなり弱いといえる。

ここまで比較してきた種々の生物において、人間との関係をとおした遺伝的な変異がどれだけ蓄積しているかは、正確なところは不明である。ミツバチや多年型ヤマノイモについては、人間との共生関係に適応したり、人間による採集から逃れたりするような変異が蓄積されている可能性はあるものの、個体群全体からみれば人間による影響はおそらく軽微であり、人間の利用が重要な選択圧になっているとは考えにくい。一年型ヤマノイモについては、第4章で論じたように、人間との関係をとおして何らかの変異が蓄積している可能性がある。たとえば、小さな芋片から再生しやすい個体が選択されていることなどが考えられる。とはいえ、栽培植物になるような強い選択圧がかかっているわけではないようである。*Irvingia gabonensis* や *Baillonella toxisperma* についても同様であろう。プランテンバナナは、東南アジアで栽培化された植物であるから、野生種からの遺伝的変異は明白である。ただ、その変異を蓄積してきたのはバカたち自身ではないし、品種改良を促すような働きかけもバカたちはおそらくしていない。

5……労働と所有

ここまで、蜂蜜、多年型ヤマノイモからプランテンバナナまで、バカたちの利用するさまざまな食物を、野生と栽培のあいだにひろがる領域を共時的にみわたすパースペクティブのなかに布置してきた。ただ、プランテンバナナにおいては、収穫にかなり先行する集中的な労働投入をして森林を伐開し、畑をつくる必要がある。この点で野生や半栽培に位置づけられるものと決定的な差異がある、という考え方にもそれなりの説得力があるように思える。バカたちが狩猟採集をとおして獲得する産物は概して労働投入から消費までの時間差が小さいのにたいして、プランテンバナナの場合、収穫に一年以上先だつ労働投入を要する。ジェームズ・ウッドバーン（Woodburn 1982）が提案した、即時収益システムと遅延収益システムの対比でいえば[41]、表5―3にある食物のうちプランテンバナナだけが遅延収益システムの資源であり、それ以外は即時収益システムの資源になる（一年型ヤマノイモを移植する場合には、もちろん遅延収益システムになる）。しかしながら、このように分類したところで、それはたんにバカたちの生業を既存のモデルに都合よくあてはめただけであり、彼らの〈生き方〉についての理解は一歩も前進していない。重要なことは、一見したところまったく異なるシステムが混在しているようにみえるバカたちの〈生き方〉について、何らかの意味で一貫性のある理解ができるかどうかである[42]。

バカがみずからバナナを栽培するとき、労働と収益のあいだには明白な時間差がある。しかしながら、ある社会の経済システムを特徴づけたり、個々の生業を特徴づけたりするうえで、労働と収益に時間差があるかどうかが決定的な基準だと考える必然性はないはずである。たとえば、キャンプ跡に再生した一年型ヤマノイモを三年後に採集する（かもしれない）ことと、畑をつくって一年半後にプランテンバナナを収穫することの差異は、人為の介入と収益のあいだの時間差ではないだろう。労働と収益の時間差があると特定の土地にしばられてしまい、それにともなってさまざまな変化が生じる（強いられる）という、もっともらしい話がある。しかし、過去に投入した労働が無駄になることを惜しむがゆえに特定の土地にしばられることは、むしろ合理的ではない場合が多いだろう。現時点において移住することのメリットのほうが大きいのなら、過去に費やしたコストの大小にかかわらず移住するのが合理的だからである。もちろん現実はもっと複雑であり、ある行動が合理的であるかどうかを判断することは簡単でないことが多い。過去に投入した労働が無駄になるかどうか、移住することのメリットのほうが大きいかどうかは、人間と対象となる生物の直接の関係だけでなく、その生物をめぐる人間どうしの関係によっても左右されるだろう。では、特定の生物、特定の土地との関係を墨守することが合理的になりうる条件は、どのようなものだろうか。この点にかんして私が重要だと考えるのが、労働することとその成果物を所有することとの因果関係の強度である。

農耕民は「労働投入の産物である農作物は労働した人の所有物になる」という因果関係を、あたりまえのこととして了解し、尊重している（細かくいえば、夫が森を伐開し、妻が作物の栽植・管理・収穫をするという家族内の役割分担がある）。自分の畑にある作物は、ほかの誰でもない自分の所有物であり、他人が無断で収穫すること、つまり盗むことは許されない。(43) 農耕民は、バナナの生育状況を個体ごとに把握し、収穫がとぎれることのないよ

---

(41)　ウッドバーンは、即時収益システム＝狩猟採集、遅延収益システム＝農耕というふうに一対一に対応させているわけではない。彼は、即時収益システムの狩猟採集と遅延収益システムの狩猟採集があり、前者において平等社会が発達していると主張した。

(42)　農耕民から農作物を入手することはピグミーに広くみられるが、それについて北西（二〇〇二）は、即時収益システムのなかでピグミーが農作物を獲得する手段であると指摘している。ほんらい労働と収益のあいだに相当の時間をおかねばならない農作物を、狩猟採集の産物である獣肉や蜂蜜あるいは労働力と交換することで、即時的に手に入れることができるというわけである。

(43)　労働と所有の関係についてはジョン・ロック以来のヨーロッパ近代哲学における議論の伝統があるが、そういった哲学をもちださなくても「私が栽培したこの農作物は私の所有物である」という論理は農耕民にとってごく自然なものだろう。

うにさまざまな工夫をほどこしているのであり、農作物を盗られることは死活問題である。他人（とくにバカ）が農作物を盗むことを防止するための呪薬もある。かりに農作物を盗られ、犯人をみつけたらどうするかと農耕民に尋ねたところ、当事者どうしで解決するのではなく、村長をふくむ村の有力者のまえで、つまり公の場で決着をはかるという。ただし、バカが盗んだ場合には暴力的な制裁をする農耕民もいるという。

ほかの地域のバカや、バカ以外のピグミーについても、農耕民の畑からしばしば農作物を「盗む」ことをさまざまな研究者が記述している（市川 一九八二；寺嶋 一九九七；竹内 二〇〇一；北西 二〇〇二；塙 二〇〇四；丹野 二〇〇四）。たとえば、コンゴ共和国北部でアカ・ピグミーと農耕民の関係について考察した塙（二〇〇四）は、アカの「盗み」にたいして農耕民ボバンダが暴力的な制裁をすると述べている。アカが農作物を「盗む」のは伐開作業を手伝った畑であることが多い。農耕民は、アカの手伝いにたいして、その都度、謝礼を払っている。したがって、アカの労働は清算されていると農耕民は認識しており、許可なく農作物を収穫することを認めていない。塙によれば、調査村のアカの半数は農作物を無断で収穫したために農耕民に殴られたことがあり、さらには「盗み」が原因で村人に殺されたアカもいたのだという。そのような農耕民のふるまいにたいして、アカは「畑で作業したのは自分たちなのにどうして食べてはいけないのか」とみずからの行為の正当性を演説調でしゃべることがあるという（丹野 二〇〇四）。とはいえ、この理屈は農耕民に通用しないことをアカたちはわかっており、農耕民に直接いうことはない。農耕民は「畑での作業にたいしては対価を払っている」と答えるだけだからである。

このような「盗み」をめぐる民族間のコンフリクトをみたとき、農耕民による暴力的な制裁には問題があるにしても、彼らの論理そのものは私たちにもわかりやすい。他方、すでに清算されているにもかかわらず、アカたちが「労働の対価」として農作物を無断で「採集」しているのだとすれば、それは無理筋のように思える。しかしながら、はたしてアカは「労働の対価」として農耕民の畑から農作物を「採集」しているのだろうか。「労働の対価」はすでに払っているのだから、その産物にたいする権利はない、という論理に型嵌めしてアカのふるまいを抑圧することこそが、まさに「農耕民的なものの見方」なのではないだろうか。

そもそも狩猟採集民において「労働の対価」あるいは「労働の成果」なるものは明晰な概念にはなりえない。ここで「明晰でない」というのには二つの意味がある。第一に、狩猟採集は不確実性が大きく、労働とその成果の関係は大きくばらつき、予測がつきにくい。どれほど長時間の労働をしても徒労におわることもあれば、望外の収穫を得られることもある。また、狩猟採集では、特定の食物だけを目的として探索することはあまりない。ヤマノイモの採集場に向かっているときでも蜂蜜をみつければ採集するし、蜂蜜を探して森を歩いているときでもアカカワイノシシの痕跡をみつければ追跡する。外部者の視点からある収穫に対応する労働投入量を厳密に定めることは困難であるし、当人たちもそのような認識はしていないと思われる[44]。どこからどこまでがその食物を得るための労働であったかがはっきりしないのであるから「労働の対価／成果」などという考え方は、すくなくとも量的には意味をなさないのである。

第二に、労働の成果物は、かならずしも労働した当人の専有物になるわけではない。二〇〇三年二月、ゾウ

(44) 狩猟採集活動についての行動生態学的な研究では、獲物との遭遇後（post-encounter）の所要時間と収穫の関係をもとに「労働の対価」を算出することがある。その場合、獲物と遭遇するまでの時間は、長くても短くても無視されることになる。

写真5-20　ダンドゥの蜜の分配。伐り倒した木の上で蜂蜜を分配しているのが巣を発見した「所有者」である。写真中央にいる上半身裸の二人が、およそ2時間かけて木を伐った。

狩りの最中に狩猟団の一人が蜂の巣をみつけたことがあった。あいにく登って収穫できないところに巣があったため、木を伐り倒すことになった。大きな板根があったので、二人の男が三メートルほどの高さまで登って蔓のロープで体をささえながら斧をふるい、二時間ほどかけて伐り倒した。ところが、蜂蜜を収穫して分配する段になると、木を伐った二人はその場にいた一〇人ほどの男たちとともに分配の「受け手」の輪にくわわったのである（写真5―20）。

まず注目すべきことは、蜂蜜の収穫のために最大の労働投入をした者が成果物の所有者になるわけではない、ということである。この蜂蜜の「所有者」は蜂蜜を分配している男である。では、蜂蜜を分配したのは誰だろうか。バカのルールでは、巣を発見した人が蜂蜜の「所有者」になる。ただし「所有者」といっても、分配は必須であり、近代的な意味での私的所有権を有しているわけではない。「所有者」は、蜂蜜を分配しない選択肢もあるなかであえて分配する、という裁量をもっているわけではないのである。アカの食物分配の過程について分析した北西（二〇〇一、二〇一〇b）は、食物の「所有者」は、その食物を自由に処分する権利を認められているのではなく「分配の責任者」としてのふるまいを要請されているにすぎないと指摘している。食物は、規則にもとづいて「所有者」のものになるが、そこにとどまることはない。数次にわたって、たくさんの人々に分配されていく。この過程において「所有者」の裁量は限定的である。重要なのは人々に食物がいきわたることであり、「所有者」とはそれが円滑になされるための媒介者だというわけである。[45] バカにおける「所有者」も、おおむね同様の位置づけにある。

バカの蜂蜜採集とその分配において興味深いのは、巣を発見した「所有者」が積極的に働こうとはしない点である。人数が少ないときには必要におうじて何らかの作業をするが、それなりの人数がいるときには「所有者」は何もせずに座っているだけの時間が長い。それゆえ、先述のように「労働者」と「所有者」が分離することが多くなる。発見者が収穫物の「所有者」になることはすでに確定していることを考えると、収穫作業への参与に消極的であることは、あたかも労働が「所有者」になることを根拠づけるかのような状況が生じることを避けているようにみえる。[46] もちろん彼らは、その食物の「所有者」が誰であるか、また、じっさいに食物を採集したり狩猟したりしたのが誰であるかについて、まったく頓着しないわけではないし、誰が「所有者」

---

(45) ただし、分配は「人数を数えて全員に均等に食物を分ける」といったように全体をみわたす立場から統制的になされるわけではない。たとえば料理の分配相手は、その日に誰とどのような活動をしたかに大きく影響される（関野 二〇二一）。

であるかが何の意味もないというわけではない。しかし、それが認識されていることと、労働した人がその成果物にたいして特権的な権利を有すると了解されることには必然的なつながりはない、ということである。

アカの事例とバカの事例をあわせて論じてきたが、ようするに、狩猟採集において「労働の対価」なるものは、ほとんど意味をなさないだろうということである。したがって、先述した農作物の「盗み」にたいするアカの弁明は「労働の対価」の要求であるとは考えにくい。では、アカにおいて採集する権利を正当化するのは何だろうか。現状では推測するしかないが、「畑で作業した」という発言が含意しているのは、その土地と自分とのあいだに何らかの結びつきが形成されている、ということではないだろうか。自分たちと結びつきのある土地で食物を採集することは当然の権利である、という主張なのだとすれば、アカたちが労働にたいする謝礼を受けとったうえで、さらに農作物を「採集」してもよいとする論理を（受け入れるかどうかはべつにして）理解することはできる。

⁂

本章冒頭で記述した、バカたちが他人の畑から農作物を「採集」する例については、さらに説明が必要だろう。なぜなら、Z村のバカたちは労働交換や共同労働あるいは労働者の雇用をしないので「採集」する畑で当人が労働したことはないはずだからである。つまり彼らは、自分たちの生活する土地にある他人の畑で食物を「採集」することを、さしてひどい行為だとは考えていない、ということになる。もちろん、そこが特定の誰かの畑であることは誰もが承知しているし、畑は共有物であると考えているわけでもない。また、他人の畑からの「採集」は堂々とおこなうものではなく、こっそりと隠れておこなうたぐいの行為である。自分の畑に収穫できる農作物があれば、わざわざ他人の畑で「採集」することはない。とはいえ、他人の畑での「採集」を禁止する規範が確立しているわけでもない。バカたちは、自分の畑で他人に作物を「採集」されることについてそれなりの不満を抱きつつも、ことさら口にだして非難するようなことはない。

アカの例でも指摘したように、畑をつくる作業が土地との結びつきを強くするのであれば、そこで「採集」する権利をもっとも強く有するのは、その畑をつくった人である。しかし「労働の対価／成果」の論理にもとづく権利とは異なり、結びつきにもとづく権利は排他的なものにはなりにくい。おなじ村に住んでおり、おなじ森を利用している人々にたいして、その森の一部を伐開してつくった畑について「あなたはここで食物を採集する権利をいっさい有していない」と主張することは、なかなか困難だろうと思われる。[47] であれば、誰もが自分の畑で他人に「採集」されており、誰もが他人の畑で「採集」している、という現実は、ごく当然のことのように思えるのである。

労働と収益の時間差はたいした問題ではない。それを決定的な基準とみなしてしまうのは、あらかじめ狩猟採集と農耕を相容れない行為だと暗黙裡に定めているからである。バカたちの生業の特徴を理解するうえでよ

---

(46) これは狩猟採集社会で顕著な「シェアリング」と農耕社会で顕著な「贈与交換」の差異にもかかわる点である（安岡 二〇二一 a；Yasuoka 2021）。つまり、贈与交換は「自分のものをあなたに与える」のにたいして、シェアリングは「誰のものでもないものを皆で分割する」という形式である。ただし、現実的には「誰のものでもないもの」の存在は混乱をまねく可能性があるので、分配の責任者として「所有者」が必要になる、というのが私の考えである。

(47) バカのなかにも「農耕民のようなふるまい」をする人はおり、Z村のあるバカの男は、知りあいの農耕民から「盗み」をふせぐための呪薬をもらって自分の畑に設置していた。しかし、それは農耕民のような行為だとして嘲笑の対象になるのである。

り重要なことは、労働とその成果物の所有の因果関係の強度である。農耕民にとって農作物は労働の成果物であり、その所有は労働によって根拠づけられている。バカなどのピグミーに作業を手伝ってもらう場合には「労働の対価」を払うことで成果物の所有にたいする権利を清算しようとする。それにたいして、バカにおいては、労働と所有の因果関係は概して弱いし、すくなくとも労働は特権的な要素ではない。労働は対象と結びつく契機の一つではあるが、ほかのかたちでの結びつきを排除するものではない。たとえば、蜂蜜採集や集団槍猟では、その場にいあわせることが成果物の一部を受けとる権利を根拠づけている。すくなくともZ村のバカたちのあいだでは、このような労働と所有のルースな因果関係のもとで農作物が栽培されているため、他人の畑での「採集」と「盗み」を明快に区別する規範が確立していないのだと考えられる。

6……並存する諸生業

ここまでバカたちの生活をささえる主要な食物を、野生と栽培のあいだにひろがる領域を共時的にみわたす半栽培のパースペクティブのなかに布置してきた。そのさいに留意してきたのは、農作物をみずから栽培する現在の彼らの生活を、安易に「農耕化」の途上にある未熟で不完全なものと位置づけてしまわないようにすることであった（ここでいう「農耕化」とは、農耕を食料生産の基軸として生活するようになるという意味である）。そのような一方向の時間軸をいったん排したうえで、半栽培のパースペクティブのなかにさまざまな生業を布置することによって、バカたちによるバナナ栽培の受容を、生業の「多様化」として把握してきたのであった。

ただし、半栽培的な植物との関係は、じつは農耕民においてもよくみられることである（塙 二〇〇二、二〇〇九：小松 二〇一〇b）。ジャック・ハーラン（Harlan 1992）は、耕地に生えている植物を、人間の関与の度合いと好悪によって五つに分類している。①栽培化された植物、②存在が奨励され保護される雑草的作物、③存在を許容される雑草、④存在が好まれない雑草、⑤有害視され疎まれる雑草、である。このうち②と③は半栽培の位置にある植物だといえるが、小松・塙（二〇〇〇）が記述しているように、熱帯雨林の焼畑にはそのような植物があふれている。

また、コンゴ盆地の農耕民は、農耕だけでなく、漁撈、狩猟、採集にも積極的に従事している（Sato 1983; Takeda and Sato 1993; Takeda 1996; 四方 二〇一三）。自然利用のゼネラリスト（掛谷 一九九八）やマルチ・サブシステンス（Kimura 1998）などと描写されてきたように、農耕民の生業活動や森林資源のレパートリーは、狩猟採集民のレパートリーとほとんど重なりあっているといってよい。そうであれば、バカが「農耕化」しているというのとはべつの意味で、つまり、バカも農耕民も熱帯雨林の多種多様な生物たちとの半栽培的な関係を基盤として生活をいとなんでいるという意味で、両者の区別があいまいになってしまうようにも思えてくる。

むろん、そこに差異は存在している。先述した労働と所有の因果関係の強度のちがいもその一つである。それにくわえて、基軸となる生業があるかどうかも重要な差異である。農耕民は、さまざまな生業をおこなうといっても、あくまで農耕を基軸として位置づけたうえでのことである。たとえば、乾季の生業としては、まずは焼畑を造成するという明確な優先順位がある。それにたいして、バカたちの種々の生業のあいだに優先順位があるわけでなく、それぞれ同等の選択肢として並存している。また、かならずしも季節的な相補関係にあるわけでもない（図5—4）。たとえば、バカたちにとって乾季は、一年型ヤマノイモの季節であり、また、掻いだし漁の季節でもある。多年型ヤマノイモをたくさん収穫して食べることもあるし、村にいて焼畑をつくるこ

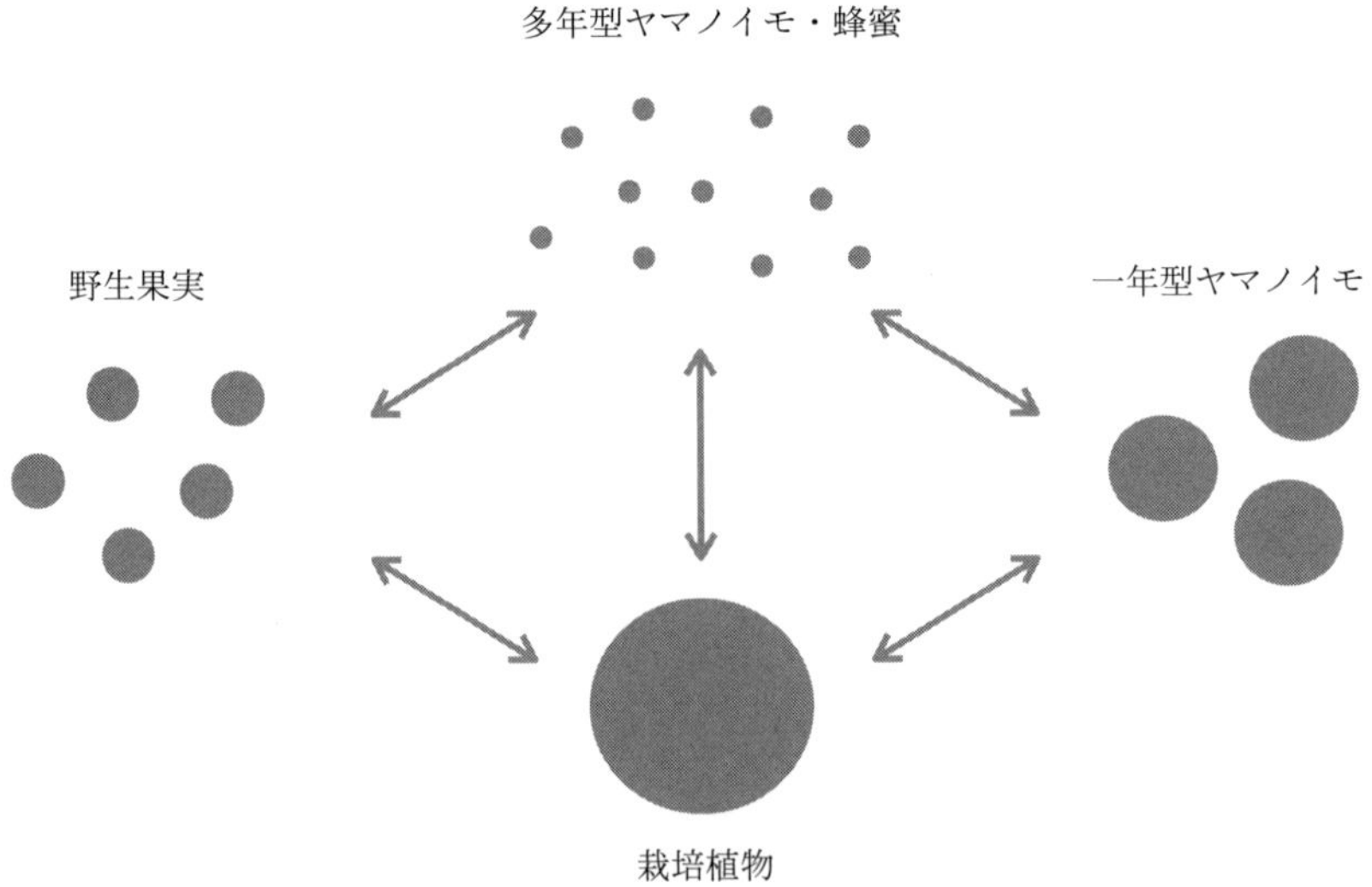

図5-4　バカの利用するいくつかの食物　丸の大きさは食物の集中ぐあいを模式的にあらわしている。かならずしも季節的な相補関係にあるわけではなく、多くは、おなじ季節において同等の選択肢として並存している。

ともある。バカたちがいつ何をするかは、そのときどきの状況におうじて、さまざまである。焼畑のために木を伐っているかと思えば、森の実りが豊富とみるや、いとも気軽に森のキャンプへ移動してしまうのである。つまり、バカと農耕民がおなじような生業のレパートリーをもっているとはいっても、種々の生業活動を束ね、その全体を方向づけている〈生き方〉の次元において差異があるのではないか、ということである。

本章の考察は「農作物を栽培する狩猟採集民」という、いささか矛盾めいた表現から出発した。しかし「農作物を栽培する」というのは一つの生業について述べているのにたいして、「狩猟採集民」というのは〈生き方〉の次元について述べているのである。それらは論理階梯が異なっており、したがって「農作物を栽培する狩猟採集民」という表現は、かならずしも矛盾しているとはいえない。狩猟採集民の〈生き方〉のなかに、農耕民の〈生き方〉における位置づけとは異なるかたちで、農作物を栽培することを齟齬なく位置づけられればよいのである。

では、そのような狩猟採集民の〈生き方〉は、いったいどのように記述することができるのだろうか。次章では、このような問題意識のもとで「狩猟採集民とはどのような人々なのか」という問いにとりくむことになる。

第6章

アンチ・ドムスの〈生き方〉

前章では、バカたちの利用する食物（生物）を、野生と栽培のあいだにひろがる領域を共時的にみわたす半栽培のパースペクティブのなかに布置した。とはいえ、バカたちとおなじく熱帯雨林で生活している農耕民も、野生の動植物の狩猟採集をふくむ多様な生業をおこなっており、そのレパートリーはバカと大きく重複している。本章では、種々の生業活動を束ね、その全体を特徴づけ、方向づけている〈生き方〉の水準において、狩猟採集民の特徴を理解することを目標とする。まず（1）人間と他種生物のかかわりあいにおける典型例としてドメスティケーションに着目し、その記述のフレームの変化を、単一主体モデルから関係論モデルへの展開として把握する。ついで（2）関係論モデルの限界をのりこえるために、序論で指摘しておいた〈共生成〉や〈歴史〉といった概念を組みこんで、ドメスティケーションを動的かつ双方向的に記述する双主体モデルを構築する。さいごに（3）双主体モデルを適用してバカとヤマノイモのかかわりあいを記述し、バカたちの〈生き方〉を方向づけている志向について論じる。

1　異種生物の共生関係の捉え方

1……〈生き方〉の次元

人間とさまざまな生物のかかわりあいを半栽培のパースペクティブのなかに布置することの意義は、それらを、ある時点における野生と栽培のあいだの共時的なバリエーションとして把握することにあった。それは、狩猟採集と農耕、あるいは野生と栽培のあいだに、断絶ではなく連続性をみいだすことであり、ただしその連続性は通時的なものではないこと、つまり狩猟採集から農耕へ、あるいは野生から栽培へ、という単一方向の変化をアプリオリに想定した連続性ではないことを含意していた。単一方向の価値観、すなわち「進歩」の価値観から自由になることで、バカたちの生業の変化を、中途半端な「農耕化」としてではなく、半栽培のパースペクティブのなかでの「多様化」として捉えることができる。とはいえ、そのような多様化は、狩猟採集民であれ農耕民であれ、おなじような幅をもって実現しているのではないか、そうであれば両者の差異はいったいどこにあるのだろうか。これが前章のさいごに提起された問いであった。

そのとき「進歩」という動因を否定するならば、生業の変化や多様化はどのような傾向をもって生じるのかが問題になる。この問いにとりくむためには、種々の生業活動を束ね、その全体を方向づけている〈生き方〉の次元において、狩猟採集民と農耕民の差異を同定する必要がある。つまり、生業の記述には二つの異なる次元がある。第一に個別の生業の次元であり、第二に〈生き方〉の次元である。「進歩」という動因が排除された生業の変化・多様化の傾向は〈生き方〉の次元において捉え直す必要がある。本章における当面の目標は、これら二つの次元にアプローチするための一貫した理論を構築することである。

2……スコットの「ドムス生物化」

そのとっかかりになるのは、ドメスティケーション（栽培化・家畜化）である。序章でも述べたように、ドメスティケーションは、欧米ではながらく人類の「進歩」の物語の端緒に位置づけられてきたが（Lien et al. 2018;

Stépanoff and Vigne 2019)、むろんここで想定しているのは、そのような「世界史」的なドメスティケーションではない。リーンら(Lien et al. 2018)は、そのような意味づけを批判したうえで、おもに近年の考古学の知見に依拠しながら、ドメスティケーションについて論じるさいに留意しておくべき六つの点をあげている。すなわち、ドメステスティケーションは……

① 漸進的である。
② つねに一定方向にすすむわけではない。
③ 多様である(世界各地で異なるかたちで生じた)。
④ 相互的なプロセスである。
⑤ 意図しない変化、予期しない変化をともなう。
⑥ マルチスピーシーズの関係である。

序章で述べたスコット(二〇一九)の、ドメスティケーション=ドムス生物化という着想は、オーソドックスなものではないが、これらの知見と矛盾しているわけでもない。また、ドムス生物化とは、人間と動植物・微生物の集住する空間であるドムスへの適応であることをふまえるならば、とりわけ、②一方向的でない、④相互的、⑥マルチスピーシーズ、といった点について、より具体的なビジョンを提示することができる。これらは、人間と人間以外の生物を原理的に区別せずにドメスティケーションを記述するうえで重要な点である。たとえば、ある人間集団がある栽培植物に強く依存して生きているとき、人間もその栽培植物とともにドムス生物化している＝ドメスティケートされている、と捉えることができる（④）。また、あらかじめ人間と生物Xという二者に視野を限定するのではなく、あくまで多種多様な生物が集まっているドムスのなかでその二者に焦点をあてる、という視野の拡大をもたらす（⑥）。さらに、ドムスに集まる第三の生物との関係によっては、焦点をあてている二者の関係が野生のほうへ「逆もどり」するといった捉え方もできる（②）。

ただ、スコット（二〇一九）は国家形成を論点としているため、人間が人間をドムス生物化するという方向に議論を向けており、ドメスティケーションという現象一般をドムス生物化として把握することについては、アイデアの提示にとどまっている。本章では、その着想を敷衍しながら理論構築をおこなうのだが、その出発点として、ドメスティケーション＝ドムス生物化をつぎのように描写しておこう。ただし後述するように本章では、ドムス生物化を一つのパターンとしてふくみながら、より一般化されたかたちでドメスティケーションを定義することになる。

ある生物（ふつう人間だが、人間でなくてもよい）が、ドムスにおいて構築されているマルチスピーシーズの連関に（意図的であれ非意図的であれ）介入して、特定の生物を囲いこんでいくプロセス

さしあたって右の意味でのドメスティケーションを念頭において〈生き方〉の次元をどのように論じるのかという大まかな方向性を述べておくと、それは、人々がみずからをとりまくマルチスピーシーズの連関にたいして介入したり介入しなかったりすることで、他種生物や彼ら自身のドムス生物化がどのように方向づけられているかを把握する、というものになるだろう。ごく簡易的な見取図としては、一方には、ドムスにおける特

定の生物との相互依存を基軸としてマルチスピーシーズの連関を再／構築しながら生きている人々がおり、他方には、できるだけドムスにとりこまれることを避け、いかなる生物とも強い相互依存に陥らないようにマルチスピーシーズの連関を再／構築しながら生きている人々がいる、ということになる。

3……単一主体モデルと関係論モデル

ドメスティケーション＝ドムス生物化という着想を出発点として、より精緻な独自のモデルを構築していくにあたって、この着想がドメスティケーションについての標準的な理解とどのように異なっているのかを確認しておかねばならないだろう。

古典的な意味でのドメスティケーションとは、自給や経済的利益を目的として、対象生物の繁殖、生活圏、採餌などを人間が完全に支配したうえで、その形質を好ましいものに改変していくプロセス、というものである。そのときドメスティケーションの主体として想定されているのはあくまで人間であることから、このような捉え方を「単一主体モデル」と名づけることができる。

しかしながら、単一主体モデルで記述できるドメスティケーションは、その多様なバリエーションのごく一部でしかない。なぜなら、右の描写が含意しているシステマティックな繁殖管理がなされるようになったのは過去三〇〇年ほどのことにすぎず、ドメスティケーションの歴史の大半は、明確な意図のもとで徹底した人為選択をほどこしたものではなかったと考えられるからである（Leach 2007）。シャルル・ステパノフとジャン＝ドニ・ヴィーニュ（Stépanoff and Vigne 2019）は、ここで単一主体モデルと記したような考え方が普及してしまう言語的背景を指摘している。つまり、英語のto domesticateという動詞は、構文上、主語と目的語がおかれるが、ふつう人間が主語になり、動物や植物が目的語になる。したがって、しぜんと人間だけにエージェンシー（行為主体性）を付与してしまい、動植物を受動的な対象物あるいは人工物に変えてしまうというわけである。しかし、この図式が定着したのはそれほど古い話ではないという。英語のto domesticateに相当するdomesticareというラテン語の動詞は中世になって出現したものであり、たとえば古代ローマ人は（ドムスとアグリオスの対立はあったとはいえ）主体―客体図式とは異なるモデルによって家畜や栽培植物との関係を理論化していたはずだという。

⁂

それでは、ドメスティケーションの歴史の大部分を占めているのは、いったいどのような人間と動植物の関係なのだろうか。植物についていえば、畑をつくって植えつけをし、偶然できた好ましい品種を維持しようとはするものの、意図的な交配をとおした品種改良や品種の維持はしない程度のかかわりあいだということになる（Leach 2007）。

このあたりの関係を把握するためには、異なる生物種間の相利共生としてドメスティケーションを捉える「関係論モデル」が有用である。著名な生態学者であるユージン・オダム（一九七四）は、ドメスティケーションとは「そうされる側とそれを行う側（通常、人間）のあいだの相互的な適応――相利共生の特殊な型」であり「ドメスティケイトされる側と同じように人間にもいくつかの変化（たとえ遺伝的でないにしても、生態的な、または社会的な変化）をもたらす両面交通の道路のようなもの」であると指摘している（重田二〇〇九）。また、阪本寧男（一九九五）は、小松左京（一九八〇）の「共生淘汰」という言葉を参照しながら、雑草性植物と人間については

「初原的な共生関係」、半栽培の植物と人間については「より前進した共生関係」、そして栽培植物と人間については「完全な共生関係」と表現している。

ドメスティケーションについての近年におけるオーソドックスな定義は、このような関係論モデルの系譜に位置づけられる。たとえば、メリンダ・ゼダー（Zeder 2015）は以下のように定義している。

> ドメスティケーションとは、目的の資源をより確実に確保するために、ある生物がパートナー生物の繁殖や養育にたいして大きな影響力をもち、パートナー生物はこの関係をもたない個体より有利になることで、ドメスティケートする側とされる側の双方に利益をもたらし、それぞれの適応度を高めるような、世代をこえて持続する相互依存関係である。

関係論モデルによって野生と栽培の中間的な状態について論じた研究は日本でも数多くあるが、ここではとくに重田眞義（二〇〇九）が提案した、関生（relationalizaion）について述べておきたい。関生とはヒト—植物間の「すりあわせ的関係」のなかで「野生」と「栽培」の中間に位置づけられる状態である。関生状態にあるヒト—植物関係においては、ヒトは特定の種あるいは個体を同一の目的のためにくりかえし利用しており、その植物を遠く離れた地域に運ぶこともある。一方、植物は短期的には自分で繁殖できる能力をもっており、ヒトとの関係を断って逸出することができる。野生と関生の境界はどこにあるかといえば、野生状態ではヒトと植物の関係はまったく無関係であるか搾取・被搾取の関係にあり、ヒトの関与によって野生植物の生存価は低められるのにたいして、関生状態ではヒトと関係することによって生存価が高まるという点である。また、関生と栽培の境界は、関生状態では植物は自力で繁殖する能力を保持しているのにたいして、栽培状態では植物はその生存と繁殖をヒトに委ねており、ヒトとの関係が断たれれば生存価が減少する点にある。

むろん、重田のいう関生は、いわゆる「半栽培」と大きく重複している。しかし重田は、ヒト（あるいはその反転としての植物）の行動を説明するのにもちいられがちな、一方向的・目的的な「意図性」の呪縛から逃れ、ヒト中心主義でも植物中心主義でもない視座から「ドメスティケートする＝関係する」という現象を把握することを強調するために「関生」という造語を採用したのであった。じつをいうと第5章での「半栽培のパースペクティブ」への布置は、まさに重田のいう関生の概念を念頭においたものである。したがって「関生のパースペクティブ」と記すべきだったともいえるが、こんにちでは「半栽培」という言葉が説明なしに使用できるほどに普及していること、また、単一主体モデルより関係論モデルのほうがすでに優勢であり、「半栽培」には、もはや一方向的・目的的な「意図性」に縛られているというニュアンスはほとんどないであろうことから、「半栽培」という言葉をもちいたのであった。

⁂

このように関係論モデルは、単一主体モデルより広い視野のもとでドメスティケーションを捉えることができ、とりわけドメスティケーションの初期段階を把握するうえで重要な理論的前進だったといえる。しかしながら、関係論モデルも、それだけでドメスティケーションの全貌を把握するには不十分であるように私には思える。なぜなら関係論モデルは、人間と生物の関係について、結果として静的な記述になってしまいがちだからである。たしかに重田は、ヒトと生物の「すりあわせ的関係」のなかで関生が実現しているのであって静的なものではないことを強調している。しかし、その関係を動的かつ双方向的に記述し、分析するための道具立てについては、じゅうぶんに具体化されているわけではない。

人間と生物のかかわりあいの動的な把握のために必要な「道具」の一つは、単一主体モデルから関係論モデルへのパラダイムシフトにおいて消去されてしまった「主体」である。単一主体モデルでは、対象生物のドメスティケーションを駆動していく人間主体が配置されているのにたいして、関係論モデルでは、共生という「関係」が強調される。そこでは、人間が意図していようと意図していまいと、結果として共生関係が成立していればよく、したがってドメスティケートする側／される側という主体と客体の関係は消失するか、二次的なものだとみなされがちになる。

むろん、これらの二つのモデルはまったくの見当ちがいだというわけではない。単一主体モデルはドメスティケーションの最終局面に近いほど（たとえば品種改良）よくあてはまるし、関係論モデルはドメスティケーションの開始局面に近いほど（たとえば人里植物の利用）よくあてはまる。しかし、それぞれ得意とする局面を外れるとあまり有効ではないように思われる。したがって、半栽培のパースペクティブの全体をみわたしながら多種多様な生物と人間のかかわりあいを動的に把握するためには、二つのモデルを継ぎ接ぎしなければならない。しかし、それも不格好である。

このような問題意識のもとで、これから構築していくのが「双主体モデル」である。それは、単一主体モデルのようにドメスティケーションの主体をあらかじめ限定するのではなく、関係論モデルのようにドメスティケーションの主体を抹消するのでもなく、焦点化された生物の双方にドメスティケーションを駆動する主体となる可能性を認めるのである。そうすることで、従前の二つのモデルの断絶と不整合を解消して、両者を統合することができるだろう。

2 〈ドムス化〉の双主体モデル

1……〈野生〉とはどのような状態か

双主体モデルは、関係論モデルに「主体」を再導入したものになる。ただし、ドメスティケーションを駆動する主体になりうるのは人間のみではない、と考える。それゆえ「双主体」なのである。当然ながら、人間のみが主体であると想定されているときとは「主体」の意味が異なってくるし「ドメスティケートする」という行為の意味も異なってくる。したがって、双主体モデルにおいて「ドメスティケートする」とはどのような行為であるのかを明確にしておく必要がある。そのためにはまず、ドメスティケートされることになる「野生」の生物とは、どのような状態にある生物なのかを定義しておかねばならない。

野生であるとは、辞書的には「動植物が山野で自然のままに生育する」ことを意味する。しかし「自然のままに」という表現は「人為のもとで」との対置を念頭においており、それゆえ辞書的用法の野生は、文化と自然の二項対立にもとづいて人間と人間以外の生物を峻別しているといえる。これでは双主体モデルの基礎概念にはならない。人間と人間以外の生物を原理的に区別しないかたちで、つまり人間が「野生」であることもありうるかたちで「野生」を定義し直す必要がある。そうすることで、人間がドメスティケートされる事態についても思考することができるようになるだろう。

もうすこし具体的に考えてみよう。「バカたちは『野生』である」という文は、どのような事態を描写していることになるだろうか。辞書的な意味に拠るならば「バカたちは森で自然のままに生きている」ということになるが、これでは「バカたちは野生動物のように生きているから『野生』である」という同義反復と大差ない。では、この文が意味をもつような「野生」の定義はどのようなものになるだろうか。

つぎの文［A］は、バカとヤマノイモの関係について述べたものである。

あるヤマノイモ個体群は、バカたちの利用を介して分布を拡大するものの、それにことさら依存することなくみずから再生産している…［A］

第4章で論じたように、ヤマノイモの分布にたいする人為の影響についてはまだ議論の余地があるが、ここでは「人間にことさら依存することなくみずから再生産する」ことを重視して、［A］は「ヤマノイモは野生である」という文と同値だとしよう。つぎの［B］は［A］と主客を入れ替えた、ほぼおなじ構造をもつ文である。

バカのある集団は、特定のヤマノイモ個体群を食料として利用するものの、それにことさら依存することなく生活している…［B］

［A］が「ヤマノイモは野生である」という文と同値なら、やや違和感があるかもしれないが、［B］は「バ

カたちは野生である」ことを述べていることになる。では［B］と同一構造の［C］はどうだろう。

バカのある集団は、特定のバナナ個体群を食料として利用するものの、それにことさら依存することなく生活している…［C］

「バナナ」を「キャッサバ」や「栽培植物」としてもよい。この文は［B］とくらべると「バカたちは野生である」ことを述べていると認めやすいだろう。では、つぎの文はどうだろうか。

バカのある集団は、特定のバナナ個体群を食料として利用し、それに依存して生活している…［D］

［C］とは対照的に［D］は「バカたちは野生ではない」ことを述べているように読める。ここで重要なことは、定住化のすすんだバカであれ、農耕民であれ、しばしば［B］と［D］の両方が成立しているという点である。しかし「野生である」ことと「野生ではない」ことは両立しない、と考えるのがふつうである。

まわりくどいことを書いてきたのは「野生」という概念はもともと人間中心主義的に定義されているため、特定種とそれ以外の種との関係という構造が維持されてしまうかぎり「野生」という概念を適切に定義できないことをしめすためである。では、特定種／それ以外という構造から逃れて［B］「バカたちは野生である」と［D］「バカたちは野生ではない」が両立するような〈野生〉を定義するとしたら、どうなるだろうか。それは、つぎのように常識とはやや異なる定義になる。

【〈野生〉】二つの生物集団間の関係のあり方の一つ。ある生物の集団が、特定の生物の集団と無関係であるか、あるいは、特定の生物の集団と何らかの関係があったとしても、その関係にことさら依存することなく生存・再生産している状態。

以降、この意味での〈野生〉と通常の日本語の意味での野生を区別してもちいる。まず〈野生〉の定義が含意していることを三点あげておこう。

① 〈野生〉とは二者関係についての記述であり、「○○から〈野生〉である」という記述形式になる。たとえば文［A］は「ヤマノイモはバカたちから〈野生〉である」こと、［B］は「バカたちはヤマノイモから〈野生〉である」ことを述べている。野生の辞書的用法は「○○は人間から〈野生〉である」ことを述べている。

② 〈野生〉と対置される「生物○○に依存することにより生存・再生産が可能になっている」状態を「○○にドメスティケートされている」と定義できる。たとえば［D］は「バカたちはバナナにドメスティケートされている」ことを述べている。

③ 記述対象とする二者に人間がふくまれていなくてもよい。たとえば、特定の生物種に依存することなく生きているライオンは「あらゆる生物から〈野生〉である」といえるし、ユーカリがないと生きていけないコアラは「ユーカリにドメスティケートされている」といえる。

さて、②で述べた「ドメスティケートされた状態」の定義はオーソドックスな定義と重なる部分もあり、ごく常識的に理解できるものだろう。しかし、それを人間と人間以外の生物を原理的に区別しないで適用するためには〈野生〉であることの記述を二者関係（および、その束）に限定しなければならない、ということである。そして、そのことによって炙りだされてくる、より重要な命題はつぎのものである。

④〈野生〉の状態から「ドメスティケートされた状態」にいたるプロセス、すなわちドメスティケーションは、二者関係のみによっては記述できない。

なぜなら、生物Aが生物Bを「ドメスティケートされた状態」にするには、生物Bの生存・再生産を生物Aに依存させる必要があるが、それは生物Bと生物C、D、E……の関係を断ち切ることによってのみ可能だからである。

2……「ドメスティケートする」とはどのような行為か

ドメスティケーションの極致として、植物工場で栽培されているトマトを想像してみよう。工場トマトは外部との関係をほぼ遮断され、生存と再生産のすべてを人間に依存している。では、野生トマトから工場トマトに変化する過程で人間は何をしてきたのだろうか。まず確認しておくべきことは、野生トマトは、捕食者、種子散布者、競争相手、共生相手といった多種多様な生物たちとかかわりあいながら生きており、そのなかで世代をつないできたという点である。野生トマトを採集する人間は、あくまでトマトとかかわりあっている多種多様な生物のなかの一種でしかない。

トマトはメキシコで栽培化されたと考えられるが、その詳細はわかっていない。ただ、おおよその筋書きを想像することはできる。人々が野生トマトを採集し、集落にもちかえった。それを食べるとき、傷んでいるものを捨てたり、種だけを吐き出したりしただろう。集落周辺でその一部が発芽して生長した。人々は大きく美味しそうな野生トマトを選んで採集したので、集落周辺のトマトの一群では、しだいに大きく美味しいトマトの比率が増してきた。それに気づいた人々は、大きく美味しいトマトの種子を、よく育ちそうな場所を選んで播くようになった、といったところだろうか。

そこから工場トマトにいたる道程の中間に、畑で栽培されるトマトが位置づけられる。畑には多種多様な生物が出入りして、トマトと関係している。その一方で、人間が、トマトを捕食者から守り、競争相手を排除し、共生相手を補助し、種子を播く。さらに、トマトがよく生長するように、水や養分をあたえ、環境を整備する。つまり畑では、人間とトマトの関係が、人間以外の生物とトマトの関係を圧倒しており、その条件のもとでトマトは生き、世代をつないでいるのである。

そして工場トマトにいたって、環境の大部分が人為的に構築されたものになり、第三の生物の関与はおおかた排除されるようになる。

以上をふまえて「ドメスティケートする」という行為を定義すると……

対象生物の生きる環境の構築をともないながら、自分にたいする依存度が増大するように、対象生物と第三の生物たちの関係をコントロールすることだといえるだろう。人間がドメスティケート主体である場合、その初期においては対象生物の諸関係への介入を意図していないこともありうるだろうが、しだいに意図的な介入の比率が増してくると考えられる。そうした介入の積み重ねをとおして、対象生物にかかわる選択圧がドメスティケート主体に由来するものに集約されて、その行為主体にとって好ましい形質が対象生物の個体群に普及していく。最終的に、ドメスティケート主体との関係なしには対象生物の生存・再生産がままならない状態になったとき、その生物個体群は完全にドメスティケートされたことになる（図6—1）。

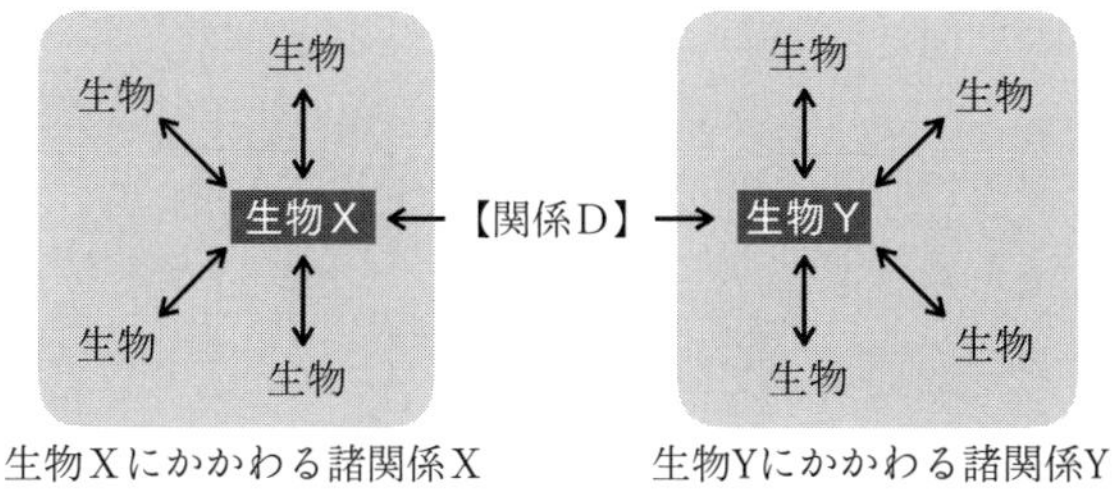

図6-1　双主体モデルの簡略版模式図　関係Dが生物Yの生存・再生産にかかわる諸関係Yを圧倒しており、生物Xが諸関係Yをコントロールしているとみなせるとき、生物Yは生物Xにドメスティケートされている。逆に、関係Dが諸関係Xを圧倒しており、生物Yが諸関係Xをコントロールしているとみなせるとき、生物Xは生物Yにドメスティケートされている。なお、この図は、双主体モデルの一側面しか表現していない。モデルの全体像については本文を参照すること。

なお、ここでは植物を例にとって説明したので「対象生物の生きる環境の構築をともないながら」という部分を、限定された区域としてのドムスの構築と捉えることができる。しかし、そうすると遊動性の高い牧畜民にはあてはまりにくい場合がある。したがって、動物のドメスティケーションについては「環境の構築」という条件を緩くとる必要があるだろう。

3……〈ドムス化〉する行為主体

先に述べたように、双主体モデルは、人間と対になる生物もドメスティケーションを駆動する行為主体になりうると想定する。であれば、トマトの例において人間のしたような行為を、人間以外の生物もするということだろうか。そんなことは不可能だ、と思われるかもしれない。たしかに人間は、世代をこえた経験の蓄積や技術の柔軟な活用を基盤として長期的な展望にもとづいて行為する。したがって、人間による他種生物への働きかけは、その逆とはまったく異なるものだという指摘にも一理ある。しかし、そのような見方は一面的だという指摘もある（Lien et al. 2018）。なぜなら、人間の行為においても意図と結果のあいだには大きな不確実性がはらまれているのがふつうであり、したがって人間を例外視するのは、人間の行為における「意図」を過度に重視してしまっているがゆえではないか、というわけである。そもそも、イヌ（や雑草や人里植物）のように、人間がその繁殖に意図的に介入するようになるはるか以前から、みずから人間に近づいてきて密接な関係を築いた生物がいるし、さまざまなアリのように、人間が農耕をはじめるよりはるか以前から、ある種の栽培をしている生物がいる。いずれにしても、ここでの目的において重要なことは、ドメスティケーションを駆動する行為主体を明確な意図や長期展望をもつ人間に限定するのではなく、かといって人間を（自然科学的・生物学的な意味での）生物一般に還元してその主体性を限定するのでもなく、人間も人間以外の生物もドメスティケーションを駆動する行為主体になる可能性を排除しないような、守備範囲の広いモデルを構築することである。そのためには、以下にしめすように「行為主体」の意味する範囲を拡張する必要がある。

ある人間集団が特定の植物（たとえばイネ）に強く依存した生活をいとなんでいるとして、そこにいたる過程で生じたことを想像してみよう。それは人間による植物の改変だけにとどまらない。植物の性質におうじて、栽培技術が開発され、労働が組織化され、土地所有が制度化され、農耕儀礼が発達し、作物市場が形成されてきたはずである。その植物にたいする人間の依存が一定程度に達すると、その植物と人間のあいだにすでに構築されている関係になじむかどうかが、他の栽培植物や家畜の導入・維持・除外を左右する要件になっただろう。また、人間集団における諸制度は、随時、その植物との関係を強化する方向で再編されてきたと考えられる。そうして人間はその植物にますます依存することになる。ある種の生物は、このようにして、みずからにたいする人間の依存度を高めることに成功し、それによって個体群を拡大することができたのである。

むろん、ふつうの日本語の意味で「行為した」のは人間である。しかし、その生物の存在なしにはなされなかったはずの行為を人間がするとき、その生物は人間と結びついてエージェンシーを発揮しているのだと考えるのは特段おかしなことではないだろう。たとえば、ある種のウイルスに感染した人間は咳をする。そのとき咳をしたのは人間だが、ウイルスこそが人間をして咳をさせたのである。狭い意味で「行為した」のではなくても、行為の生起に直接関与するものを行為主体と認めるなら、人間以外の生物もドメスティケーションを駆動する行為主体になりうる。(48)

⁂

それでも、人間でない生物が人間を「ドメスティケートする」ことに違和感が残るかもしれない。しかし、それは概念の問題というより言語の問題であり、もっというなら英語の問題である。先述のように、to domasticateという動詞は「主語」が「目的語」を「ドメスティケートする」という構造でもちいられる他動詞である。それゆえこの動詞をつかうと、とくに意識せずとも、主体―客体図式のなかで世界を眺めてしまう。しかも私をふくめて研究者が学術的な文章を書くとき、たとえ日本語で書く場合でも、つねに文の主語を意識して書く。日本語ではかならずしも主語を明示する必要はないにもかかわらず、である。なぜなら、そうしないと「明晰」な文意にならないからである。学術的な文章を書く行為は英語に支配されており、それゆえ「ドメスティケートする」という言葉を日本語のなかで使用する場合であっても、主体—客体図式から逃れることは困難なのである。そして人間が主語になるのが一般的である以上、人間以外の生物が人間を「ドメスティケートする」という表現は意味的に成立しづらくなる。

このような言語的環境にあることを自覚したうえで、ここからは、主体—客体図式から逃れることを意図して日本語としての〈ドムス化〉する、あるいは〈ドムス化〉主体という言葉をもちいることにする。〈ドムス化〉すること、すなわち〈ドムス化〉主体の行為は、あくまで第一義には、先に定式化したドメスティケート主体の行為である。しかし、あえて「日本語」の表現であることを強調して〈ドムス化〉という言葉に複数のニュアンスを帯びさせようというのが、私の意図である。そもそも日本語環境にいる私たちは、日常的には、英語構文的な意味での主体—客体図式に強く型嵌めされているわけではない。「家畜化する／栽培化する」という述語をつかうとき、人間も動／植物も構文上の主語になりうるし、どちらが意味上の主語なのかも、しばしば曖昧な文になりうる。たとえば「二万年前、イヌが家畜化した」のように。この文は「人間がイヌを家畜化した」という意味にもなりうるし「イヌが（みずから）家畜になった」という意味にもなりうる。このように日本語においては「人間がイヌを〈ドムス化〉する」という他動詞的表現を「イヌが〈ドムス化〉する」という自動詞的表現に自在に変換することできる。(49) おなじように、人間がみずからの生活様式を改変しながらイネへの依存を強めていったことを「人間が（イネとともに）〈ドムス化〉した」と表現できる。そこには「イネが人間を〈ドムス化〉した」というイネを主語とする他動詞的な側面もおりこまれているのである。

こうして〈ドムス化〉するという動詞を他動詞であり同時に自動詞でもありうるようにし、さらにその主語を置換可能にして行為主体を「複数化」して「二重化」するのは、けして言葉遊びではなく、現実を記述するための概念として厳密なものにするためである。なぜなら、マルチスピーシーズの連関のなかで捉えられるドメスティケーション＝〈ドムス化〉という現象は、つねに複数の行為主体の混在する複数の行為の複合なのであり、したがって「ドメスティケートする to domesticate」という英語とその背後にある文法構造は単純すぎて現象を的確に表現することができないからである。むろん、そのデメリットとして文意が曖昧になるリスク

(48) ユヴァル・ハラリ（二〇一六：一〇七）は「ムギがヒトを家畜化した」という論を述べている。ムギはヒトに食料を提供することでヒトに労働奉仕をさせており、それによって全世界に分布を拡大してきた、というわけである。このような視点の転換は、常識を相対化するという意味で刺激的ではあるが、それが視点をヒト中心からムギ中心に反転しただけにとどまるならば、単一主体論において主客を逆転させただけにすぎない。ここでの議論の要点は、視点の反転ではなく、視点と行為主体の複数化である。つまり、ヒトとムギという二つの行為主体を想定したうえで「ヒトによるムギの栽培化」と「ムギによるヒトの家畜化」が相互にフィードバックしながら駆動してきた歴史を描く必要がある。

(49) フランス語には他動詞の作用先を主語に向けて自動詞的にもちいる代名動詞がある。ただ、domestiquer という動詞を se domestiquer とすると、通常は「使用人 un domestique になる」ことを意味する。また、代名動詞の主語が人間でない場合には、ふつうは受動的用法だとみなされる。つまり "Le chien s'est domestiqué." という文は、人間を行為主体とする主体－客体図式のなかで「イヌがドメスティケートされた」ことを意味する。そこに「イヌが自分自身をドメスティケートした」とか「イヌと人間が相互にドメスティケートした」といった意味をこめるためには注釈が必要である。とはいえ、フランス語の代名動詞には日本語的なニュアンスをこめる余地があるといえる。

あるいは文法のレベルにおいてアプリオリに意味が単一化されるべきではないということである（主体と客体を明示する意図がある場合には、これ以降も「ドメスティケートする／される」という表現をもちいることがある）。

が生じるが、それは文脈をとおしてニュアンスの幅を限定することによって解消すべきであり、語のレベル

⁂

ドメスティケートすることとドメスティケートされることは、多かれ少なかれ、表裏一体のものとして進行する。人間は、さまざまな生物を〈ドムス化〉してきただけでなく、同時に、それらの生物によって〈ドムス化〉されてきたのであり、それらの生物との関係をとおしてみずから〈ドムス化〉してきた、ということである。したがって〈ドムス化〉するという言葉は「〇〇とともに〈ドムス化〉する」という用法になることが多いというべきだろう。この観点から人間と他種生物とのかかわりあいを眺めるとき、むしろ特筆すべきなのは、人間の〈ドムス化〉されやすさ＝みずから〈ドムス化〉しやすさ、だといえる。人間は、さまざまな生物とのあいだに構築している諸関係を、あるいは他の人間集団とのあいだに構築している諸関係を、柔軟に変化させることが得意である。だからこそ、みずから〈ドムス化〉することと表裏一体のものとして、さまざまな生物から〈ドムス化〉主体としてのエージェンシーを引きだすことができたのである。また、栽培植物や家畜の側も、それら自身が〈ドムス化〉されやすく〈ドムス化〉しやすい性質を有していたからこそ、人間から〈ドムス化〉主体としてのエージェンシーを引きだしつづけたのだといえる。逆に、ある生物が〈ドムス化〉しにくい性質＝〈ドムス化〉されにくい性質をもっている場合には、人間がその生物にたいして〈ドムス化〉主体としてかかわりつづけることは（一時的な試みはあったとしても）継続できなかっただろう。したがって、稲作農民とイネ、ウシ牧畜民とウシのような（絶対的相利共生とまではいかなくとも）きわめて高度な相互依存関係が生物

進化の時間軸でみればごく短期間にくりかえし構築されえたのは、人間とそれらの生物が、各々みずから〈ドムス化〉する能力に秀でていたがゆえに相方生物を〈ドムス化〉主体ならしめてきた点にこそ、その要因があったというべきだろう。[50]

以上をふまえて、先述した「ドメスティケートする」という行為の定義を念頭において〈ドムス化〉する行為を定義すると、つぎのようになる。

【〈ドムス化〉】ある行為主体が、自分にたいする相方生物の依存が増大するように相方生物と第三の生物たちの関係に介入し、同時に自分と第三の生物たちの関係を調整しながら、マルチスピーシーズの連関を組みかえていくこと。〜を——する。〜と——する。〜が——する。

この〈ドムス化〉の定義は、スコットの「ドムス生物化」という着想をふまえたドメスティケーションの定義を一つのパターンとしてふくみながらも、より一般化されたものになっている。また、この定義が含意しているのは、〈ドムス化〉は行為主体がマルチスピーシーズの連関に働きかけることをとおして駆動していく、ということである。つまり、〈ドムス化〉主体とは、みずからがそのなかに位置づけられているマルチスピーシー

(50) 安岡（二〇二一b）では、ドメスティケーションにおいては「ドメスティケートされる」という受動態のほうが重要な契機であると述べたが、能動態／受動態の区別は他動詞のなかでものである。ここでは、他動詞／自動詞の二つの側面のうち、自動詞の側面のほうが重要だという主張である。

ズの連関を組みかえようとする行為者（アクター）である。(51)

4……〈野生化〉する行為主体

先に、関係論モデルではドメスティケーションを動的かつ双方向的に把握するための道具立てが不十分だと述べた。この点を克服するために、双方が〈ドムス化〉主体になりうるようにモデルを構築してきたのであるが、動的な把握にはまだ不十分である。なぜなら、現状では、二種の生物の関係には〈ドムス化〉に向かうかどうかという「引力」の作用しか想定されていないからである。

では動的な把握とは、どのようなものだろうか。松井健の提唱した「セミ・ドメスティケーション」を参照しながら検討をすすめていこう。松井（一九八九：一〇〇）は、ある生物と人間の関係がセミ・ドメスティケーションの状態にあるとみなすためには、まず以下の三つの条件が満たされている必要があると述べている。

① 生物の利用のあり方が、集中的で重点的であり、人間の側からの依存が一方的で非常に強いこと。
② 利用される生物が、ある程度以上豊富であること。
③ 圧倒的な重要性をもっている植物が、一種か近縁数種のみであること。

そのうえで……

④　利用される生物と利用する人間とのあいだに永続的で安定した平衡関係が構築されたとき、セミ・ドメスティケーションとよぶことができる。

⑤　この平衡関係を、人間が意図的に維持、発展させようとしたとき、ドメスティケーションの第一歩となる。

この松井の説明は文字どおりに受けとると「利用する人間」と「利用される生物」という対比にもとづいており、単一主体モデルのようにも読める。しかし、松井が「平衡関係」という言葉をもちいている点に注意したい。ここでいう平衡とは、力学のアナロジーだと理解してみよう。たとえば、空に浮かぶ月はいつも地球から一定の距離にある。なぜだろうか。いかなる力も月に作用していないから、ではない。月には地球の重力が作用している。それでも月が地球に落下してこないのは、地球のまわりを円運動することによって生じる遠心力が地球の引力とつりあっているからだ、というのが一つの考え方である。この考え方は、力の均衡が崩れたとき二つの物体の距離が変化するであろうことを予期している。このように、たとえ定常状態の記述であっても、そこに潜在的な変化がおりこまれているのなら、動的な把握をしているといってよい。これをセミ・ドメスティケーションにあてはめると、平衡状態とは、ある条件下において人間と相方生物の両者に作用している

(51)　私は非人間の生物にエージェンシー（行為主体性）を認めることに異論はないが、非生物にも認めるのは躊躇する。非生物は生物の〈共生成〉を媒介するが、マルチスピーシーズの連関に継続して主体的に働きかけることはないように思われる。

諸力が均衡していることにより、その関係が野生と栽培のあいだのある地点にとどまっている、と捉えることになる。ならば、引力に相当する〈ドムス化〉のベクトルをうちけしている斥力のベクトルがあることになる。それを〈野生化〉のベクトルと名づけよう。〈ドムス化〉のベクトルとは、自分にたいする相互依存が増大するようにマルチスピーシーズの連関を組みかえていくことであった。したがって〈野生化〉のベクトルは、その反対向き、つまり、相方生物による介入から逃れ、それに依存することなく生きようとするベクトルである。先述した〈野生〉の定義と対応していることは、いうまでもない。

こうして二つのベクトルを想定することにより、ドメスティケーションを動的かつ双方向的に把握できるようになる。たとえば第三の生物の介入などによって人間と相方生物をとりまくマルチスピーシーズの連関が組みかえられてベクトルの均衡が崩れ、二者の関係が野生の方向に移動する、といった把握ができる。そのような動態は、松井のつぎのような記述に対応している。すなわち「人間とある植物とのあいだに築かれたセミ・ドメスティケーションの関係は、かならずしもドメスティケーションに発展的に解消されなくてもよく、もっと有力なべつの資源の出現などによって野生植物の採集とよぶほうがふさわしい関係へと逆もどりすることもありうる」（松井 一九八九：一〇五）ということである。このような「野生への逆もどり」という事象を、例外的なものとしてではなく、しばしば生じている重要な事象として位置づけて把握するために、マルチスピーシーズの連関における行為主体は、相互依存へ向かうベクトルだけでなく、ときに〈野生化〉のベクトルをもって行為すると捉えるのである。(52)

5……双主体モデルの骨子

これで〈ドムス化〉を捉えるための双主体モデルの骨子ができた。その要点はつぎのようになる。

① 焦点化された二者の双方を行為主体と捉える。〈ドムス化〉の作用は双方向的であり、二者はそれぞれ同時に〈ドムス化〉を駆動する行為主体になりうる。

② 行為主体はマルチスピーシーズの連関に働きかける。〈ドムス化〉主体は、自分にたいする相方生物の依存が増大するように相方生物と第三の生物たちの関係に介入し、同時に自分と第三の生物たちの関係を調整しながら、マルチスピーシーズの連関を組みかえていく。

③ 〈ドムス化〉するという動詞は他動詞と自動詞の二重性をおびている。ある生物が相方生物を〈ドムス化〉するとき、しばしば双方がみずから（相互）依存を強めていくかのようにふるまう。すなわち生物は自動詞的な意味で〈ドムス化〉することがある。

④ 行為主体は〈野生化〉主体でもある。マルチスピーシーズの連関のなかで焦点化された二者は、各々

（52） 双主体モデルでは、松井のセミ・ドメスティケーションの説明にある、人間の側からの依存が一方的で非常に強く（①）、圧倒的な重要性をもっている植物が一種か近縁数種のみである（③）という状態は、人間がその生物に「ドメスティケートされている」ことを意味する。つまり、双主体モデルでは、松井のいうセミ・ドメスティケーションは、人間のみがドメスティケートされている状態という意味での「セミ」であると読みかえることができる。

の〈ドムス化〉と〈野生化〉のベクトルが均衡する地点で平衡状態になる。しかし、新たな生物の参入などにより連関が組みかえられると、均衡点は移動する。

これら四点が、マルチスピーシーズ歴史生態学の核心をなす双主体モデルの骨子である。つぎに、これらの骨子との関係において、序章で述べた〈共生成〉や〈歴史〉、そして〈生き方〉といった鍵概念の意味内容を定めておく必要がある。まず〈共生成〉する主体とは、マルチスピーシーズの絡まりあいのなかで「〜とともに生成する」行為主体であった。たとえば、人間が相方生物にたいして〈ドムス化〉の働きかけを強めていき、それが同時に相方生物の〈ドムス化〉主体としてのエージェンシーを引きだしていくことで、相互の〈ドムス化〉がすすんでいくと、ついには二者の合一したハイブリッドの行為主体としてマルチスピーシーズの連関に働きかけているとみなせるようになるだろう。そのようなハイブリッドの行為主体になることが〈共生成〉のもっとも顕著な例だといえる。「イネ人間」や「ウシ人間」というと特撮モノを連想してしまうが、生態人類学における「農耕民」や「牧畜民」といった表現は、人間と相方生物のハイブリッドとして〈共生成〉している行為主体を記述しているのだと解釈するならば、むしろなじみのある考え方だろう。ただし〈共生成〉は強固にハイブリッドした行為主体にのみ限定してもちいられるわけではない。それほどまでに相互の〈ドムス化〉が進行していない場合でも、あらゆる生物はマルチスピーシーズの連関のなかで多様なアクターと絡まりあって何らかのかたちで〈共生成〉しているはずである。つまり……

⑤ 行為主体はマルチスピーシーズの連関をとおして〈共生成〉している。なかでも、相互の〈ドムス化〉

の働きかけが累積した二者は、ハイブリッドの行為主体として〈共生成〉することがある。

あらゆる〈共生成〉は、第三の生物（あるいは非生物のアクター）の参入によって変質する可能性がある。その変質のプロセスこそがマルチスピーシーズ歴史生態学の記述しようとする〈歴史〉である。つまり〈歴史〉とは、相互の〈ドムス化〉が深化してハイブリッドが形成されたり、解体されたり、べつの組みあわせでハイブリッドが再構築されたりするプロセスのことであり、あるいは、もうすこし緩いかたちで、多分に偶然性をはらみながら多種多様な生物と絡まりあって行為主体が〈共生成〉していくプロセスのことである。

念のために確認しておくと、双主体モデルは〈ドムス化〉の記述に特化したモデルではない。それはマルチスピーシーズの連関をとおして〈共生成〉している、人間と多種多様な生物たちの絡まりあいを動的かつ双方向的に記述するためのモデルであり、〈ドムス化〉ないしドメスティケーションは、そのなかの特権的ではない一つのパターンとして位置づけられる。双主体モデルの射程は、ドメスティケーションの周辺と外側に向けて大きく開かれている。この点については終章で論じる。

3 連関を組みかえる〈生き方〉

1……シロギニアヤムの貴族化と〈野生化〉

ここまで、やや込みいった論述になってしまうことをおそれずに厳密性を重視しながら双主体モデルを構築してきたのは、ニュアンスに富んだバカたちの〈生き方〉をできるだけ精確に記述し、その特徴をあきらかにするためである。ここにきて、ようやく具体的な対象を一貫性をもって記述できるくらいには双主体モデルの骨子が固まってきたといえるだろう。ただし、すぐさまバカたちの事例にとりくむのではなく、まずはその参照軸として、西アフリカにおけるシロギニアヤムの栽培の例をとりあげる。

ヤマノイモ属の植物は、熱帯を中心に二〇〇〜六〇〇種が記載されている。(53) そのうち食用になるものはヤムyamともよばれる。堀田（二〇〇三）は、食用となるヤマノイモ属九六種（いくつかの亜種をふくむ）を世界中からリストアップしている。そのなかで、もっとも生産量が多いのは、西アフリカで栽培されているシロギニアヤム（*Dioscorea rotundata*）である。興味深いことに、バカの利用するヤマノイモのなかでもっとも収穫量の多い*Dioscorea praehensilis*は、シロギニアヤムの近縁野生種（wild relative）なのである。近年の遺伝学的研究によれば、*Dioscorea praehensilis*が、おなじく近縁野生種の*Dioscorea abyssinica*と交雑してシロギニアヤムになったのだという（Sugihara et al. 2020）。また、*Dioscorea abyssinica*と*Dioscorea praehensilis*はごく近縁であり、もともと単一種だったのが森林環境とサバンナ環境にそれぞれ適応したものだという報告がある（Dumont et al. 2005）。シロギニアヤムは、西アフリカ農民の主食であり、バカたちの採集する*Dioscorea praehensilis*とくらべると〈ドムス化〉している程度はずっと強いと考えてよい。とはいえ、人間と*Dioscorea praehensilis*（およびその近縁種）のかかわりあいであるという点では、バカたちのヤマノイモとのかかわりあいと共通している。

一般に、ヤムは育種のむずかしい作物だといわれている。ヤマノイモ属の植物は雌雄異株であるため、交配させた種子から発芽させて育てたとしても、自家受粉ができないので、好ましい性質を維持したまま効率的に増やすことが困難である。シロギニアヤムと近縁のキイロギニアヤムなどは、そもそも雄株しかないので種内での交配ができない。[54]

西アフリカの農民たちは、シロギニアヤムの栽培にさいして種芋を植えつける。シロギニアヤムには雄株と雌株の両方があるが、栽培個体群のなかでは雄株が多数を占めていて、全体としてみれば、あまり種子をつけない。また、たとえ種子をつけている個体があっても、それを植えつけることはしないようである。であれば、シロギニアヤムが保持している種子繁殖力は、農民たちとシロギニアヤムのかかわりあいのなかでは無用の長

（53）種の数に幅があるのは、ヤマノイモ属の植物は雌雄異株であるためにそれぞれが別種として記載されたり、食用になる種が原産地から遠く離れた場所で別種として記載されたりしてきたこと、また、野生種が畑に生えていたり、栽培種が畑の外で自生していたり、あるいはそれらの交雑があったりすること、さらには、そもそも形態の変異が大きく同定が難しいこと、などの理由による（国際農林業協力・交流協会 二〇〇六：一四九）。

（54）キイロギニアヤムは、シロギニアヤムと*Dioscorea burkilliana*が交雑したハイブリッドである（Sugihara et al. 2020）。*Dioscorea burkilliana*もバカたちがよく採集する野生ヤマノイモである。

物であり、ほんらいなら栽培化の過程で消失しているはずのものが、何らかの偶然によって残存しているだけなのだろうか。

ところが、そういうわけでもないようである。西アフリカの農民は、ennoblementとよばれる栽培技法を実践することで知られている（Coursey 1975）。日本語に訳すならば「貴族化」とでもいえるだろう。まず、休閑地や二次林、ときには原生林に自生している個体を採取し、専用の畑に植えつける。そこから三〜六年ほど栄養繁殖（種芋の植えつけ）をくりかえして栽培すると、鋭い棘のついたひげ根が縮小したり、細く長い芋だったのが太く短くなったりするなどして、畑で栽培しているシロギニアヤムの形質に近づいてくるというのである。こうして貴族化したヤムは、通常の畑に栽培種と混ぜて植えつけられるようになる。

この実践にかんする遺伝学的研究によれば、貴族化したヤムの由来には三つのパターンがあったという（Scarcelli et al. 2006; Chaïr et al. 2010）。

① 栽培時に収穫されず二次林に残存している栽培種（*Dioscorea rotundata*）
② 成熟林や二次林に自生している野生種（*Dioscorea praehensilis, Dioscorea abyssinica*）
③ 野生種（雄）と栽培種（雌）のハイブリッド

これらは同程度の比率でふくまれていた。したがって、貴族化した個体のすくなくとも三分の二（②と③のほぼすべてと①の一部）は種子から生長した個体であり、ざっくりいえば遺伝子プール全体の半分は野生種に由来していることになる。また、西アフリカのベナン全土でおこなわれた広域調査によれば、貴族化を実践している農民は全体の五%程度であったが、栽培されている個体の八・九%がハイブリッドであったという(Scarcelli et al. 2006)。その背景には、農民どうしの種芋の交換をとおして、貴族化した個体が広く伝播していることがある。

⁂

種芋や種茎などクローンを利用して栽培する根栽作物では、一般に、種子繁殖力は消失するか、大きく減衰する。クローンによる繁殖だと同一の遺伝子をもつ個体がコピーされるだけなので、遺伝的変異の生じる機会が限定される。それにたいして種子繁殖では、必然的に遺伝子が組みかえられるので、変異が生じやすい(富松ほか二〇〇七)。このようなちがいをふまえて、ドイル・マッキーら(Mckey et al. 2010)は、根栽作物のふだんの栽培ではすでに無用になっている種子繁殖が、ドメスティケーションや品種創出のプロセスにおいて重要な役割を担いうるし、じっさいに担ってきたと論じている。[55]

シロギニアヤムについていえば、畑にある個体でも種子繁殖が可能ではある。しかし、種芋から育てるほうがはるかに容易であるためか、農民たちが種子を畑に植えつけることはない。したがって、畑にはクローンばかりを植えることになる。そのかわりに農民たちは「育種実験」を畑外の休閑地や周囲の森林にアウトソーシングしている、というのが私の解釈である。そこから有望な個体をピックアップするのが、貴族化の実践だということになる。

---

(55) たとえば、キャッサバの栽培には種子繁殖を利用しないが、原産地である南米では、二次林に残された個体が種子繁殖をしており、それらの種子から生長した個体が新品種の創出に貢献してきた可能性があるという(Mckey et al. 2010)。

このように貴族化を位置づけるならば、農民たちの実践は、シロギニアヤムだけでなく、その近縁野生種である*Dioscorea praehensilis*や*Dioscorea abyssinica*を包括した複数種からなるメタ個体群とのかかわりあいだということになる。農民とシロギニアヤムのかかわりあいは、畑だけでなく、周辺の二次林や原生林をふくむランドスケープを舞台として構築されているマルチスピーシーズの連関の一部なのである（農民どうしの種芋交換ネットワークもその連関にふくまれる）。先述のとおり、そもそもシロギニアヤムは*Dioscorea praehensilis*と*Dioscorea abyssinica*のハイブリッドであるが、貴族化の実践は、畑外での種子繁殖をとおしたそれらのハイブリッドの生成プロセスに基盤をおいており、同時に、そのハイブリッドを畑で増殖させている。

ところで、このハイブリッド化する能力をシロギニアヤムの視点からみると、どのような利点があるのだろうか。もちろん、遺伝的な変化をとおして新しい性質を獲得しうるという点は重要である。その性質によっては、新しい品種として位置づけられて、農民たちとのあいだに独自のかかわりあいを創出していくこともありうる。たとえば、*Dioscorea burkilliana*と交雑して、生物学的には別種として記載されてきたキイロギニアヤムとして生成することとすらあったのである。

それにくわえて、マルチスピーシーズ歴史生態学の観点において重要なことは、ハイブリッドの基盤にある種子繁殖力をもつことで、シロギニアヤムは、人間から〈野生化〉する可能性を保持しているという点である。ヤマノイモ属の種子には翼がついており、風にのって飛ぶことができる。畑に植えられているシロギニアヤムは少ないながらも種子をつけるし、二次林で再生して野生種とハイブリッドをつくり、その種子を散布することもできる。その一部は「貴族化」をとおして栽培個体群に再導入されるが、大部分は種子繁殖をくりかえしながら周辺の森林に拡散していく[56]。そうして新しい生息地に定着できることもあれば、失敗して枯死することもあるだろう。いずれにせよ、新たな土地に種子を散布することは、人間の管理下から逃れ、多種多様な生物たちとの新たな絡まりあいを構築して生きる可能性に賭ける行為だといえる。すなわち、マルチスピーシーズの連関におけるシロギニアヤムの位置どりとしては、人間とのかかわりあいを基軸として〈共生成〉しながらも、種子繁殖をとおして〈野生化〉主体として行為する能力を保持している点に、その独自性の一端があるといえるだろう。

2……バカとヤマノイモのかかわりあい・再考

ここまでの議論をとおして浮き彫りになってくるのは、ドメスティケーションにかんする多くの論考は、もっぱら〈ドムス化〉主体に焦点をあてており、〈野生化〉主体を看過してきたということである。それは前章までに論じたバカたちとヤマノイモの関係についても同様であった（ここでは一年型ヤマノイモを念頭において論じていくが、多くの部分は多年型ヤマノイモについてもあてはまる）。バカたちは、収穫したヤマノイモを料理するとき、芋の小片をキャンプ内外に捨てる。そこからヤマノイモが再生し、生長して種子をつけ、キャンプ跡にヤマノイモの群生地が形成される。そのような「移住」をとおしてヤマノイモの分布が拡大してきたのであれば、バカとヤマノイモの関係は、野生と栽培のあいだに位置づけられることになる。これまで論じてきたように、こ

(56) じっさいにそのような例が確認されている。在来遺伝資源の保全という観点からみれば、栽培株とのハイブリッドが拡散することは、栽培株遺伝子による在来遺伝資源の「汚染」という意味づけになる (Scarcelli et al. 2017)。

の事実は「ありのままの自然」のなかで生きる「純粋な狩猟採集民」という幻想を捨てさるうえで重要であったし、文化と自然の二項対立の原型としてのドムスを批判するという意味で（一つ目の）アンチ・ドムスの議論の核心にあった。

ただ、本章での議論をふまえるならば、ヤマノイモが〈野生化〉主体として行為する能力を維持していることを軽視してはならないだろう。第4章では、ヤマノイモの群生地が形成されるプロセスにおいてバカの利用にともなう「移住」を強調し、キャンプ跡における種子散布の成功率は高くないのではないかと述べた。しかし、ヤマノイモはその生存と再生産のすべてをバカに依存しているわけではない（もしそうであれば、すでに栽培植物である）。キャンプ跡で再生したヤマノイモは、生長して種子を散布し、その種子はキャンプ跡や周辺の開けた場所で発芽して、定着する可能性がある。第4章で論じたように、種子繁殖の成功率はそれほど高くないと思われるが、まったく不可能だというわけではない。つまり、現在のヤマノイモの分布は、バカの利用にともなう中距離（数キロから数十キロメートル）の「移住」と、好適な環境に形成された群生地内や周辺における短距離（数十〜数百メートル）の種子散布をとおして形成されてきたと考えられる。[57] そしてバカたちは、ヤマノイモ個体群が種子繁殖力を保持しており、種子繁殖をとおして個体数が回復している前提で、すなわち、ヤマノイモが〈野生化〉主体であることを前提として、それを採集しているのである。

⁂

では、どうしてバカたちとヤマノイモの関係においては西アフリカ農民とシロギニアヤムの場合とくらべると〈ドムス化〉の力が限定的なものにとどまっているのだろうか。バカたちはヤマノイモの一部を村にもちかえって畑に植えることがあるが、西アフリカ農民のように何年もかけて根気強く貴族化をおこなうわけではない。畑にヤマノイモを植えたとしても、それが芋を収穫しても再生できるくらいにじゅうぶんに大きく生長するまえに、バカたちは採集してしまいがちである。そのため一度収穫すると、栽培を継続できないことが多いのである。とはいえ、とりわけバカたちがよく利用する*Dioscorea praehensilis*がシロギニアヤムの近縁野生種であることを考えると、あと何かひとおしあれば、両者の関係はもっと栽培のほうへ移動してもよいように思える。そうならないのは、なぜだろうか。

おなじことは、バナナ栽培についてもいえるだろう。こんにちバカたちは多くの時間を半定住集落や焼畑キャンプですごしており、一見したところ農耕民の生活とほとんどおなじようにみえる。とはいうものの、バカたちの農耕は、農耕民とくらべて、ずいぶんと「いいかげん」なものであることは、すでに述べた。畑は小さく、みずから栽培する農作物だけでは、自分たちの主食すら、年間をとおしてまかなうことができない。畑をつくる作業を途中でやめて森のキャンプに移動してしまったり、収穫の時期に森にいたために自分が植えた作物を食べられないといったことも、たびたびある。バカたちが農耕をはじめたといっても、彼らの食生活における農作物の重要性は、農耕民とくらべると限定的かつ不安定であり、とても「農耕民のような生活」をはじめたとはいえない。では、農耕民のように、農耕を基軸とする生活になってしまわないのは、なぜだろうか。

それは、バカたち自身が〈野生化〉主体でありつづけているからである、というのが私の考えである。双主

---

(57) 一般に、栄養繁殖と種子繁殖を両方維持している植物では、分散の過程で種子繁殖が有利になり、その後、局所個体群を維持する段階では花や種子をつくることが逆にコストとなって栄養繁殖が好まれる(富松ほか 二〇〇七)。しかし、一年型ヤマノイモでは栄養繁殖にバカたちが関与することで、栄養繁殖のほうが移動距離が大きくなっているのである。

体モデルにおいては、人間であれ人間以外の生物であれ、あらゆる生物は〈ドムス化〉主体になりうるし〈野生化〉主体にもなりうる。つまり、バカたちもヤマノイモにたいして〈野生化〉主体になりうる。たしかにバカたちにとって *Dioscorea praehensilis* は重要な食物であるが、あくまで選択肢の一つでしかない。たくさん採集するヤマノイモだけでも五種あるし、焼畑キャンプで利用するバナナやキャッサバ、アブラヤシ、森のキャンプで採集する蜂蜜やナッツ類、さらには野生動物や魚など、多様な食物を利用しながら、バカたちは生きている。しかも季節ごとに複数の選択肢が併存しており、バカたちは、そのときどきに利用できる食物の分布、バカどうしや農耕民との関係、商人との取引など、さまざまな条件を勘案ながら（じっさいのところ、ほとんど気まぐれによって）どこで何をするのかを選択している（図5—4）。つまり、手間暇かけることで *Dioscorea praehensilis* への依存を高めていき、相互に〈ドムス化〉していくよりも、適度な距離をたもち、ある程度のインターバルをおいて、森のなかでみずから増殖した *Dioscorea praehensilis* を採集しにでかけるほうがバカたちにとって好ましい（し、*Dioscorea praehensilis* にとっても悪くない）ということなのであろう。おなじことはバナナなどの栽培植物との関係についてもいえる。バカたちが農作物を安定して収穫することに頓着しないのは、栽培植物との相互の〈ドムス化〉のプロセスを、ある地点より先にはおしすすめない、ということである。それこそが〈野生化〉主体としての行為であり、それゆえ、バカたちの畑はいつでも食物の入手を期待できる場所ではなく、農作物はいくつかの選択肢の一つにとどまりつづけているのである。

3……基軸ドムス化

ようやく〈生き方〉について論じる準備が整った。

あらためて確認しておくと〈生き方〉とは、種々の生業活動を束ね、その全体を方向づけている志向のことである。それをマルチスピーシーズ歴史生態学の言葉でいいかえると、みずからの組みこまれているマルチスピーシーズの連関を、特定の生物との関係を強化するかたちで組みかえようとしたり、しなかったりする志向、ということになる。〈生き方〉を把握するためには、まず、人々の種々の生業のそれぞれ、すなわち人間と多種多様な生物たちとのかかわりあいのそれぞれを、双主体モデルによって記述していく必要がある。その記述を積み重ねることであきらかになっていくマルチスピーシーズの連関において、その連関全体に影響をおよぼしているような、一種ないし少数の生物と人間の関係があるかどうかが〈生き方〉を記述するうえでの判別点になる。やや視点をずらして換言すれば、任意の二種関係にたいして、つねに介入しているようにみえる一種ないし少数の生物がいるかどうかが〈生き方〉の理解において重要だということである。

人間は、他種生物を〈ドムス化〉する能力に秀でているだけでなく、みずからも〈ドムス化〉しやすい生物である。したがって、人間のかかわる〈ドムス化〉のプロセスは、多かれ少なかれ〈ドムス化〉する／されるという関係が表裏一体をなして進行していく。そのなかで、たとえば、稲作農民とイネ、ウシ牧畜民とウシのように、ときに、二者のあいだにきわめて高度な相互依存関係が構築されることがある。そこでは、人間と相方生物が相互依存の引力によって分かちがたく結びついており、いずれか一方と第三の生物たちとの関係について記述しようとするとき、ほとんどつねに相方生物との関係を前提とすることなしには記述できない、という状態になっているだろう。そのとき、それらは合一したハイブリッドの行為主体としてマルチスピーシーズの連関に働きかけているとみなしてよい(58)。

そのように特定の二者関係が基軸となって構築されているマルチスピーシーズの連関においては、第三の生物たちの記述は、基軸となる二者関係とのあいだにどのような関係を構築しているか、あるいは構築しうるか、という観点からのものになる。たとえば、新しい生物が導入された場合（つまり、新しい生業の選択肢があらわれた場合）について考えてみよう。栽培植物（や家畜）は長年にわたって人間とともに〈ドムス化〉してきた生物であり、それゆえ、第三の生物たちとその栽培植物の諸関係をコントロールするやり方（栽培技法）や、それを導入する人間集団の組織化のしかた、あるいはさまざまな人工物の配置のしかたの雛型は、すでに確立しているだろう。ただし、各々の人間集団（や個々人）は、それぞれ固有のかたちでマルチスピーシーズの連関に組みこまれているはずなので、その栽培植物と各々の人間集団のあいだにどのような関係が新しく形成されるかは、すでに構築されている各々の個別具体的な連関のあり方によって異なってくるだろう。たとえば、当該の人間集団がすでに特定の生物とのあいだに強固で基軸的な関係を構築している場合には、新たな栽培植物がそれにとってかわることは困難だろう。ただ、その基軸関係を補完することができたり、邪魔することなく並存できたりする場合には、新たな栽培植物が既存の連関に接続することができるだろう。あるいは、その栽培植物があらかじめ広域における波及力の強いマルチスピーシーズの連関（たとえばサプライチェーンや徴税体制）を構築している場合には、既存の連関をまるごと飲みこんで基軸関係を変質させ、みずからと人間の関係を基軸としてマルチスピーシーズの連関を再構築していくことになるかもしれない。市場経済の浸透や国家の統制によって国家レベルやグローバルな市場に流通する産品が普及していくのは、まさにそのようなプロセスである。

このように、一種ないし少数の生物とともに相互に〈ドムス化〉する関係を基軸として多種多様な生物とのかかわりあい――種々の生業――を再/構築しつづけていく〈生き方〉を「基軸ドムス化」と名づけよう。

⁂

基軸ドムス化の〈生き方〉の記述は、農耕民や牧畜民を対象とする生態人類学の民族誌のなかにあふれているが、はじめに日本民俗学の例を参照しておこう。日本の農村社会における複合生業について論じた安室知(二〇一二)は、ある一つの絶対的な生業に高度に特化して、さまざまな生業技術をその論理のなかにとりこんでいく単一生業志向の強い複合生業を「内部的複合生業」と名づけた。近代以前の日本では、絶対的な(つまり基軸となる)生業は水田稲作をおいてほかになかった。安室(二〇一二:四四)はつぎのように述べている。

水田内でおこなわれる他生業の特徴は、稲作活動によりもたらされる水田環境を利用し、かつ時間的にはけっして稲作を邪魔することがないように稲作作業に組み込まれ、また労力の上ではやはり稲作と競合することを極力避けるため、畦畔栽培のようにステヅクリ(捨て作り)と称されるほど粗放的なものであったり、陥穽漁具のウケによる漁撈のように自動的に漁獲行為がなされるように省力化の工夫が凝らされたものであったりする。もちろん、その利用される空間は日常の労働の場である水田用水系(水田・用水路・溜

(58) もちろん、稲作農民は稲作だけをしているわけではないし、ウシ牧畜民はウシだけを飼っているわけではない。しかし、経済的側面だけでなく、文化的・社会的・政治的な多様な側面における種々のアクターとの関係にたいして、イネとのかかわりあい、あるいはウシとのかかわりあいが、卓越した影響力をもっているといってよいだろう。

池といった稲作のための人工的水界）である。つまり、内部的複合生業とは、時間・空間・労力の三要素をすべて稲作活動に取り込まれる形で存在する生業活動である。これが、「内部化」の示すものであり、言い換えれば他生業の稲作論理化である。

このような日本の稲作農民は、基軸ドムス化の〈生き方〉の一つの極致だといってよい。それにくらべてコンゴ盆地の焼畑農耕民は、単一作物との基軸関係の特化の程度はそれほど強くない。とはいえ、基軸関係がないというわけでもない。カメルーン東南部における焼畑農耕民バンガンドゥの例をみてみよう。

四方篝（二〇一三）が詳述しているように、バンガンドゥは、焼畑で多種多様な農作物を栽培しながらも、プランテンバナナにもっとも重きをおいている。雑然とした景観のなかで、かなり適当にやっているだけのようにみえる焼畑において、バンガンドゥは、保存の効かないバナナの収穫を年間をとおして安定的に確保するために、さまざまな工夫をちりばめている。彼らのバナナへの働きかけの単位は、一つの畑に生えている個体群ではなく、一つ一つの個体である。植えつけのときから一〜二年後の畑全体の収穫量を想像し、そこから逆算して植えつける数や品種を調整してバランスをとっている。したがって、一つの畑に生長段階の異なる多数のバナナ（や、ほかの栽培植物や雑草など）が混在しており、そのような畑が五つ以上ある。一人の女性が常時かかわりあっているバナナの個体は一〇〇〇をこえ、彼女たちは、日々、どのバナナが収穫できる状態にあるかを把握しているのである。

そこに商品作物として導入されたのが、カカオである。カカオは南アメリカの森林で栽培化された栽培植物であり、カカオ・アグロフォレストと表現されることもあるように、カカオと熱帯雨林という環境は相性がよい。ただ、カカオ・アグロフォレストというと、完成された定常的なランドスケープを想像してしまいがちであるのにたいして、四方（二〇一三）の指摘するところによれば、バンガンドゥのカカオ畑には動的なランドスケープとしての焼畑の要素が色濃く残っている。バナナを核とする通常の焼畑と（将来的にカカオ・アグロフォレストになるかもしれない）カカオ畑のちがいは、カカオ畑にはカカオの苗木を植えることと、その庇陰樹になりそうな木を多めに残しておくことくらいである。つまり、カカオ畑には、カカオだけでなくバナナをふくむさまざまな栽培植物が植えられており、造成してから五年ほどは焼畑とほとんどかわらず、主食作物の供給源として機能する。しかも、カカオを収穫して販売するまでの作業には相当の労働力が必要なので、カカオが生長して結実するようになっても、家族構成や家計の変化のために手が回らず、畑は放置されて森のなかに埋もれてしまうことも多い。それでも、労働力が確保できるようになったり、カカオの販売価格が上昇したりすると、カカオの埋もれている森を整備して、カカオ畑（アグロフォレスト）として再生することもある。

このように、カカオは、バンガンドゥとバナナの基軸関係を核として焼畑から周囲の森にわたって構築されているマルチスピーシーズの連関のなかにうまく接続することができている。だからこそ、カメルーン東南部のように市場から遠く、国家による農業政策の浸透が弱い地域において、バンガンドゥとのあいだにそれなりに存在感のあるかたちで「おいしい関係」を構築することができたのである（四方二〇一三）。

首都近郊においては、このようなバナナとカカオの位置どりは逆転するだろう。そこでは、カカオが基軸関係の一翼となっており、カカオ・アグロフォレストの形成と維持というかたちでマルチスピーシーズの連関が構築されている。バンガンドゥは、熱帯雨林から焼畑にまたがる歴史生態ランドスケープを構成しているマルチスピーシーズの連関により深く接続しているのにたいして、首都近郊の農民は、グローバルな市場を形成しているマルチスピーシーズの連関により深く接続しているといえるだろう。

このように人間とバナナのかかわりあいはコンゴ盆地における歴史生態ランドスケープの基軸の一つになってきたのであるが、周知のとおり、そもそもバナナもアフリカ原産の栽培植物ではない。小松(二〇一〇a)がレビューしているように、コンゴ盆地の当初の農耕は、ギニア農耕複合(中尾 一九九三)を継承したものだったと考えられている。その中心的な栽培植物はギニアヤムであったが、熱帯雨林ではその生産性が高くなかった。したがって、コンゴ盆地の農耕民の人口が拡大したのは、バナナをはじめとするマレーシア複合の栽培植物(タロイモ、ダイジョ、サトウキビなど)の伝来以降だと考えられている。森林地域においてはギニアヤムの一〇倍の人口をささえることができたというバナナと結びつくことで、農耕民は焼畑のランドスケープを形成しながら、熱帯雨林のマルチスピーシーズの連関を組みかえ、そこに接続していくことができたのである。

ところで、カカオとおなじく南アメリカ原産でアフリカに導入された重要な栽培植物にキャッサバがある。キャッサバがコンゴ盆地に普及したのは、カカオと同様、バナナを基軸とする焼畑に組みこむことがそれほど困難ではなかったからだろう。ただし、キャッサバは、カカオほどにはバナナと「おいしい関係」を構築しているとはいえない。小松(二〇一〇a)が指摘するように、キャッサバの導入は女性の労働負担を増大させる要因にもなる。コンゴ盆地における焼畑耕作では、男が斧で森を伐開し、女は山刀をもちいて細い木々や下草を除去するのにくわえて、植えつけから収穫までの栽培管理を担っている。ところが、貧栄養の土壌でもそれなりの収穫を期待できるキャッサバは、休閑を短くしたり連作したりできるため、二次林での焼畑の頻度が増えることになり、結果的に、男による伐開の労力は減少し、女による植生除去作業の比重が大きくなる。くわえて毒抜き加工も必要になるため、バナナとくらべて圧倒的に女性の労働負担が大きいのである(この点がバカたちのあいだにバナナほどにはキャッサバが普及していない要因かもしれない)。

ところが、こんにちのコンゴ盆地では、キャッサバが基軸となっている地域のほうが多い。それは、貧栄養土壌でも生育し、それゆえ人口支持力が高く、さらには加工して保存食とすることもできるといった利点をもつキャッサバが、マクロな政治経済システムのなかで、より多様なアクターと結びついていくことができ、その結びつきが家庭内における労働力配分を変化させるほどの力をもちえたことを意味している。しかも休閑短縮と土壌劣化につながりやすいキャッサバの基軸化によって、焼畑では多種多様な栽培植物が生育しなくなり、多種多様な栽培植物と「存在を許容される植物」の混交から、キャッサバの単作へと変化していくことにより(小松二〇一〇a)、焼畑とその周囲にひろがるマルチスピーシーズの連関は大きく変質していく。

コンゴ盆地における焼畑農耕の特徴と変化について、ごく簡略的に概観したが、本章における考察との関連において重要なことは、マクロな連関との接続をとおして基軸関係をシフトする可能性をつねにはらみながらも、農耕民たちは、バナナであれ、カカオであれ、キャッサバであれ、いずれか一つないし少数の栽培植物との関係を基軸として、熱帯雨林から焼畑にわたる歴史生態ランドスケープを構成しているマルチスピーシーズの連関を組みかえてきたということである。すなわち彼らは、二者のハイブリッドへといたる可能性を秘めた基軸ドムス化の志向のもとで〈共生成〉している、ということである。

4……アンチ・ドムス

しかしながら〈共生成〉のパターンは基軸ドムス化の志向にもとづくものだけではない。これが本書の核心にある命題である。

基軸ドムス化と対照的な例を考えてみよう。さまざまな生物と人間のかかわりあいの記述を積み重ねていったとしても、それぞれのかかわりあいの自律性が強く、広く影響をおよぼしている一種ないし少数の生物があらわれてこない、という場合である。もちろん、任意の二者のかかわりあいが、つねに孤立してバラバラであるというわけではないだろうし、複数種の生物たちと人間がかかわりあっていることもあるだろう。重要なのは、個々の二者関係を記述するとき、ことごとく顔をだしてくる特権的な第三者がいない、ということである。

そのとき人間が個々の生物とかかわりあっている場所は、一般的には、そのつど移りかわっているはずである。キャンプには、さまざまな動植物や微生物が集まりかけてくるだろうが、ある程度の時間が経過すると、人々はそれらを残して移動してしまう。つまり、特定の空間において人間の営為が持続することはなく、ドムスの形成はつねに中途で放棄される（理屈のうえでは、ある狭い区域で人々が多種多様な生物たちとそれぞれ独立にかかわりあっていることも想像しうるが、あまり現実的ではない）。

つまり、人間には（むろん他種生物にも）基軸ドムス化の志向が強くあらわれることがある一方で、それとは反対の傾向が強くあらわれることもあるのではないか、ということである（図6―2）。そのとき人々は、特定の生物に依存して生きるようになること、すなわち特定の生物によって〈ドムス化〉されること、あるいは特定の生物とともに〈ドムス化〉することを避けているといえる。おなじことを異なる表現でいえば、あらゆる生物にたいして〈野生化〉主体として行為しつづけようとする志向をもつ、ということである。そのような志向のもとで生きる人々が新たな栽培植物を導入するのは、ある意味では容易である。なぜなら、特定の生物と基軸関係を構築しているわけではないので、とりあえず手をだしてみることのハードルは低いだろうから。し

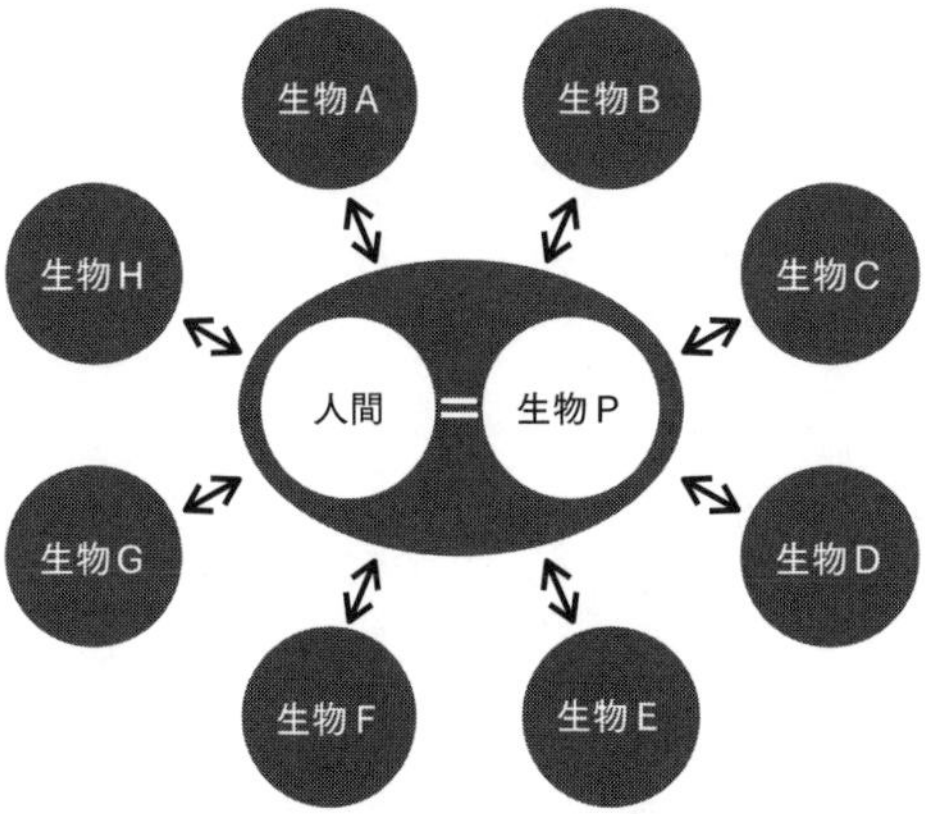

基軸ドムス化

相互に〈ドムス化〉する生物Pとの関係を基軸としてマルチスピーシーズの連関を組みかえながら、生物Pとの〈共生成〉を深化させていく〈生き方〉

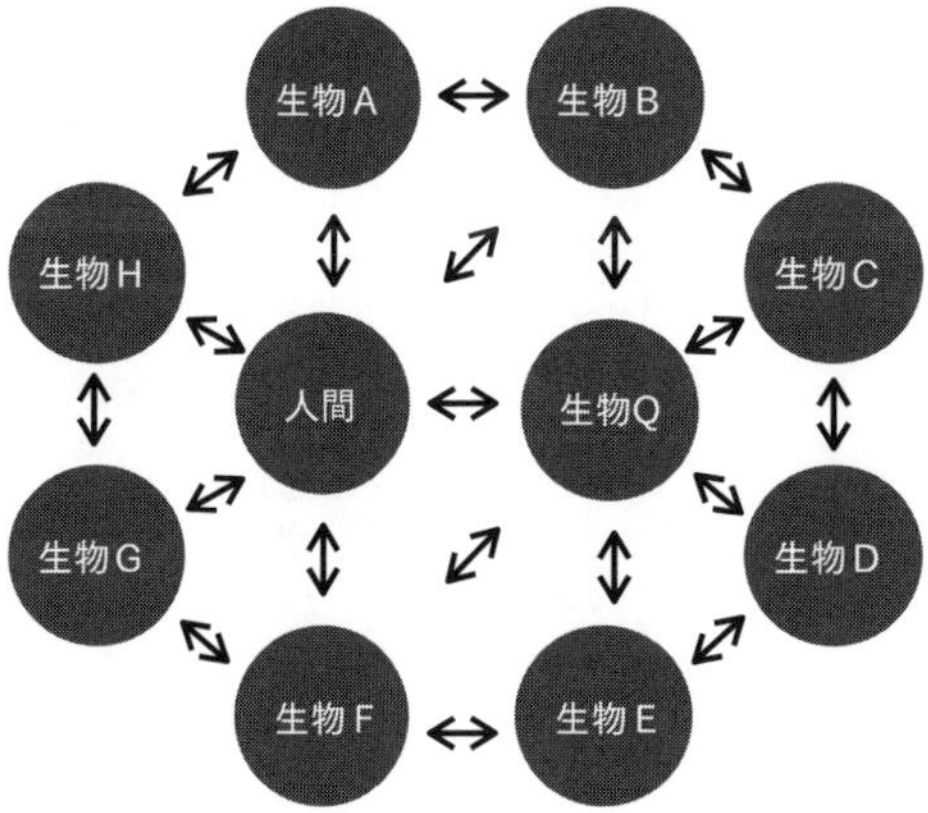

アンチ・ドムス

全方位的かつ非中心的に多種多様な生物と緩く絡まりあいながら、マルチスピーシーズの連関としてのランドスケープ全体と〈共生成〉する〈生き方〉

図6-2　基軸ドムス化とアンチ・ドムスの模式図　ここでは「種」のあいだの関係であるかのように描いているが、じっさいには個体(群)どうしの関係、あるいアクターどうしの関係である。

かし人々は、その栽培植物との関係が基軸となるようにマルチスピーシーズの連関を組みかえようとはしない。野生のものとくらべると栽培植物の〈ドムス化〉する能力は高いので、それまで野生の動植物とだけかかわりあってきたところに栽培植物が参入してくると、人々はある程度まで〈ドムス化〉するかもしれない。しかし、基軸ドムス化の志向をもつ人々とくらべると、かなり〈野生〉寄りの地点で〈ドムス化〉は停止するだろう。

バカたちは、バナナやキャッサバを栽培するようになったとはいえ、それらにたいする依存をむやみに強めていっているわけではない。むしろ、依存しすぎるようになることをできるだけ抑制しているようにみえる。それが示唆するのは、バカたちはあらゆる生物にたいして、できるだけ〈野生化〉主体でありつづけようとする志向をもっており、そのような〈生き方〉のもとでは、安定的な収穫を実現することに頓着しない、いいかげんなバナナ栽培こそが正しいやり方だということである。逆にいえば、バナナは、その程度の人間とのかかわりあい（畑をつくり、吸芽を植えつけて放置するだけ）であっても、つまり第三の生物たちとの関係にたいする人間の介入がかなり緩くても、熱帯雨林と焼畑を構成しているマルチスピーシーズの連関に接続することができ、何世代かにわたって再生産できるということでもある。

一年型ヤマノイモをみても、バカたちにとって森での生活において重要な食物であるものの、毎年決まった時期に特定のヤマノイモ群生地をおとずれて収穫するわけではない。さまざまな条件がそろったときに機会依存的に利用しているだけであり、その意味で、バカたちも一年型ヤマノイモも双方とも〈野生化〉主体としての傾向の強いかかわりあいだといえる。バカたちは、特定の生物との関係を特権化することなく、ヤマノイモ、蜂蜜、果実やナッツ、動物、昆虫、魚、そして種々の栽培作物など多種多様な生物たちとかかわりあうことに賭けて生きている。そこから特定の生物との相互依存を強めて、たがいに〈ドムス化〉するようにマルチスピーシーズの連関を組みかえていこうとする志向は、バカたちの〈生き方〉には存在していないのである。

このように、一種ないし少数の生物とのあいだに基軸的な関係を形成しようとすることなく、多種多様な生物とのかかわりあい——種々の生業——を全方位的かつ非中心的なかたちで緩く維持していこうとする〈生き方〉を「アンチ・ドムス」と名づけよう。

⁂

そのようなアンチ・ドムスの〈生き方〉を記述した事例は、バカのほかにも狩猟採集民を対象とする生態人類学の民族誌のなかにあふれている。典型的な例として、南部アフリカ・カラハリ砂漠に住むサン（ブッシュマン）の例をあげておこう。

ボツワナ中央部のセントラルカラハリ・サン（グイ／ガナ）は、一九九〇年代に国家の開発政策のもとで再定住地に移住させられた。そのような再定住地の一つであるニューカデ（コエンシャケネ）におけるサンたちの生活の変容と、かつての遊動的な生活からの連続性について論じた丸山淳子（二〇一〇）は、アンチ・ドムスとの関連においてたいへん示唆的な事例を記している。再定住地では、生活のインフラが整備されており、じゅうぶんな食料を入手することができる。しかし、サンたちが再定住地にとどまりつづけることはない。各々、再定住地からすこし離れたところに（不法占拠という意味をもつ「マイパー」とよばれる）キャンプをつくり、かつてのように遊動性の高いものではないとはいえ、狩猟や採集をする生活、すなわち多様な生物とかかわりあう生活をしている。とはいえ、サンたちは再定住地における生活を拒否しているわけではない。工芸品の制作で現金収入を得て食料を購入したり、再定住地で配給される食料を分与してもらったり、開発プロジェクトの推進する家畜飼養や農耕を導入するなどして、新たな生活基盤としての賃労働や家畜飼養、農耕なども、柔軟かつすみやかにとりいれて生活している。

ただし、そのようなやり方は「近代化」を推進しようとする政府の開発政策の思惑とは一致していない。サンたちは、そのような思惑をおしつけてくる行政官に「一つのことをする」というあだ名をつけている。丸山(二〇一〇：一四〇)が記している、あるサンの女性の発言を引用しておこう。なお、引用にでてくる「クア」とはグイ／ガナ語で彼ら自身のことである。

政府の人たちは私たちのところへやってきて「エランドを狩るのはやめて、ウシを飼いなさい。ウシを飼うことだけ、そのひとつのことだけをしなさい」としつこく言ったの。私たちはエランドも好きだし、ウシも好きなのよ。いったいなぜひとつのことだけやらなくてはいけないのかしら。エランドの肉を食べ、そしてウシのミルクを飲む、それがクアのやり方よ。

一つのことをして生きていくこと、つまり特定の関係を基軸として生きていくことは、かつて遊動生活をしていたころのサンにとって、ありえないことだっただろう。しかし、再定住地では生活の基軸となる一つの仕事にたずさわって生きていくことが奨励されているし、むしろ手厚いサポートがある。しかしながら、サンたちは、そのような開発プロジェクトから彼らのやり方をとおして便益を得ることはあっても、開発エージェントの思惑どおりにはならない。そのようなサンたちは、まさに本書でいうところのアンチ・ドムスの〈生き方〉を体現しているといえる。

先述した安室は、水田稲作に代表される内部的複合生業に対置されるものとして、一つの生業に高度に特化せずに、生業のバラエティーをたもちながら多生業を並立しておこなうことで生計を維持しようとする複合生業のあり方を「外部的複合生業」と名づけている。それは水田稲作の「里」にたいする「山」の生き方である。「山」では「家ごと人ごとにそれぞれの方法で多様な仕事を選択し組み合わせており、生業面からみると、山の生活は自由な雰囲気を持ち、各家の意志と工夫が複合生業の様相に反映して」（安室 二〇一二：四五）おり、カロリー源となる食物はムギや雑穀、芋類などに分散していて「主食」とよべるものはない。この外部的複合生業もまた、アンチ・ドムスの〈生き方〉を体現するものだといえる。ただし、近代日本の農村社会を対象として論じている安室は、外部的複合生業は生計維持を自己完結させる度合いが低く、外部社会との関係が重要となると述べ、じっさい外部的複合生業の卓越する山間や海辺の村では稲作地帯とくらべて市場経済化がいちはやく進行したと指摘している。この点は、アンチ・ドムスの〈生き方〉にもとづいて自給的な生計維持が可能であるコンゴ盆地とは異なっている。

5……二つの〈生き方〉

こうして双主体モデルから導きだすことのできる対照的な二つの〈生き方〉を提示したわけであるが、すぐさまつぎの点を補足しておかねばならない。

①　二つの〈生き方〉は強弱をともなう傾向であって二項対立ではない。〈生き方〉とは、人々が、彼らをとりまいているマルチスピーシーズの連関を、特定の生物との関係を強化するかたちで組みかえよう

としたり、しなかったりする志向である。したがって、基軸ドムス化であるか、そうでなければアンチ・ドムスである、という二者択一ではなく、連続的な強弱として把握されるべきものである。

② 〈生き方〉は個人の属性である。ただし、個々人どうしもマルチスピーシーズの連関のなかでかかわりあっており、各々の〈生き方〉は周囲の人々の〈生き方〉と無関係に独立しているわけではない。個人間の変異の幅はマルチスピーシーズの連関のあり方によって左右されるが、たいていの場合、生活をともにする人々の〈生き方〉について共通する傾向を把握することができるだろう。

③ 〈生き方〉は生活の実践を方向づけるとともに実践をとおして変化する。[59] 人々は、各々の〈生き方〉に方向づけられながらマルチスピーシーズの連関を組みかえようとしたり、しなかったりするが、そのプロセスのなかでかかわりあうアクターに影響されて〈生き方〉が変化しうる。たとえば、市場の誘引や国家の統制によって基軸ドムス化の志向が強化されたり、大旱魃などにより基軸関係の相方生物がいなくなることでアンチ・ドムスの志向が顕在化したりする可能性があるだろう。

これら三点を確認したうえで〈生き方〉を座標軸として、つぎのように〈農耕民〉や〈牧畜民〉や〈狩猟採集民〉を描写することができる。

ある集団の〈生き方〉において基軸ドムス化の志向が一定水準をこえており、一種ないし少数の栽培植物と〈共生成〉している行為主体とみなせるとき、彼らを〈農耕民〉とよぶことができる。〈共生成〉の対象が家畜であれば〈牧畜民〉とよぶことができるし、栽培植物と家畜と人間の三者関係が卓越している場合には〈農牧民〉とよぶことができるだろう。むろん、栽培植物や家畜の性質、社会の伝統、国家や市場の影響のちがいによって、志向の強度や相方生物の種数には幅があるだろう。

それにたいして、アンチ・ドムスの志向が顕著であり、多種多様な生物たちとのかかわりあいのなかで、それぞれの関係が途切れたり接続したりしながら、一時的な緩い〈共生成〉をくりかえして生きているとき、彼らを〈狩猟採集民〉とよぶことができる。(60)

このような〈共生成〉のパターンに関連してヘザー・スワンソン (Swanson 2018) が興味深い議論を展開している。スワンソンによると、ドメスティケーションはランドスケープを「野生化」してしまう、というのである。ただし、スワンソンは「野生」という言葉に、通常の意味の野生とも、本書における〈野生〉とも異なる

---

(59) この点については本書で深く論じる余裕はない。本書の鍵概念である〈生き方〉とおなじ書名をもつ『生き方の人類学』にて田辺繁治は、ウィトゲンシュタインの言語ゲーム、ブルデューのハビトゥス、レイブとウェンガーの実践コミュニティ、フーコーの権力や統治といった概念をふまえて、つぎのように述べている。「実践は慣習に根ざしながら過去からの反復によって生まれてくる。しかし、実践は慣習のよどみのなかで同一物を再生産するかのように反復されるのではなく、権力関係のなかで差異化をともないながら反復される。もしも、慣習やハビトゥスが同一の実践を生みだすと主張するならば、それは権力支配の言説にほかならない。したがって、生き方の人類学は人びとの間のミクロの権力関係が凝集するコミュニティのなかの人びとの参加、協働、あるいは対立、交渉を記述するとともに、彼らの実践の差異化の過程、すなわち彼らの〈自由〉を描かなければならないだろう」(田辺二〇〇三：二五〇)。本書における〈生き方〉は、田辺のいう慣習やハビトゥスをマルチスピーシーズの連関のなかで把握するものだといえる。田辺の議論は〈生き方〉と個人の実践の相互作用について記述・分析するさいに重要な参照枠になるだろう。

(60) 念のために補足しておくと、かかわりあいのある生物の種数によって〈生き方〉を判断することはできない。おなじアンチ・ドムスの〈生き方〉であっても、そもそもの生物多様性の高い地域と低い地域では、かかわりあっている種数に差があるだろう。

特別な意味をこめている。それは、デボラ・ローズ（Rose 2004）がオーストラリアの原野（アウトバック）の荒廃について論じるさいに言及する「野生 wildness」である。ローズのいう「野生」とは、手つかずの自然ではなく、廃墟のような荒廃した場所のことである。それは一九〜二〇世紀にかけて植民者によって過放牧された家畜がアウトバックを踏み荒らした結果としてつくられたのだという。スワンソンは、みずからの研究対象である養殖された大量のサケが北太平洋の生態系にもたらしている混乱についての考察もまじえながら、ドメスティケーションは、ランドスケープとの関係において方向感覚の喪失（disorientation）をもたらすと指摘している。つまり、ドメスティケートされた生物と人間は、自分たちの世界の中心にドムスをすえていくプロセスの裏側で、ランドスケープとの結びつきを切断されてしまっているということである。それゆえ、いったんドメスティケートされた生物が放たれてしまうと、オーストラリアの原野を荒廃させた家畜のように、マルチスピーシーズの連関を大混乱におとしいれてしまう、というわけである。[61]

ここでの考察との関連において重要なことは、オーストラリアの原野が荒廃してしまう以前には、人々は、彼らがその一部であるところの歴史生態ランドスケープのなかで多種多様な生物たちと絡まりあいながら生きていたはずだということである。つまり「原野の荒廃」という認識が含意しているのは、アンチ・ドムスの〈生き方〉をする人々――オーストラリアの人々もそうであったはずである――は、いかなる生物とも〈共生成〉していないのではない、ということである。アンチ・ドムスの〈生き方〉は、一種ないし少数の生物との〈共生成〉には向かわないというだけであって、多種多様な生物たちと一時的な〈共生成〉をくりかえして生きていると捉えるべきであろう。あるいは〈狩猟採集民〉は、ランドスケープを構成しているマルチスピーシーズの連関全体とともに〈共生成〉しているといってもよい。バカたちを〈森の民〉とよぶとすれば、この意味において、つまり熱帯雨林のランドスケープと〈共生成〉しているという意味においてである。

むろん〈狩猟採集民〉のあいだにもさまざまなバリエーションがあるだろう。たとえば日本列島をふくむ温帯には定住する狩猟採集民がいた（西田 一九八六）。彼らの〈生き方〉におけるアンチ・ドムスの志向は、遊動する狩猟採集民とくらべれば弱かったかもしれない。ジェームズ・ウッドバーン（Woodburn 1982）は、食料を貯蔵する中緯度地域の狩猟採集民を遅延収益システムの経済によって特徴づけ、熱帯や極地に典型的にみられる、遊動性の高い、即時収益システムの経済をもつ狩猟採集民とは区別したうえで、後者における顕著な平等性について論じている。ただし、遅延収益システムをもつ人々の〈生き方〉を基軸ドムス化といってよいかどうかは、彼らが少数の生物との関係を基軸としながらマルチスピーシーズの連関を組みかえようとしていたかどうかが論点になるだろう。

***

しばしば批判されてきたように「狩猟採集民」や「農耕民」や「牧畜民」といった類型は、たとえそれがフィールドワーカーの実感とよく一致している表現であったとしても、その根拠をつきつめていくと「彼らの本質が狩猟採集民だから狩猟採集民なのだ」という本質主義的な断定にいきついてしまうことが多かったようにも思える。それにたいして、双主体モデルにもとづく〈生き方〉の分析は、人々がどのように〈狩猟採集民〉

---

(61) はんたいに、ドメスティケートされた動植物は、原野ではまったく生きていけないこともある。あるいは、ドメスティケートされた動植物でなくとも、人間によってもちこまれた動植物が侵略的になることもある。これらも、ランドスケープにおける方向感覚の喪失だといえる。

や〈農耕民〉や〈牧畜民〉として〈共生成〉しているのかを記述し、説明する。また、こうして〈生き方〉にもとづいて〈狩猟採集民〉を定義することにより、農耕以前のアルカイックな時代から一貫して狩猟採集生活をしてきた人々が「真正な狩猟採集民」であり、そうでない人々は「非真正の狩猟採集民」であるという区別は、完全に無意味なものとなる。そして、農作物を栽培しはじめたらもはや狩猟採集民ではない、といった安直な理解は斥けられ、〈狩猟採集民〉から〈農耕民〉への（あるいはその逆の）移行を定量的に分析できるようになるだろう（〈生き方〉を定量的に記述する方法の開発は今後の課題だとしても）。

バカたちが、あるいは彼らの祖先が、農耕以前のアルカイックな時代から一貫してアンチ・ドムスの〈生き方〉を継続してきたかどうかはわからない。かなり早い時代から「野生の動植物のみに依存した生活をおくる人々」という意味での狩猟採集民ではなかったかもしれない。しかし、現在のバカたちがアンチ・ドムスの〈生き方〉を志向する〈狩猟採集民〉であるかどうかは、それとはまったく無関係とはいわないが、独立して論じるべきことである。過去の経緯がどうであれ、また、たとえ農作物を食べていようとも、アンチ・ドムスの〈生き方〉を実践しているのであれば、彼らは〈狩猟採集民〉なのである。

終章

序章にて（1）狩猟採集民はずっと狩猟採集民だったのか、（2）そもそも狩猟採集民とはどのような人々なのか、という二つの問いを提示した。本章では、まず、これらの問いにたいする解答をしめす。ただし、これらの問いはあくまで探究の端緒として、バカたちの〈生き方〉の記述を文脈づけるために設定したものである。より重要なことは、その作業をとおして遂行的に構想されたマルチスピーシーズ歴史生態学によってバカたちの〈生き方〉をどのように理解できるかであり、これからどのような研究が展望できるかである。

1 狩猟採集民の真正性をこえて

1……ワイルドヤム・クエスチョンにたいするモロンゴの意味

狩猟採集民はずっと狩猟採集民だったのか、という問いは、つまり、こんにちの狩猟採集民が農耕以前のアルカイックな狩猟採集民と連続していると考えてよいのか、という問いである。この問いかけは、当初、南部アフリカのカラハリ砂漠に住むサン（ブッシュマン）について提起されたが、それに刺激されて、コンゴ盆地のピグミーをふくむ世界各地の狩猟採集民について、その真正性をめぐる議論がまきおこったのであった。

第1章で述べたように、一九八〇年代までは、コンゴ盆地のピグミーをはじめとする熱帯雨林の狩猟採集民は、それぞれのくらす森の「先住民」であると意識的にであれ暗黙裡にであれ想定されていた。しかしヘッドランド（Headland 1987）やベイリーら（Bailey et al. 1989）は、野生の食物のみに依存する生活は熱帯雨林では不可能ではないか、したがって狩猟採集民が熱帯雨林で生活するようになったのは農作物を入手できるようになって以降ではないか、と主張したのであった。

ワイルドヤム・クエスチョン（WYQ）とよばれるこの問題提起にかんして、コンゴ盆地の東西でなされた研究から、対立する主張が提示されていた。コンゴ盆地東部で調査した研究者（Hart and Hart 1986）は、熱帯雨林で農作物なしで生活することはきわめて困難だと主張する一方で、コンゴ盆地西部で調査した研究者（Bahuchet et al. 1991; Hladik and Dounias 1993; Sato 2001, 2006）は、狩猟採集生活に必要なだけの野生ヤマノイモが存在すると主張した。ただし、これらの研究はおもに野生ヤマノイモをはじめとする食物資源のアベイラビリティ（分布密度や現存量）についてのデータにもとづいて議論したものだった。したがって、ヤマノイモを探し、掘りだし、キャンプに運び、調理して食べるという一連のプロセスが日常生活のなかで可能であるかどうかについては具体的な検討はなされていなかった（cf. Bailey and Headland 1991）。また、考古学的研究（Mercader 2002, 2003）は、農耕以前に人類がコンゴ盆地に分布していたことをしめす証拠を提供したが、過去の狩猟採集民が食べていた食物を特定することはできていなかった。

⁂

狩猟採集民が野生ヤマノイモを主食として生活することが可能かどうかをしめす、もっとも単純で明快な方法は、じっさいにそのような利用がなされているのを観察することである。

第2章では、乾季から雨季の初めにかけてバカたちがおこなった、モロンゴとよばれる長期かつ大規模な狩猟採集生活について記述した。私が参加したモロンゴでは、野生の食物のみによって、ほぼすべての食物がまかなわれていた。それは、大人一人一日あたりに換算して二四〇〇〜二八〇〇キロカロリーに相当する量であり、そのうち約六〇%が一年型の野生ヤマノイモ（*Dioscorea praehensilis, Dioscorea semperflorens*）からの供給であった。この事例は、ハートら（Hart and Hart 1986）によってコンゴ盆地東部では疑問視されていた乾季から雨季初めにおける狩猟採集生活が、カメルーン東南部では可能であることをしめしている。また、おなじカメルーン東南部で佐藤らが実験的な狩猟採集生活をおこなったところ、小雨季、イルヴィンギア季（小乾季）および大雨季にも、ヤマノイモを利用することで狩猟採集生活が可能であることがあきらかになった（佐藤 二〇二〇）。

モロンゴの事例で強調しておきたいのは、野生の食物だけを食べているにもかかわらず、バカたちは、村での生活と同程度か、それより多いカロリーを獲得できていたことである。佐藤（二〇二〇）が指摘したように、森ヤマノイモの収穫は二日に一度でよいとはいえ重労働であり、それなりにきつい生活ではある。とはいえ、森のキャンプでは、獣肉や蜂蜜といったバカたちの好む食物をたくさん食べることができる。WYQをめぐる初期の論争において、多くの反論者は、熱帯雨林はそれまで考えていたより厳しい環境であるかもしれないが、と譲歩しつつ、しかし不可能とはいえないだろう、というかたちで反論することが多かった。しかしモロンゴの例は、むしろそれまで考えられていた以上に、熱帯雨林における狩猟採集生活がゆたかなものであることを示唆している。

以上から、すくなくともカメルーン東南部においては、WYQは反証されたようにみえる。

2……村から遠くに分布する一年型ヤマノイモ

しかしながら、ヤマノイモの分布についてさらに研究をすすめていくと、WYQの反証には留保をつけねばならないことがわかってきた。

Ｚ村のバカたちによれば、モロンゴで長期逗留したことのある地域は村の南方を中心に一〇〇〇平方キロメートルの範囲にひろがっている。ただし、そのなかでも利用頻度の高い地域が二つあった。そのあたりに一年型ヤマノイモの群生地がとくに多いのだという。

第1章で述べたように、これまでのヤマノイモの分布密度にかんする研究では、一年型ヤマノイモの分布密度は、多年型ヤマノイモ（*Dioscorea mangenotiana, Dioscorea burkilliana* など）と同程度か、それ以下と推定されていた（Hladik et al. 1984; Sato 2001）。しかし、一年型ヤマノイモがかなりの偏りをもって分布しているならば、無作為に設置した調査区から推定された分布密度は、人間にとってのアベイラビリティや探索の負担感とは乖離しがちである。「あるところにはある」のであれば、その場所を知っているかどうかが重要だからである。そして、バカたちはその場所を知っているからこそ、村から四〇キロメートルも離れた地域にまでモロンゴに行くのである。

では「ヤマノイモがあるところ」とは、どのようなところなのだろうか。第3章では、一年型ヤマノイモがよく生育するのは林冠ギャップであること、ただし森のなかにあまねく分布するギャップとくらべて、一年型ヤマノイモの分布は限定されており、偏りがあることをあきらかにした。つまり、一年型ヤマノイモは撹乱された光条件のよい場所で生育しやすいものの、その拡散力は、新しくできた撹乱地につぎつぎと進出していくような典型的なパイオニア植物ほどには強くないということである。

ここで疑問が生じる。一年型ヤマノイモが明るい環境に生育しやすいのであれば、集落のまわりの焼畑休閑地などに群生地があってもよいのではないだろうか。Ｚ村ではないが、じっさいそのような例も報告されている（Dounias 2001）。また、ドゥニアスは、バカがヤマノイモを採集したあと、蔓のついている芋の基部に一定量の芋を残したままにしておいたり、埋めもどしたりすることを報告している。Z村のバカのなかには、*Dioscorea praehensilis*の基部（頭）を村にもちかえって畑に植える人もいた。とはいえ、この行為はあくまで野生個体の再生を補助したり、移植したりするだけであり、第6章で述べた西アフリカの例のように栽培化にいたる選択圧はかかっていないようである。いずれにしてもヤマノイモを持続的に採集するためには適切なインターバルが必要であり、それが保証されるのであれば集落の近くに一年型ヤマノイモの群生地が維持されることは可能である。しかし、じっさいにZ村で畑に*Dioscorea praehensilis*を群生させることに成功した例はない。かりに一時的に成功したとしても、採集頻度が高くなることが容易に予想されるので、群生地を維持するのはさらに難易度が高いと思われる（もちろん、そのプロセスをとおして*Dioscorea praehensilis*が栽培種へと〈共生成〉する可能性もある）。

とはいえ、最低限のインターバルが確保されるために、村から四〇キロメートルの距離が必要だろうか。一年型ヤマノイモが「離れ小島」のように分布している場所は、村からある程度の距離があって日常的な採集圧を避けられる範囲のなかで、何かとくに一年型ヤマノイモの生育に適した条件をもっているのではないかと予想されるのである。

そこでモロンゴの逗留地域とZ村のまわりで植生調査をしたところ、第3章でしめしたように、モロンゴ逗留地域では半落葉性の要素の強い森林になっており、Z村周辺は常緑性の強い森林になっていることがわかった。一年型ヤマノイモは明るい環境を好むので、その群生地は半落葉性の強い森林のほうが維持されやすいと思われる。一方、常緑性の強い森林では、いったん定着することができたとしても、光環境の悪化がはやく、周辺のギャップへの種子散布においてもパイオニア植物に遅れをとってしまうことが多くなるだろう。それにくわえて村の周辺では定住したバカたちによる定常的な採集圧のため、群生地を維持するのがより困難になると思われる。

さらに、モロンゴ逗留地域には、かつて人が住んでいたことがわかった。現在のカメルーン東南部の村落の分布は、第一次世界大戦後のフランス統治時代にすすめられた定住化の影響を大きく受けている。つまり、二〇世紀初頭までの人口分布は、現状とは異なっていたと考えられる。ドイツ統治時代の一九一〇年に作成された地図によると、モロンゴ逗留地域のあたりには農耕民の集落が点在していたことがわかる。農耕民は、野生ヤマノイモを採集したり、畑に植えたりすることはほとんどないが、むしろ主要な食物でないからこそ、採集圧が高くならず、焼畑やその跡地に残されていた可能性はあるだろう。つまり、焼畑や集落の造成にともなう森林の撹乱によって、一年型ヤマノイモの生育に適した環境が持続的に形成され、その分布の拡大ないし維持に貢献してきた、という可能性があるということになる。

いずれにしても、ヤマノイモの拡散力が弱いこと、そしてモロンゴ逗留地域における過去の農耕民の存在が一年型ヤマノイモの分布に影響してきた可能性を勘案するならば、モロンゴの事例や佐藤らの研究をＷＹＱの反証として位置づけるためには、現在のヤマノイモ分布の形成過程について再検討が必要だということになる。

3……モロンゴによるモロンゴの生態基盤の再生産

第４章で論じたように、二つのモロンゴのキャンプ跡を再訪したことで、ヤマノイモ分布の形成過程の理解が大きく進展した。その時点でモロンゴから七年ないし一〇年が経過していたのだが、キャンプ跡には、一年型ヤマノイモを中心に一〇〇個体をこえるヤマノイモが生えていた。ヤマノイモを調理するさいに一部を切り落とすことがあるが、そうして捨てた芋片から再生したのである。すなわち、モロンゴにおいてヤマノイモを食べることそれ自体が、将来のモロンゴで食べるヤマノイモの分布の一部をつくってきた、ということになる。また、その再生産の規模について検討したところ、農耕にともなう拡散がなかったとしても、モロンゴにともなう一年型ヤマノイモの群生地の形成をとおしてモロンゴの生態基盤が確立・維持されえた可能性が高いことがあきらかになった。

つづいて、キャンプ跡に再生したヤマノイモの遺伝的構造を分析したところ、バカたちの利用にともなってくりかえされるヤマノイモの「移住」が、こんにちの分布に寄与していることが示唆された。農耕民の活動も間接的にヤマノイモの拡散に寄与した可能性はあるものの、それはヤマノイモの種子が発芽して定着しやすいハビタットをつくるという間接的なものにとどまるだろう。それにたいして、バカによる「移住」はクローンによる栄養繁殖であり、種子繁殖より成功率が高い。したがって、より効率的にヤマノイモの拡散に貢献してきたと考えられる。

バカたちは、自分たちの捨てた芋片からヤマノイモが再生することを知っている。しかし重要なことは、たとえそのようなヤマノイモの性質を知らなくても、ヤマノイモを食べるようになったその時点から、人間はヤマノイモを森のなかに拡散してきたはずだということである。

⁂

ところで、人間とヤマノイモの相互作用をとおしてヤマノイモの分布が拡大してきたのなら、その相互作用が抑制されれば、ヤマノイモの分布は制限されるか、縮小する可能性もあることを示唆する。バカの分布する地域であれ、ほかのピグミー系民族の分布する地域であれ、かつて一年型ヤマノイモの群生地がたくさんあり、モロンゴのような生活が可能であったとしても、何らかの要因によって相互作用が阻害されてしまえば、一年型ヤマノイモの群生地はしだいに森に埋もれ、消失していくだろう。そのような進行につながる要因として、たとえば、農作物への依存の拡大がある。モロンゴをよくおこなう乾季は、畑の開墾に適した季節でもある。したがって生業のなかでの農耕の比重がある水準をこえると、バカとヤマノイモの相互作用が急激に縮小する可能性がある。

逆にいえば、現在は一年型ヤマノイモの群生地の分布がみられない地域でも、過去には存在していた可能性がある。コンゴ北部に住んでいるアカの生業を記述した北西（Kitanishi 1995）によれば、アカたちは乾季には農作物をよく食べており、Z村のバカほどには一年型ヤマノイモを食べていないようである。コンゴ盆地東部に住んでいるムブティの生業を記述した市川（Ichikawa 1983）によれば、ムブティたちは乾季には狩猟した野生動物とひきかえに農耕民から農作物を入手しているという。これらの地域には、もともと一年型ヤマノイモの群生地はなかったのかもしれない。しかし、農耕民から農作物を入手できるという条件のもとでは、多かれ少なかれ、人間と一年型ヤマノイモの相互作用は抑制されるはずであり、そうであれば、過去に人間と一年型ヤマノイモの相互作用が活発であったにもかかわらず、いつかの時点でその相互作用が転調し縮小して現在にいたっている、という筋書きもじゅうぶんにありうる。

そろそろWYQにたいする結論をくだしてもよいだろう。

⁂

中部アフリカ、コンゴ盆地の熱帯雨林の狩猟採集民にとって、カロリー源としてもっとも重要な食物は、

Dioscorea praehensilis と *Dioscorea semperflorens* という二種の一年型ヤマノイモであることは確定的である。すくなくともカメルーン東南部では、現在のそれらのアベイラビリティは年間をとおして完全な狩猟採集生活をささえることができる水準にある。しかし問題は、その分布の形成にどのような人間活動が影響してきたかである。この点を勘案して、コンゴ盆地の熱帯雨林における人間の歴史の筋書きをつくるとすれば、つぎの三つの選択肢になるだろう。

① 人間がほとんどいない状態でもじゅうぶんな量の一年型ヤマノイモ（あるいは代替可能な食物）がすでに分布しており、熱帯雨林のどこであれ、はじめから狩猟採集民の生活をささえることができた。

以下の選択肢は、人間不在の熱帯雨林では、例外的な場所をのぞいて人間の食物はじゅうぶんではなかった場合である。

② 一年型ヤマノイモはある時点までおもに森林の周縁部に分布していたが、狩猟採集民の利用にともなって熱帯雨林の内部に分布をひろげた。それが狩猟採集民の生活の基盤となり、狩猟採集民はヤマノイモと歩調をあわせて熱帯雨林の内部に分布をひろげた。

③ 一年型ヤマノイモは数千年前までおもに森林の周縁部に分布していたが、農耕民による植生撹乱（焼畑や集落の造成）にともなって熱帯雨林の内部に分布をひろげた。狩猟採集民は、農作物の利用を前提として、農耕民と歩調をあわせて熱帯雨林の内部に分布をひろげた。

問うべきことは、どの筋書きの蓋然性がもっとも高いかである。現時点における私の回答は、②あるいは①、というものである。(62) ②を先に書いたのは、両方の可能性があるが、②の可能性があることの意味を重視したいからである。

4……マルチスピーシーズの連関としての歴史生態ランドスケープ

この観点からふりかえってみると、WYQでは、問題を捉えるフレームがずれていたことがわかる。そこで提起されたのは、①ではないのではないか、という疑問だったが、①でないのなら③である、という選択肢しか存在していなかった。

その議論のフレームをかたちづくっているのは、「ありのままの自然に依存する真正な狩猟採集民」と「自然を改変する農耕の存在を前提とする真正でない狩猟採集民」の二項対立である。これはいうまでもなく、文化と自然の二項対立と起源をおなじくしている。この二項対立にとらわれているかぎり、現実においてそのあいだにひろがっている領域、すなわち人間と多種多様な生物たちの相互作用の絡まりあいをとおした、マルチス

(62) ①であるか②であるかをつきとめるためには、以下の研究をおこなう必要がある。(1) 一年型ヤマノイモの群生地が、どれだけの採集圧のもとでどれだけの期間、維持されるかをあきらかにすること。(2) 異なる植生タイプごとに一年型ヤマノイモの群生地が形成されるメカニズムをあきらかにし、広域における群生地の分布と動態(形成、維持、拡大、消失など)を把握すること。(3) 一年型ヤマノイモの拡散経路を遺伝学的方法によって跡づけ、その経路と人間(ピグミーおよび農耕民)の移住史との関係の有無を検証すること。

ピーシーズの連関として構築されている歴史生態ランドスケープを認識しそこなってしまう。本書をとおして記述してきたように、狩猟採集民とヤマノイモの相互作用をとおして、ヤマノイモの分布が歴史的に構築されてきたことは明白である。バカたちやその祖先たちがヤマノイモを採集して食べてきた熱帯雨林は、人間の営為から独立して存在する「ありのままの自然」ではない。端的にいえば、WYQは問題のフレームが不完全だった、ということである。

＊＊＊

Z村でフィールドワークをはじめてすぐの二〇〇二年、バカたちとともにモロンゴをする機会に恵まれたことは、それから二〇年以上にわたって（おそらく今後も同様に）私の研究実践の方向性を決定づける出来事であった。ただし、モロンゴは、当時の私が素朴に思ったような、ありのままの自然にまるごと依存する「純粋な狩猟採集生活」ではなかったし、遠い昔からつづく「始原の狩猟採集生活」でもなかった。モロンゴは、バカたちと一年型ヤマノイモの相互作用をその基盤として再生産されている、すぐれて歴史的な実践なのである。

ここで歴史的だというのは、二つの意味を念頭においている。まず、私が参加したような「村」から四〇キロメートル離れたところにまで行って一年型ヤマノイモを採集するようなモロンゴのスタイルは、植民地化・近代化にともなう人々の居住パターンの変化や生業活動の変化を背景としてかたちづくられたものだという意味で、歴史的なものである。一年型ヤマノイモを食べる生活はずっと以前からあったとしても、バカたちが定住化の傾向を強めていなければ、現在とはかなり異なるスタイルの生活のなかで一年型ヤマノイモを採集していたにちがいない。

もう一つは、個々の人間と個々のヤマノイモという具体的なアクター間の相互作用の水準における偶然の出会いにかかわるものである。狩猟採集は、いうまでもなく偶然性をはらんだ活動である。どこにモロンゴに行くか。おおまかな地域の選択から、キャンプをつくる場所の選択まで、そのなりゆきは、さまざまな水準における偶然性にゆだねられている。モロンゴの日々の生活のなかで、どこに採集に行くか。ある程度の当てはあるだろう。しかし芋がじゅうぶんに肥大したヤマノイモは、蔓や葉を枯らしている。芋にたどりつくためには、枯れて乾燥し、途切れ途切れになった蔓や、筒状に包まった葉との偶然の出会いを手がかりにするしかない。あるいは、ヤマノイモの群生地に向かう途中、何かべつの食物（たとえば蜂蜜）をみつけるかもしれない。その寄り道がヤマノイモとの思わぬ出会いにつながることもある。狩猟採集は一般的には捕食—被食関係であるが、バカたちとヤマノイモのあいだでは、ヤマノイモを捕食することがヤマノイモの再生産につながるというかたちで、共生関係が捕食—被食関係と表裏一体になっている（とはいえ、これは動物と植物の関係においてごく一般的なことでもある）。ただし「結果として」であれ共生関係が成立するためには、さらなる偶然性をのりこえる必要がある。採集した芋は、キャンプにもちかえって調理する。そのときバカたちが、どの芋をどのように切り分け、どの小片を、どこに捨てるのか。採集されてキャンプにたどりついたヤマノイモの運命は、その再生について（可能性として知ってはいるが、それぞれの個体の行く末については）おそらく何も考えていないバカたちの気まぐれな行為によって大きく左右される。そして首尾よく再生したとしても、種子繁殖に成功できるかどうか、あるいは何年後かにふたたびバカが通りかかるのに期待するのか……。

バカという人々全体、ヤマノイモの地域個体群全体の水準においては「バカとヤマノイモの相互作用をとおしてヤマノイモの分布が拡大し、それがバカの生活をささえる基盤になっている」と因果的な表現をもちいて記述することができる。しかし、個体どうしの相互作用の水準までおりると、膨大な偶然性であふれかえっているのである。序章では、異種生物どうしの生態学的な出会い、すなわち生物どうしの共生関係にかかわる偶然の出会いの積み重ねを〈歴史〉と名づけたが、モロンゴはバカたちとヤマイモのかかわりあいの〈歴史〉のうえになりたっており、同時にその〈歴史〉を駆動している。ヤマノイモはその〈歴史〉をとおしていまあるヤマノイモに〈共生成〉しており、バカたちもまたその〈歴史〉をとおしていまある彼らに〈共生成〉している。ただし、その〈共生成〉のあり方は、第6章で論じたように、アンチ・ドムスの〈生き方〉のなかで方向づけられていることに留意しておく必要がある。

2 双主体モデルの構想と拡張性

1……半栽培のパースペクティブと生業の多様化

狩猟採集民の真正性を問うことをとおして確認されたのは、ありのままの自然に依存する狩猟採集民の存在ではなく、人間をふくむ多種多様な生物たちの相互作用の絡まりあい、すなわちマルチスピーシーズの連関として、バカたちのくらす熱帯雨林のランドスケープが構築されている、ということであった。そこには文化と自然の二項対立が入りこむ余地はない。しかし、ここで新たな問いが生まれた。採集と農耕、野生と栽培のあいだに明確な断絶がないのだとしたら、そもそも「狩猟採集民」とは、いったいどのような人々のことなのだろうか。

このように問うとき、まずは通時的な連続性が認識のフレームになっていないか確認しておくべきだろう。もしそうなら狩猟採集から農耕へという「進歩」の価値観がまぎれこんでくる。その価値観から自由になるには、意識して、認識のフレームを共時的な連続性に定めておく必要があった。野生と栽培のあいだにひろがる領域を共時的にみわたす半栽培のパースペクティブのなかに、バカとヤマノイモのかかわりあいを参照点としながら、種々の生業を布置して比較するのである。そうして、近年のバカたちの生業の変化を「農耕化」としてではなく「多様化」として捉えることが、「狩猟採集民」とは何であるかについて論じるための出発点であった。

あらためて強調しておきたいのは、人間どうしの関係もマルチスピーシーズの連関のなかにふくまれているということである。ある生物と人間のかかわりあいは、その生物が人間の生活のなかでどのような重要性をもっており、それを獲得・生産するために人間の社会がどのように制度化・組織化されており、収穫物がどのように分配され、消費されるかという、その生物をめぐって構築されている人間と人間のかかわりあいによっても方向づけられる。したがって、その生物の生物学的な性質が、人間との関係を決定づける特権的な重要性をもっているわけではない。たとえば、収穫に先だつ労働投入が生産物の所有を明確に根拠づけている社会と、労働と所有を結びつける因果関係が弱く場あたり的で不安定な社会では、同一の生物とのかかわりあいであっても、半栽培のパースペクティブのなかで異なる地点に位置づけられるのである。

ただし、種々の生業を半栽培のパースペクティブに位置づける作業は、同時に、バカたちの生業と農耕民の生業が、おなじような幅の多様性をもっていることを再認識することでもあった。そもそも、植物にとってとりわけ好適な熱帯雨林という環境では、人間が植物をコントロール下におきつづけることは至難である。人間と植物のかかわりあいは野生のほうに漏れだしていき、結果として、野生と栽培のあいだに位置づけられるような関係が卓越することになる。小松・塙（二〇〇〇）が描写した「許容される野生植物」のあふれるカメルーン東南部の焼畑であれ、四方（二〇一三）が「森にもどる畑」として詳細に記述したバンガンドゥのバナナ畑やカカオ畑であれ、あるいは本書で記述してきたキャンプ跡におけるヤマノイモの群生地であれ、人間は、主たる利用対象にかかわりあってくる多種多様な生物たちを、ほとんど排除しようとしない。むしろ、旺盛な復元力をもつ熱帯雨林のダイナミズムに働きかけ、そのリアクションとしてマルチスピーシーズの連関が再構築されていくプロセスのほんの一部から食物をとりだしている、と表現するほうが的確であろう。そのときどきの生活の便宜におうじて利用できる選択肢として、複数の食物資源がつねに並存していることこそが、人間の生きるための資源の出どころとしての、熱帯雨林のゆたかさだといえるだろう。

ともあれ農耕民の生業のレパートリーは、バカの生業のレパートリーとほとんど重なりあっているといってよい。しかし、そうであれば、バカたちが「農耕化」しているというのとはべつの意味で、つまり、バカも農耕民も多種多様な生物たちと野生から栽培まで幅ひろい関係を構築しているという意味で、両者の差異はほとんどないことになってしまう。

2……双主体モデルの構築

しかしながら、くりかえし述べてきたように、フィールドにおける実感としては、両者には明瞭な差異がある。それは、個々の生業の次元ではなく、種々の生業活動を束ね、その全体を方向づけている〈生き方〉の次元において把握できるのではないか、というのが第6章における探究の着想であった。この着想のもとでマルチスピーシーズの連関を念頭におきながら人々の〈生き方〉を記述し、比較するための座標軸を定めるためには、それら二つの次元にたいして包括的にアプローチすることのできる、新しい理論を構築する必要があった。それが〈ドムス化〉の双主体モデルであった。ただし、双主体モデルは〈ドムス化〉の記述に特化したモデルではない。それはマルチスピーシーズの連関をとおして〈共生成〉している、人間と多種多様な生物たちの絡まりあいを動的かつ双方向的に記述するためのモデルであり、〈ドムス化〉ないしドメスティケーションはその一つのパターンとして位置づけられる。

双主体モデルの目論見は、単一主体モデルから関係論モデルへのパラダイムシフトにおいて「消去」されてしまった「主体」を再導入することにより、ドメスティケーションを動的かつ双方向的に把握する点にある。単一主体モデルでは、対象生物のドメスティケーションを駆動していく人間主体が配置されているのにたいして、関係論モデルでは、共生という「関係」が強調される。そこでは、人間が意図していようと意図していまいと、結果として共生関係が成立していればよく、したがってドメスティケートする側／される側という主体と客体の関係は消失するか、二次的なものだとみなされがちになる。むろん、これらの二つのモデルはまったくの見当ちがいだというわけではない。単一主体モデルはドメスティケーションの最終局面に近いほどよくあてはまるし、関係論モデルはドメスティケーションの開始局面に近いほどよくあてはまる。双主体モデルは、そのあいだにある断絶と不整合を解消して両者を統合することをねらっているのである。その骨子は、つぎの五点に集約できる。

① 焦点化された二者の双方を行為主体と捉える。〈ドムス化〉の作用は双方向的であり、二者はそれぞれ

同時に〈ドムス化〉を駆動する行為主体になりうる。

② 行為主体はマルチスピーシーズの連関に働きかける。〈ドムス化〉主体は、自分にたいする相方生物の依存が増大するように相方生物と第三の生物たちの関係に介入し、同時に自分と第三の生物たちの関係を調整しながら、マルチスピーシーズの連関を組みかえていく。

③ 〈ドムス化〉するという動詞は他動詞と自動詞の二重性をおびている。ある生物が相方生物を〈ドムス化〉するとき、しばしば双方がみずから（相互）依存を強めていくかのようにふるまう。すなわち生物は自動詞的な意味で〈ドムス化〉することがある。

④ 行為主体は〈野生化〉主体でもある。マルチスピーシーズの連関のなかで焦点化された二者は、各々の〈ドムス化〉と〈野生化〉のベクトルが均衡する地点で平衡状態になる。しかし、新たな生物の参入などにより連関が組みかえられると、均衡点は移動する。

⑤ 行為主体はマルチスピーシーズの連関をとおして〈共生成〉している。なかでも、相互の〈ドムス化〉の働きかけが累積した二者は、ハイブリッドの行為主体として〈共生成〉することがある。

双主体モデルのモチーフには、いうまでもなくマルチスピーシーズ歴史生態学がある。とりわけ右記の⑤は、序章で論じたマルチスピーシーズ歴史生態学の公準④改を、双主体モデルに組みこんだものである。顕著な例として、人間が相方生物にたいして〈ドムス化〉の働きかけを強めていき、それが同時に相方生物の〈ドムス化〉主体としてのエージェンシーを引きだしていくことで、相互の〈ドムス化〉がすすんでいくと、ついには二者の合一したハイブリッドの行為主体としてマルチスピーシーズの連関に働きかけているとみなせるようになる。

ただし〈共生成〉は、人間（やさまざまな生物）が異種生物や非生物アクターと絡まりあいながら行為主体として生成するさまを描写する概念であり、強固にハイブリッドした行為主体にのみ限定してもちいられるわけではない。あらゆる生物はマルチスピーシーズの連関のなかで多様なアクターと絡まりあって何らかのかたちで〈共生成〉しているはずである。また、あらゆる〈共生成〉は、第三の生物（あるいは非生物のアクター）の参入によって変質する可能性がある。その変質のプロセスこそがマルチスピーシーズ歴史生態学の記述しようとする〈歴史〉である。つまり〈歴史〉とは、多分に偶然性をはらんだかたちで多種多様な生物と絡まりあいながら、行為主体が〈共生成〉していくプロセスである。

3……ランドスケープとともに〈共生成〉する狩猟採集民

双主体モデルは、人間と生物のかかわりあいを動的かつ双方的に記述するためのパースペクティブとツールボックスを提供する。ここでの目的に照らしていえば、種々の生業活動を束ねて、それらの変化・多様化を方向づけている〈生き方〉のレベルに照準をあわせることができる。〈生き方〉とは、みずからが組みこまれているマルチスピーシーズの連関を、特定の生物との関係を強化するかたちで組みかえようとしたり、しなかったりする志向のことである。それを把握するためには、まず、人々の種々の生業のそれぞれ、すなわち人間と多種多様な生物たちとのかかわりあいのそれぞれを、双主体モデルによって記述していく必要がある。そのうえで、任意の二種関係にたいして、つねに介入しているようにみえる一種ないし少数の生物がいるかどうかが分析のポイントになる。

人間は、他種生物を〈ドムス化〉する能力に秀でているだけでなく、みずからも〈ドムス化〉しやすい生物である。したがって、人間のかかわる〈ドムス化〉のプロセスは、多かれ少なかれ〈ドムス化〉する／されるという関係が表裏一体をなして進行していく。そのとき、たとえば稲作農民とイネ、ウシ牧畜民とウシのように、二者のあいだに高度な相互依存関係が構築されており、いずれか一方と第三の生物たちとの関係について記述しようとするとき、ほとんどつねに相方生物との関係を前提とすることなしには記述できない、という状態になっていることがある。このように、一種ないし少数の生物とともに相互に〈ドムス化〉する関係を基軸として多種多様な生物とのかかわりあい——種々の生業——を再／構築しつづけていく〈生き方〉を「基軸ドムス化」と名づけたのであった。

それにたいして、さまざまな生物と人間のかかわりあいの記述を積み重ねていったとしても、それぞれのかかわりあいの自律性が強く、幅ひろく影響をおよぼしている一種ないし少数の生物があらわれてこない、という場合がある。そのとき人々は、特定の生物に依存して生きるようになること、すなわち特定の生物とともに〈ドムス化〉することを避けて、多種多様な生物たちとかかわりあうことに賭けて生きているのだといえる。このように、一種ないし少数の生物とのあいだに基軸的な関係を形成しようとすることなく、多種多様な生物とのかかわりあい——種々の生業——を全方位的かつ非中心的なかたちで緩く維持していこうとする〈生き方〉を「アンチ・ドムス」と名づけたのであった。

ただし第6章で述べたように〈生き方〉の志向について、つぎの三点に留意しておく必要がある。

①　二つの〈生き方〉は強弱をともなう傾向であって二項対立ではない。

②　〈生き方〉は個人の属性である。ただし、個々人どうしもマルチスピーシーズの連関のなかでかかわりあっており、各々の〈生き方〉は周囲の人々の〈生き方〉と無関係に独立しているわけではない。

③　〈生き方〉は生活の実践を方向づけるとともに実践をとおして変化する。

双主体モデルにもとづく〈生き方〉の分析は、人々がどのように〈狩猟採集民〉や〈農耕民〉や〈牧畜民〉として〈共生成〉しているのかを記述し、説明する。

ある集団の〈生き方〉において基軸ドムス化の志向の一定水準をこえており、一種ないし少数の栽培植物と〈共生成〉している行為主体とみなせるとき、彼らを〈農耕民〉とよぶことができる。〈共生成〉の対象が家畜であれば〈牧畜民〉とよぶことができるし、栽培植物と家畜と人間の三者関係が卓越している場合には〈農牧民〉とよぶことができる。

それにたいして、アンチ・ドムスの〈生き方〉をする人々を〈狩猟採集民〉とよぶことができる。ただし、彼らはいかなる生物とも〈共生成〉していない、ということではない。アンチ・ドムスの〈生き方〉は、一種ないし少数の生物との〈共生成〉には向かわないというだけであって、多種多様な生物たちとのかかわりあいのなかで、それぞれの関係が途切れたり接続したりしながら、弱く一時的な〈共生成〉をくりかえして生きていくことだと捉えるべきである。あるいは〈狩猟採集民〉は、ランドスケープを構成しているマルチスピーシーズの連関全体とともに〈共生成〉しているといってもよい。

こうして〈生き方〉の把握にもとづいて〈狩猟採集民〉について論じることにより、農耕以前のアルカイックな時代から一貫して狩猟採集生活をしてきた人々が「真正な狩猟採集民」であり、そうでない人々は「非真正の狩猟採集民」であるという区別は、完全に無意味なものとなる。過去の経緯がどうであれ、また、たとえ農作物を食べていようとも、アンチ・ドムスの〈生き方〉を実践しているのであれば、彼らは〈狩猟採集民〉なのである。

＊＊＊

ところで、バカの〈生き方〉についてのここまでの議論の構造はつぎのようになっている（これはロジックを抽出するためだけに簡略化したのであり、要約ではない）。

①「バカたちは『いいかげんな農耕』をしているようにみえる」という「結果」を説明するために、
②「アンチ・ドムスの〈生き方〉をする人々は『いいかげんな農耕』をしているようにみえる」という「規則（モデル）」を考案して、
③「バカたちはアンチ・ドムスの〈生き方〉をしている」という「前提」を推論した。

これは論理的な飛躍をふくむ推論（アブダクション）であり、真であるという保証はない。[63] むろん私自身は、双主体モデルの精巧さと汎用性を確信しており、バカたちがアンチ・ドムスの〈生き方〉をしていることを高い確度で予想している。ただ、それを検証するためには〈生き方〉の志向を定量的に把握するための指標を考案し、検証可能な一連の仮説として定式化したうえで、データを収集して集団間の〈生き方〉を比較する必要がある。そもそも双主体モデルは、そのような検証と比較を念頭において構築してあるので、定量指標の策定はそれほど困難ではないが、フィールドにおけるデータの収集可能性とすりあわせながら具体的な仮説に落としこんでいく作業は、相当の労力と時間を要するだろう。それは今後の研究に委ねるしかないが、現時点でも双主体モデルが汎用性の高い理論であり、私たちが世界を記述する精度を高め、視野をひろげるものであるかどうかを確認しておくことはできる。

4……双主体モデルの展望

ここまで、マルチスピーシーズの連関のなかで〈共生成〉している人々の〈生き方〉を双主体モデルをもちいて把握することについて、できるだけ体系的であることを重視しながら論じてきた。ここからは、双主体モデルの拡張性とインプリケーションについて、体系的であることにこだわらずに、いくつか述べておきたい。

⁂

双主体モデルは、人間を焦点から外すことができる。キノコを栽培するアリや、アブラムシを飼育するアリがいるように、ドメスティケーションは人間に限定さ

(63) アブダクションとは、チャールズ・パースが演繹と帰納とならぶものとして位置づけた仮説形成のための推論の方法である(米盛二〇〇七)。演繹(deduction)では前提(A)と規則(AゆえにB)にもとづいて結果(B)を導き、帰納(induction)では前提(A)と結果(B)の多数の組みあわせから規則(AゆえにB)の蓋然性を検証する。アブダクションでは、結果(B)を説明しうる規則(AゆえにB)を発見して前提(A)を推論する。アブダクションは必然的に論理的飛躍をふくみ、真である保証はないが、推論をとおした規則=仮説の発見にこそアブダクションの意義がある。

れるものではないし、そもそも関係論モデルは生物一般の共生関係の特殊な型としてドメスティケーションを把握するものであった。したがって、生物一般の共生関係を記述しようとするときに、わざわざ双主体モデルを援用するのであれば、関係論モデルでは消去されていた「主体」の再導入にどのような効用があるのかをしめす必要がある。ダーウィンが進化論を構想したとき、人為選択による品種改良をモデルとして参照しながら議論を展開したことはよく知られている（ダーウィン 二〇〇九）。人為的な品種改良は、単一主体モデルによって記述されるドメスティケーションの局面である。それとの類推としてダーウィンが「自然選択」というとき、単一主体モデルを維持することが困難（単一主体が人間でなければ「神」にならざるをえない）だとすれば、生物どうしの関係を記述するモデルが無主体的な関係論モデルへと転回することは必然であっただろう。同様に、関係論モデルから双主体モデルへの転回が、ドメスティケーションの把握を精緻なものとするのであれば、人間以外の生物どうしの関係をよりよく理解することに双主体モデルが貢献できるかもしれない。

まず、人間と他種のかかわりあいではあるものの、人間でない側に比重をおいた記述について検討してみよう。本書で述べてきたように、コンゴ盆地の森では*Dioscorea praehensilis*が人間とかかわりあいながらも、たがいに〈野生化〉する志向を強く維持していた。*Dioscorea praehensilis*は、狩猟採集民にとって季節によってはもっとも重要な食物になる。しかし、そのかかわりあいは機会依存的である。個体群レベルでみれば具体的な関係性はつねに移りかわっており、特定のヤマノイモ個体群が特定の人間集団とのあいだに恒常的な関係を構築して、それを基軸としてマルチスピーシーズの連関を組みかえていくわけではなかった。

熱帯を中心に世界で数十種が栽培されているヤマノイモのなかでも最大の生産量をほこるシロギニアヤム（*Dioscorea rotundata*）は、*Dioscorea praehensilis*と近縁種の*Dioscorea abyssinica*が交雑したハイブリッドとして西アフリカで栽培化した。ただし、*Dioscorea praehensilis* からシロギニアヤムへの生成は、過去において生じた一回きりの出来事ではない。*Dioscorea praehensilis* は、農民による「貴族化」の実践をとおして継続的にシロギニアヤムとして〈共生成〉している。*Dioscorea praehensilis* は、遺伝学的な意味でのハイブリッドとして、そしてエージェンシー的な意味での人間とのハイブリッドとして、二重の意味で〈共生成〉しつづけているのである。さらにシロギニアヤムは、*Dioscorea burkilliana* とハイブリッドして、キイロギニアヤム（*Dioscorea cayensis*）として〈共生成〉している（*Dioscorea burkilliana* はコンゴ盆地にも分布しており、バカたちもよく利用するヤマノイモである）。

このように *Dioscorea praehensilis* は、西アフリカとコンゴ盆地で、それぞれ人間とかかわりあいながらも、一方では基軸ドムス化の志向のもとで、他方ではアンチ・ドムスの志向のもとで、独自の〈歴史〉を歩んできたといえる。それぞれにおける志向は、それぞれのかかわりあう人間の志向にも影響されているにちがいないが、歴史生態ランドスケープに存在している人間以外の生物種の構成や非生物的環境によっても影響されているだろう。また、個体群レベルでみると、その〈歴史〉がどのように展開していくかは、偶然の出会いによって大きく左右されるだろう。たとえば西アフリカの（畑ではなく）森に分布している *Dioscorea praehensilis* は「貴族化」をとおしてシロギニアヤムへと生成する可能性もあるし、野生のままで生きていくかもしれない。それは森を探索する人間との偶然の出会いに依存している。畑のシロギニアヤムは、種子散布をとおして周囲の森に拡散して〈野生化〉する可能性をもっている。コンゴ盆地では、バカに採集されることがあれば、そして芋片から再生することができれば、数キロメートルから数一〇キロメートルの「移住」ができる。ときには畑に移植されることもある。現状では実現していないものの、もし畑でうまく定着できれば、シロギニアヤムに類するものへ〈共生成〉する可能性もある。

Dioscorea praehensilis は、人間とのかかわりあいを深めてシロギニアヤムかそれに類するものに〈共生成〉するか、あるいは〈野生化〉主体としてアンチ・ドムスをつらぬくか、地域によって、また地域内でも個体（群）によって、その可能性のバランスが異なるという意味で、複線的な〈歴史〉を積み重ねてきたといえる。その多様性の幅のなかで、*Dioscorea praehensilis* という生物種の範疇にとどまっていることもあれば、シロギニアヤムやキイロギニアヤムなど異なる種として生成していることもある。今後さらなる新種へと「進化」することもあるだろう。

このように人間とかかわりあっている *Dioscorea praehensilis* の側に記述の焦点をあてて、個体群ごとの多様性を念頭におきながら、その〈共生成〉の〈歴史〉を記述することで、*Dioscorea praehensilis* の「エスノグラフィ」を書くことができそうである。であれば、とりわけ環境の変化が速く、生物たちの試行錯誤を観察しやすいと思われる人工的環境（キャンプ地や焼畑から都市まで）における生物どうしの共生関係について、その〈共生成〉の〈歴史〉に着目しながら「エスノグラフィ」を書くことができるのではないだろうか。

⁂

双主体モデルは、人間どうしの関係にも適用できる。

第6章にて〈ドムス化〉主体の行為とは「対象生物の生きる環境を構築しながら、みずからにたいする依存度が増大するように対象生物と第三の生物たちとの関係をコントロールすること」だと定義したが、その対象生物として人間をふくむことができるということである。

人間の「ドメスティケーション」については、すでにさまざまな議論がある。ヘレン・リーチ（Leach 2003）は、人間と家畜にみられる身体的特徴の共通性にかんして古くはフランツ・ボアズの研究などがあるものの、身体計測データが優生学に誤用・乱用されたことへの批判や反省などを背景として、一九五〇年代以降の人類学では、身体的な観点からの人間のドメスティケーションにかんする研究はほとんどなされなくなり、象徴的・社会的な観点に限定されて論じられてきたと総括している。そのうえでリーチは、農耕開始以降に生じた人間の身体的形質の変化と、さまざまな家畜に共通してみられる諸特徴（家畜化シンドローム）の類似性について論じている。ブライアン・ヘアは、チンパンジーにおいてなかなか成功しない指さし実験（人間のジェスチャーのしめす方向に注意を向けてその意図を理解するかどうかの実験）をイヌが難なくこなすことから、協力的コミュニケーションの発達が家畜化に関係しているのではないかという着想を得て興味深い研究をすすめている（ヘア／ウッズ 二〇二三）。彼は、ロシアで数十年にわたって人間にたいして友好的な個体だけを選別して（認知能力では選別されずに）交配させてきたキツネが、指さし実験を難なくこなすことを確認した。そのうえで、他個体や他種にたいする友好的行動と協力行動は（そのほか諸々の家畜化シンドロームとともに）パッケージとして進化することを多様な実験をとおして検証した。そして、人間においても他人と友好的であることが選択圧となって協力行動が発達し、そもそも脳が大型化していたこともあって、それが認知能力の飛躍的な発達につながった可能性が高く、その意味で、人間は自己家畜化したのだと論じている。[64] なお、ヘアは、自己家畜化に特徴的な身体的形質の出現時期について化石を比較して検証しており、人類の自己家畜化は八万年前ころからはじまったと推

---

(64) ヘアは、家畜化をとおして、個体発生時における個々の遺伝子の働きのタイミングと強さを調節する「司書役」の遺伝子に選択圧がかかることで複数の特徴がパッケージとして進化するのではないかと推測している（ヘア／ウッズ 二〇二三）。

測している。

社会科学においては、すでに述べたようにスコット（二〇一九）が、単一ないし少数の穀物に強く依存する人間の生活が普及したドムス複合体において、支配者がその穀物を税として回収するシステムとして国家が起源した、というかたちで国家形成の端緒としての人間のドメスティケーション＝ドムス生物化について論じている。[65]また、チン（Tsing 2018）は、ヨーロッパ史的＝「世界史」的文脈における「ドメスティケーション」は、多くの場合、個々人の創意工夫によるのでもなく、対象生物の性質によるのでもなく、国家や市場によって、つまり政治経済的プロセスによって方向づけられてきたのであり、そのプロセスのなかで、女性もドメスティケートされてきた（ドムスつまり家屋・家庭に物理的・概念的に囲いこまれてきた）のだと指摘している。

ただし、ドメスティケーションという概念の拡張には慎重になるべきだという意見もある。たとえば、レベッカ・カシディ（Cassidy 2007）は、domesticationという言葉はダーウィン以前には「家庭になじむこと」という意味でしかなく、動植物にその言葉を適用することはそもそも転用なのだから、その「正しい」定義を追求するより、その概念が含意していることをよりよく理解することが重要だと指摘しつつも、欲望、ヨーロッパ、死、携帯電話、民主主義などにたいして、安易にドメスティケーションという言葉をメタファーとしてもちいることには反対であると主張している。

では、先述したいくつかの例はメタファーとしての転用だろうか。私の考えでは、そうではない。その現象に双主体モデルを適用して、人間どうしの〈共生成〉の〈歴史〉として記述しながら、検証可能な一連の仮説を導出できるのであれば、メタファーとしての安易な転用とはいえないだろう。本書でそれを実践する余裕はないが、先述の例はいずれもそれが可能だと私は考えている。つまり、人間どうしのかかわりあいについても、人間以外の生物の〈ドムス化〉とおなじプロセスとして、あるいはその直接の延長上において生じるプロセスとして位置づけることができると思われる。

くわえて、本書独自のインプリケーションとして指摘しておきたいのは、人間どうしのかかわりあいにおいても基軸ドムス化だけでなくアンチ・ドムスの志向が認められるはずだ、ということである。スコット（二〇一三、二〇一九）は「脱国家」や「反穀物」という文脈でマクロシステム化した「ドムス」である国家からの離脱について論じているが、本書で念頭においてきたのは、あくまで人間と動植物・微生物の集住する空間という意味での萌芽的なドムスからの離脱であり、特定生物への強い依存の回避というミクロな水準における志向である。たとえば、遊動性や離合集散性といった狩猟採集民の特徴からは、人間にたいするアンチ・ドムスの志向をよみとることができる。狩猟採集民が頻繁に移動したり個々人が居住集団を移籍したりすることが可能なのは畑や家という不動産に束縛されないからでもあるが、それを促しているのは、特定の人間と過度な相互依存に陥らないようにする〈生き方〉のあらわれではないかとも思われるのである（むろん、他者にたいして友好的で協力的であるという人間／ヒトの特徴（ヘア／ウッズ二〇二二）が、その基盤にあるだろう）。

⁂

さらに、双主体モデルを人間どうしの関係に適用することで、基軸ドムス化とアンチ・ドムスのそれぞれの志向をもつ人間集団どうしが接触したらどうなるか、という興味深い問いが想起される。たとえば〈農耕民〉

（65）ちなみに、スコットの『反穀物の人類史』の原題は『Against the Grain』だが、仏語版のタイトルは『Homo domesticus』である。

と〈狩猟採集民〉の関係は、これら二つの志向のせめぎあいとして記述できるだろう。北西（二〇一〇a）が詳細にレビューしているように、コンゴ盆地における農耕民とピグミーの関係については、コリン・ターンブルの描いた「村の世界」におけるムブティの農耕民ビラへの従属と「森の世界」におけるムブティの自律性の対比（Turnbull 1965; ターンブル 一九七六）にはじまり、森の産品や労働力と農作物・外来品の交換にもとづく生態的・経済的な共生関係（市川 一九八二; Ichikawa 1986）、擬制的親族関係をとおした社会関係（寺嶋 一九九七; 竹内 二〇〇一）など、多数の研究がある。両者の関係は地域ごと時代ごと状況ごとに多様で複雑だが、思いきって一般化するならば、経済的・政治的・社会的に優越する農耕民と劣位にありながらも奔放にふるまうピグミーたち、そして、たがいに蔑みあいつつ対面的には仲よくつきあい、生態的・経済的に密に交流する両義性に富んだ関係、といった特徴がみてとれる。

そのような研究史をふまえて塙狼星（二〇〇四）は、村の世界／森の世界という二項対立の再考を促したうえで、コンゴ共和国北部における農耕民ボバンダとアカの関係について「ボバンダの『家』という物理的・社会的・象徴的な場で日々繰り広げられる、両者の存在をかけた交渉のプロセスに見える」と記している。塙が「家」と書いているのは、ジャン・ヴァンシナ（Vansina 1983, 1990）の提示した「焼畑農耕と狩猟活動に最適な一〇人から四〇人で構成された食料生産の単位であり、ビッグ・マンとその双系親族を中心に、奴隷、戦争捕虜、クライアント、友人、弟分などの多様な人々からなる集団」という「ハウス」のことである。[66] また、ロイ・グリンカー（Grinker 1994）は、ヴァンシナの議論をふまえて「ハウス」とは「居住や経済の単位であるとともに、異なる民族、世代、ジェンダーで構成される政治的・法的な領域である。また、ハウスは、このような実体的構造をもつ反面、民族やジェンダーの関係を概念的に組織化するモデルでもあり、ハウスにまつわる隠喩や象徴の操作により、ハウスの成員間の不平等が構築される」と述べている。ヴァンシナやグリンカーによる「ハウス」の説明は、序章で述べたホッダーのいうところのヨーロッパ先史時代における「ドムス」を彷彿させるものである。しかし、塙（二〇〇二）が記述しているように、コンゴ盆地では焼畑農耕を基軸とする多種多様な生物との相互作用をとおして、集落から畑、二次林、原生林へと連続的に移りかわっていく歴史生態ランドスケープが「共創」されており、そこにはドムスとアグリオスのような二項対立を喚起する明瞭なコントラストはない。

いずれにしても、ここで指摘しておきたいのは、ハウスという階層性をはらんだ構造を有する農耕民の社会のあり方と、平等的で流動性の高いピグミーの社会のあり方は、各々の〈生き方〉の志向と対応しているように思われる、ということである。そして農耕民は、基軸となる栽培植物との関係を補強することを意図してピグミーを囲いこもうとし、ピグミーは、あくまでアンチ・ドムスの〈生き方〉を維持しながら、のらりくらりと農耕民とつきあっている。このようなフレームを設定したうえで、地域ごと時代ごと状況ごとの両者の関係の多様性と変化を記述し、比較できるのではないだろうか。(67) そして塙（二〇〇四）のいう「両者の存在をかけた

---

(66) ハウス・モデルは、単系出自集団であるリネージを政治の基本単位として、それが入れ子状になった同型の政治単位が統合したり分節したりする「分節リネージシステム」にたいする批判として提案された（塙二〇一〇；小松二〇一〇c）。

(67) 松浦直毅（二〇一二）が論じているように、ガボンのバボンゴ・ピグミーと農耕民マサンゴの関係は、ほかの地域でみられる関係より対等性の強いものである。それは、バボンゴの生業はすでに農耕が基軸になっていること、そして、ほかのピグミーの近隣農耕民は父系社会であるのにたいしてマサンゴは母系社会であることと、何らかの関係があるのかもしれない。

交渉のプロセス」とは、これら二つの異なる〈生き方〉を志向する人間集団どうしの接触と相克の〈歴史〉だといえるのではないだろうか。[68]

＊＊＊

双主体モデルは、非生物を動員する。

第6章でとりあげたドメスティケーションの極致としての工場トマトの例では、最終的に人間とトマトの二者関係に純化するようにみえるが、じつはそうではない。第三の生物たちの排除に対応して、工場トマトの生存と再生産のために、光・熱・水・養分の供給をつかさどる機材が配置され、種子生産のシステムが構築され、それらにかかわるさまざまなインフラが整備されている。このような極端な例でなくても、ドメスティケーションは、非生物的環境を構築しながら生物たちとの連関を人工的なモノとの連関に置換していくという側面をもっている。それは人々の世界の捉え方に影響することがある。たとえば、ホッダー的な意味でのドムスを構築して生きる人々は、野生（アグリオス）と対比される生活空間としてのドムスを物理的に構築し、その対比を、世界を認識するための存在論的基盤にまでおしひろげている。つまり彼らは、ドムスと〈共生成〉しているのである。思いきって単純化すれば、「ドムス人間」となった人々が、文化と自然の二項対立という「民族科学」を構築し実践してきたのである。

多種多様な生物たちであふれかえっているカメルーンの熱帯雨林には人工物はほとんどない。しかし、そこで焼畑をつくってプランテンバナナをはじめとする栽培植物の生きる環境を整備するためには、たくさんの木を伐採しなければならない。人間が素手で木を伐ることは不可能であり、斧が必須である。先述したボバンダは、焼畑は「彼の斧一本（suka ambui momo）」で伐開した人のものになるのだという（塙 二〇一〇）。であれば、熱帯雨林の農耕民は斧とハイブリッドした行為主体として焼畑耕作を実践しながらさまざまな生物とかかわりあっているのであり、「斧人間」として〈共生成〉していることになる。[69] 第4章で述べたように「斧人間」の存在は、それが必須であったかどうかはべつにして、ヤマノイモの分布に影響してきた可能性があり、したがってモロンゴにみられるバカたちとヤマノイモのかかわりあいの〈歴史〉にも、何らかのかたちで関与してきたことになる（ちなみに、ピグミーの斧と農耕民の斧は形状が異なっており、農耕民の斧では木に登って蜂蜜を採集することができない）。

5……生態人類学における「進化」と〈歴史〉

マルチスピーシーズ歴史生態学は生態人類学の中核をになうリサーチプログラムになると私は考えているが、

---

(68) 人間どうしの関係の重要な側面に、モノのやりとり（経済）がある。農耕民において卓越している贈与交換は、特定の相手と贈与と反対贈与をくりかえして、おたがいに心理的な負債を蓄積しながら関係を維持・強化していくという特徴をもっている。他方、狩猟採集民において卓越しているシェアリングは、その場にいあわせた人々がおおむね均等に分前にあずかってそのつど完結し、従前のやりとりにはほとんど影響されない。このように対比される贈与交換とシェアリングは、それぞれ、人間にたいする基軸ドムス化とアンチ・ドムスの志向のあらわれとして把握できそうである。

(69) ここで述べているニュアンスは「このような捉え方もできる」より「このような捉え方をしなければならない」に近い。「しなければならない」と断言しないのは「斧人間」という表現が相当にデフォルメしたものだからである。人々は斧以外とも結びついているし、斧という鉄器がどこからもたらされたのか、ということも想起する必要がある。

そのためには、生態人類学の基底にあるモチーフとしての「進化」にたいして〈歴史〉をどのように位置づけるかについて論じておく必要があるだろう。周知のとおり生態人類学のルーツには霊長類学がある。左に引用するのは、その草創期において生態人類学を牽引した伊谷純一郎（一九八六：三五〇）が生態人類学のルーツとモチーフについて述べたものとして、しばしば引用される一節である。

私はよく、あなたの霊長類学と生態人類学はどうつながるのかと問われたが、人類社会の進化を論じようとするとき、この二つの領域は必須の分野であり、野生の霊長類と自然人はかけがえのない所与であると答えてきた。その両者を貫く理論が先にあってというのではなく、進化がそれを繋ぐはずだという直感への共鳴に応えて、そういう意味で対象に魅せられて、これまでの歩みを続けてきたと言った方がよいように思う。

進化という観点から人間以外の霊長類との連続性を念頭において人間について論じるならば、生態人類学において想定されるべき時間は数百万年のスケールになる。それにたいして、フィールドワークをとおして観察できるのは数年単位の事象であるし、じゅうぶんな信憑性をもって詳細を知ることのできる過去の出来事は長くても数十年前のものにとどまるだろう。(70) ところが、これらの極端に異なる時間軸がどのような関係にあるのか、また、それらをどのように結びつけて論じることができるのかという問題については、右に記した伊谷の言明からも示唆されるように、あらかじめ検討されていたわけではなかったし、あとになって検討されるようになったわけでもなかった。この点にかんして生態人類学者や霊長類学者と交流をもってきた文化人類学者の内堀基光（二〇〇六：一四四）は、つぎのように記している。

「人間の解剖のなかに、猿の解剖のための鍵がある」またもやマルクスのことばだが、こんどは『経済学批判要綱』にある有名な一文である。これが言おうとしていることは単純なことで、「人間のなかには猿的なものの（ほぼ）すべてがあるが、猿のなかに人間的なものすべてが含まれているわけではない」ということである。この文脈でのマルクスの言う猿と人間の解剖の関係は、歴史性の関係、歴史的時間軸の有無の問題にほかならない。人間存在あるいは人間という現象を考えるとき、そのなかで、歴史がある部分あるいは、そのものが歴史であるといえる部分と、歴史がない部分の区別をしっかりと考え抜く必要がある、ということだと思う。いずれにしても、人間的歴史の時間軸は人類進化の自然史的時間軸とは直接には交わることがない。ここからさらに立ち戻って言えば、人類進化の枠組で探求される生態人類学は、人間の項を立てつつも、人間存在のうち歴史を欠いた部分にこそ本領があり、それを自然史のなかに置くことが本義であったのかもしれない。この意味で、この人間の項は歴史存在としての社会の項と同一ではない。いま多くの生態人類学研究者が人間的歴史を取り込むとき、生態学的視点による民族誌としては面白くなる

(70) 歴史生態学ではアナール学派歴史学における時間の概念を援用することが多い。それは、短い時間において生じる「出来事」、一〇年から半世紀にわたる「変動局面」、そして世紀をこえて持続する「長期持続」という三つのスケールである。人間とランドスケープの相互作用を記述するさいには、その相互作用がどの時間スケールにて把握されるものであるかをつねに留意しておく必要がある。なお、バレー（Balée 2006）が指摘するように、歴史生態学の公準にはこれらの時間スケールが含意されている。

が、この本義からは遠ざかりつつあるのではないだろうか。

人類進化について論ずるのであれば、必然的に、非歴史的な視点から人間を記述したうえで、それを自然史的時間軸のなかに位置づけることになる。それを徹底するならば、フィールドの人々の「生きざま」をかたちづくってきた人間的歴史を捨象してしまうことになる。しかし、それではフィールドの人々の生きざまの全体像を捉えたことにはならない。しかも、フィールドワークを積み重ねていくことですこしずつあきらかになってくるのは人々の生きざまの背後にある人間的歴史であり、むしろそれこそが「面白い」のである。このような構図のなかで、多くの生態人類学者は、人類進化という文脈のなかにフィールドの人々の生きざまを位置づけて考察する作業からしだいに遠ざかっていった。というよりも、生態人類学はむしろその草創期から、人類進化について論じるより、人々の生きざまを記述することに力点を置いてきたようにもみえる。[71] しかし「進化」にかわる「大きな物語」が存在しない（木村 二〇〇六）のであれば、生態人類学は霧散してしまうか、文化人類学の下位領域の一つでしかなくなるようにも思える。それを望まないのなら「進化」をふたたび表舞台に引きあげるしかないのだろうか。[72] しかし、そうするには、人間的歴史を自然史的時間軸にどのようにして関係づけるのか、という難問を解く必要がある。

むろん私の提案はべつのところにある。マルクスの意図や内堀の解釈とは異なるかもしれないが、歴史とは、人間に独自のものではなく、生態学的な出会いの積み重ねをとおした共生関係の構築のプロセスとしての〈歴史〉であるとすれば、どうだろう。「人間の解剖」とは、他種との共生関係の〈歴史〉をとおした人間―生成を捉えることだとすれば、どうだろう。「猿の解剖のための鍵」とは、人間以外の生物にも包括適応度を最大化するという以上のエージェンシーを認めて、その〈共生成〉を捉えようとすることだとすれば、どうだろう。

人間と人間以外の霊長類や生物をつなぐものは、「進化」ではなく〈歴史〉だということになりはしないだろうか。そして、じっさいのところ生態人類学や霊長類学や生物一般を対象とする生態学がフィールドで観察し記述してきたのは（勇み足を覚悟でいえば）人間や生物たちの〈共生成〉の〈歴史〉だった、といえるのではないだろうか。もしそうなら、人間とさまざまな生物種がはるか遠い過去を共有していたことを設えるための自然史的時間軸なる仮構は（あってもよいが）必須のものではなくなる。人間と生物たちは同時代の〈歴史〉のなかで絡まりあっているのだから。そのとき「進化」は、過去には限定されず、現在や未来において〈歴史〉のその先に実現したり実現しなかったりする現象として位置づけられるだろう。こうして（私の）生態人類学は、自然史的時間軸の呪縛から解放され、人類学と生態学が〈歴史〉を介して架橋された、マルチスピーシーズ歴史生態学へと生成することになる。

---

(71)　たとえば河合香吏（二〇〇一）による二〇世紀中のアフリカにおける生態人類学的研究のレビューから、それを読みとることができる。

(72)　「進化」についての議論がまったくないわけではない。河合香吏のリーダーシップのもとで「人類社会の進化」についての共同研究がつづいているし（河合 二〇二〇など）、「生態人類学は挑む」シリーズには多くの霊長類学者が寄稿している。

6……統計学的「歴史」とマルチスピーシーズの〈歴史〉

では、その意味での〈歴史〉を記述することは、いわゆる人間的歴史の理解にどのように貢献するのだろうか。周知のとおり、人間的歴史については膨大な研究の蓄積があるので、ここで本格的な議論を展開することはできない。そこで、ジャレド・ダイアモンド（二〇〇〇）の『銃・病原菌・鉄』と比較するという、ややトリッキーなアプローチをとおして、人間的歴史の記述にたいする双主体モデルのインプリケーションについて述べておきたい。

ダイアモンドの著作は『銃・病原菌・鉄』というタイトルにもかかわらず、その核心はドメスティケーションを切り口とした「世界史」の記述にある。その論旨は以下のようなものである。熱帯と温帯では、環境条件や農耕・牧畜の様式の差異のために土地生産性に差があり、それが人口増加率の差になり、長期的には人口規模に大きな差が生じる。人口増加は社会の複雑化につながり、分業が発達して技術革新が生じやすくなる。こういった筋書きで、熱帯と温帯における「発展」速度の差について超マクロな視点から論じている。また、議論の前提として、文化相対主義と、それと表裏一体をなすヒトの生物的普遍主義が貫かれており、人間の能力に差がないのなら経済的格差の原因は環境にあるというわけで、環境要因の重視につながっている。

環境要因を構成する大きな要素としてダイアモンドが注目しているのが、ドメスティケートできた動植物の多寡である。じっさいユーラシア大陸には、容易にドメスティケートでき、かつ生産性の高い動植物がたくさん分布していた。しかも、大陸は東西に長く、温帯がひろがっているために、ドメスティケートされた動植物はすぐさま大陸中に伝播した。他方、アフリカ大陸やオーストラリア大陸には、ドメスティケートが困難であるか、生産性のあまり高くない動植物しか分布していなかった。南北アメリカ大陸では、トウモロコシやジャガイモなどいまや世界的に重要な栽培植物がドメスティケートされたものの、気候が大きく変化する南北方向には伝播しづらかったため、大陸全体としてみれば生産性向上と人口増加の速度が抑制されてきた、というわけである。

私の印象では、ダイアモンドの記述は、世界各地で農耕がはじまる直前における生態系の「初期条件」を可能なかぎり網羅的に入力したうえで、気候、家畜・栽培植物の構成、土地生産性などを説明変数とし、人口増加、社会の複雑化、技術の発達、経済発展などを応答変数として、現在という「ゴール」にどのように到達したのかをシミュレートしたもののようにみえる。そして「ゴール」に到達するうえで印象的な局面をつないだ刺激的なシナリオを構築して、巧みなストーリーテリングにのせて圧倒的な量の情報を提供している。そうして「世界史」を大掴みにするための見取図としては、それなりの説得力をもちえている。(73)

ただ、峯陽一(二〇〇六)が、ダイアモンドをふくむ文明史的なスケールでの環境決定論を念頭において「因果律を否定すると科学は成立しないが、因果律の複数性がもたらす未来の非確定性を認めないと、歴史なるものは最初から存在しないことになる」と述べているように、ダイアモンドの「世界史」は歴史の記述とはいえないだろう。それは、超マクロなスケールにおいてこそ説得力をもちうる「統計学的説明」なのであって、記述のスケールを細かくすればするほど現実との齟齬と矛盾は拡大していくのである。

長々とダイアモンドの「世界史」について論じたのは、〈共生成〉の〈歴史〉を記述するというアプローチが、

(73) ただし一六世紀以降のいわゆる「近代世界システム」の形成についてはほとんど言及がない。

ドメスティケーションを切り口とした生態学的な歴史であるという意味で類似しているにもかかわらず、ダイアモンドとは正反対のものだからである。(74) ダイアモンドのアプローチが、はじめからスケールを最大化して偶然の作用を相殺しようとする「統計学的世界史」であるのにたいして、双主体モデルにもとづく歴史記述は、あくまでミクロなスケールにおける偶然の出会いの積み重ねとしての〈歴史〉に焦点をあて、その記述を積みあげていく、というアプローチになる。まず、特定の地域と時代における種々の生業、すなわちマルチスピーシーズの連関のなかでの人々と生物たちの共生関係の〈歴史〉を双主体モデルをもちいて記述して、人々の〈生き方〉を把握する。そのうえで、人々の〈生き方〉が基軸ドムス化とアンチ・ドムスのあいだをどのように揺れ動いてきたのか、人々の生業がどのように多様化し、あるいは集約化してきたのか、生業の変化をとおしてマルチスピーシーズの連関が組みかえられるプロセスのなかで、人々の〈生き方〉も影響され変化したのか、しなかったのか。こういった記述を下から積みあげていくのがマルチスピーシーズの〈歴史〉である。(75)

したがって、通史を完成させることは、はじめから不可能である。とはいえ、いつでもミクロなレベルに沈潜していく身構えを維持しているかぎりにおいて、ときには思いきって飛翔し、いつか描かれることになるかもしれない通史について思索をめぐらせてみてもよいだろうし、生態学的な歴史記述というジャンルにおける「統計学的世界史」にたいするオルタナティブについての頭の体操にもなるだろう。

⁂

まず確認しておくべきことは、狩猟採集民においてアンチ・ドムスの志向が顕著であるからといって、二つの志向にたいして時代的な前後関係を想定してはならない、ということである。もういちど狩猟採集民の真正性にかんする論争を思いおこしておこう。その論争をとおして了解されたことの一つは、現代の狩猟採集民にみられる特徴を、無条件に農耕以前のアルカイックな社会に適用したり、人類一般の始源的な特徴にまでおしひろげて議論したりするのには慎重になる必要がある、ということであった。ここでの議論についても、それはあてはまる。バカにおいて、また現代の狩猟採集民において、アンチ・ドムスの志向が顕著であったとしても、アルカイックな社会においてもそうだったとはかぎらないし、それが人類の〈生き方〉の本性であるともかぎらない。むしろ、アルカイックな社会も多様だったのであり、個々人のあいだで、また集団によって、二つの志向の強弱はさまざまであったと考えるべきであろう。

さまざまなレベルでの〈生き方〉の志向の強弱をともなった多様な集団が世界各地にいたなかで、基軸ドムス化の志向を相対的に強くもっていた人々がドムスの形成をともないながら集住するようになり、そこで一定の条件が整ったとき、農耕社会の端緒がひらかれたのだと考えられる。ただし、西田正規（一九八六）が「定住革命」という言葉で指摘したように、定住地すなわち常態化したドムスで生活するためには、遊動性の強い生活においては問題にならなかったさまざまな課題を解決する必要があった。たとえば、安全・衛生の観点（自

---

(74) さらにいえば、何を隠そう私はダイアモンドの大ファンなのである。むろん私は「統計学的世界史」を否定しているわけではない。それは歴史の記述ではない、というだけである。

(75) ダイアモンドの議論の核心的な部分はウィリアム・マクニール（一九八五）やアルフレッド・クロスビー（一九九八）に依拠している。とりわけクロスビーは、人間の生活をとおして集まってくる家畜・栽培植物・小動物（ネズミなど）・雑草・病原菌などによって構成される混交生物相、すなわちスコット（二〇一九）や本書でいうところの「ドムス」に着目して、ヨーロッパの帝国主義的進出をとおした入植地のランドスケープの変化について論じたものであり、マルチスピーシーズ歴史生態学の関心と大きく重なっている。

然災害への対応、ごみ・排泄物の蓄積による不衛生への対応)、経済・生態の観点(資源分布の変動への対応)、社会関係の観点(集団内・隣接集団間の緊張への対応)、観念・宗教の観点(死や災厄の空間に住みつづけることへの対応)などにおいて幅ひろい変革が必要であったと思われる。逆にいえば、いったん特定の生物との関係を強化して、その関係を基軸としてドムスを構築しながら生きる人々が集まるようになると、遊動的な生活にもどることはできにくくなる。定住地(ドムス)では、基軸ドムス化の〈生き方〉が累積的に卓越するようになっていき、生活空間を共有しておなじような〈生き方〉をする人々が相互依存関係を強化していった、ということになるだろう(とはいえ、病気の蔓延などのためにドムスが崩壊することもたびたびあっただろう)。

すでに述べたように、国家は、そういったドムスのなかで、単一ないし少数の穀物に強く依存する生活が普及したところで、支配者がその穀物を税として回収するシステムとして起源した、とスコット(二〇一九)は論じている。マルチスピーシーズの連関にたいする国家の介入をとおして、穀物と人間の相互依存が強化され、国家のなかで生きる人々がますます基軸ドムス化の志向を強めていくなかで、アンチ・ドムスの〈生き方〉は抑圧されつづけてきただろう。バレー(Balée 2006)は、政治体制が中央集権的になるほど人間とかかわる生物種の多様性は減少する傾向があったと指摘している。たとえば、化石燃料に依存する近代農業は栽培植物の遺伝的多様性を減らしてきたし(Kates et al. 1990)、集約農業をおこなっていた古代文明でも、少数の農作物への課税が伝統的な品種の多様性の減少につながったという(Zimmerer 1993)。

ただ、杉村ら(二〇二三)が指摘するように、スコットが念頭においているのは、古くから穀物生産を基軸とする集権的な国家が発達し、遅くとも八世紀ころにはかなりの地理的範囲に国家の統治がおよんで、それに対応したアグラリアン社会[76]が形成されてきた東南アジアや西アジアである。それにたいして、サハラ以南アフリカでは、いくつかの例外をのぞいて近年にいたるまで集権的な国家とアグラリアン社会は形成されてこなかった（杉村ら二〇二三）。じっさい、おなじ農耕といっても、そもそも稲作農民などとくらべて焼畑農耕民の〈生き方〉における基軸ドムス化の志向はかなり弱いだろうと思われるし、アグラリアン社会が未発達であったことは、その地域に住む人々の〈生き方〉のバリエーションに、それなりの影響をおよぼしてきた可能性がある。たとえば、掛谷誠（一九九八、一九九九）は、アフリカ農耕社会の特徴を、移動性にささえられ、広く薄く環境を利用する生業を基本とする「エキステンシブな生活様式」として総括したうえで、その生活様式は「強い分節化の傾向性を内包する社会的、政治的な構造とも結びついている」と指摘している。そしてイゴール・コピトフ（Kopytoff 1987）の議論を念頭におきつつ、[77]低人口密度であるがゆえにふんだんに存在している「すきま」に人々が移動・移住していく「内的フロンティア世界」として内陸アフリカを描写している（掛谷一九九九）。

本書では、バカをはじめとするピグミーとの対比においてコンゴ盆地の焼畑農耕民について言及してきたこともあって、彼らのもつ基軸ドムス化の志向を強調しすぎたかもしれない。じっさいのところ彼らの焼畑には

(76) 杉村ら（二〇二三）のいう「アグラリアン社会」とは、集権的な国家によって農業の生産物と生産方法がコントロールされている社会のことである。

(77) コピトフは、一方向への連続的な移動であったアメリカ大陸のフロンティアと対比して、アフリカのフロンティアについて地理的・政治的「すきま」への移動のくりかえしだと論じている。その背景には開拓者を再生産する構造的な原因があると指摘し、ヒエラルキーと対等の原理が共存する不安定な社会組織、邪術の告発、不安定な地位継承制度、近隣集団間の対立、政体の拡大に伴う圧迫、先着特権への願望、土地への執着のなさ（社会的空間への関心）、冒険心という八つの要素を列挙している（Kopytoff 1987; 塙二〇一〇）。

多種多様な栽培植物が混栽されているし、伝統的には移動耕作を原則としており、集落を移動させたり、畑を放棄したりするたびに、ドムスは森に埋もれていったはずである（それが広域における熱帯雨林のランドスケープをかたちづくってきたわけである）。コンゴ盆地の熱帯雨林では、そのような〈生き方〉を変革して基軸ドムス化の志向をさらに強化しようとする集権的な国家の介入は、二〇世紀になるまで存在していなかったか、かなり限定的なものだった。したがって〈農耕民〉においても、アグラリアン社会が広域を覆ってきたアジアやヨーロッパほどには、アンチ・ドムスの志向が抑圧されてこなかった可能性がある。杉村（二〇〇四）は、コンゴ盆地の農業は、単位面積あたり「より多く」という「豊作の思想」ではなく、土地に作物を適合させ作物の多様性に価値をおく「満作の思想」にもとづいていると論じており、小松・塙（二〇〇〇）は、焼畑移動耕作における管理の非徹底によって、ハーラン（Harlan 1992）のいう「栽培化された植物」から「生育が推奨される植物」「存在が許容される植物」そして「野生植物」までが共存する多様性の高い空間が形成されていると論じている。これらは、熱帯雨林という生態環境においては、ほどほどの関与が合理的であるということのほかに、強力な国家による特定作物への課税であったり、強力な商品作物が存在しなかったために、基軸ドムス化の志向を累積的に強化していく広域的なマルチスピーシーズの連関に巻きこまれなかったことが、その背景にあるのではないだろうか。

では、そもそもどうしてサハラ以南アフリカでは集権的な国家の形成とアグラリアン社会の発達が抑制されがちだったのか。あるいは、エキステンシブな生活様式と低い人口密度の状態が継続してきた要因は何だろうか。これらの問いについては、ここで論じる余裕はない（ダイアモンドなら「生産性の高いイネ科植物が分布していなかったからだ」と答えるかもしれないが、すくなくとも東アフリカには八世紀ころにアジアイネが伝来していた）が、二つの〈生き方〉の相克という切り口から歴史を記述していくうえで、そしてアンチ・ドムスという〈生き方〉についての理解を深めていくうえで、コンゴ盆地は興味深い対象だといえる。

3 保護区を組み直す〈生き方〉

1……ブッシュミート・クライシスと森林のゾーニング

ここまで序章で提示した「狩猟採集民」にかかわる二つの問いの文脈に沿って、さらにその文脈をおしひろげながら論じてきたが、さいごにマルチスピーシーズ歴史生態学の実践的なインプリケーションについて論じておきたい。具体的には、私がフィールドワークをしてきたカメルーン東南部で生じている森林のゾーニングをめぐるコンフリクトの解消ないし低減へむけたビジョンを、マルチスピーシーズ歴史生態学の知見をふまえて提示する。

⁂

グーグル・アースなどでコンゴ盆地にひろがる熱帯雨林の画像を拡大していくと、深緑色の森林のなかを縦横に走る褐色の直線があらわれてくることがある。木材を運搬するための道路である（写真終―1）。コンゴ盆地における木材生産では特定樹種を選択的に伐採していることが多いので、面としての森林景観は概して維持されているものの、森の奥深いところにまで伐採道が入りこんでいる。この道路をつたって人の往来が活発に

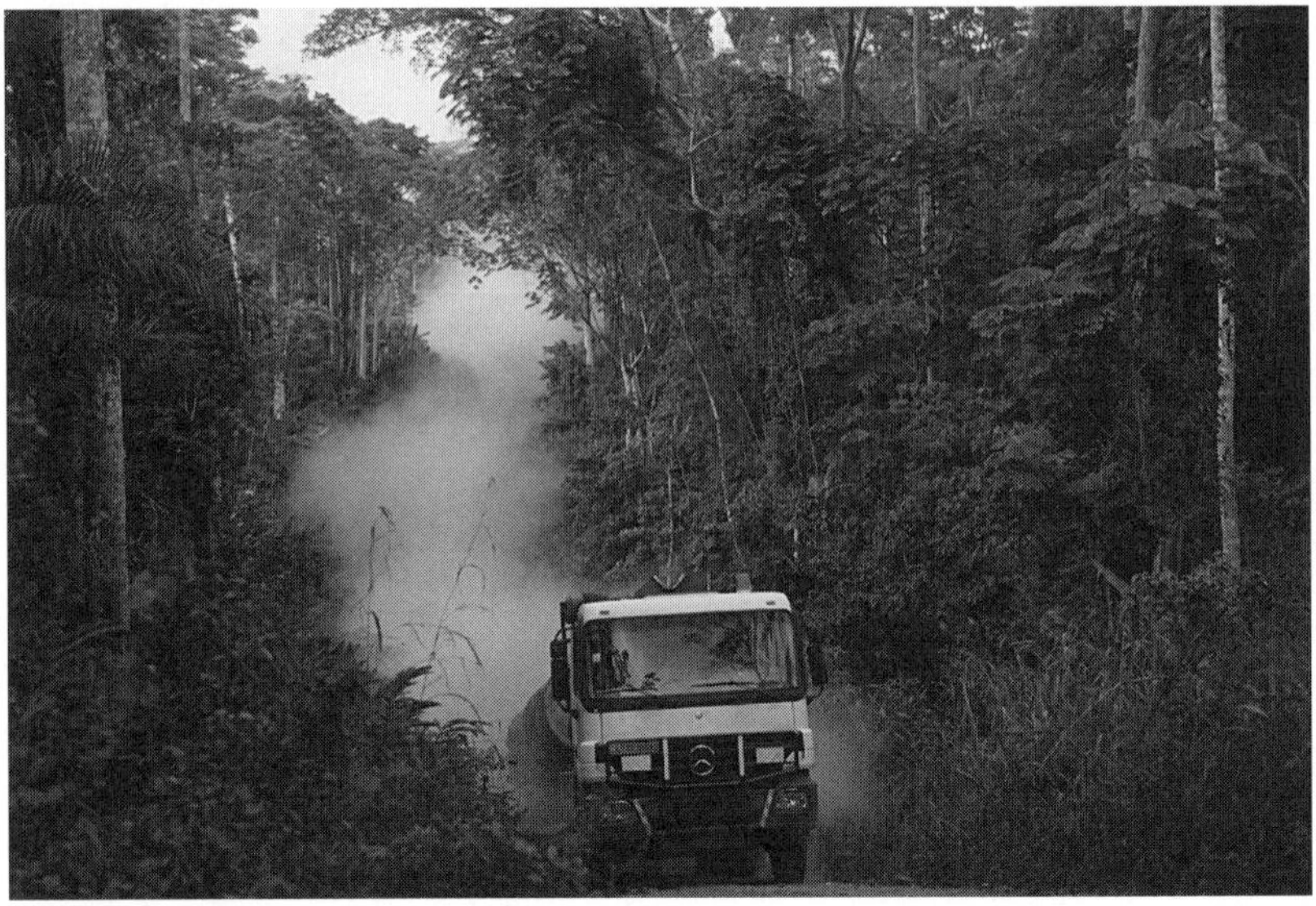

写真終-1　土煙をまきあげながら丸太をのせて走るトレーラー。

なり、野生動物の狩猟やその肉（ブッシュミート）の交易にたずさわる人々が奥地の集落にやってくる。その結果、森林景観はそれなりに維持されていたとしても、動物が減少していくのである。森を構成する植物にはゾウや類人猿など大型哺乳類に種子散布を依存しているものが多くあり、動物がいなくなると植物群集の構成も変化していく。このような現象は森の空洞化（the empty forest syndrome）とよばれ、世界の熱帯雨林において懸念がしめされてきた（Redford 1992; Wilkie et al. 2011; Bogoni et al. 2022）。

コンゴ盆地をふくめて、そもそも熱帯雨林は家畜飼養に適さない環境であるため、野生動物の肉がタンパク源として重要な役割を担ってきた（市川 二〇〇八）。地域の野生動物が枯渇してしまえば、タンパク質の供給が不足し、人々の栄養状態の悪化につながる可能性が高い（Wilkie and Carpenter 1999; Davies and Brown 2007; Nasi et al. 2011）。この問題はブッシュミート・クライシスなどとよばれ、国際的な関心をあつめてきた（Robinson

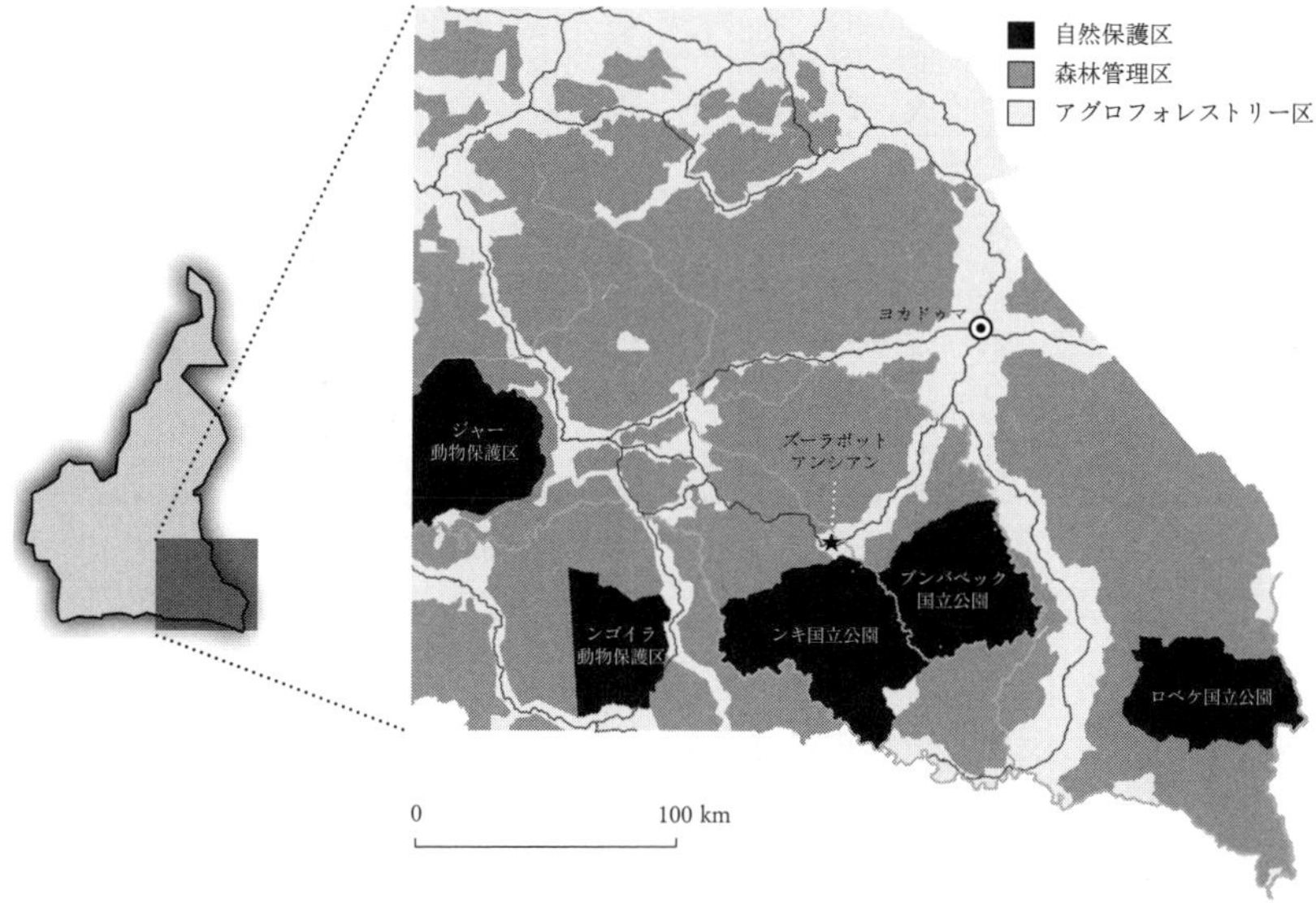

図終-1　カメルーン東南部における森林のゾーニング　自然保護区と森林管理区は永久林地、アグロフォレストリー区は非永久林地である。

and Bennett 2002; Nasi et al. 2008; Ichikawa et al. 2017; van Vliet 2018; Fa et al. 2022; Willis et al. 2022）。それは生物多様性の問題であり、同時に、地域住民の食料安全保障の問題なのである。

カメルーン東南部では、ブッシュミート・クライシスの遠因となった商業的木材生産が一九九〇年代から拡大してきた（市川二〇〇二）。一九九四年の通貨切下げによってカメルーン産木材の国際競争力が増したこと、また一九九四年に制定された森林法にもとづく森林のゾーニングによって木材会社に営業権を販売する森林管理区が設置されたことで、木材生産が加速したのだった（Eba'a Atyi 1998; Bikie et al. 2000; 市川二〇〇二）。そのゾーニングでは、森林管理区だけでなく自然保護区も計画され、現在までに四つの保護区が認可されている。結果的に、カメルーン東南部の土地の大部分はこれら二つの区域によって塗りつぶされたのであった（図終―1）。ようするに、木材生産の拡大と自然保護活動は一つの森林政策なかで表裏一体のものとして推進されてきたのである。

第2章で述べたように、私がフィールドワークをはじめた二〇〇一年には、Z村には道路は到達していなかった。しかし、二〇〇二年四月、私がはじめてのモロンゴから村にもどってきたところ、ついにZ村まで木材会社のつくった道路が到達していた。それから数年間、Z村はブッシュミート交易でにぎわった。道路開通以前とくらべて、ダイカー類を中心に五倍から一〇倍の動物が狩猟され、そのうち半分は外来のハンターによるものだった（Yasuoka 2006）。

このような動きと並行して、一九九〇年代から、Z村のすぐ南方に隣接する森――私たちがモロンゴをしていた森――を対象に国立公園の設置計画が進行していた。そして二〇〇五年一〇月、ンキ国立公園が認可された。そのころから森林・野生動物省（MINFOF）のエコガードによる取締りが厳しくなり、ブッシュミート交易はやや沈静化した。二〇〇八年にZ村を再訪したとき、二〇〇二年に建設された道路は閉ざされつつあり、バカたちは自給のための狩猟を細々とおこなっているだけだった。さいわいにもブッシュミート交易が野放図に拡大していくことは阻止されたかにみえた。ところが二〇一〇年代になって、ふたたび道路が整備された。エコガードの存在があるため、かつてほど無秩序ではないものの、ブッシュミート交易のための狩猟は継続的におこなわれている。

一方、バカたちの森へのアクセスは、法的には著しく規制されるようになった。こんにち自然保護活動をすすめるうえで、すくなくとも理念のうえでは地域住民の生活や文化を尊重することはあたりまえのことになっているし、カメルーン東南部で実施されきた自然保護活動もその潮流にのっている。たとえば、バカの文化において重要な役割をはたしている精霊の名をかりて、その自然保護活動は「ジェンギ・プロジェクト」とよばれたりもしていた。しかし理念と現実は、しばしば大きく乖離するものである。Z村のバカたちが利用してきた森はすっぽりとンキ国立公園にふくまれることになり、彼らの生業活動は、ほとんどすべて不法行為になってしまったのである。バカたちの長年つづけてきた生活が国立公園の設置(あるいはそのベースにある法律の制定)により不法なものになってしまうというのは、まったく馬鹿げた話のようにも思える。このような事態が生じた要因の一つには、彼らの生活の実態をじゅうぶんに把握することなく自然保護政策の推進を急いだこともあるだろう(Njounan Tegomo et al. 2012)。自然保護NGOなどの報告書を読むかぎり、ゾーニングにあたって動植物にかんする調査はかなりの労力をかけて実施しているのにたいして、住民の生活についての情報収集はさして労力をかけずにアリバイ的におこなっただけのように思われる。

こういった問題意識は先住民の人権擁護にたずさわるNGOも共有しており、私にもたびたびコンタクトがあった。人権侵害やコンフリクトの側面だけが強調されることのないように配慮しながら、つまり、ブッシュミート交易の野放図な拡大は長期的にはバカたちの生活にとっても悪影響をおよぼすであろうこと、そして自然保護活動はそれを抑制する効果があったことなどについても言及しながら、Z村のバカたちの状況について話したつもりではある。そうしたなか、二〇一〇年代なかばに、森林政策や保全政策を管轄する森林・野生動物省とそれを支援する自然保護NGOを名指して、ンキ国立公園をふくむカメルーン東南部の自然保護区周辺で実施している密猟対策において拷問や殺人がなされている、というセンセーショナルな告発があり、イギリスのBBCなども大きく報道した(bbc.com/news/world-47444297)。それをうけて第三者機関による調査がなされるとともに、自然保護NGOは、自然保護活動における人権への配慮を強めていく意思をしめした文書を公開した（WWF 2020）。

しかしそれによって自然保護活動のポジティブな面までもが縮小し、ブッシュミート交易が野放図に拡大していくのだとすれば、地域住民の食料安全保障の観点からみても望ましいことではないだろう。じっさいその告発は自然保護ＮＧＯの資金調達にも影響をおよぼしているようで、カメルーンやコンゴ共和国では、いくつかの自然保護区の設置計画が頓挫ないし先送りされたという。しかし、そうなれば当面のあいだは住民による利用が継続できるとはいえ、近い将来、環境破壊につながりうる大規模な資源開発（木材生産、地下資源採掘など）が拡大し、結果的に住民の生活基盤が大きく損なわれる可能性もある。

＊＊＊

問題はどこにあるのだろうか。レジティマシー（legitimacy, 正統性／正当性）という概念をつかって、問題点を炙りだすことができるように思われる。レジティマシーとは、ある環境や資源[78]について、誰がどんな価値のもとに、あるいはどのようなしくみのもとにかかわり、管理していくか、ということについて社会的認知・承認がなされた状態にあること、あるいはその認知・承認の様態のことである（宮内 二〇〇六）。この意味でのレジティマシーは、最初から所与のものとしてあるのではなく、組みたてたり、崩されたり、といったダイナミズムをもっている。この認識のもとで宮内は、環境や資源にかかわる権利の担い手がどのようにして生まれ、また、どのようにして規範・価値・しくみが生成し、社会的に認知・承認されていくかを「レジティマシー獲得のプロセス」とよぶ。そして、そのプロセスをときほぐしていきながら、その地域において何がレジティマシーを獲得しうるかを丹念に探り直したうえで、最終的には現場のリアリティに根ざしたアドボカシー（権利擁護の政策提言）をおこなうことを重視している（宮内 二〇〇六）。

Z村の現状にあてはめてみると、ンキ国立公園の設置にともなって、地域住民の慣習的な森林利用はレジティマシーを喪失している状態にあるといえる。自然保護活動の背景にある人類の共有資産としての熱帯雨林を保全すべしという価値観、それと表裏一体のものとして商業的木材生産を推進してきたグローバル市場の原理、その背後にある科学的資源管理の論理、そして「たとえ現実との齟齬があっても法律を定めたのだからそれに従え」という国家権力、これらのレジティマシーが、バカたちの慣習的な森へのアクセスにたいして優越している、という認識になるだろう。ただし「表向きには」という注釈が必要である。なぜなら、そういった価値観や原理や論理や権力のレジティマシーは、バカや農耕民によってほんとうの意味で（つまり自発的に）承認されているわけではないからである。生物多様性という価値観も森林産品が消費される市場も科学的資源管理も国家の定める法律も、彼らにとってはどこか知らない遠いところにあるものでしかない。フィールドにおける私の実感にもとづけば、人々は、エコガードがその場にいないかぎり、狩猟にかかわる法律や規則を気にする必要など微塵もないと思っている。だからこそ、自然保護活動を推進し、資源管理を徹底しようとする当局は、見せしめ的な対応をしがちになる。ようするに、重要なステークホルダーである地域住民による承認が表面的なものにすぎないがゆえに、強権的なトップダウンのアプローチに頼らざるをえない。ンキ国立公園のレジティマシーは、このような非常に不安定な基盤のうえになりたっているのである。

グローバルな価値観や国家の権力に対抗して、地域住民の慣習的森林利用のレジティマシーをとりもどすためには、これまたグローバルな価値観である「人権」に依拠するというアプローチがありうるだろうし、先述

---

(78) 宮内は「環境」という語を使っているが、本書の文脈を勘案して「資源」もつけくわえた。

のように、その効果は少なからずあったといえる。しかし、これまでの経緯をみるに、自然保護活動が低調になるとブッシュミート交易が野放図に拡大するのは、ほぼ確実である。カメルーン東南部やコンゴ盆地の多くの地域では、歴史的に人口密度が低く、相対的に資源が豊富だったし、バカであれ農耕民であれ、伝統的に移動性の高い生活をしていたと考えられる。それゆえローカルなレベルにおける資源のガバナンスにかかわる制度や慣習は、ほとんど発達してこなかった。農耕民のあいだには畑の造成にかかわる諸々の慣習があるものの、森の野生資源は、バカにとっても農耕民にとっても概してオープンアクセスだったといってよい。このような状況で、自然保護活動を目の敵にしてただ叩いても、ガバナンスなき空白地帯を生み、抜け目ない市場原理に席巻されてしまうだけであろう。くわえて、人権に依拠するアプローチの限界としてもう一つ指摘できるのは、人権というときに「人間」なるものが揺らいでいないのであれば、人権と自然保護の対立は、結局のところ、文化と自然の二項対立にもとづく「民族科学」のなかでの覇権争いにすぎない、という点である。内輪の覇権争いは、往々にして、現場のリアリティを離れて過激になっていく。

人間活動に由来する生物多様性喪失への対処として自然保護区を設置して人間を排除することが、地域住民とのあいだにコンフリクトをひきおこす。それが人権問題へと発展して、自然保護活動が機能不全になる。その結果、生物多様性の喪失は加速し、地域住民の生活は窮屈になってその基盤が損なわれていく。この解決不能性が示唆するのは、最初の一手である自然保護区のコンセプトに無理がある、ということではないだろうか。むろん私は、自然保護活動は無意味で有害だと考えているわけではないし、人権という概念を否定しようしているわけでもない。また、ンキ国立公園など存在しないほうがよいと思っているわけでもない。先述のように自然保護活動には地域住民にとってもポジティブな面があるし、そもそも、ンキ国立公園はカメルーンという国家によって制度化されている現実である。

私の問題意識は、ンキ国立公園のレジティマシーを「正しい」かたちで再構築するにはどうすればよいのか、という点にある。ここで「正しい」と書いたのは、地域住民、保全行政、自然保護NGO、人権NGO、そのほか諸々のステークホルダーが対等なかたちでかかわることをとおしてレジティマシーが認知・承認されている、ということを意味している。それが実現したとき、地域住民の森へのアクセスも、何らかのかたちでレジティマシーを獲得しているはずである。

2……〈歴史〉のレジティマシーを梃子として保護区を組み直す

問題は、諸々のステークホルダーがかかわるうえでの「土俵」をどのように設定するかである。私の構想は、マルチスピーシーズ歴史生態学によって記述される〈歴史〉に依拠しながら、ンキ国立公園のレジティマシーを再構築する、というものである。もうすこし具体的にいえば、ンキ国立公園のなかでバカたちが多種多様な生物たちとかかわりながら紡いできた〈歴史〉と、ンキ国立公園の実在性にかかわっている諸アクターの連関を接続させ、その連関を記述しながら同時に介入＝参与していくことをとおしてンキ国立公園の実在性を変質させていく、というプロセスになる。そのプロジェクトは理論的にも実践的にも端緒についたばかりであるし、詳細を論じるにはもう一冊必要になるので、ここでは現時点における見通しを簡潔に述べておくにとどめたい。

まず、カメルーンにおける自然保護区にかかわる法制度を確認しておこう。カメルーンの森林は、永久林地（permanent forest estate）と非永久林地（non-permanent forest estate）に区分される。図終—1にしめしたように、カメルーン東南部の土地の大部分は永久林地に区分されている。永久林地は、保護区（国立公園や動物保護区）ないし森林管理区に区分される。保護区では狩猟や漁撈、木の伐採、畑の造成、火の利用、家畜の飼育、住居の設置などは禁止されている。落果している果実等の採集については定められた手順をとおして許可されることで可能になるが、バカたちにとって現実的でない手順であり、事実上、彼らが保護区に入ることはできない仕様になっている。

森林管理区では、営業権を取得した木材会社や観光狩猟会社が事業をおこなうことができる。[79] 地域住民が漁撈や採集をすることは認められているが、畑の造成、火の利用、家畜の飼育、住居の設置は禁止されている。狩猟は、定められた動物を対象として、生存（subsistence）を目的として伝統的方法によっておこなうものは認められている。[80] ただし、法律の定めるところの伝統的方法とは植物由来の材料のみをもちいるものである。したがって、現在普及している銃猟や鋼鉄製ワイヤーをもちいた罠猟は伝統的方法とは認められておらず、事実上、狩猟は禁止されているのとおなじである――もっとも、じっさいにすべての狩猟活動を監視することは不可能であるが。また、果実の採集などを目的としてキャンプする場合でも、木材会社や観光狩猟会社の営業と場所や時期が重なるとコンフリクトが生じる（Hirai and Yasuoka 2020）。

非永久林地は、アグロフォレストリー区ともよばれ、狩猟、採集、漁撈などにくわえて、地域住民が森林を伐開して集落や畑（焼畑やカカオ畑）をつくってもよい区域である。狩猟にかかわる制約は森林管理区とおなじである。この区域のなかには、住民主体の資源管理が想定されている（が、じっさいのところ住民のほとんどは木材を売って収入を得ることができる場所としてのみ認識している）コミュニティ・フォレストや、地域住民の組織した委員会が主体となって小規模区画の伐採権を木材会社に売却して収入を得ることのできる「バント・ド・クップ」が設置されることがある。

このようなゾーニングの基盤にあるモデルを、ランドスペアリング（land sparing）とランドシェアリング（land sharing）という対になるコンセプトをもちいて整理することができるだろう。[81] ランドスペアリングとは「土地をゾーニングして、ある区画では人間活動の生産性を最大化し、べつの区画では人間活動を排除・制限して生物多様性保全のための土地を確保（スペア）する」というコンセプトであり、ランドシェアリングは「多面的な利用のために土地を共有（シェア）して、重層的な機能を有するランドスケープのなかで生物多様性を保全する」というコンセプトである。この対比を念頭においてカメルーン東南部のゾーニングを描写するとすれば、人間を排除した保全のための土地としてンキ国立公園などの保護区を確保（スペア）し、木材生産と観光狩猟という企業的経済活動を優先してその生産性をあげるために森林管理区域を確保（スペア）したうえで、ごく一部に

（79） 厳密にいうと観光狩猟区と森林管理区は異なるレイヤーになるが、ここでの議論には影響しない。

（80） カメルーンの法律では、野生動物はクラスA～クラスCに分類されており、クラスCの動物（ブルーダイカー、フサオヤマアラシなど）を保護区外にて伝統的方法によって自給のために狩猟することは認められている。なお、ピータースダイカー、ベイダイカー、アカカワイノシシなどのバカの主要な狩猟対象はクラスBに分類されており、ゾウ、類人猿、ヒョウなどはクラスAに分類されている。クラスBの動物は、定められた手順により許可を得ること狩猟できる。しかし、それは観光狩猟の対象になることを念頭においたものであり、バカたちにとって現実的な手順ではない。クラスAの動物は狩猟することができない。

（81） 四方篝（二〇一六）がレビューしているように、生物多様性保全のアプローチとしての、ランドスペアリングとランドシェアリングをめぐる論争の多くは、人間の存在があらかじめ認められている、たとえば農地などが卓越するランドスケープを対象として、より効果的に生物多様性保全を推進するためのプランを策定するといった状況を念頭においている。

設定された非永久林地において地域住民による多面的な土地利用を認める、という構造になっている。つまり、ランドスペアリングをベースモデルとして森林のゾーニングがなされているといってよい。[82]

アフリカの自然保護区は、歴史的にはヨーロッパ列強による植民地支配下においてスポーツハンティングのための動物を保全することを目的としていたが、しだいに原生自然の保護へと軸足をうつしてきた（安田 二〇一三）。いずれにしても、自然保護区とは、文化と自然の二項対立にもとづくヨーロッパ的な「自然」へのまなざしを、特定の空間に投影して制度化したものであり、ランドスペアリングというベースモデルは、まさにその二項対立に根拠をおくものである（West et al. 2006; Fletcher at al. 2021）。むろん、そのような自然保護区のあり方にたいしては、すでにさまざまな問題点が指摘されてきた（山越ほか 二〇一六）。しかしながら、すくなくともカメルーン（やコンゴ盆地諸国）においては、いまだ有効な代替案が実装されるにはいたっておらず、「要塞型」の自然保護区によって「人間の存在しない原生自然」を囲いこむというスキームが、いまなお一般的でありつづけている（松浦ほか 二〇二二）。それにたいして、本書をとおして記述してきたのは、Z村のバカたちがヤマノイモや多種多様な生物たちとかかわりあってきた〈歴史〉であった。そのような多様な〈歴史〉をとおしてマルチスピーシーズの連関として構築されてきた歴史生態ランドスケープは、文化と自然の二項対立の適用を拒むものであったし、その二項対立はヨーロッパの「民族科学」にすぎないことを暴露するものであった。

ここでようやく、ンキ国立公園にかかわる諸アクターの連関を、歴史生態ランドスケープとしてのンキ国立公園の〈歴史〉と接続させながら記述し、その作業をとおして連関に介入＝参与してンキ国立公園の実在性を変質させていく、というプロセスが具体性を帯びてくるだろう。つまり、ンキ国立公園のベースモデルがランドスペアリングからランドシェアリングに転換するように、ンキ国立公園の実在性を変質させていくということである。

そのプロセスにおいてもっとも重要な論点になるのは、公園内で認められる「多面的な利用」とは何か、である。一切の制限をなくせばもはや保護区ではないし、ンキ国立公園の実在性を全否定することになる。私の意図するところは、あくまで実在しているンキ国立公園を出発点として、その実在性を変質させていくことである。そのとき「多面的な利用」とは何であるかが重要な論点になったとしたら、その時点で大きな前進だといえる。それは人間の存在しないはずの原生自然としてのンキ国立公園の実在性を、論争の舞台に引きずりおろしてくることにほかならないからである。

そのさい、カメルーン東南部に特有の（とはいえアフリカでは例外的だともいえない）状況について留意しておく必要がある。それは、本書でもくりかえし述べてきた、バカと農耕民という異なるエスニックグループの混在である。たとえば、エスニシティにもとづく権利としてバカだけにンキ国立公園へのアクセスを認めることは、先住民の権利擁護といった文脈においては選択肢になりうるだろう。しかし、コンゴ盆地では農耕民もまた森棲みの人々だったのであるし、第4章でみたように、ンキ国立公園内にはかつて農耕民の集落があり、そこでは焼畑農耕や野生動植物の狩猟、漁撈、採集がおこなわれていたのである。したがって、バカであるか農耕民であるかというエスニシティにもとづいてンキ国立公園へのアクセス権を差別化するのは、ローカルな文脈においては（緊急避難的な選択肢にはなりうるものの）長期的には機能しないと思われる。ようするに「多面的な利

(82) 森林管理区域は、制度の意図としてはランドシェアリングといえなくもないが、国家による管理と統制が卓越しており、住民の視点では「多面的な利用のもとでの保全」とはいえないだろう。

用」の内実だけでなく、誰による利用が、どのような根拠によって認められるのかについて、エスニシティを前提とせずに、バカや農耕民、そして国立公園の運営にかかわる人々が合意しなければならない。

⁂

では、ンキ国立公園では、誰が、どのような「多面的な利用」をすることが認められるべきなのか。その論争のための叩き台として、私のビジョンを提示しておこう。それは……

ンキ国立公園ではアンチ・ドムスの〈生き方〉ができる

というものである。この端的な表現には補足して塞ぐべき穴がいくつかあるが、それは後述するとして、まず趣旨を明確にしておきたい。アンチ・ドムスの〈生き方〉をする主体は、多種多様な生物たちとかかわりあいながら、それぞれの関係が途切れたり接続したりしながら、ランドスケープを構成しているマルチスピーシーズの連関全体と〈共生成〉している。特定の生物との関係を特権化することなく、多種多様な生物とのあいだに全方位的かつ非中心的な連関を構築しつづけることに賭けて生きている。バカたちは、ンキ国立公園のなかでそのようにして生きてきたのであり、今後もそのようにして生きていくことに、いったいどのような問題があるだろう。

このビジョンは、エスニシティを前提としない点で優位性がある。ひとくちにバカといっても、本書で記述してきたZ村のバカたちのようなアンチ・ドムスの志向の強い人々もいれば、地域によってはすでに基軸ドムス化の〈生き方〉に転換した人々もいるかもしれない。バカと農耕民の混血もいる。あるいは、バカが農耕民に強く従属するかたちで（すなわちアンチ・ドムスの志向とはいえないかたちで）農耕民がバカを保護区内におくりこんで「密猟」をさせるかもしれない。すでに論じたように〈狩猟採集民〉であるかどうかはマルチスピーシーズの連関をとおした〈共生成〉のしかたによって決まる。したがって、ブッシュミート交易にたずさわる農耕民や商人と結びついて「職業ハンター」として〈共生成〉しているのであれば、表面的には狩猟を主たる生業として生きていても〈狩猟採集民〉ではない。そのうえで先述した問題点もあることを考えると、エスニシティにもとづいて森林アクセスのレジティマシーの獲得をめざすのは、なかなかやっかいである。(83)

それにたいして、個々人の〈生き方〉にもとづいて保護区にアクセスできるかどうかが決まるのは、すくなくとも概念的には明解である。ただし、当然のことながら問題になってくるのは、このビジョンを実現するために、どのような制度を設計し、どのように運用すればよいのか、ということである。それは「あなたはアンチ・ドムスの志向をもっていますか」と尋ねて「はい」と答えた人は公園にアクセスできる、といったような単純ものではありえないことはすぐにわかる。しかし、じっさいにどうすればよいかというと、現時点では、非常に複雑な作業になるとしかいえない。そもそも「制度を設計して運用する」という表現では、とうてい描写することのできないプロセスになるだろう。(84)

もう一つ問題になりそうなのは「〜である」という事実命題から「〜であるべきだ」という価値命題を導きだすのは論理的に誤りだとする「ヒュームのテーゼ」との関係である。つまり「ンキ国立公園内で人々はアン

(83) ただし、NGOの支援によってバカの団体と森林・野生動物省とのあいだで国立公園へのアクセスにかかわる協定が締結されており、今後のなりゆきを注視していく必要がある（Clarke 2019）。

チ・ドムスの〈生き方〉をしてきた」という〈歴史〉の事実から「ンキ国立公園内で人々はアンチ・ドムスの〈生き方〉をすべきである」という結論を導くことは論理的には正当化できない。しかし（あらゆる同種の命題と同様に）論理的な必然性がないからこそ、ステークホルダーによる認知・承認をとおしたレジティマシー獲得のプロセスが重要になるのである。

そのために何よりも重要なことは、ンキ国立公園のなかでバカたちが多種多様な生物たちとかかわりあいながら紡いできた〈歴史〉を記述することである。本書ではバカたちとヤマノイモのかかわりあいに焦点をあててきたが、それ以外のさまざまな生物たちを視野にいれて、また、人間が直接的に関与していない生物どうしの共生関係の〈歴史〉もふくめて、ンキ国立公園とその周辺におけるマルチスピーシーズの連関の全貌を記述することをめざしていかねばならないだろう。そうして、多様かつ重層的な〈歴史〉のモザイクのなかで人間と多種多様な生物たちが〈共生成〉している歴史生態ランドスケープとして、ンキ国立公園の実在性を記述＝再構築していくのである。それは終わりのない作業だが、その作業をつづけていくことそれ自体が、ンキ国立公園の実在性にかかわる諸アクターの連関をマルチスピーシーズの〈歴史〉に接続していくことになるし、ンキ国立公園の実在性を変質させていく介入＝参与にもなるはずである。

そのような接続と介入＝参与のためには（そもそも法的・行政的な文書や図面でしかない）ンキ国立公園が、どのようにして現実のものとして実在しているのかを把握する必要もある。それは、国立公園を運営しているエコガード、管理にかかわるさまざまな道具や装置、それらを供給している自然保護NGOの組織や資金調達のネットワーク、保護区の設置や森林のゾーニングにかかわる法制度などの連関として、ンキ国立公園なるものを記述するということである。そのさい、隣接する森林管理区で営業している木材会社や観光狩猟会社、ブッシユミートや非木材森林資源（NTFPs）を買いつけにくる商人や外来のハンター（密猟者）など、そして〈歴史〉を記述しつつ同時に介入＝参与しようとしている私たち研究者も、その連関の記述にふくめるべき重要なアクターであろう。(85) 諸アクターのかかわり方には、ごく大雑把にいえば二つの傾向がある。一つは保護区行政に代表される、ンキ国立公園内の生物全般と人間のかかわりあいを制限し、管理しようとする傾向である。もう一つは商人に代表される、特定の生物と人間のかかわりあいを促進ないし野放図に拡大しようとする傾向である。しかも、おなじカメルーン政府、森林・野生動物省であっても、動物とのかかわり（狩猟）は抑制しようとする一方で、植物とのかかわり（NTFPs生産）は奨励している。

このような作業をとおして徐々に具体的な姿をみせてくるであろうンキ国立公園の実在性は、人間の存在し

(84) テクニカルな点について例をあげれば、どのようにして〈生き方〉を同定できるのかという問題もあるだろう。この点について、あくまで叩き台であることを強調したうえで、ごく単純化していえば、車道沿いの半定住集落に農耕民風の「家」を有しているかどうかは有望な基準になるかもしれない。ただし「家」をもたないバカが近隣農耕民に従属して過剰な狩猟をする可能性も勘案せねばならない。

(85) マルチスピーシーズ歴史生態学をとおした〈共生成〉の〈歴史〉の記述は、研究者とフィールドの人々の共同作業であり、その作業そのものが〈歴史〉に影響をおよぼすだろう。二〇一八年から私が研究代表者として推進してきた地球規模課題対応国際科学技術協力プログラム（SATREPS）「在来知と生態学的手法の統合による革新的な森林資源マネジメントの共創」プロジェクトは、ここでの議論にひきつけていえば、モロンゴのレジティマシーの回復をめざすものだといえる。いまやモロンゴの〈歴史〉は日本の科学技術政策とカメルーンの森林政策と連関しながら再構築されようとしている。ほとんど偶然ともいえる私とZ村のバカたちの出会いは、遡及的に、モロンゴの〈歴史〉の転機であったと位置づけられることになるのかもしれない。

ない原生自然を保護する「要塞型」の保護区とは似ても似つかないものになるはずである。なぜなら、私たち研究者が、歴史生態ランドスケープとしてのンキ国立公園のなかにアンチ・ドムスの〈生き方〉をする人々のエージェンシーの働きを認識して、その〈歴史〉をンキ国立公園の実在性にかかわる諸アクターの連関と接続させながら記述していくことそれ自体が、その実在性を「人間の存在しない原生自然」から遠ざけていくプロセスそのものだからである。

3……人新世における地球のモデルとしての自然保護区

昨今「人新世」という言葉が流行している。たとえばウィキペディアをみると、その意味するところは地球に甚大な影響をおよぼすようになった人類の時代であり、具体的には、人類の活動に起因する気候変動、大量絶滅と生物多様性喪失、地球表面の人工化、生態系を循環する人工物質の増大、化石燃料の利用や原子力発電・核実験による堆積地層の変化などが念頭におかれているようである。そこでは人類は地球に害をなす「はみだし者」として位置づけられており、それゆえ人新世という言葉は黙示録的なニュアンスを帯びている。そのとき「人間がめちゃくちゃにしてしまった地球」が「人間が存在しなかった（ほとんど影響力をもたなかった）ほんらいの地球」との差分によって評価されているのだとすれば、「ほんらいの地球」へのまなざしは「人間の存在しない（存在すべきでない）原生自然」としての自然保護区にたいするまなざしと同一の自然観にもとづいていることになる。

しかしながら、そのような自然観は狭い自然観である。本書をとおして論じてきたことの一つは、コンゴ盆地の熱帯雨林には文化と自然の二項対立にもとづく「民族科学」は適用できない、ということであった。それを地球全体に適用することはとうてい無理なことである。じっさい人新世という言葉は、もはや人間の存在を勘案することなしに地球＝自然について考えることはできない、だから文化と自然の二項対立の先へ行こう、というニュアンスもふくんでいる。ただ、そこには人間による地球＝自然の完全征服という含意もあるように思える。いずれにしても、人新世の地球において、ほとんどの人間が大なり小なり基軸ドムス化の〈生き方〉を志向しているのだとすれば、いずれ地球は人間と少数の相方生物のドムスに塗りつぶされてしまう、という未来にしかならないようにも思える。そうならないためには自然保護区（あるいは人間居住区）を確保（スペア）するしかないのだろうか。

しかしながら、そのような人間観は狭い人間観である。本書をとおして論じてきたことのもう一つは、人間にはアンチ・ドムスという〈生き方〉もある、ということだった。自然保護区を「自然」の呪縛から解放して、アンチ・ドムスを志向する人間の内在するマルチスピーシーズの連関として保護区を再構築するという先の提案は、もしかすると地球における人類のあり方について考えるうえでのモデルになるかもしれない。とはいえ、人間がいるにしてもごく少数でしかない保護区と、人間や家畜や栽培植物であふれかえっている地球では、まったく話がちがう……のだろうか。

そうかもしれないし、ちがうかもしれない。いずれにしても、人新世は現在進行形である。「人間」なるものが変化すれば、人新世の意味することも変化するだろうし、その未来の展望も変化するだろう。もし地球上の人間の大半が、あるいはその半分でも、アンチ・ドムスの〈生き方〉を志向するようになったとしたら、いったいどのような地球になるのだろう。そのような状況が実現するためには、地球上にひろがっているマルチスピーシーズの連関の、どこをどのように組みかえていく必要があるのだろうか。そういったマクロなスケールにおける問いに真剣にとりくむことは、結局のところ、ミクロなスケールにおいてマルチスピーシーズの連関の〈歴史〉を記述しながらその連関に介入＝参与していく作業を、同時多発的に積みあげていくというプロジェクトにしかならないだろう。その意味で（そして文字どおりの意味でも）カメルーン東南部にある一つの国立公園は、地球全体と地つづきなのである。

付録1　Z村のバカの家族構成（2003年8月現在）

No.	世帯主	家系	性別	年齢層	村内の妻の数	未婚の子供の数			世帯人数	消費人数	他村在住の妻と子
						12歳〜	2〜12歳	0〜2歳			
1	Ma	Bosela	m	50	2	2	2		7	6.0	1, 4
2	Mjg	Bosela	m	30	1		3	1	6	3.5	
3	Lg	Bosela	m	45	1	1	2	1	6	4.0	
4	Mb	Bosela	m	20	1		1	1	4	2.5	
5	Yy	Makombo	m	35	1	1			3	3.0	
6	Bk	Makombo	m	45	1	1	2		5	4.0	
7	Abk	Makombo	m	25	1		2		4	3.0	
8	Epw	Makombo	m	25	1		3	1	6	3.5	1, 1
9	Bt	Makombo	m	20	1				2	2.0	
10	Alj	Makombo	m	20	1		1	1	4	2.5	
11	Mkb	Njembe	m	40	1		3	1	6	3.5	0, 1
12	Mmb	Likemba	f	55	0	2			3	3.0	0, 1
13	Elg	Makombo	m	40	1		2		4	3.0	
14	Bm	Makombo	m	35	1		3	1	6	3.5	1, 2
15	Jb	Makombo	m	30	1		1		3	2.5	
16	Lk	Makombo	m	15	1				2	2.0	
17	Bb	Makombo	m	25	1	1			3	3.0	
18	Bl	Ndongo	m	55	1	1	1		4	3.5	
19	Jm	Ndongo	m	30	1		1	1	4	2.5	
20	Gg	Ndongo	m	25	1				2	2.0	
21	Ej	Ndongo	m	25	1		2	1	5	3.0	
22	Sg	Ndongo	m	45	1	2	4	1	9	6.0	
23	Bk	Ndongo	m	25	1			1	3	2.0	
24	Km	Ndongo	m	30	1	1	3	1	7	4.5	
25	Dgl	Ndongo	m	30	2		2	1	6	4.0	1, 1
26	Mbd	Ndongo	m	25	1	1	1	1	5	3.5	
27	Mai	Silo	m	40	1	3	2		7	6.0	
28	Bai	Silo	m	35	1	1	1		4	3.5	
29	Ama	Silo	m	30	1		2	1	5	3.0	1, 4
30	Ll	Silo	m	25	1		1	2	5	2.5	
31	Mde	Ndongo	f	50	0	2			3	3.0	
32	Msk	Likemba	m	30	1		3	1	6	3.5	
33	Aww	Likemba	f	35	0	2	2		5	4.0	
34	Bnj	Likemba	m	35	1		2	1	5	3.0	
35	Frs		m	30	1				2	2.0	
計					34	21	52	19	161	116.0	5, 14

世帯主の名前は仮名。日常生活をともにする夫婦と未婚の子供を「世帯」とし、原則として夫を世帯主とした。女性世帯主は、夫と離別ないし死別した人。バカたちは自分の生年を知らないので、Z村や隣村の農耕民の年齢を参照しながら推測した。消費人数とは、0〜2歳未満を0、2〜12歳未満を0.5、それ以上を1として集計した人数。大人一人あたりの食物獲得量、カロリー摂取量に換算するとき、この値をもちいた。村外在住の妻は1人をのぞいて隣村のガトー・アンシアンにいる。このほか、長期間にわたって他村をおとずれたまま帰ってこない人もいる。No.5は調査期間中（2002年）に隣村に移住した。No.11は隣村の家系だが、Z村に移住してきた。いずれも移住先に妻方の親族がいる。No.35はカメルーン西部出身の商人で、Z村のバカと結婚して村に住んでいる。

付録2　地域ごと世代ごとのモロンゴを経験した人数

河川名	40代以上		30代		20代 10代既婚		10代未婚		他村からの 婚入者		ゾウ狩り 10代以上男	
① モカ	14	●	13	●	23	●	12	◎	8	○	39	●
② モビソ	13	●	13	●	15	○	3	—	8	○	35	●
③ ジェンジャ	12	●	13	●	11	△	7	○	7	○	39	●
④ ウォロ	11	◎	10	◎	9	△	3	—	6	○	38	●
⑤ リンゴンド	14	●	13	●	16	○	1	—	8	○	33	◎
⑥ マンドゥレ	14	●	15	●	28	●	14	●	12	●	37	●
⑦ ジャロフェ	14	●	15	●	28	●	9	○	10	◎	38	●
⑧ バンデンゲ	13	●	11	◎	19	◎	2	—	5	△	33	◎
⑨ ソボボ	12	●	15	●	22	◎	4	△	4	△	24	◎
⑩ ボシエ	9	◎	12	◎	17	◎	2	—	3	△	15	○
⑪ ヨンビ	11	◎	8	○	9	△	2	—	4	△	27	◎
⑫ モマンジョク	14	●	13	●	18	◎	9	○	10	◎	39	●
⑬ リタ	14	●	10	◎	10	△	0	—	4	△	29	◎
⑭ エクア	12	●	6	△	5	—	1	—	5	△	24	◎
⑮ ロロボイ	12	●	8	○	9	△	7	○	8	○	36	●
⑯ エボエ	9	◎	7	○	16	○	6	△	7	○	27	◎
⑰ ナンバロ	13	●	8	○	7	△	2	—	7	○	32	◎
⑱ メンゲンディ	12	●	8	○	6	△	2	—	6	○	23	○
⑲ ロンボ	8	○	3	—	4	—	1	—	4	△	19	○
⑳ ンドコイ	12	●	6	△	9	△	4	△	3	△	22	○
㉑ モンビンディ	10	◎	7	○	6	△	4	△	2	—	22	○
㉒ フォメ	7	○	5	△	2	—	0	—	1	—	11	—
㉓ ニャンボンギ	9	◎	4	△	6	△	3	—	1	—	13	○
㉔ バダンドゥ	8	○	3	—	4	—	3	—	1	—	12	○
インフォーマント数	14		15		28		15		15		39	

●：100–80%、◎：80–60%、○：60–40%、△：40–20%、-：20–0%

Z村のバカたちのうち10歳以上の男女計87人に聞き取りして、地域（河川）ごとにモロンゴの経験を尋ねた結果。図15はこの表をもとに作成した。なお河川番号は、付録3の地図と対応している。No.5のリンゴンドのみ、河川名ではなく丘陵地の名前である。

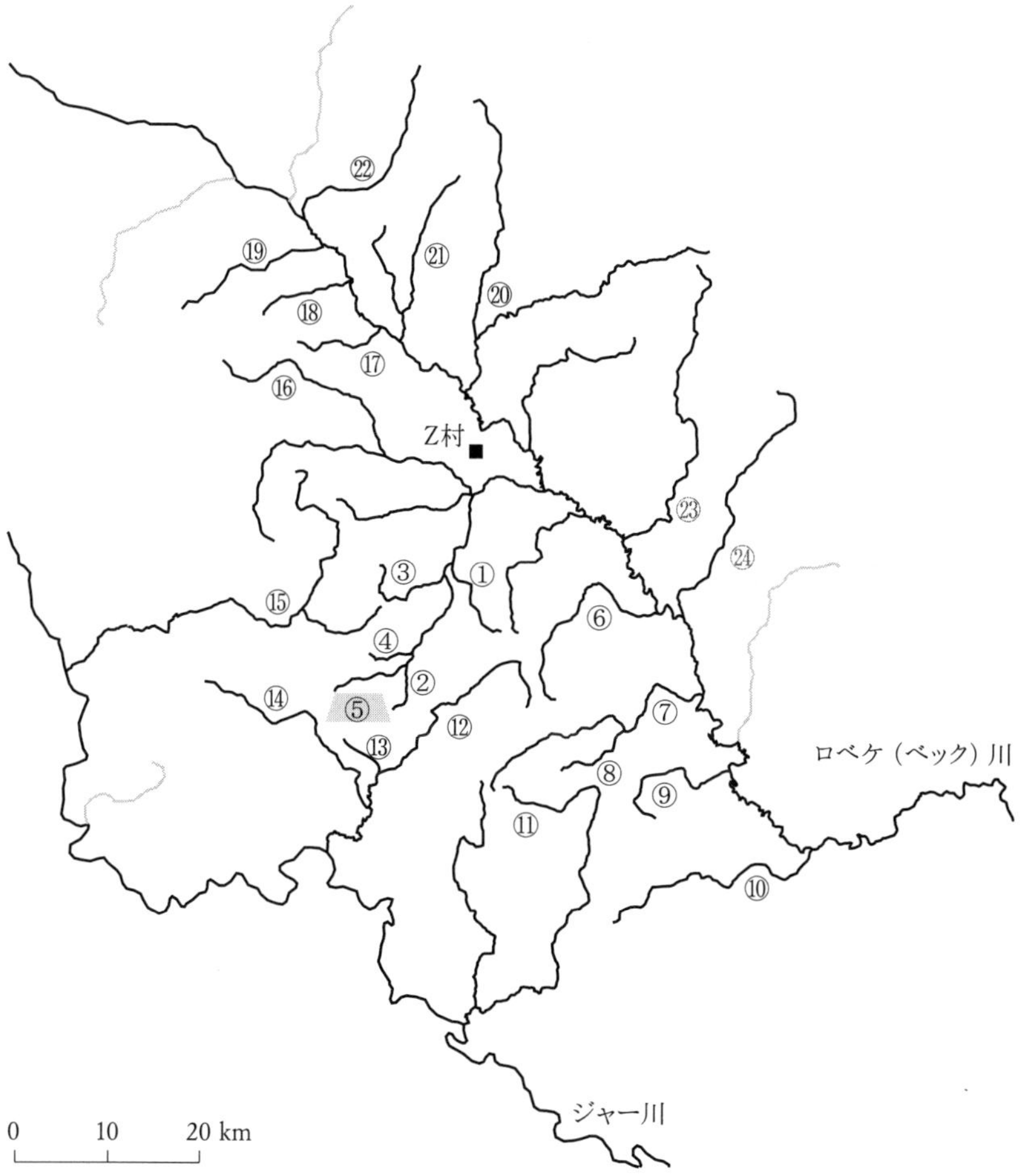

付録3　Z村のバカたちの利用する広域の河川　河川に付した番号は付録2の河川番号に対応している。図示したもののほかにもたくさんの小河川があり、とくに村の近くでは、その多くに名前がある。

付録4　ZサイトとJサイトにおける出現植物の個体数、出現区画数、胸高断面積（m^2）およびEIV

種	バカ語名	Zサイト（8ha）				Jサイト（4ha）			
		個体数	出現区画	胸高断面積	EIV	個体数	出現区画	胸高断面積	EIV
アオイ科 Malvaceae					**4.99**				**14.41**
Bombax buonopozense P.Beauv.	ndòmbì					1	1	0.531	0.21
Ceiba pentandra (L.) Gaertn.	kúlò	1	1	0.312	0.06				
Cola acuminata (P. Beauv.) Schott & Endl.	ligɔ́	40	28	0.795	0.70	17	13	0.520	0.86
Cola ballayi Cornu ex Heckel	ɓanga	8	8	0.245	0.17	2	2	0.375	0.21
Cola cordifolia (Cav.) R.Br.	boko	1	1	0.017	0.02				
Cola lateritia K. Schum.	pòpòkò	24	21	1.145	0.54	59	43	3.352	3.40
Cola nitida (Vent.) Schott & Endl.	golò					1	1	0.071	0.07
Cola rostrata K.Schum.	mɛ̀kɔ̀ɔ								
Desplatsia dewevrei (De Wild. & T.Durand) Burret	liamba	28	26	0.590	0.56	43	38	1.316	2.31
Duboscia macrocarpa Bocq.	nguluma	25	21	5.317	1.06	34	29	3.530	2.57
Glyphaea brevis (Spreng.) Monach.	ndakà					7	4	0.094	0.28
Mansonia altissima (A. Chev.) A. Chev.	mabàmbànjà	1	1	0.038	0.02	2	2	0.240	0.17
Microcos coriacea (Mast.) Burret	ʔèbùkù	3	3	0.613	0.13	14	13	0.490	0.79
Nesogordonia papaverifera (A. Chev.) Capuron ex N.Hallé	tɛ́kɛlɛ̀kɛ̀	24	23	1.338	0.59	9	9	0.719	0.65
Octolobus spectabilis Welw.	gángulu	13	13	0.160	0.25	15	13	0.226	0.73
Pterygota bequaertii De Wild.	máàwúyá	4	4	0.154	0.09				
Sterculia oblonga Mast.	ʔègboyo	10	10	2.460	0.48	5	4	0.576	0.39
Sterculia tragacantha Lindl.	yébólò	12	12	0.837	0.32	2	2	0.426	0.23
Triplochiton scleroxylon K.Schum.	gbàdɔ̀					1	1	4.906	1.56
アカテツ科 Sapotaceae					**2.55**				**3.37**
Aningeria altissima (A.Chev.) Aubrév. & Pellegr.	konya					1	1	0.025	0.06
Baillonella toxisperma Pierre	màɓè	3	3	0.071	0.06				
Donella pruniformis (Engl.) Pierre ex Engl.	jàmà	2	2	0.115	0.05				
Gambeya beguei (Aubrév. & Pellegr.) Aubrév. & Pellegr.	majèjè	9	8	0.223	0.18	1	1	0.470	0.19
Gambeya boukokoensis Aubrév. & Pellegr.	mòndɔngɛ	37	31	1.126	0.75	5	5	0.119	0.27
Gambeya lacourtiana (De Wild.) Aubrév. & Pellegr.	bámbu	10	10	1.710	0.39	19	18	2.758	1.72
Gambeya perpulchra (Mildbr. ex Hutch. & Dalziel) Aubrév. & Pellegr.	koloka	11	9	1.673	0.38	1	1	0.384	0.17
Manilkara obovata (Sabine & G. Don) J.H.Hemsl.	mòngènjà	3	3	0.163	0.07	16	8	1.351	0.96
Omphalocarpum procerum P. Beauv.	mbàte	3	3	0.261	0.09				
Tridesmostemon omphalocarpoides Engl.	tubà / bamitole	29	27	0.637	0.58				
アカネ科 Rubiaceae					**3.25**				**2.89**
Aoranthe cladantha (K.Schum.) Somers	gɔbɔ́					2	1	0.049	0.08
Corynanthe johimbe K.Schum.	toboli	2	2	0.061	0.04	2	2	0.019	0.10
Corynanthe macroceras K.Schum.	wasàsà	54	44	3.204	1.27	23	21	0.936	1.32
Corynanthe pachyceras K. Schum.	móka	19	15	0.506	0.37	3	3	0.279	0.23
Massularia acuminata (G. Don) Bullock ex Hoyle	mindò	20	19	0.246	0.38	4	4	0.047	0.20
Mitragyna stipulosa (DC.) Kuntze	lángango	1	1	0.067	0.03				

Nauclea diderrichii (De Wild. & T. Durand) Merr.	mɔsɛ a yuli	1	1	0.018	0.02				
Nauclea pobeguinii (Hua ex Pobég.) Merr.	mɔsɛ	9	6	0.892	0.24				
Pauridiantha rubens (Benth.) Bremek.	bònjìngà					1	1	0.011	0.05
Pauridiantha sp., *Psychotria* sp.	ngbɛ̀ɛ	6	6	0.101	0.12	21	11	0.377	0.85
Rothmannia sp.	welálikɔ́	31	30	0.582	0.62				
Schumanniophyton magnificum (K. Schum.) Harms	gogòlogò	4	4	0.039	0.08				
Tricalysia pallens Hiern	kopí a bele	4	4	0.057	0.08	1	1	0.020	0.05
アカリア科 Achariaceae					**0.57**				**1.08**
Caloncoba echinata (Oliv.) Gilg	gbàgɔ̀lɔ̀ a kɔkɔ								
Caloncoba glauca (P.Beauv.) Gilg	gbàgɔ̀lɔ̀	19	13	0.337	0.32	22	13	0.302	0.90
Caloncoba welwitschii (Oliv.) Gilg	yangàlè	8	8	0.162	0.16	2	2	0.041	0.11
Caloncoba sp.	timboma					1	1	0.080	0.07
Dasylepis seretii De Wild.	mopambí	4	4	0.094	0.08				
アサ科 Cannabaceae					**3.27**				**6.29**
Celtis adolfi-fridericii Engl.	kàkàlà	31	29	1.495	0.72	38	33	3.940	2.88
Celtis mildbraedii Engl.	ngombe	55	50	4.854	1.54	26	23	5.996	3.00
Celtis mildbraedii Engl.	ngombe a sèkò					2	2	0.026	0.10
Celtis tessmannii Rendle	kɛkɛlɛ	41	35	2.531	0.99	2	2	0.684	0.31
Trema orientale (L.) Blume	mɛ̀síòngò	1	1	0.010	0.02				
アマ科 Linaceae									**0.06**
Hugonia spicata Oliv.	bùku a pàmɛ̀					1	1	0.050	0.06
イクソナンテス科 Ixonanthaceae					**0.25**				**0.77**
Phyllocosmus africanus (Hook. f.) Klotzsch	lìkumbì	11	11	0.446	0.25	12	10	0.812	0.77
イラクサ科 Urticaceae					**1.85**				**0.50**
Musanga cecropioides R. Br.	kòmbò	42	26	7.682	1.54				
Myrianthus arboreus P.Beauv.	ngàta	14	13	0.566	0.31	8	6	0.570	0.50
イルヴィンギア科 Irvingiaceae					**4.90**				**2.12**
Desbordesia glaucescens (Engl.) Tiegh.	mɛ̀lɛa (ndoò)	47	39	3.213	1.16				
Irvingia excelsa Mildbr.	payo (ngangendi)	20	19	3.257	0.75	5	5	0.234	0.31
Irvingia gabonensis (Aubry-LeComte ex O'Rorke) Baill.	pekè	48	44	4.853	1.42	6	6	0.820	0.54
Irvingia grandifolia (Engl.) Engl.	sɔ́ɔ̀lìà	15	14	4.375	0.79	2	2	0.033	0.10
Irvingia robur Mildbr.	kòmbèlè	1	1	0.038	0.02				
Klainedoxa gabonensis Pierre ex Engl.	bòkɔ̀kɔ̀	15	15	3.580	0.71	12	12	1.956	1.17
Klainedoxa gabonensis Pierre ex Engl.	bòkɔ̀kɔ̀ a njùbe	1	1	0.064	0.03				
Klainedoxa macrophylla Pierre ex Tiegh.	bóndùlu	1	1	0.011	0.02				
ウルシ科 Anacardiaceae					**0.76**				**0.60**
Antrocaryon klaineanum Pierre	gɔ́ngu	3	3	0.595	0.13				
Antrocaryon micraster A.Chev. & Guillaumin	móyali					3	3	0.249	0.22
Lannea welwitschii (Hiern) Engl.	kúá	9	9	0.957	0.28	2	2	0.758	0.33
Trichoscypha oddonii De Wild.	ngɔ́yɔ	15	15	0.489	0.33				
Trichoscypha patens (Oliv.) Engl.	mòngolà	1	1	0.038	0.02	1	1	0.011	0.05
オクナ科 Ochnaceae									**1.15**
Lophira alata Banks ex C.F. Gaertn.	ngòkèlè					4	3	2.294	0.87
Rhabdophyllum affine (Hook. f.) Tiegh.	lo a ngo					6	3	0.255	0.28
オラクス科 Olacaceae					**2.66**				**3.36**

Heisteria parvifolia Sm., *Aidia genipiflora* (DC.) Dandy [Rubiaceae]	mòlòmba	45	37	1.150	0.87				
Heisteria zimmereri Engl.	bibilibi					15	11	0.307	0.70
Olax subscorpioidea Oliv., *Ongokea gore* (Hua) Pierre	ɓòsɔlɔ̀	6	6	0.805	0.21	4	4	0.258	0.27
Strombosia grandifolia Hook. f.	pìndɔ	8	8	0.232	0.17				
Strombosia pustulata Oliv.	ɓòmbongo	35	32	1.739	0.81	30	29	1.071	1.72
Strombosiopsis tetrandra Engl.	ɓòsìko	18	17	2.345	0.60	9	7	0.970	0.67
カイナンボク科 Dichapetalaceae					**0.02**				
Dichapetalum sp.	kpo lenga	1	1	0.016	0.02				
カキノキ科 Ebenaceae					**0.95**				**2.23**
Diospyros canaliculata De Wild.	mboloa	10	10	0.188	0.20	10	8	0.186	0.48
Diospyros crassiflora Hiern	lɛ̀mbɛ	17	16	1.027	0.42	1	1	0.045	0.06
Diospyros hoyleana F.White	ɓɔ̀kɛ̀mbɛ̀	10	10	0.117	0.19	3	3	0.035	0.15
Diospyros iturensis (Gürke) Letouzey & F.White	babango					30	20	0.557	1.33
Diospyros mannii Hiern	mbàbangìlò	5	5	0.320	0.13	4	4	0.082	0.21
カンラン科 Burseraceae					**1.05**				**0.50**
Canarium schweinfurthii Engl.	sɛnɛ	2	2	0.414	0.09				
Dacryodes edulis (G.Don) H.J.Lam	lìbabà na sɛnɛ	9	7	0.311	0.18	8	8	0.243	0.45
Santiria trimera (Oliv.) Aubrév.	lìbabà	38	35	1.059	0.79	1	1	0.010	0.05
キジカクシ科 Asparagaceae					**0.02**				**0.57**
Dracaena arborea (Willd.) Link	mbíàto	1	1	0.015	0.02	4	4	1.231	0.57
キョウチクトウ科 Apocynaceae					**2.08**				**4.00**
Alstonia boonei De Wild.	guga	13	12	4.497	0.77	3	3	0.367	0.26
Funtumia elastica (P.Preuss) Stapf	ndamà	17	16	0.699	0.38	31	26	1.311	1.74
Gongronemopsis latifolia (Benth.) S.Reuss, Liede & Meve	kpóngo	4	4	0.048	0.08				
Landolphia sp.	mákpà	1	1	0.009	0.02				
Picralima nitida (Stapf) T.Durand & H.Durand	mòtokotòkò	1	1	0.031	0.02	15	13	0.280	0.74
Pleiocarpa bicarpellata Stapf	mòsebe	4	4	0.120	0.09	16	13	0.258	0.76
Pleiocarpa bicarpellata Stapf	mòtɛngɛ	6	6	0.268	0.14				
Rauvolfia caffra Sond.	mbonga	2	2	0.140	0.05				
Rauvolfia vomitoria Afzel.	kpánchelu	7	6	0.266	0.15	5	4	0.104	0.24
Strophanthus sarmentosus DC.	kpo bùli	2	2	0.021	0.04				
Tabernaemontana crassa Benth.	pandɔ̀	19	16	0.225	0.34	6	4	0.090	0.26
クスノキ科 Lauraceae					**0.34**				**0.79**
Beilschmiedia louisii Robyns & R.Wilczek	mòbàkòsò	14	14	0.717	0.34	12	12	0.716	0.79
クリソバラヌス科 Chrysobalanaceae					**0.44**				**0.05**
Maranthes glabra (Oliv.) Prance	ɓòkànjà	15	15	1.389	0.44	1	1	0.016	0.05
クロウメモドキ科 Rhamnaceae					**1.88**				**1.94**
Lasiodiscus mannii Hook. f.	ʔèsumà	97	76	1.419	1.72	33	26	0.426	1.51
Lasiodiscus mannii Hook. f.	ʔèsumà ye makombo	4	4	0.102	0.08	9	5	0.186	0.38
Maesopsis eminii Engl.	lɔndɔ	3	3	0.185	0.08	1	1	0.028	0.06
クワ科 Moraceae					**1.63**				**0.85**
Ficus exasperata Vahl	sumbem	5	4	0.069	0.09				
Ficus mucuso Welw. ex Ficalho	língémbè	1	1	0.016	0.02	1	1	0.017	0.05
Ficus natalensis Hochst.	bɔ̀ngɔ	1	1	0.717	0.11				

Ficus preussii Warb.	ʔètɔ̀ngɔ	1	1	0.012	0.02				
Ficus sur Forssk.	ʔèwawa								
Milicia excelsa (Welw.) C.C. Berg	ɓàngì	5	5	0.174	0.11	1	1	1.132	0.40
Sloetiopsis usambarensis Engl.	ndúndu	40	21	0.449	0.59	7	7	0.067	0.35
Treculia africana Decne. ex Trécul	pùsa	10	10	0.232	0.21	1	1	0.017	0.05
Trilepisium madagascariense DC.	poòngì	19	17	1.319	0.48				
コミカンソウ科 Phyllanthaceae					**2.35**				**2.23**
Antidesma venosum E.Mey. ex Tul.	lo a pùla	28	24	0.665	0.55	13	10	0.304	0.63
Bridelia grandis Pierre ex Hutch.	tàku	3	3	0.638	0.13	5	5	0.433	0.37
Margaritaria discoidea (Baill.) G.L.Webster	kàngò	7	6	0.818	0.22	7	7	1.029	0.65
Margaritaria discoidea (Baill.) G.L.Webster	mòkukuma	2	2	0.025	0.04				
Uapaca guineensis Müll. Arg., *U. mole* Pax, *U. staudtii* Pax	sèngì	42	36	5.876	1.42	10	3	0.942	0.58
サガリバナ科 Lecythidaceae					**1.38**				**0.26**
Petersianthus macrocarpus (P. Beauv.) Liben	bɔ̀sɔ	43	41	5.119	1.38	2	2	0.551	0.26
シクンシ科 Combretaceae					**1.08**				**0.96**
Terminalia hylodendron (Mildbr.) Gere & Boatwr.	móòbitò	8	8	0.956	0.26	6	6	0.757	0.52
Terminalia superba Engl. & Diels	ngɔlu	23	19	3.625	0.82	4	4	0.834	0.45
シソ科 Lamiaceae					**0.37**				**0.45**
Vitex doniana Sweet	púlu	16	16	0.663	0.37	9	7	0.256	0.45
ジンチョウゲ科 Thymelaeaceae					**0.04**				
Dicranolepis disticha Planch.	ngbí	2	2	0.036	0.04				
スミレ科 Violaceae					**1.27**				**0.57**
Rinorea ilicifolia (Welw. ex Oliv.) Kuntze	doké	1	1	0.009	0.02				
Rinorea oblongifolia (C.H. Wright) Marquand ex Chipp	sanjambɔ̀ngɔ̀	49	38	1.606	0.97	10	5	0.167	0.39
Rinorea welwitschii (Oliv.) Kuntze	ngindi	17	12	0.192	0.28	4	3	0.040	0.18
センダン科 Meliaceae					**8.20**				**4.68**
Carapa procera DC.	gòjo	22	20	0.526	0.44	1	1	0.017	0.05
Entandrophragma angolense (Welw.) C.DC.	kaki								
Entandrophragma candollei Harms	káàngà	7	7	0.236	0.16	2	2	0.139	0.14
Entandrophragma cylindricum (Sprague) Sprague	bòyo	34	31	15.671	2.50	18	17	2.063	1.46
Entandrophragma utile (Dawe & Sprague) Sprague	ɓokulo								
Leplaea cedrata (A.Chev.) E.J.M.Koenen & J.J.de Wilde	mbɛ̀nya	3	3	0.499	0.11	3	3	0.068	0.16
Leplaea thompsonii (Sprague & Hutch.)	njòmbò	53	43	1.589	1.05	7	6	1.459	0.75
Lovoa trichilioides Harms	ngɔ̀bèmbà	25	22	0.685	0.50	1	1	0.054	0.06
Lovoa trichilioides Harms, *Trichilia* sp.	gbɔmù	1	1	0.017	0.02				
Trichilia ornithothera J.J. de Wilde, *T. rubescens* Oliv.	mayìmbo	120	86	2.986	2.19	23	18	0.368	1.07
Trichilia tessmannii Harms	mayìmbo nà gbangà	60	50	1.979	1.23	17	14	0.831	0.98
Turraeanthus africanus (Welw. ex C.DC.) Pellegr.	ʔasàmà								
タコノキ科 Pandanaceae					**0.06**				
Pandanus candelabrum P.Beauv.	gèja *	2	2	0.159	0.06				
ツゲモドキ科 Putranjivaceae					**3.16**				**2.26**
Drypetes aframensis Hutch.	masepa	37	33	0.622	0.70	14	10	0.297	0.65

Drypetes capillipes (Pax) Pax & K.Hoffm.	gbólóga	11	10	0.122	0.20	2	2	0.016	0.10
Drypetes chevalieri Beille ex Hutch. & Dalziel	kpasɔ	17	15	0.507	0.35				
Drypetes gossweileri S.Moore	gbólóga na ngbenbge	6	5	1.298	0.26	2	2	0.023	0.10
Drypetes gossweileri S.Moore, *D. molunduana* Pax & K.Hoffm.	mogadja	17	16	0.444	0.35	9	6	0.145	0.39
Drypetes gossweileri S.Moore, *D. molunduana* Pax & K.Hoffm.	mogadja na fasa	1	1	0.011	0.02	3	3	0.097	0.17
Drypetes iturensis Pax & K.Hoffm.	ngɔngɔ	34	26	0.575	0.60	6	3	0.144	0.25
Drypetes klainei Pierre ex Pax	tembo	28	26	0.871	0.59	6	6	0.360	0.39
Drypetes molunduana Pax & K.Hoffm.	tándi					1	1	0.010	0.05
Drypetes paxii Hutch.	kpáyà	3	3	0.045	0.06	2	2	0.022	0.10
Drypetes principum (Müll.Arg.) Hutch.	mòtotòmbo	1	1	0.009	0.02	1	1	0.009	0.05
テリハボク科 Calophyllaceae					**0.45**				**0.29**
Mammea africana Sabine	meboto	21	19	0.760	0.45	3	2	0.068	0.14
Mammea africana Sabine, *Allanblackia* sp.	meboto a ngbengbe					3	2	0.115	0.15
トウダイグサ科 Euphorbiaceae					**5.39**				**4.55**
Alchornea laxiflora (Benth.) Pax & K.Hoffm., *Mallotus oppositifolius* (Geiseler) Müll.Arg.	lo a wùndɔ̀					1	1	0.027	0.06
Croton oligandrus Pierre ex Hutch.	ndéngo					3	3	1.559	0.62
Dichostemma glaucescens Pierre	mòngamba	114	69	1.901	1.84	40	25	0.557	1.67
Discoglypremna caloneura (Pax) Prain	jìlà	12	11	0.442	0.26	9	9	0.468	0.57
Euphorbia drupifera Thonn.	sɔngɔlìbìlà	2	2	0.054	0.04	3	3	0.161	0.19
Keayodendron bridelioides Léandri	mbòndo	24	23	3.285	0.82	9	7	1.071	0.70
Macaranga barteri Müll.Arg.	mòsàasàa	29	22	0.823	0.55	9	9	0.674	0.63
Maprounea membranacea Pax & K.Hoffm.	bongoyi	2	2	0.247	0.07				
Neoboutonia mannii Benth.	túbu	1	1	0.074	0.03	1	1	0.008	0.05
Plagiostyles africana (Müll.Arg.) Prain	ngóle	35	33	0.674	0.69				
Ricinodendron heudelotii (Baill.) Pierre ex Heckel	gɔ̀bɔ̀	14	13	3.317	0.65				
Shirakiopsis elliptica (Hochst.) Esser	jɛkɛ́	4	4	0.116	0.09	1	1	0.009	0.05
Tetrorchidium didymostemon (Baill.) Pax & K. Hoffm.	njɛ̀nɛ	17	17	0.302	0.34				
トケイソウ科 Passifloraceae					**0.36**				**0.40**
Barteria fistulosa Mast.	paàmbò	20	15	0.406	0.36	8	7	0.142	0.40
トマンデルシア科 Thomandersiaceae					**0.83**				**0.05**
Thomandersia laurifolia (T.Anderson ex Benth.) Baill., *T. hensii* De Wild. & T.Durand	ngóka	46	40	0.460	0.83	1	1	0.009	0.05
ニクズク科 Myristicaceae					**5.64**				**0.36**
Coelocaryon preussii Warb.	mbàmbàyòko	127	95	4.642	2.54				
Coelocaryon preussii Warb.	ʔètɛ̀nge na ngo	2	2	0.190	0.06				
Pycnanthus angolensis (Welw.) Warb.	ʔètɛ̀nge	60	51	3.516	1.42	2	2	0.329	0.20
Staudtia kamerunensis Warb.	màlàngà	81	70	2.162	1.62	2	2	0.234	0.17
ニシキギ科 Celastraceae					**0.30**				**0.10**
Salacia letestui Pellegr.	kpo bòsɛ̀kò	17	13	0.250	0.30	2	2	0.023	0.10
ニレ科 Ulmaceae									**0.11**
Holoptelea grandis (Hutch.) Mildbr.	bɛ̂lɛ					2	2	0.039	0.11
ノウゼンカズラ科 Bignoniaceae					**0.88**				**2.02**
Fernandoa adolfi-friderici Gilg & Mildbr.	mbongɔ					7	7	0.470	0.48
Newbouldia laevis (P.Beauv.) Seem. ex Bureau	piàmbɛ̀	27	24	1.485	0.64	25	24	0.931	1.44

Spathodea campanulata P.Beauv.	mbɛlɛmɛ	6	6	0.363	0.15				
Stereospermum acuminatissimum K.Schum.	ɓɔ̀tɔtɔ	4	3	0.236	0.09	2	2	0.027	0.10
パンダ科 Pandaceae					**1.06**				**0.84**
Microdesmis keayana J. Léonard	pípi	8	8	0.076	0.15				
Panda oleosa Pierre	kanà	35	32	2.523	0.91	13	11	0.890	0.84
バンレイシ科 Annonaceae					**8.85**				**9.39**
Annickia chlorantha (Oliv.) Setten & Maas	ʔèpùe	11	11	0.346	0.24				
Anonidium mannii (Oliv.) Engl. & Diels	ngbé	169	90	7.105	3.14	93	55	4.198	4.69
Cleistopholis patens (Benth.) Engl. & Diels	kíyò	2	2	0.118	0.05	3	3	0.089	0.17
Duguetia staudtii (Engl. & Diels) Chatrou	mòlɔ̀mbɔ̀	5	5	0.447	0.14	2	2	0.033	0.10
Greenwayodendron suaveolens (Engl. & Diels) Verdc.	ɓòtunga	161	117	8.509	3.51	39	20	2.214	2.03
Hexalobus crispiflorus A.Rich.	pòtà	41	35	2.567	0.99	15	14	1.065	1.01
Meiocarpidium lepidotum (Oliv.) Engl. & Diels	màmbɛlɛ́ngɛ	9	6	0.126	0.15	4	3	0.051	0.18
Uvariastrum sp.	mòlɛ̂mbɛ̀ngòyì					3	3	0.537	0.31
Uvariopsis congensis Robyns & Ghesq.	màkasa	1	1	0.034	0.02				
Xylopia aethiopica (Dunal) A.Rich.	mbàbàmbèsambò	2	2	0.074	0.05	2	2	0.336	0.20
Xylopia cupularis Mildbr.	gbɛgbɛlɛ	1	1	0.022	0.02				
Xylopia hypolampra Mildbr.	mónjíè	4	4	0.643	0.15				
Xylopia phloiodora Mildbr.	sange	7	6	0.179	0.14	4	4	0.529	0.35
Xylopia quintasii Pierre ex Engl. & Diels	mbɔ̀ɔ	12	12	0.312	0.25	1	1	0.354	0.16
Xylopia sp.	ʔetáli					2	2	0.315	0.19
ヒウア科 Huaceae					**2.10**				**0.67**
Afrostyrax lepidophyllus Mildbr.	ngìmbà	93	72	5.158	2.10	12	10	0.504	0.67
ヒメハギ科 Polygalaceae					**0.26**				
Carpolobia lutea G. Don	mbambe	11	11	0.525	0.26				
ヒルギ科 Rhizophoraceae					**0.08**				**0.35**
Anopyxis klaineana (Pierre) Engl.	ɓòmà	2	2	0.362	0.08	3	3	0.688	0.35
フクギ科 Clusiaceae					**0.66**				**0.28**
Allanblackia floribunda Oliv.	kpɔmu	16	15	0.547	0.35	1	1	0.245	0.12
Garcinia mannii Oliv.	gámbe	16	15	0.306	0.32	3	3	0.061	0.16
フトモモ科 Myrtaceae					**0.28**				**0.10**
Syzygium rowlandii Sprague	ʔesósi	4	4	1.697	0.28	2	2	0.026	0.10
マチン科 Loganiaceae					**0.14**				**0.05**
Strychnos camptoneura Gilg & Busse	kpo bùku	4	4	0.035	0.08				
Strychnos sp.	kpo mbòndo	4	3	0.045	0.07	1	1	0.008	0.05
マメ科 Fabaceae					**17.39**				**18.83**
Acacia brevispica Harms	baàlà					2	2	0.022	0.10
Afzelia bella Harms, *A.bipindensis* Harms	màjàgbà	1	1	0.011	0.02	1	1	0.272	0.13
Afzelia bipindensis Harms, *A. pachyloba* Harms	timi	22	18	1.004	0.48	40	31	0.847	1.92
Albizia adianthifolia (Schumach.) W. Wight	bàmbà (sáa)	27	24	6.133	1.21	7	7	2.822	1.20
Albizia dinklagei (Harms) Harms	ɓòkondò	1	1	0.297	0.05				
Albizia ferruginea (Guill. & Perr.) Benth.	lɔ̀ndà	4	4	0.124	0.09	1	1	0.012	0.05
Amphimas pterocarpoides Harms	kànga	8	8	0.170	0.17	5	5	2.310	0.95
Angylocalyx pynaertii De Wild.	bìtongo	5	4	0.198	0.10	2	2	0.066	0.11
Angylocalyx pynaertii De Wild.	yɔ̀ngà	30	27	1.958	0.75	23	22	2.456	1.82
Anthonotha macrophylla P. Beauv.	popolo	9	9	0.367	0.21	27	18	1.039	1.36

Baphia leptobotrys Harms	sáwɛ̀								
Calpocalyx dinklagei Harms	pandàkò	14	14	0.296	0.29	18	15	0.270	0.86
Cassia mannii Oliv.	ʔelèkò	9	9	0.184	0.18	1	1	0.017	0.05
Copaifera mildbraedii Harms	mòndùmba	4	4	0.092	0.08	1	1	0.016	0.05
Cylicodiscus gabunensis Harms	ɓòlùma	33	32	7.546	1.51				
Dalbergia hostilis Benth.	kpo lamba	1	1	0.022	0.02				
Daniellia klainei Pierre ex A.Chev.	mbɛli	1	1	0.012	0.02				
Detarium macrocarpum Harms	mbiri	1	1	1.634	0.22				
Dialium excelsum Steyaert	mòkɔmbɛ	2	2	0.472	0.09	2	2	0.046	0.11
Dialium pachyphyllum Harms	mbelenge	4	4	0.047	0.08	19	19	0.613	1.09
Erythrophleum ivorense A.Chev.	kopaka	1	1	0.009	0.02				
Erythrophleum suaveolens (Guill. & Perr.) Brenan	mbàndà	7	7	3.820	0.59	5	5	0.849	0.50
Gilbertiodendron dewevrei (De Wild.) J.Léonard	ɓembà								
Lebruniodendron leptanthum (Harms) J. Léonard	gandɔ	13	12	1.935	0.46	9	7	0.647	0.57
Millettia sanagana Harms	ngánda	3	2	0.036	0.05	4	4	0.036	0.20
Millettia sp.	kpo mongɔ́mbɔ́					3	2	0.060	0.13
Millettia sp.	kpo mòkɔ̀kɔ̀dì					4	4	0.202	0.25
Oddoniodendron micranthum (Harms) Baker f.	ɓembàme								
Pachyelasma tessmannii (Harms) Harms	ngbò								
Pentaclethra macrophylla Benth.	mbalaka	78	66	11.952	2.75				
Pericopsis elata (Harms) Meeuwen	mòbayì					1	1	0.343	0.15
Piptadeniastrum africanum (Hook. f.) Brenan	kùngu	21	19	4.615	0.92				
Prioria oxyphylla (Harms) Breteler	ngɔ̀ndɔ̀	1	1	0.510	0.08				
Pterocarpus soyauxii Taub.	ngɛlɛ	30	26	1.695	0.71	9	8	0.245	0.47
Scorodophloeus zenkeri Harms	mìngɛ̀nyɛ̀	246	150	15.011	5.32	104	63	6.878	5.96
Tessmannia africana Harms	pàkà	15	15	3.682	0.72	4	4	0.240	0.26
Tetrapleura tetraptera (Schumach. & Thonn.) Taub.	jaga	8	8	0.454	0.20	6	5	0.844	0.52
ミカン科 Rutaceae					**0.42**				**0.24**
Vepris louisii G.C.C. Gilbert	tánda					1	1	0.016	0.05
Zanthoxylum gilletii (De Wild.) P.G.Waterman, *Z. leprieurii* Guill. & Perr.	ɓòlòngo	17	15	1.123	0.42	3	3	0.153	0.19
ムクロジ科 Sapindaceae					**0.71**				**0.69**
Blighia welwitschii (Hiern) Radlk.	tòko	5	5	0.158	0.11	1	1	1.186	0.41
Chytranthus atroviolaceus Baker f. ex Hutch. & Dalziel	tokombòlì	3	3	0.072	0.06				
Chytranthus talbotii (Baker f.) Keay	ngesúà	2	2	0.027	0.04				
Deinbollia pynaertii De Wild.	mòngasá	18	16	0.399	0.35				
Lecaniodiscus cupanioides Planch.	bìmba	7	7	0.141	0.14	5	5	0.128	0.28
ムラサキ科 Boraginaceae									**0.06**
Cordia platythyrsa Baker	ngbàbì					1	1	0.028	0.06
モクセイ科 Oleaceae					**0.02**				**0.11**
Schrebera arborea A.Chev.	ngolombe	1	1	0.032	0.02	2	2	0.037	0.11
ヤシ科 Arecaceae					**1.67**				
Elaeis guineensis Jacq.	mbílà	8	8	2.876	0.50				
Raphia hookeri G.Mann & H.Wendl.	mɛ̀síɛ̀								
*Raphia monbuttorum*Drude, *R. laurentii* De Wild	pèke	21	12	7.287	1.18				

ヤナギ科 Salicaceae					**1.67**				
Dovyalis sp.	ʔàdjòmbà	2	2	0.022	0.04				
Ophiobotrys zenkeri Gilg	mòbàlà	16	15	1.319	0.44	7	7	0.842	0.59
リンドウ科 Gentianaceae									0.44
Anthocleista schweinfurthii Gilg	ʔeba					7	6	0.441	0.44
レピドボトリア科 Lepidobotryaceae					**0.43**				
Lepidobotrys staudtii Engl.	mòsakò a sèkò	21	21	0.448	0.43				
未同定					**0.21**				**0.51**
unidentified	guga na kpo	1	1	0.010	0.02				
unidentified	kpo kelepa	1	1	0.029	0.02				
unidentified	pùsa na ngo					1	1	0.039	0.06
unidentified	kíyò na ngo					1	1	0.008	0.05
unidentified	kpo (?)					1	1	0.009	0.05
unidentified	kpo botu	1	1	0.008	0.02				
unidentified	kpo kòngà	2	1	0.018	0.03				
unidentified	kpo taku	1	1	0.037	0.02				
unidentified	kpo tondo	3	1	0.041	0.04				
unidentified	mɛ̀ndì					2	2	0.182	0.15
unidentified	monjumbe	2	2	0.030	0.04	3	3	0.031	0.15
unidentified	mosangi	1	1	0.018	0.02				
unidentified	yokokomɛ̀					1	1	0.019	0.05

Zサイト統合プロット（Z1-8＋S、8ha）およびJサイト統合プロット（J1-4、4ha）にて胸高直径10cm以上の樹木・蔓を対象。調査方法の詳細については表3-5、表3-6の注を参照。EIV（Ecological Importance Value）とは、個体数、分布の偏り、胸高断面積の3つの要素を勘案して算出する優占度の指標。それぞれの統合プロットにおいて全種についてのEIVの和は100になる。分類はAPG体系にもとづいている。私自身がさく葉標本を作成してカメルーン国立植物標本館に同定を依頼した。当時、種まで同定できていなかったものについては、Hirai et al.（2023）を参照した。mòlòmbaは同一名称で2つの異なる種をさすが（バカも異なる種であることを認識している）、調査時に区別していなかった。ただ、Hirai et al.（2023）によれば、*Heisteria parvifolia*が大部分を占めている。gèjaは、カメルーン国立植物標本館では同定されなかったが、Brisson（2011）に記載されていたため、それを記した。調査区に出現しなかった種のうち、Z村周辺でしばしば観察した種も掲載してある。

あとがき

本書に登場した生物は、脊椎動物四七種、無脊椎動物二二種、植物三一六種、菌類一六種である。フィールドワークのなかで観察したものの本書では言及していない生物も数多い。マルチスピーシーズと銘打っておきながら、それらのほんの一部でしかない人間とヤマノイモ数種のかかわりあいに紙幅の大半を割いたこと、また、バカたちの〈生きる世界〉をかたちづくっている重要なアクターである動物たちについて、ほとんど言及できなかったことは、やや心残りではある。別途、バカたちとさまざまな動物のかかわりあいについても本を執筆するつもりだが、それでも多種多様な生物たちのほんの一部についての記述でしかない。カメルーン東南部の熱帯雨林におけるマルチスピーシーズの連関を記述することは、終わることのない仕事になるだろう。

⁂

本を書くとき誰に向けて書くのか。この質問に誰かが答えた文章を、どこかで読んだ記憶がある。おおよそ、つぎのような答えだった——野心に燃えていたけれども無知だった、かつての私に向けて書く。この言葉にならって私は、本書を二人の「かつての私」に向けて書いた。一人目は大学生のころの私であり、二人目は博士論文を書きあげたころの私である。ただ、これら二人の「かつての私」は、生態人類学界隈において、それなりにありふれた「私」かもしれないとも思っている。

京都大学理学部に入学したころの私は、今西錦司も梅棹忠夫も知らなかった。もちろんマリノフスキーもレヴィ=ストロースも知らなかった。ダーウィンやマルクスくらいなら歴史上の人物として知っていたが、それより湯川秀樹やシュレディンガーを知っていた。私はいわゆる科学少年だった。京大には物理学をやりたいと思って入学したのである。しかし、その野心は、かなり早い時点で急激にしぼんでしまった。私もいまや京大の教員なので自戒の念をこめて書くのだが、京大の先生方の講義はお世辞にも上手なものではなかった。もちろん、それは授業の技術的な側面における問題であり、学問の本質ではない。しかしそのとき私は、理学部において学問をすること、つまり科学をすることが、世界のなかのごく狭い領域に自分自身を閉じこめてしまうことのように感じてしまったのである。それはそれで潔い。そう思ったこともあった。しかし（当時は言語化してはいなかったが）科学にまつわる存在論的な迷いにとりつかれてしまった二〇歳前後の大学生が、ふらふらと道を外れてしまったのは、しかたのないことだったのだろうと思う。

さいわいにも京大の理学部では、いとも簡単に進路を変更できた。もしかすると私のような学生がそれなりの確率であらわれてくることを想定してあったのだろうか。ともあれ幼いころから地図を読むのが好きだった私は、京大には物理学だけでなく、フィールドワークの伝統があるのだということをどこかで聞きかじり、生物学や地質学などの講義や実習をわたり歩いているうちに、自然人類学に漂着したのだった。

四回生の春先だった。企業や官庁などに就職する気はまったくなかったし、このまま理学研究科に進学するしかないだろうとぼんやり考えながら、院試の過去問をパラパラとながめていた。すると「生態人類学」という文字が目にとまったのだった。印刷はモノクロだったはずだが、私の目に映った「生態人類学」という文字には、たしかに「色」がついていたのである。黄土色というかオレンジ色というか、くすんだ印象の色だった

（アフリカの大地の色だったのだろうか）。それまで私は「生態人類学」という言葉を聞いたこともなかったが、とにかく、私の抱きつづけてきた科学にまつわる存在論的な迷いを「生態人類学」なるものが何とかしてくれそうな気がしたのである。

本書は、このころの私に向けて書かれている。

⁂

生態人類学のことをいろいろ調べてみると、アジア・アフリカ地域研究研究科（ASAFAS）に、生態人類学の研究者がたくさんいることがわかった。彼らはもともと理学部に所属していたのだが（だから過去問があった）、まずアフリカ地域研究センターができてそこに異動し、人間・環境学研究科を経由したあと、まさに私が四回生だったその春に独立研究科が新設されて、その一画を占めるようになっていたのである。

こうして生態人類学は、私をASAFASへと導いたのだった。ずいぶんあとになってから知ったのだが、掛谷誠さんはASAFAS創設のためにたいへんご尽力されたのだという。生態人類学という学問の偉大な先達として、そして私が学生として生態人類学を学び、いま教員として勤務しているASAFAS創設の功労者として、掛谷さんは本書の存立基盤のもっとも深いところに位置している。

⁂

生態人類学は、科学にまつわる存在論的な迷いを、ある意味では何とかしてくれたということはできるだろう。ただ、それは序章でも述べたように「とりあえずフィールドに放りこむ」という荒療治によってであった。

本書の執筆にあたって、これまでに私が著した論文や学会報告などを読みかえしていたところ、ASAFASの（一貫制博士課程の）六年目だった二〇〇四年一〇月に開催された、二一世紀COEプログラム「院生ワークショップ」の要旨集が目にとまった。そのワークショップは、フィールドワークという方法論について大学院生が自分の経験を報告し、議論するという趣旨だったと記憶している。そこで私は「フィールドワークから学術的成果まで――バカ・ピグミーの長期狩猟採集行にかんする研究から」という演題で報告したのだった。その冒頭で、私は、講座・生態人類学『核としての周辺』から松井健さんの文章を引用している。

一般に、生態人類学の研究者は、京都においては調査対象についての文献調査をあまり奨励されなかった。…中略…むしろ、フィールドへ出かけて、そこでの体験から何らかの課題を発見し、その調査期間をとおしてそれに取り組み、何らかの成果を持ち帰ってくることが、強く要請されてきたといってよいであろう。そのあとに、必要であれば、文献研究や資料を用いての歴史研究などが始められることになる。

じっさいの松井さんは博覧強記の人であり、右の引用文を真に受けすぎてはいけない。ただ、荒療治によって科学にまつわる存在論的な迷いを遠ざけていた私にとっては、たいへん心強い言葉だった。引用をうけて私はつぎのように記している。

この文章を読んだのは、カメルーンの熱帯雨林での一年あまりのフィールドワークをおえて、帰国してからであった。ただ、すでに修士課程に相当する時期に、日本で調査をおこない、その成果をまとめるにあたって、おなじようなことを感じていた。だから、アフリカでの調査に出発するまえに、文献をたくさん読みこまなかったことを、それほど気にしてはいなかった。

このワークショップが開催されたのは、本書の第2章のもとになった論文を書きあげたころだった。やや心にゆとりがあったのだろう。私はフィールドワークの成果を論文をまとめた経緯について述べたあと、つぎのように記している（一部、字句を修正した）。

文献研究↓問題提起↓仮説↓データ収集↓考察↓文献研究↓問題提起↓仮説↓……という研究プロセスが想定できるとすれば、フィールドに入るまえの調査対象についての文献研究を重視しないということは、はじめの文献研究↓問題提起↓仮説の部分を意識的にぼかしてフィールドに入るということである。このような研究姿勢をとることの積極的な意義は、フィールドにおいて発見されたさまざまな現象を切りすてることなく、複数の問題を同時並行的にとりあつかうことにあるはずである。この点を克服することなしには、今回の研究はモロンゴという出来事に遭遇するという幸運にめぐまれただけ、ということになってしまうのである。究極的には、フィールドで発見された問題群を大きな文脈のなかに収束させる作業がもとめられ、この作業をへて、はじめて（生態人類学的な）フィールドワークがなされたといえるのだろう。

私はズーラボット・アンシアン村で、モロンゴという「とんでもない出来事」に遭遇した。ほとんど偶然ともいえるその出会いがなければ、私は博士論文を書くことができただろうか。いままで生態人類学をつづけていただろうか。ともかく、そのころの私は、フィールドで遭遇する「偶然」をどうやって「幸運」な出会いに変換するのかという、フィールドワークのメタ方法論にとりつかれていたのだろうと思う。

「偶然」を「幸運」にするうえで重要なことは、まずは「偶然」を楽しむことである。フィールドワークに先だってあらかじめ調査項目を絞りこんでいると、ほとんどの「偶然」は、たんにデータ収集を邪魔するだけのものになってしまう。「人々の生きざまをみる」という旗をかかげて「とりあえずフィールドに放りこむ」ことには、そのような視野狭窄を回避する効果があることはまちがいない。私の博士論文とそれをもとに書いた『バカ・ピグミーの生態人類学』は、そのような生態人類学の〈伝統〉に則って、どのように「偶然」を「幸運」に変換したかについての実験報告だったともいえる。いずれにせよ、フィールドの「偶然」を楽しみながらバカたちの生きざまを身体をとおして実感し、その経験を学術的成果として報告するプロセスは、科学にまつわる存在論的な迷いをほとんど忘れてしまえるほどに充実感に満ちたものだった。

ただ、そうして〈伝統〉のエバンジェリストさながらフィールドワークの技法について語りながらも、私の頭の片隅には、結局のところそれはプロの研究者として食べていくための論文生産のハウツーにすぎないのではないか、という一抹の不安があったのも事実である。

二〇〇六年の日本アフリカ学会で開催された「変貌するアフリカ・変貌する諸学との対話へむけて——二一世紀のアフリカ研究と生態人類学」というシンポジウムをもとにした『アフリカ研究』の特集に、菅原和孝さんが「生態人類学は思想闘争をサボった」と題するコメントを寄せている（じつをいうと私も拙いコメントを寄せているのだが）。そのなかで菅原さんは、つぎのように書いている。

生態人類学であれ他のなんであれ、優れた学問は人びとの魂を軽やかにするはずだ。「人間をわかる」とは、世界が生きるに値するとわかることである。

生態人類学の〈伝統〉は、人間についてわかることに、世界が生きるに値するとわかることに、いったいどのようにつながっていくのだろう。この問いかけは、私が大学に入学したころから抱きつづけてきた科学にまつわる存在論的な迷いにも関係しているように思えた。生態人類学の〈伝統〉にどっぷり浸かって迷いを遠ざけていたとしても、どこかで深刻な勘違いをしているのではないかという不安とともに、それはときおり舞いもどってくるのだった。

本書は、このころの私に向けても書かれている。

＊＊＊

すでに述べたように本書は二〇一一年に出版した『バカ・ピグミーの生態人類学』を抜本的に改訂したものであるが、本書と比較すると前書には明白な欠落があった。本書の序章は三つのパートから構成されており、それぞれ、経験の方法、認識の理論、記述の文脈という三つの要素に対応している。しかし『バカ・ピグミーの生態人類学』の序章には、経験の方法と記述の文脈の二つしか書いていない。むろん、認識の理論の黙殺は〈伝統〉に則ったものであり、すぐれて意図的なものであった。

しかし、フィールドワークを長年つづけていてわかってくるのは、たとえ「何でもみる」という身構えでいたとしても、じっさいには「みえていなかったこと」がたくさんあった、ということである。そのなかには、時間をおくことによってはじめてみえてくるものもある。たとえば第4章の内容はそうである。しかし、研究者として論文を書き、必要にせまられて論文や本を読み、そのうえでまたフィールドに行くと、「物理的にはみていた」けれども「概念的にはみえていなかったこと」がたくさんあったこともわかってくる。フィールドで何がみえるかは、結局のところ、フィールドワーカー自身がそれまでどのように世界をみてきたかによって制約されてしまう。もしも当時、世界をもっと精緻にみることのできる理論をもっていたとしたら、私のフィールドワークと博士論文は、いったいどのようなものになっていたのだろう。

しかし、それはありえない選択肢だったのだろうと思う。どんな理論であれ「特定の角度」から世界をみるための理論は、いかにそれが精緻に練りあげられたものであったとしても、私にとっては、科学にまつわる存在論的な迷いとともに遠ざけておくべきものだったのである。

そんな私が「認識の理論」を導入して『バカ・ピグミーの生態人類学』を改訂しようと考えるようになったのは、存在論的な迷いとのつきあい方に変化があったからなのだろう。あるいは「特定の角度」から世界をみるのではなく、「世界をみる理論」の土台についての思索にふれたからなのかもしれない。周知のとおり、二一世紀に入るころから文化と自然の二項対立を存在論の観点から再検討する潮流が勢いを増してきた。その源流の一つにはブルーノ・ラトゥールらの構想したアクターネットワーク理論があるが、ラトゥールの仕事はまさに科学についての人類学的・存在論的な探究だといってよい。いまにして思えば、私が『バカ・ピグミーの生態人類学』の冒頭で生態人類学について説明している部分は、すぐれてアクターネットワーク理論的な記述になっていた。ラトゥールの主著の一つである『虚構の「近代」』の日本語版は二〇〇八年（原著は一九九一年）に出版されていたが、それは私が博士論文を書いた翌年であり、二〇一一年に『バカ・ピグミーの生態人類学』を書くまでの時期にあたる。ただ、アクターネットワーク理論のような考え方を、当時の私は明確な理論としては把握しておらず、手さぐりな状態で感覚的にとりあつかっていただけだった。じっさいのところ、私は『虚構の「近代」』を出版直後に購入していたにもかかわらず、パラパラと流し読みしただけで「よくわからんな」と思って放置していたのだから。しかし、コロナ禍のためにフィールドワークができないなかで、久保明教さんの『ブルーノ・ラトゥールの取説』を手にとって読んでみたとき、私の意識のうえでは異なるものとして切り離してきた二つのことがら――科学にまつわる存在論的な迷いと生態人類学の〈伝統〉の実践――がどこか深いところでつながっており、その結節点にアクターネットワーク理論があることを直観したのであった。そして関連する文献を網羅的に読んでいくなかで、アナ・チンの『マツタケ』のなかに“multispecies historical ecology”という言葉（の日本語訳）をみつけたとき、それを確信したのだった。

＊＊＊

『バカ・ピグミーの生態人類学』の末尾にて、私はつぎのように書いている。

人間は、自然への信頼をもつかぎりにおいて、平穏で心地よい生を実現できる。したがって、ブッシュミート交易の無秩序な拡大や、単純化されたサステイナビリティの概念にもとづく資源利用の制限は、何をおいても、バカたちの信頼する自然を損ない、その生を不安にするという点において、それに対抗すべくフィールドワーカーの身体を揺さぶることになる。人間と自然の関係を探究する生態人類学の真髄は、自然への信頼にあふれる生こそが人間の生きるにあたいする生であることを、みずからの身体のうちに実感することにあるのだから。

この文章は、先に引用した菅原さんのコメントを意識して書いたものだった。マルチスピーシーズ歴史生態学とは、ここで述べている「自然への信頼にあふれる生」を「みずからの身体のうちに実感」するために「経験の方法」とともに両輪となるべき「認識の理論」として構想したものだといえる。それが「人びとの魂を軽やか」にできるかどうかはいまだ未知数ではあるが、マルチスピーシーズ歴史生態学を遂行的に構想しながら本書を書いてきたことが、私の魂を軽やかにしたのは、まぎれもない事実である。

⁂

偶然まかせもフィールドワークの醍醐味にちがいない。しかし、こうして本書を書くことができたのは、たくさんの方々のご援助のたまものである。

本研究のもとになったフィールドワークは、JSPS科研費（JP12371004, JP17251002, JP20710194, JP21241057, JP22241057, JP24710296, JP15H02598, JP16H02716, JP16H05661, JP20KK0015, JP22H04929）、二一世紀COE（E10）、JST・JICA―SATREPS（FOSAS, JPMJSA1702）、財団法人大同生命国際文化基金（平成一三年度研究助成）によって実施することができた。また、本書の出版はJSPS科研費（JP23HP5090）の支援をうけた。

本書のもとになったフィールドワークおよび博士論文等の執筆にさいしては、市川光雄先生および木村大治先生から、たくさんのご助言とご指導をいただいた。フィールドでの、また京都での、市川さんや木村さんとの雑談をふくむ日常的なコミュニケーションをとおして狩猟採集民研究や生態人類学のなかでの自分のたち位置をおおまかにではあれ把握できたことは、ともすれば〈伝統〉のなかで右往左往しがちなフィールドワークをすすめていくうえでの羅針盤になった。また、山極寿一先生には、お二人とともに博士論文の審査をしていただき、たくさんの有益なコメントをいただいた。山極さんは、私がフィールドワークをはじめたばかりのころ、モロンゴに行く直前に、ズーラボット・アンシアン村にいらしたことがある。村のまわりの森を歩いて一泊しただけだったと記憶しているが、バカたちには強烈な印象を残していったようで、山極さんのことはそのあと何度も話題にのぼっていた。

カメルーンとコンゴ盆地の熱帯雨林でフィールドワークをおこなってきた研究者のみなさんとの交流は、研究をすすめるうえで励みになった。とりわけ佐藤弘明さんと北西功一さんには、さまざまな機会にコメントをいただいた。佐藤さんは、バカ・ピグミーの生態人類学的研究におけるパイオニアであり、本書でとりあげているワイルドヤム・クエスチョンにかんする研究だけでなく、バカの狩猟にかかわるタブーや薬用植物利用などについても先駆的な論文をいくつも著しておられ、フィールドワークをすすめていくうえで、おおいに参考にさせていただいた。北西さんは、バカと隣接して分布しているアカ・ピグミーの生態人類学的研究におけるパイオニアの一人である。とりわけ生業にかかわるデータの収集・記述・分析の方法について、おおいに参考にさせていただいた。また、おなじ時期にカメルーン東南部をフィールドとして研究をはじめ、それからもさまざまな活動をともにしてきた服部志帆さんの寛大なるご配慮なしには、とりわけ二〇〇一年から二〇〇三年にかけておこなった本書の中核にあるフィールドワークはなしえなかっただろう。四方篝さんは二〇〇五年のモロンゴに、塩谷暁代さんは二〇二〇年のモロンゴに同行していただき、毎日の収穫物の計量やバカたちのキャンプの出入り、タイムアロケーション調査など、モロンゴの実態を記述するうえで中核となるデータの収集に協力していただいた。戸田美佳子さんと本郷峻さんには、SATREPSプロジェクトで協働しているなりゆきもあって、私が個人的に企画したアクターネットワーク理論の勉強会などにも参加していただき、さまざまなコメントをいただいた。

ASAFASの教員や先輩・同輩・後輩のみなさんには、ゼミでの議論から日々夜々の雑談まで、さまざまな機会にたくさんの刺激をいただいた。旧館とよばれていたアフリカセンターの古い建物を「棲家」として、私とおなじ夜型の生活をしていた太田至さんとは、フィールドの人々とのつきあいについて、「わかる」とはどういうことかといった禅問答のような話もまじえながら、朝になるまでゼミ室で語りあったことが何度もあった。ズーラボット・アンシアン村に住みはじめてからしばらくのあいだ植生調査をしていたことを序章に書いたが、その具体的なメソッドは、カメルーンに渡航する直前に水野一晴さんたちとはじめた自然地理研究会をとおして学んだものだった。講師役だった平井將公さんとはそれから長いつきあいになる。

私が入学した当時は、生態人類学・狩猟採集民研究の世界的なパイオニアである田中二郎さんがいらしたし、丸山淳子さんはボツワナの狩猟採集民ブッシュマン、近藤史さんはタンザニアの農耕民ベナ、孫暁剛さんはケニアの牧畜民レンディーレと、私もふくめてアフリカ地域研究専攻の同期のうち半分くらいは、わりと典型的といえる生態人類学のフィールドワークをして博士論文を書いていた時代だった。とはいえ、西﨑伸子さんはエチオピアの野生動物保全の研究、マモ・ヘボさんはエチオピアの土地所有制度の研究、織田雪世さんはガーナの都市で美容師の研究をしていたし、他専攻では、嶋村鉄也さんがインドネシアで泥炭湿地林の研究をし、中島岳志さんがインドでヒンドゥーナショナリズムの研究をしていた。当時からＡＳＡＦＡＳには、生態人類学とはさまざまに異なる関心をもってアフリカやアジアのフィールドに向かう学生がたくさんいた。「地域研究」という看板のもとに多種多様な学生と研究者の集うＡＳＡＦＡＳという場で、既存の学問分野を越境しながら、そしてフィールドと大学を往還しながら、私は〈共生成〉してきたのだろう。

二〇一一年三月から二〇一三年二月まで、フランス南部モンペリエにあるフランス国立科学研究所（ＣＮＲＳ）の進化・機能生態学研究センター（ＣＥＦＥ）にＪＳＰＳ海外特別研究員として在籍したことは、本書の内容が具体的な研究内容においても『バカ・ピグミーの生態人類学』から大幅に進展したことに寄与している。とくに第4章と第6章の内容は、受入研究者のエドモンド・ドゥニアス博士、およびドイル・マッキー博士をはじめとする同センターのみなさんとの交流をとおして着想を得たものである。

この在外研究は、当時の本務先であった法政大学人間環境学部の同僚の先生方に快く送りだしていただいたことにより実現できたものである。とりわけ、当時学部長であった根崎光男先生、教授会主任であった長峰登記夫先生の格別のご配慮には心より感謝している。二〇〇七年から二〇一五年まで勤務した法政大学では、それまで自分がやるだけだったフィールドワークを、学生に教える立場になった。〈伝統〉のエバンジェリストだった私は、学生たちを「フィールドに放りこんだ」だけだったが、学生たちが私には思いもよらないかたちでフィールドワークを展開していくのにおどろくとともに〈伝統〉の効用を実感したものであった。

二〇一二年以降、ASAFASの荒木茂さんが代表をつとめておられたSATREPSプロジェクトに参画し、二〇一八年からは私自身が代表者としてSATREPSプロジェクトを実施することになった。それらは研究成果の社会実装を念頭においた実践的研究プロジェクトであり、私自身は、狩猟の持続性にかかわる研究を主たる担当としてきたため、本書における中心的なアクターであるヤマノイモとは、やや距離をおくことになった。そんななか二〇一六年に卯田宗平さんに国立民族学博物館共同研究「もうひとつのドメスティケーション――家畜化と栽培化に関する人類学的研究」にお誘いいただいた。途中からSATREPSプロジェクトの運営に忙殺されてしまい、研究会になかなか参加できなかったことは心残りだが、この共同研究に参加したことが、本書の核心にある、アンチ・ドムスという着想の具体化につながった。

本書の企画・編集・出版においては、京都大学学術出版会の大橋裕和さんにたいへんお世話になった。本書の執筆は、当初、個人的に独自にすすめていたのだが、ほぼ書きあげたあと、寺嶋秀明さんと篠原徹さんから「生態人類学は挑む」シリーズに入れてはどうか、というお誘いをいただいた。本書の内容的にも、ここで述べてきたような執筆の経緯をかんがみても、シリーズの末席にくわえていただけるのは、たいへん光栄なことである。

⁂

さいごにひとこと。

カメルーンのフィールドで、いまでこそバカと農耕民の両方とつきあっているものの、とくに学生のころは、私はあまり農耕民と接することがなかった。そもそも当時はズーラボット・アンシアン村に住んでいる農耕民が少なかったこともあるが、（おそらく多くの）狩猟採集民研究者にとって、農耕民はできるだけ距離をおきたい存在なのである。たとえば、私とバカたちが話しているとき、近づいてくる農耕民が目にはいるとバカたちの態度はあきらかに転調する。フィールドワーカーとしては、そのようなバカたちの態度に影響されないわけがない。しぜんと農耕民にたいして「偏見」をもって接するようになってしまうのである。そんな「偏見」をいくらかでも中和できたように思うのは、カメルーン東南部の焼畑農耕民バンガンドゥのもとでフィールドワークをしてきた（そして妻である）四方篝さんの存在が身近にあったからである。

ただ、本書を書きながら脳裏を過ったのは、基軸ドムス化とアンチ・ドムスの対比は、もしかすると彼女と私の個人的な性格の対比を強調しただけにすぎないのではないか、ということだった。はたして〈生き方〉をめぐる二つの志向の相克は、世界中いたるところでマルチスピーシーズの〈歴史〉をかたちづくってきたのか。あるいは一つの家庭――それもまた一つのドムスであるが――のなかの出来事だったのか。

本書の構想にそれなりの一般性があるとすれば、答えは「両方」であるはずだが――その判断は読者に委ねたい。

文献

相澤美里・渡邊丈夫・山村光司（二〇一五）「トラップを用いたネギアザミウマの移動距離の推定」『日本応用動物昆虫学会誌』五九（一）：三一―四〇頁
安渓貴子（二〇〇三）「キャッサバの来た道――毒抜き法の比較によるアフリカ文化史の試み」吉田集而・堀田満・印東道子（編）『イモとヒト――人類の生存を支えた根栽農耕』平凡社、二〇五―二二六頁
池谷和信（一九九六）「伝統主義者と修正主義者とのあいだの論争をめぐって――カラハリ・サン研究の事例」『民博通信』七三：六四―七七頁
池谷和信（二〇〇四）「狩猟採集社会研究における伝統主義と歴史修正主義との論争」小松和彦・田中雅一・谷泰・原毅彦・渡辺公三（編）『文化人類学文献事典』弘文堂、七六七―七六八頁
伊谷純一郎（一九六一）『ゴリラとピグミーの森』岩波書店
伊谷純一郎（一九八六）「人間平等起原論」伊谷純一郎・田中二郎（編）『自然社会の人類学――アフリカに生きる』アカデミア出版、三五〇―三八九頁
伊谷純一郎・田中二郎（編）（一九八六）『自然社会の人類学――アフリカに生きる』アカデミア出版会
市川光雄（一九八二）『森の狩猟民――ムブティ・ピグミーの生活』人文書院
市川光雄（一九九四）「森の民の生きる道――アフリカ熱帯多雨林における自然と人の共存」掛谷誠（編）『地球に生きる（2）環境の社会化』雄山閣、九三―一一四頁
市川光雄（二〇〇一）「森の民へのアプローチ」市川光雄・佐藤弘明（編）『森と人の共存世界』京都大学学術出版会、三―三一頁
市川光雄（二〇〇二）「『地域』環境問題としての熱帯雨林破壊――中央アフリカ・カメルーンの例から」『アジア・アフリカ地域研究』二：二九二―三〇五頁
市川光雄（二〇〇三）「環境問題に対する三つの生態学」池谷和信（編）『地球環境問題の人類学――自然資源へのヒューマンインパクト』世界思想社、四四―六四頁
市川光雄（二〇〇八）「ブッシュミート問題――アフリカ熱帯雨林の新たな危機」池谷和信・林良博（編）『野生と環境』岩波

書店、一六二―一八四頁
市川光雄（二〇一〇）「植生からみる生態史――イトゥリの森」木村大治・北西功一（編）『森棲みの生態誌』京都大学学術出版会、一〇一―一一八頁
市川光雄（二〇二一）『森の目が世界を問う――アフリカ熱帯雨林の保全と先住民』京都大学学術出版会
井上みずき（二〇〇七）「散布型クローナル成長（ムカゴ・殖芽など）植物における分散と空間構造――非散布型クローナル成長（地下茎・匍匐枝・送出枝）植物との比較」『日本生態学会誌』五七：二三八―二四四頁
岩田有史・田島知之（二〇一六）「贈与以前――ヒト科類人猿の食物分配」岸上伸啓（編）『贈与論再考――人間はなぜ他者に与えるのか』臨川書店、四二―六九頁
卯田宗平（編）（二〇二一）『野生性と人類の論理――ポスト・ドメスティケーションを捉える4つの思考』東京大学出版会
内堀基光（二〇〇六）「変貌か解剖か――アフリカの生態人類学に寄せて」『アフリカ研究』六九：一四三―一四五頁
大石高典（二〇一六）『民族境界の歴史生態学――カメルーンに生きる農耕民と狩猟採集民』京都大学学術出版会
奥野克己（二〇二一）〈《特集》マルチスピーシーズ民族誌の眺望　序〉『文化人類学』八六（一）：四四―五六頁
奥野克己（二〇二二）『絡まり合う生命――人間を超えた人類学』亜紀書房
オダム、E．P．（一九七四）『生態学の基礎』（三島次郎（訳））培風館
掛谷誠（一九九八）「焼畑農耕民の生き方」高村泰雄・重田眞義（編）『アフリカ農業の諸問題』京都大学学術出版会、五九―八六頁
掛谷誠（一九九九）「『内的フロンティア世界』としての内陸アフリカ」高谷好一（編）『〈地域間研究〉の試み（上）』京都大学学術出版会、二八五―三〇二頁
門村浩（一九九二）「アフリカの熱帯雨林」環境庁熱帯雨林保護検討会（編）『熱帯雨林をまもる』日本放送出版協会、四九―九〇頁
河合香吏（二〇〇一）「アフリカのヒトと自然にむけて――生態人類学」『アフリカ研究』五八：五―九頁
河合香吏（編）（二〇二〇）『極限――人類社会の進化』京都大学学術出版会
北西功一（二〇〇一）「分配者としての所有者――狩猟採集民アカにおける食物分配」市川光雄・佐藤弘明（編）『森と人の共存世界』京都大学学術出版会、六一―九一頁

北西功一（二〇〇二）「中央アフリカ熱帯雨林の狩猟採集民バカにおけるバナナ栽培の受容」『山口大学教育学部研究論叢』五二：五一―六九頁
北西功一（二〇一〇a）「アフリカ熱帯林の社会（2）ピグミーと近隣の農耕民の関係」木村大治・北西功一（編）『森棲みの社会誌』京都大学学術出版会、二二一―四六頁
北西功一（二〇一〇b）「所有者とシェアリング――アカにおける食物分配から考える」木村大治・北西功一（編）『森棲みの社会誌』京都大学学術出版会、二六三―二八〇頁
北西功一（二〇一一）「ピグミーという言葉の歴史――古代ギリシアから近世ヨーロッパまで」『山口大学教育学部研究論叢　人文科学・社会科学』六〇（一）：三九―五六頁
北西功一（二〇一二）「ピグミーとヨーロッパ人の出会い――1860～1870年代を中心に」『山口大学教育学部研究論叢　人文科学・社会科学』六一（一）：五一―七四頁
北西功一（二〇一三）「1880～1890年代におけるヨーロッパ人によるピグミー調査の進展」『山口大学教育学部研究論叢　人文科学・社会科学』六二（一）：五七―八〇頁
北西功一（二〇一五a）「1880～90年代における人類学者と地理学者のピグミー観」『山口大学教育学部研究論叢　人文科学・社会科学』六四（一）：四七―六〇頁
北西功一（二〇一五b）「古代ギリシャのピグミーの伝説と現実に存在する「ピグミー」――19世紀後半を中心として」『山口大学教育学部研究論叢　人文科学・社会科学』六四（一）：六一―七一頁
木村大治（二〇〇六）「生態人類学・体力・探検的態度」『アフリカ研究』六九：九一―一〇〇頁
木村大治・北西功一（二〇一〇a）『森棲みの生態誌――アフリカ熱帯林の人・自然・歴史Ⅰ』京都大学学術出版会
木村大治・北西功一（二〇一〇b）『森棲みの社会誌――アフリカ熱帯雨林の人・自然・歴史Ⅱ』京都大学学術出版会
ギルバート、S．F．／イーペル、D．（二〇一二）『生態進化発生学――エコ―エボ―デボの夜明け』（正木進三・竹田真木生・田中誠二（訳））東海大学出版部
クリスチャン、D．／ブラウン、C．S．／ベンジャミン、C．（二〇一七）『ビッグヒストリー――われわれはどこから来て、どこへ行くのか』（長沼毅（監修）石井克弥・竹田純子・中川泉（訳））明石書店
クロスビー、A．W．（一九九八）『ヨーロッパ帝国主義の謎――エコロジーから見た一〇～二〇世紀』（佐々木昭夫（訳））岩波

書店
黒田末寿（二〇〇六）「探求の欲望と敬愛の力」『アフリカ研究』六九：一四八―一五〇頁
小泉佑介・祖田亮次（二〇二二）「ポリティカル・エコロジー論の系譜と新たな展開――スケールに関する議論を中心に」『人文地理』七三（三）：二四五―二六〇頁
国際農林業協力・交流協会（二〇〇六）『アフリカのイモ類――キャッサバ・ヤムイモ』
小松かおり（二〇一〇a）「中部アフリカ熱帯雨林の農耕文化史」木村大治・北西功一（編）『森棲みの生態誌』京都大学学術出版会、四一―五八頁
小松かおり（二〇一〇b）「森と人が生み出す生物多様性――カメルーン熱帯雨林の焼畑・混作畑」木村大治・北西功一（編）『森棲みの生態誌』京都大学学術出版会、二二一―二四一頁
小松かおり（二〇一〇c）「アフリカ熱帯林の社会（1）中部アフリカ農耕民の社会と近現代史」木村大治・北西功一（編）『森棲みの社会誌』京都大学学術出版会、三―二〇頁
小松かおり・塙狼星（二〇〇〇）「許容される野生植物――カメルーン東南部熱帯雨林の混作文化」『エコソフィア』六：一二〇―一三四頁
小松左京（一九八〇）『はみだし生物学』平凡社
近藤祉秋（二〇二一）「内陸アラスカ先住民の世界と「刹那的な絡まりあい」――人新世における自然＝文化批評としてのマルチスピーシーズ民族誌」『文化人類学』八六（一）：九六―一一四頁
近藤祉秋（二〇二二）『犬に話しかけてはいけない――内陸アラスカのマルチスピーシーズ民族誌』慶應義塾大学出版会
近藤祉秋・吉田真理子（二〇二一）「序章――人間以上の世界から「食」を考える」近藤祉秋・吉田真理子（編）『食う、食われる、食いあう――マルチスピーシーズ民族誌の思考』青土社
近藤宏（二〇二〇）「ドムスの隙間から見る関係性の関係――パナマ東部先住民エンベラのブタ飼育」『文化人類学』八五（三）：四一六―四三五頁
坂梨健太（二〇一四）『アフリカ熱帯農業と環境保全――カメルーンカカオ農民の生活とジレンマ』昭和堂
阪本寧男（一九九五）「半栽培をめぐる植物と人間の共生関係」福井勝義（編）『地球に生きる（4）自然と人間の共生』雄山閣、一七―三六頁

佐藤弘明（一九八四）「ボイエラ族の生計活動――キャッサバの利用と耕作」伊谷純一郎・米山俊直（編）『アフリカ文化の研究』アカデミア出版会、六七一―六九七頁
佐藤弘明（二〇二〇）「コンゴ盆地熱帯雨林の狩猟採集生活」大塚柳太郎（編）『生態人類学は挑むSESSION1 動く・集まる』京都大学学術出版会、三五―六六頁
佐藤弘明・川村協平・稲井啓之・山内太郎（二〇〇六）「カメルーン南部熱帯多雨林における〝純粋〟な狩猟採集生活――小乾季における狩猟採集民Bakaの二〇日間の調査」『アフリカ研究』六九：一―一四頁
四方篝（二〇〇四）「二次林におけるプランテンの持続的生産――カメルーン東南部の熱帯雨林帯における焼畑農耕システム」『アジア・アフリカ地域研究』四（一）：四―三五頁
四方篝（二〇一三）『焼畑の潜在力――アフリカ熱帯雨林の農業生態誌』昭和堂
四方篝（二〇一六）「多様性をうみだす潜在力――カメルーン東南部、熱帯雨林における焼畑を基盤とした農業実践」重田眞義・伊谷樹一（編）『争わないための生業実践――生態資源と人びとの関わり』京都大学学術出版会、二六五―二九九頁
重田眞義（二〇〇二）「根栽型作物からみたアフリカ農業の特質――バナナとエンセーテの民族植物学的比較」『アジア・アフリカ地域研究』二：四四―六九頁
重田眞義（二〇〇九）「ヒト―植物関係としてのドメスティケーション」『国立民族学博物館調査報告』八四：七一―九六頁
島田周平（二〇〇七）『アフリカ　可能性を生きる農民――環境―国家―村の比較生態研究』京都大学学術出版会
菅原和孝（二〇〇六）「生態人類学は思想闘争をサボった――あるいは、アフリカニストQの冒険」『アフリカ研究』六九：一五〇―一五二頁
杉村和彦（二〇〇四）『アフリカ農民の経済――組織原理の地域比較』世界思想社
杉村和彦・鶴田格・末原達郎（二〇二三）「序論――アグラリアン・バイアスを超えて」杉村和彦・鶴田格・末原達郎（編）『アフリカから農を問い直す――自然社会の農学を求めて』京都大学学術出版会、三―三九頁
スコット、J．C．（二〇一三）『ゾミア――脱国家の世界史』（佐藤仁（監訳）池田一人・今村真央・久保忠行・田崎郁子・内藤大輔・中井仙丈（訳））みすず書房
スコット、J．C．（二〇一九）『反穀物の人類史――国家誕生のディープヒストリー』（立木勝（訳））みすず書房

鈴木和歌奈（二〇二〇）「実験室から「相互の係わりあい」の民族誌へ――ポスト―アクターネットワーク理論の展開とダナ・ハラウェイに注目して」『年報　科学・技術・社会』二九：三―二九頁

スチュワード、J. H.（一九七九）『文化変化の理論――多系進化の方法論』（米山俊直・石田紝子（訳））弘文堂

スヒルトハウゼン、M.（二〇二〇）『都市で進化する生物たち――〝ダーウィン〟が街にやってくる』（岸由二・小宮繁（訳））草思社

関野文子（二〇二一）「狩猟採集民バカの食物分配――過剰な分配とひそやかな交渉」寺嶋秀明（編）『生態人類学は挑む　SESSION2　わける・ためる』京都大学学術出版会、八三―一一三頁

ピエバニ、T. /ゼドゥン、V.（二〇二一）『人類史マップ――サピエンス誕生・危機・拡散の全記録』（小野林太郎（監修）篠原範子・竹花秀春（訳））日経ナショナルジオグラフィック社

ダーウィン、C.（二〇〇九）『種の起源』（渡辺政隆（訳））光文社

ターンブル、C. M.（一九七六）『森の民――コンゴ・ピグミーとの三年間』（藤川玄人（訳））筑摩書房

ダイアモンド、J.（二〇〇〇）『銃・病原菌・鉄――1万3000年にわたる人類史の謎』（倉骨彰（訳））草思社

高橋憲一（一九九九）「科学史家にとってリサーチ・プログラム論とは何か」『比較社会文化』五：二七―三九頁

竹内潔（二〇〇一）「〝彼はゴリラになった〟――狩猟採集民アカと近隣農耕民のアンビバレントな共生関係」市川光雄・佐藤弘明（編）『森と人の共存世界』京都大学学術出版会、二二三―二五三頁

田中二郎（一九七七）『ブッシュマン――生態人類学的研究（第2版）』思索社

田辺繁治（二〇〇三）『生き方の人類学――実践とは何か』講談社

丹野正（二〇〇四）「シェアリング、贈与、交換――共同体、親交関係、社会」『弘前大学大学院地域社会研究科年報』一（別冊）：六三―八〇頁

中条廣義（一九九二）「西アフリカ・カメルーン東部における熱帯半落葉性樹林の生態と持続的利用の可能性」『アフリカ研究』四一：二三―四五頁

中条廣義（一九九七）「中部アフリカ・コンゴ北部における熱帯雨林の生態と土地利用　1.二次遷移」『アフリカ研究』五〇：五三―八〇

チャイルド、V. G.（一九五八）『歴史のあけぼの』（今来陸郎・武藤潔（訳））岩波書店

チン、A.（二〇一九）『マツタケ――不確定な時代を生きる術』（赤嶺淳（訳））みすず書房
土屋一彬・斎藤昌幸・弘中豊（二〇一三）『都市生態学序説――「まち」の社会生態プロセスを理解する』『日本生態学会誌』六三：一七九―一九二頁
寺内良平（一九九一）「ギニアヤムの分類と系統」『植物分類・地理』四二（二）：九三―一〇五頁
寺嶋秀明（一九九七）『共生の森』東京大学出版会
寺嶋秀明（二〇〇四）「人はなぜ、平等にこだわるのか」寺嶋秀明（編）『平等と不平等をめぐる人類学的研究』ナカニシヤ出版、三―五二頁
寺嶋秀明（二〇一一）『平等論――霊長類と人における社会と平等性の進化』ナカニシヤ出版
戸田美佳子（二〇一五）『越境する障害者――アフリカ熱帯林に暮らす障害者の民族誌』明石書店
富松裕・木村恵・井上みずき（二〇〇七）「栄養繁殖と有性繁殖――クローナル植物をめぐる問題」『日本生態学会誌』五七：二六〇―二六四頁
中尾佐助（一九六六）『栽培植物と農耕の起源』岩波書店
中尾佐助（一九七七）「半栽培という段階について」『どるめん』一三：六―一四頁
中尾佐助（一九九三）『農業起源をたずねる旅――ニジェールからナイルへ』岩波書店
中尾佐助（二〇〇四）「半栽培という段階について」『農耕の起源と栽培植物』（中尾佐助著作集第Ⅰ巻）北海道大学出版会、六七七―六八九頁
西田利貞・保坂和彦（二〇〇一）「霊長類における食物分配」西田利貞（編）『ホミニゼーション』京都大学学術出版会、二五五―三〇四頁
西田正規（一九八六）『定住革命――遊動と定住の人類史』新曜社
服部志帆（二〇〇四）「自然保護計画と狩猟採集民の生活――カメルーン東部州熱帯雨林におけるバカ・ピグミーの例から」『エコソフィア』一三：一一三―一二七頁
服部志帆（二〇一〇）「森の民バカを取り巻く現代的問題」木村大治・北西功一（編）『森棲みの社会誌』京都大学学術出版会、一七九―二〇五頁
服部志帆（二〇一二）『森と人の共存への挑戦――カメルーンの熱帯雨林保護と狩猟採集民の生活・文化の両立に関する研究』

アフリカ地域研究資料センター／松香堂書店
塙狼星（一九九六）「表現手段としてのやし酒――焼畑農耕民ボンドンゴの多重な世界」田中二郎・掛谷誠・市川光雄・太田至（編）『続・自然社会の人類学』アカデミア出版会、三四〇―三七二頁
塙狼星（二〇〇二）「半栽培と共創――中部アフリカ、焼畑農耕民の森林文化に関する一考察」寺嶋秀明（編）『エスノ・サイエンス』京都大学学術出版会、七一―一一九頁
塙狼星（二〇〇四）「コンゴ共和国北部における焼畑農耕民と狩猟採集民の相互関係の動態」『アフリカ研究』六四：一九―四二頁
塙狼星（二〇〇九）「アフリカの里山――熱帯林の焼畑と半栽培」宮内泰介（編）『半栽培の環境社会学』昭和堂、九四―一一六頁
塙狼星（二〇一〇）「熱帯雨林のローカル・フロンティア――コンゴ共和国北部、バントゥー系焼畑農耕民の事例」『森棲みの社会誌』京都大学学術出版会、七七―九六頁
ハラウェイ、D.（二〇一三）『犬と人が出会うとき――異種協働のポリティクス』（高橋さきの（訳））青土社
ハラリ、Y.N.（二〇一六）『サピエンス全史――文明の構造と人類の幸福』（柴田裕之（訳））河出書房新社
ヘア、B.／ウッズ、V.（二〇二三）『ヒトは〈家畜化〉して進化した』（藤原多伽夫（訳））白揚社
ホイットモア、T.C.（一九九三）『熱帯雨林総論』（熊崎実・小林繁男（監訳））築地書館
堀田満（二〇〇三）「栄養器官、特に地下部が食用などに利用される植物」吉田集而・堀田満・印東道子（編）『イモとヒト――人類の生存を支えた根栽農耕』平凡社、二九五―三三二頁
マクニール、W.H.（一九八五）『疫病と世界史』（佐々木昭夫（訳））新潮社
松井健（一九八九）『セミ・ドメスティケイション――農耕と遊牧の起源再考』海鳴社
松井健・野林厚志・名和克郎（編）（二〇一一）『生業と生産の社会的布置――グローバリゼーションの民族誌のために』岩田書院
松浦直毅（二〇一二）『現代の〈森の民〉――中部アフリカ、バボンゴ・ピグミーの民族誌』昭和堂
松浦直毅・戸田美佳子・安岡宏和（二〇二一）「アフリカの生物多様性保全をめぐる歴史と現代的課題」『アフリカ研究』一〇〇：二九―三三頁

丸山淳子（二〇一〇）『変化を生きぬくブッシュマン――開発政策と先住民運動のはざまで』世界思想社
峯陽一（二〇〇六）「開発研究と生態人類学――共通の土俵が存在する」『アフリカ研究』六九：一三七―一四五頁
宮内泰介（二〇〇六）「レジティマシーの社会学へ――コモンズにおける承認のしくみ」宮内泰介（編）『コモンズをささえるしくみ――レジティマシーの環境社会学』新曜社、一―三二頁
宮内泰介（二〇〇九）「半栽培から考えるこれからの環境保全――自然と社会との相互作用」宮内泰介（編）『半栽培の環境社会学――これからの人と自然』昭和堂、一―二〇頁
安岡宏和（二〇〇五）「白神山麓のリンゴ栽培地域における猿害の発生と山村環境の変化――生態史の視点から」『エコソフィア』一五：八七―一〇三頁
安岡宏和（二〇一一）『バカ・ピグミーの生態人類学――アフリカ熱帯雨林の狩猟採集生活の再検討』アフリカ地域研究資料センター／松香堂書店
安岡宏和（二〇一二）「純粋贈与されるゾウ――バカ・ピグミーのゾウ肉食の禁止とシェアリングをめぐる考察」松井健・野林厚志・名和克郎（編）『生業と生産の社会的布置』岩田書院、三〇一―三四一頁
安岡宏和（二〇二一ａ）「「隣人」としてのゾウ――バカ・ピグミーのゾウ肉タブーから読み解くヒト社会の進化史的基盤」秋道智彌・岩崎望（編）『絶滅危惧種を喰らう』勉誠出版、一九―三七頁
安岡宏和（二〇二一ｂ）「アンチ・ドメスティケーションとしての「野生」――双主体モデルで読み解くバカ・ピグミーとヤマノイモの関係」卯田宗平（編）『野生性と人類の論理――ポスト・ドメスティケーションを捉える４つの思考』東京大学出版会、八三―一〇六頁
安田章人（二〇一三）『護るために殺す？――アフリカにおけるスポーツハンティングと地域社会の「持続可能性」』勁草書房
安室知（二〇一二）『日本民俗生業論』慶友社
山越言・目黒紀夫・佐藤哲（編）（二〇一六）『自然は誰のものか――住民参加型保全の逆説を乗り越える』京都大学学術出版会
山本紀夫（編）（二〇〇九）『ドメスティケーション――その民族生物学的研究』（国立民族学博物館調査報告八四）人間文化研究機構国立民族学博物館
米盛裕二（二〇〇七）『アブダクション――仮説と発見の論理』勁草書房

ラトゥール、B.(二〇〇八)『虚構の「近代」——科学人類学は警告する』(川村久美子(訳))新評論
ラトゥール、B.(二〇一九)『社会的なものを組み直す——アクターネットワーク理論入門』(伊藤嘉高(訳))法政大学出版会

Adams, J. M. and H. Faure, 1997. Preliminary vegetation maps of the world since the last glacial maximum: An aid to archaeological understanding. *Journal of Archaeological Science* 24(7): 623-647.

Althabe, G., 1965. Changements sociaux chez les Pygmées Baka de l'Est-Cameroun. *Cahiers d'Etudes Africaines* 2(5): 561-592.

Anderson, D. G., J. P. L. Loovers, S. A. Schroer, and R. P. Wishart, 2017. Architectures of domestication: On emplacing human-animal relations in the North. *Journal of the Royal Anthropological Institute* 23(2): 398-416.

Bahuchet, S., 1993a. *Dans la Forêt d'Afrique Centrale, les Pygmées Aka et Baka*. Paris: SELAF.

Bahuchet, S., 1993b. History of the inhabitants of the central African rain forest: Perspectives form comparative linguistics. In (C. M. Hladik, A. Hladik, O. F. Licares, H. Pagezy, A. Semple, and M. Hadley, eds.) *Tropical Forests, People and Food: Biocultural Interactions and Applications to Development*, Paris: UNESCO, pp. 37-54.

Bahuchet, S., 2012. Changing language, remaining pygmy. *Human Biology* 84(1): 11-43.

Bahuchet, S., 2014. Cultural diversity of African pygmies. In (B. S. Hewlett, ed.) *Hunter-gatherers of the Congo Basin,* London: Routledge, pp. 1-30.

Bahuchet, S., D. McKey, and I. de Garine, 1991. Wild yams revisited: Is independence from agriculture possible for rain forest hunter-gatherers? *Human Ecology* 19(2): 213-243.

Bailey, R. C., G. Head, M. Jenike, B. Owen, R. Rechtman, and E. Zechenter, 1989. Hunting and gathering in tropical forest: Is it possible? *American Anthropologist* 91(1): 59-82.

Bailey, R. C. and T. N. Headland, 1991. The tropical rain forest: Is it a productive environment for human foragers? *Human Ecology* 19(2): 261-285.

Bailey, R. C. and N. R. Peacock, 1988. Efe Pygmies of northeastern Zaire: Subsistence strategies in the Ituri forest. In (I. de Garine, and G. A. Harrison, eds.) *Coping with Uncertainty in the Food Supply*, Oxford: Clarendon, pp. 88-117.

Baka of Dimgba, M. Hirai, T. O. W. Kamgaing, and G. Meldrum, 2021. Hunting, gathering and food sharing in Africa's rainforests: The forest-based food system of the Baka indigenous people in south-eastern Cameroon. In *Indigenous Peoples' food systems: Insights on sustainability and resilience in the front line of climate change*, Rome: FAO, Alliance of Bioversity International and CIAT, pp. 71-110.

Balée, W., 1994. *Footprints of the Forest: Ka'apor Ethnobotaby: The Historical Ecology of Plant Utilization by an Amazonian People*. New York: Columbia University Press.

Balée, W., 1998. Historical ecology: Presumes and postulates. In (W. Balée, ed.) *Advances in Historical Ecology*, New York: Columbia University Press, pp. 13-29.

Balée, W., 2006. The research program of historical ecology. *Annual Review of Anthropology* 35: 75-98.

Bikie, H., J-G. Tshombe, L. Djombo, S. Minnemeyer, R. Ngoufo, and S. Nguiffo, 2000. *An Overview of Logging in Cameroon*. Washington, D.C.: World Resource Institute.

Bogoni, J. A., K. M. Ferraz, and C. A. Peres, 2022. Continental-scale local extinctions in mammal assemblages are synergistically induced by habitat loss and hunting pressure. *Biological Conservation* 272: 109635.

Bostoen, K., B. Clist, C. Doumenge, R. Grollemund, J. M. Hombert, J. K. Muluwa, and J. Maley, 2015. Middle to late Holocene paleoclimatic change and the early Bantu expansion in the rain forests of western Central Africa. *Current Anthropology* 56(3): 354-384.

Brisson, R., 2010. *Petit Dictionnaire Baka-Français*. Paris: Editions L'Harmattan.

Brisson, R., 2011. *Utilisation des Plantes par les Pygmées Baka*. Paris: Editions L' Harmattan.

Brncic, T. M., K. J. Willis, D. J. Harris, R. Washington, 2007. Culture or climate?: The relative influences of past processes on the composition of the lowland Congo rainforest. *Philosophical Transactions of the Royal Society B: Biological Sciences* 362(1478): 229-242.

Brosius, J. P., 1991. Foraging in tropical forests: The case of the Penan of Sarawak, East Malaysia (Borneo). *Human Ecology* 19(2): 123-150.

Burkill, I. H., 1960. The organography and the evolution of the Dioscoreaceae, the family of yams. *Botanical Journal of the Linnean*

Society of London 56(367): 319-412.

Campbell, D. G., D. C. Daly, G. T. Prance, and U. N. Maciel, 1986. Quantitative ecological inventory of terra firme and várzea tropical forest on the Rio Xingu, Brazilian Amazon. *Brittonia* 38(4): 331-341.

Cassidy, R., 2007. Introduction: Domestication reconsidered. In (R. Cassidy and M. Mullin, eds.) *Where the Wild Things Are Now: Domestication Reconsidered*, London: Routledge, pp. 1-25.

Chaïr, H., D. Cornet, M. Deu, M. N. Baco, A. Agbangla, M. F. Duval, and J. L. Noyer, 2010. Impact of farmer selection on yam genetic diversity. *Conservation Genetics* 11: 2255-2265.

Clarke, C., 2019. *In and Around Cameroon's Protected Areas: A Rights-based Analysis of Access and Resource Use Agreements between Indigenous Peoples and the State*. Moreton-in-Marsh: Forest Peoples Programme.

Coursey, D. G., 1975. The origins and aomestication of yams in Africa. In (M. L. Arnott, ed.) *Gastronomy: The Anthropology of Food and Food Habits*, The Hague: Mouton Press, pp. 187-212.

Crumley, C. L. (ed.), 1994. *Historical Ecology: Cultural Knowledge and Changing Landscapes*. Santa Fe: School of American Research Press.

Curtis, J. T. and R. P. McIntosh, 1951. An upland forest continuum in the prairie-forest border region of Wisconsin. *Ecology* 32(3): 476-496.

Davies, G. and D. Brown (eds.), 2008. *Bushmeat and Livelihoods:Wildlife Management and Poverty Reduction*. Wiley-Blackwel.

Desiere, S., Y. Hung, W. Verbeke, and M. D' Haese, 2018. Assessing current and future meat and fish consumption in Sub-Sahara Africa: Learnings from FAO Food Balance Sheets and LSMS household survey data. *Global Food Security* 16: 116-126.

Di Giusto, B., E. Dounias, and D. McKey, 2017. Facing herbivory on the climb up: Lost opportunities as the main cost of herbivory in the wild yam *Dioscorea praehensilis*. *Ecology and Evolution* 2017(7): 6493-6506.

Dieu, M. and P. Renaud, 1983. *Atlas Linguistique de l'Afrique Centrale*. Paris: ACCT

Dounias, E., 1993. Perception and use of wild yams by the Baka hunter-gatherers in south Cameroon. In (C. M. Hladik, A. Hladik, O. F. Licares, H. Pagezy, A. Semple, and M. Hadley, eds.) *Tropical Forests, People and Food: Biocultural Interactions and Applications to Development*, Paris: UNESCO, pp. 621-632.

Dounias, E., 2001. The management of wild yam tubers by the Baka Pygmies in southern Cameroon. *African Study Monographs Supplementary Issue* 26: 135-156.

Dumont, R., P. Hamon, and C. Seignobos, 1994. *Les Ignames au Cameroun*. Montpellier: CIRAD.

Dumont, R., 1997. Domestication des ignames en Afrique. In (J. Berthaud, N. Bricas, and J. L. Marchand, eds.) *L'Ignames, Plante Séculaire et Culture d'Avenir*, Montpellier: CIRAD, INRA, ORSTOM, and CORAF, pp. 119-126.

Dumont, R., A. Dansi, P. Vernier, and J. Zoundjihekpon., 2005. *Biodiversity and Domestication of Yams in West Africa: Traditional Practices Leading to* Dioscorea rotundata *Poir*. Paris: CIRAD, Maccarese: IPGRI.

Dwyer, P. D. and M. Minnegal, 1991. Hunting in lowland, tropical rain forest: Towards a model of non-agricultural subsistence. *Human Ecology* 19(2): 187-212.

Eba'a Atyi, R., 1998. *Cameroon's Logging Industry: Structure, Economic Importance and Effects of Devaluation*. Bogor: CIFOR.

Endicott, K. and P. Bellwood, 1991. The possibility of independent foraging in the rain forest of peninsular Malaysia. *Human Ecology* 19(2): 151-185.

Fa, J. E., S. M. Funk, and R. Nasi, 2022. *Hunting Wildlife in the Tropics and Subtropics*. Cambridge: Cambridge University Press.

Fairhead, J. and M. Leach, 1996. *Misreading the African Landscape: Society and Ecology in a Forest-Savanna Mosaic*. Cambridge: Cambridge University Press.

Fan, S., J. P. Spence, Y. Feng, M. E. Hansen, J. Terhorst, M. H. Beltrame, A. Ranciaro, J. Hirbo, W. Beggs, N. Thomas, and T. Nyambo, 2023. Whole-genome sequencing reveals a complex African population demographic history and signatures of local adaptation. *Cell* 186(5): 923-939.

Fayolle, A., N. Picard, J. L. Doucet, M. Swaine, N. Bayol, F. Bénédet, and S. Gourlet-Fleury, 2014. A new insight in the structure, composition and functioning of central African moist forests. *Forest Ecology and Management* 329: 195-205.

Fletcher, M. S., R. Hamilton, W. Dressler, and L Palmer, 2021. Indigenous knowledge and the shackles of wilderness. *Proceedings of the National Academy of Sciences* 118(40): e2022218118.

Food and Agriculture Organization of the United Nations (FAO), 2001. *Global Ecological Zoning for the Global Forest Resources Assessment 2000*. Rome: FAO.

Fuentes, A., 2010. Naturalcultural encounters in Bali: Monkeys, temples, tourists, and ethnoprimatology. *Cultural Anthropology* 25(4): 600-624.

Galbraith, J. K., 1958. *The Affluent Society*. Boston: Houghton Mifflin.

Ganpule, A., S. Tanaka, K. Ishikawa-Takata, and I. Tabata, 2007. Interindividual variability in sleeping metabolic rate in Japanese subjects. *European Journal of Clinical Nutrition* 61(11): 1256-1261.

Gourlet-Fleury, S., D. Beina, A. Fayolle, D. Y. Ouédraogo, F. Mortier, F. Bénédet, D. Closset-Kopp, and G. Decocq, 2013. Silvicultural disturbance has little impact on tree species diversity in a Central African moist forest. *Forest Ecology and Management* 304: 322-332.

Greig-Smith, P., 1983. *Quantitative Plant Ecology*. Berkeley: University of California Press.

Grinker, R. R., 1994. *Houses in the Rainforest: Ethnicity and Inequality Among Farmers and Foragers in Central Africa.* Berkeley and Los Angeles: University of California Press.

Hale, S. E. and C. Edwards, 2002. Comparison of film and digital hemispherical photography across a wide range of canopy densities. *Agricultural and Forest Meteorology* 112(1): 51-56.

Hamon, P., R. Dumont,. J. Zoundjihekpon, B. Tio Toure, and S. Hamon, 1995. *Les Ignames Sauvages d'Afrique de l'Ouest. Caracteristiques Morphologiques*. Paris: ORSTOM.

Haraway, D. J., 2016. *Staying with the Trouble: Making Kin in the Chthulucene*. Durham: Duke University Press.

Harlan, J. R., 1992. *Crops and Man, 2nd edn*. Madison: American Society of Agronomy and Crop Science Society of America.

Hart, J. A., 1978. From subsistence to market: A case study of the Mbuti net hunters. *Human Ecology* 6(3): 325-353.

Hart, T. B. and J. A. Hart, 1986. The ecological basis of hunter-gatherer subsistence in African rain forests: The Mbuti of eastern Zaire. *Human Ecology* 14(1): 29-55.

Hayashida, F. M., 2005. Archaeology, ecological history, and conservation. *Annual Review of Anthropology* 34: 43-65.

Headland, T. N., 1987. The wild yam question: How well could independent hunter-gatherers live in a tropical rain forest ecosystem? *Human Ecology* 15(4): 463-491.

Headland, T. N. and R. C. Bailey, 1991. Introduction: Have hunter-gatherers ever lived in tropical rain forest independently of agriculture? *Human ecology* 19(2): 115-122.

Headland, T. N. and L. A. Reid, 1989. Hunter-gatherers and their neighbors from prehistory to the present. *Current Anthropology* 30 (1): 43-66.

Hewlett, B. S., 1996. Cultural diversity among African Pygmies. In (S. Kent, ed.) *Cultural Diversity among Twentieth-Century Foragers: An African Perspective*, Cambridge: Cambridge University Press, pp. 215-244.

Hewlett, B. S. and J. M. Fancher, 2014. Central African hunter-gatherer research traditions. In(V. Cummings, P. Jordan and M. Zvelebil, eds.) *Oxford Handbook of the Archaeology and Anthropology of Hunter-Gatherers*, Oxford: Oxford University Press, pp. 936-957.

Hirai, M. and H. Yasuoka, 2020. It's not the availability, but the accessibility that matters: Ecological and economic potential of non-timber forest products in southeast Cameroon. *African Study Monographs Supplementary Issue* 60: 59-83.

Hirai, M., T. Mbang, N.N. Afiong, V.C. Tajeukem, Y. Wafo, and H. Yasuoka, 2023. Peri-village forest retains the highest tree diversity: Comparison of forest communities along a livelihood intensity gradient in southeast Cameroon. *African Study Monographs Supplementary Issue* 62: 123-160.

Hladik, A. and E. Dounias, 1993. Wild yams of the African forest as potential food resources. In (C. M. Hladik, A. Hladik, O. F. Licares, H. Pagezy, A. Semple, and M. Hadley, eds.) *Tropical Forests, People and Food: Biocultural Interactions and Applications to Development*, Paris: UNESCO, pp. 163-176.

Hladik, A., S. Bahuchet, C. Ducatillion, and C. M. Hladik, 1984. Les plantes à tubercules de la forêt dense d'Afrique Centrale. *Revue d'Ecologie (Terre et Vie)* 39: 249-290.

Hodder, I., 1990. *The Domestication of Europe*. Oxford & Cambridge: Basil Blackwell.

Hongo S., Z. Dzefack, L. Vernyuy, S. Minami, K. Mizuno, R. Otsuka, Y. Hiroshima, C. Djiéto-Lordon, Y. Nakashima, and H. Yasuoka, 2022. Predicting bushmeat biomass from species composition captured by camera traps: Implications for locally-based wildlife monitoring. *Journal of Applied Ecology* 59(10): 2567-2580.

Ichikawa, M., 1983. An examination of the hunting-dependent life of the Mbuti Pygmies. *African Study Monographs* 4: 55-76.

Ichikawa, M., 1986. Ecological bases of symbiosis, territoriality and intra-band cooperation of the Mbuti Pygmies. *Sprache und*

Geschichte in Afrika 7(1): 161-188.

Ichikawa, M., 1991. The impact of commoditisation on the Mbuti of eastern Zaire. In (N. Peterson and T. Matsuyama, eds.) *Cash, Commoditisation and Changing Foragers*, Osaka: National Musium of Ethnology, pp. 135-162.

Ichikawa, M., 2004. The Japanese tradition of Central African hunter-gatherer studies: With comparative observation on the French and American traditions. In (A. Barnard, ed.) *Hunter-Gatherers in History, Archaeology and Anthropology*, Oxford: Berg Publishers, pp. 103-114.

Ichikawa, M., S. Hattori, and H. Yasuoka, 2017. Bushmeat crisis, forestry reforms and contemporary hunting among Central African forest hunters. In (V. Reyes-García and A. Pyhälä, eds.) *Hunter-gatherers in a Changing World*, Springer, pp. 59-75.

Joiris, D. V., 1998. *La Chasse, La Chance, La Chant: Aspects du System Rituel des Baka du Cameroun*. Ph. D. dissertation of Université Libre de Bruxelles.

Jonckheere, I., S. Flecka, K. Nackaertsa, B. Muysa, P. Coppina, M. Weissb, and F. Baret, 2004. Review of methods for in situ leaf area index determination Part I. Theories, sensors and hemispherical photography. *Agricultural and Forest Meteorology* 121(1-2): 19-35.

Kates, R. W., B. L. Turner II, and W. C. Clark, 1990. The great transformation. In (B. L. Turner II, ed.) *The Earth as Transformed by Human Action: Global and Regional Changes in the Biosphere Over the Past 300 Years*, New York: Cambridge University Press, pp. 1-17.

Kawamura, K. and H. Takeda, 2002. Light environment and crown architecture of two temperate *Vaccinium* species: Inherent growth rules versus degree of plasticity in light response. *Canadian Journal of Botany* 80: 1063-1077.

Kent, S. (ed.), 2002. *Ethnicity, Hunter-Gatherers, and the 'Other': Association or Assimilation in Africa*. Washington, D.C.: Smithsonian Institution Press.

Kimura, D., 1998. Land use in shifting cultivation: The case of the Bongando (Ngandu) in central Zaire. *African Study Monographs Supplementary Issue* 25: 179-203.

Kingdon, J., 1997. *The Kingdon Field Guide to African Mammals*. London: Academic Press.

Kirksey, S. E. and S. Helmreich, 2010. The emergence of multispecies ethnography. *Cultural Anthropology* 25(4): 545-576.

Kitanishi, K., 1995. Seasonal changes in the subsistence activities and food intake of the Aka hunter-gatherers in northeastern Congo. *African Study Monographs* 16(2): 73-118.

Komatsu, K., 1998. The food cultures of the shifting cultivators in central Africa: The diversity in selection of food materials. *African Study Monographs Supplementary Issue* 25: 149-177.

Kopytoff, I., 1987. *The African Frontier: The Reproduction of Traditional African Societies*. Bloomington: Indiana University Press.

Lakatos, I., 1980. *The Methodology of Scientific Research Programmes*. Cambridge: Cambridge University Press.

Latour, B., 1991. *Nous N'Avons Jamais Été Modernes: Essai d'Anthropologie Symétrique*. Paris: La Découverte.

Leach, H. M., 2003. Human domestication reconsidered. *Current Anthropology* 44(3): 349-368.

Leach, H. M., 2007. Selection and the unforseen consequences of domestication. In (R. Cassidy and M. Mullin, eds.) *Where the Wild Things Are Now: Domestication Reconsidered*, Oxford: Berg, pp. 71-101.

Leclerc, C., 2012. *L'Adoption de l'Agriculture chez les Pygmées Baka du Cameroun: Dynamique Sociale et Continuité Structurale*. Paris: Maison des sciences de l'homme, Versailles: Quae.

Lee, R. B., 1979. *The !Kung San: Men, Women and Work in a Foraging Society*. Cambridge: Cambridge University Press.

Lee, R. B. and I. DeVore (eds.), 1968. *Man the Hunter*. New York: Aldine Publishing Company.

Letouzey, R., 1976. *Contribution de la Botanique au Problème d'une Éventuelle Langue Pygmée*. Paris: SELAF.

Letouzey, R., 1985a. *Carte Phytogéographique du Cameroun au 1:500000*. Toulouse: Institute de la Recherché Agronomique (Herbier National).

Letouzey, R., 1985b. *Notice de la Carte Phytogéographique du Cameroun au 1:500000*. Toulouse: Institute de la Recherché Agronomique (Herbier National).

Leung, W. W., 1968. *Food Composition Table for Use in Africa*. Bethesda: U.S. Department of Health, Education, and Welfare, Rome: FAO.

Lien, M. E., H. A. Swanson, and G. B. Ween, 2018. Introduction: Naming the beast: Exploring the otherwise. In (H. A. Swanson, M. E. Lien, and G. B. Ween, eds.) *Domestication Gone Wild: Politics and Practices of Multispecies Relations*, Durham: Duke University Press, pp. 1-30.

Maley, J., 2001. The impact of arid phases on the African rain forest through geological history. In (W. Weber, L. J. T. White, A. Vedder, and L. Naughton-Treves, eds.) *African Rain Forest Ecology and Conservation: An Interdisciplinary Perspective*, New Haven: Yale University Press, pp. 68-87.

Maley, J., C. Doumenge, P. Giresse, G. Mahé, N. Philippon, W. Hubau, M. O. Lokonda, J. M. Tshibamba, and A. Chepstow-Lusty, 2018. Late Holocene forest contraction and fragmentation in central Africa. *Quaternary Research* 89(1): 43-59.

Martin, C., 1991. *The Rainforests of West Africa: Ecology-Threats-Conservation*. Basel: Birkhäuser.

McKey, D., B. Di Giusto, M. Pascal, M. Elias, and E. Dounias, 1998. Stratégies de croissance et de défense anti-herbivore des ignames sauvages: Leçons pour l'agronomie. In (J. Berthaud, N. Bricas, and J.-L. Marchand, eds.) *L'Igname, Plante Séculaire et Culture d'Avenir*, Montpellier: CIRAD, pp. 181-188.

McKey, D., M. Elias, B. Pujol, and A. Duputie, 2010. The evolutionary ecology of clonally propagated domesticated plants. *New Phytologist* 186: 318-332.

Mercader, J., 2002. Forest people: The role of African rainforests in human evolution and dispersal. *Evolutionary Anthropology* 11(3): 117-124.

Mercader, J. (ed.), 2003. *Under the Canopy: The Archeology of Tropical Rain Forests*. New Brunswick: Rutgers University Press.

Miracle, M. P., 1967. *Agriculture in the Congo Basin; Tradition and change in African rural economies*. London: The University of Wisconsin Press.

Mizuki, I., N. Osawa, and T. Tsutsumi, 2005. Thrips (Thysanoptera: Thripidae) on the flowers of a dioecious plant, *Dioscorea japonica* (Dioscoreaceae). *The Canadian Entomologist* 137(6): 712-715.

Moisel, M., 1910. *Karte von Kamerun: H4. Molundu*. Berlin: Dietrich Reimer.

Morin-Rivat, J., A. Fayolle, C. Favier, L. Bremond, S. Gourlet-Fleury, N. Bayol, P. Lejeune, H. Beeckman, and J. L. Doucet, 2017. Present-day central African forest is a legacy of the 19th century human history. *eLife* 6: e20343.

Nasi, R., D. Brown, D. Wilkie, E. Bennett, C. Tutin, G. van Tol, and T. Christophersen, 2008. *Conservation and Use of Wildlife-based Resources: The Bushmeat Crisis*. Bogor: CIFOR.

Nasi, R., A. Taber, and N. van Vliet, 2011. Empty forests, empty stomachs? Bushmeat and livelihoods in the Congo and Amazon

Basins. *International Forestry Review* 13(3): 355-368.

Njounan Tegomo, O., L. Defo, and L. Usongo, 2012. Mapping of resource use area by the Baka Pygmies inside and around Boumba-Bek National Park in Southeast Cameroon, with special reference to Baka's customary rights. *African Study Monographs Supplementary Issue* 43: 45-59.

Nzooh Dongmo, Z., K. P. A. Goran, G. Etoga, J. P. Belinga, E. Fouda, M. Dandjouma, and P. Dongmo, 2016. *Les Populations de Grandes et Moyens Mammifères dans le Segment Cameroun du Paysage TRIDOM (Forêt de Ngoyla-Mintom, et PN Boumba Bek et PN Nki et leurs zones périphériques)*. Yaoundé: WWF Regional Office for Africa, MINFOF Services de Conservation PNBB & PNNKI.

Olson, D. M., E. Dinerstein, E. D. Wikramanayake, N. D. Burgess, G. V. N. Powell, E. C. Underwood, J. A. D'amico, I. Itoua, H. E. Strand, J. C. Morrison, C. J. Loucks, T. F. Allnutt, T. H. Ricketts, Y. Kura, J. F. Lamoreux, W. W. Wettengel, P. Hedao, and K. R. Kassem, 2001. Terrestrial ecoregions of the world: A new map of life on Earth. *BioScience* 51 (11): 933-938.

ORSTOM, 1966. *Dictionnaire des Villages de Boumba Ngoko*. Yaoundé: Centre Orstom de Yaoundé.

Patin, E., G. Laval, L. B. Barreiro, A. Salas, O. Semino, S. Santachiara-Benerecetti, K. K. Kidd, J. R. Kidd, L. Van der Veen, J.-M. Hombert, A. Gessain, A. Froment, S. Bahuchet, E. Heyer, and L. Quintana-Murc, 2009. Inferring the demographic history of African farmers and Pygmy hunter-gatherers using a multilocus resequencing data set. *PLoS Genetics* 5(4): e1000448.

Patin, E., K. J. Siddle, G. Laval, H. Quach, C. Harmant, N. Becker, A. Froment, B. Régnault, L. Lemée, S. Gravel, and J. M. Hombert, 2014. The impact of agricultural emergence on the genetic history of African rainforest hunter-gatherers and agriculturalists. *Nature Communications* 5(1): 3163.

Patterson, T. C., 1994 Toward a properly historical ecology. In (C. L. Crumley, ed.) *Historical Ecology: Cultural Knowledge and Changing Landscapes*, Santa Fe: School of American Research Press, pp.223-237.

Quintana-Murci, L., H. Quach, C. Harmant, F. Luca, B. Massonnet, E. Patin, E., L. Sica, P. Mouguiama-Daouda, D. Comas, D., S. Tzur, and O. Balanovsky, 2008. Maternal traces of deep common ancestry and asymmetric gene flow between Pygmy hunter-gatherers and Bantu-speaking farmers. *Proceedings of the National Academy of Sciences* 105(5): 1596-1601.

Raymond, M. and F. Rousset, 1995. GENEPOP (version 1. 2): Population genetics software for exact tests and ecumenicism. *Journal of Heredity* 86(3): 248-249.

Redford, K. H., 1992. The empty forest. *Bioscience* 42(6): 412-422.

Renkonen, O., 1938. Statistisch-ökologische Untersuchungen über die terrestrische Käferwelt der finnischen Bruchmoore. *Societatis Zoologicæ-Botanicæ Fennicæ Vanamo* 6: 1-231.

République Féderale du Cameroun, 1971. *Location des Groupes Humains: Dressée d'après les Documents Fournis par la Section de Géographie du Centre O. R. S. T. O. M. de YAOUNDÉ sur la Base du Recensement de 1964.*

Robinson, J. G. and E. L. Bennett, 2002. Will alleviating poverty solve the bushmeat crisis? *Oryx* 36(4): 332-332.

Rose, D. B., 2004. *Reports from a Wild Country: Ethics for Decolonisation*. Randwick: University of New South Wales Press.

Rousset, F., 2008. GENEPOP'007: A complete re-implementation of the GENEPOP software for Windows and Linux. *Molecular Ecology Resources* 8(1): 103-106.

Sahlins, M., 1972. *Stone Age Economics*. Chicago: Aldine Publishing Co.

Sans, P. and P. Combris, 2015. World meat consumption patterns: An overview of the last fifty years (1961-2011). *Meat Science* 109: 106-111.

Sato, H., 1983. Hunting of the Boyela, slash-and-burn agriculturalists, in the central Zaire forest. *African Study Monographs* 4: 1-54.

Sato, H., 1992. Notes on the distribution and settlement pattern of hunter-gatherers in northeastern Congo. *African Study Monographs* 13(4): 203-216.

Sato, H., 2001. The potential of edible wild yams and yam-like plants as a staple food resource in the African tropical rain forest. *African Study Monographs Supplementary Issue* 26: 123-134.

Sato, H., 2006. A brief report on a large mountain-top community of *Dioscorea praehensilis* in the tropical rainforest of southeastern Cameroon. *African Study Monographs Supplementary Issue* 33: 21-28.

Sato, H., 2014. Foraging lifestyle in the African tropical rainforest. In (B. S. Hewlett ed.) *Hunter-gatherers of the Congo Basin,* London: Routledge, pp. 165-186.

Sato H, K. Kawamura, K. Hayashi, H. Inai, and T. Yamauchi, 2012. Addressing the wild yam question: How Baka hunter-gatherers acted and lived during two controlled foraging trips in the tropical rainforest of southeastern Cameroon. *Anthropological*

Science 120(2): 129-49.

Sato, H., K. Hayashi, H. Inai, R. Yamaguchi, K. Kawamura, and T. Yamauchi, 2014. A controlled foraging trip in a communal forest of southeastern Cameroon. *African Study Monographs Supplementary Issue* 47: 5-24.

Scarcelli, N., S. Tostain, Y. Vigouroux, C. Agbangla, O. Daïnou, and J. L. Pham, 2006. Farmers' use of wild relative and sexual reproduction in a vegetatively propagated crop: The case of yam in Benin. *Molecular Ecology* 15: 2421-2431.

Scarcelli, N., H. Chaïr, S. Causse, R. Vesta, T. L. P. Couvreur, and Y. Vigouroux, 2017. Crop wild relative conservation: Wild yams are not that wild. *Biological Conservation* 210: 325-333

Schebesta, P., 1933. *Among Congo Pygmies*. London: Hutchinson.

Schmitz, A., 1988. Revision des groupements vegetaux decrits du Zaire du Rwanda et du Burundi. *Annales Sciences Economiques* 17: 1-315.

Schrire, C., 1980. An inquiry into the evolutionary status and apparent identity of San hunter-gatherers. *Human Ecology* 8: 9-32.

Schrire, C. (ed.), 1984. *Past and Present in Hunter Gatherer Studies*. New York: Academic Press.

Scott, J. C., 2017. *Against the Grain: A Deep History of the Earliest States*. New Haven: Yale University Press.

Simons, H., X. Soto, Z. Zhu, K. D. Singh, M. F. Bellan, S. Iremonger, H. Hirvonen, B. Smith, V. Watson, J. Tosi, and L. Morales, 2001. *Global Ecological Zoning for the Gobal Forest Resources Assessment 2000. Final Report*. Rome: FAO.

Solway, J. S. and R. B. Lee, 1990. Foragers, genuine or spurious? Situating the Kalahari San in history. *Current Anthropology* 31(2): 109-146.

Speth, J. and K. Spielman, 1983. Energy source, protein metabolism, and hunter-gatherer subsistence strategies. *Journal of Anthropological Archaeology* 2: 1-31

Stearman, A. M., 1991. Making a living in the tropical forest: Yuqui foragers in the Bolivian Amazon. *Human Ecology* 19(2): 245-260.

Stépanoff, C. and J.-D. Vigne, 2019. *Hybrid Communities: Biosocial Approaches to Domestication and Other Trans-species Relationships*. London: Routledge.

Sugihara, Y., K. Darkwa, H. Yaegashi, S. Natsume, M. Shimizu, A. Abe, A. Hirabuchi, K. Ito, K. Oikawa, M. Tamiru-Oli, and A. Ohta, 2020. Genome analyses reveal the hybrid origin of the staple crop white Guinea yam (*Dioscorea rotundata*). *Proceedings of the National Academy of Sciences* 117(50): 31987-31992.

Swanson, H. A., 2018. Domestication gone wild: Pacific salmon and the disruption of the domus. In (H. A. Swanson, M. E. Lien, and G. B. Ween, eds.) *Domestication Gone Wild: Politics and Practices of Multispecies Relations*, Durham: Duke University Press, pp. 141-158.

Swanson, H. A., M. E. Lien, and G. B. Ween (eds.), 2018. *Domestication Gone Wild: Politics and Practices of Multispecies Relations*. Durham: Duke University Press.

Szabó, P., 2015. Historical ecology: Past-present and future. *Biological Reviews* 90(4): 997-1014.

Takeda, J., 1990. The dietary repertory of the Ngandu people of the tropical rain forest: An ecological and anthropological study of the subsistence activities and food procurement technology of a slash-and-burn agriculturist in the Zaire river basin. *African Study Monographs Supplementary Issue* 11: 1-75.

Takeda, J., 1996. The Ngandu as hunters in the Zaire river basin. *African Study Monographs Supplementary Issue* 23: 1-61.

Takeda, J. and H. Sato, 1993. Multiple subsistence strategies and protein resources of horticulturalists in the Zaire Basin: The Ngandu and the Boyela. In (C. M. Hladik, A. Hladik, O. F. Licares, H. Pagezy, A. Semple, and M. Hadley, eds.) *Tropical Forests, People and Food: Biocultural Interactions and Applications to Development*, Paris: UNESCO, pp. 497-497.

Toda, M. and H. Yasuoka, 2020. Unreflective promotion of the non-timber forest product trade undermines the quality of life of the Baka: Implications of the *Irvingia gabonensis* kernel trade in southeast Cameroon. *African Study Monographs Supplementary Issue* 60: 85-98.

Tostain, S., N. Scarcelli, P. Brottier, J. L. Marchand, J. L. Pham, and J. L. Noyer, 2006. Development of DNA microsatellite markers in tropical yam (*Dioscorea* sp.). *Molecular Ecology Notes* 6(1): 173-175.

Tsing, A. L., 2012. Unruly edges: Mushrooms as companion species: For Donna Haraway. *Environmental Humanities* 1(1): 141-154.

Tsing, A. L., 2018. Nine provocations for the study of domestication. In (H. A. Swanson, M. E. Lien, and G. B. Ween, eds.) *Domestication Gone Wild: Politics and Practices of Multispecies Relations*, Durham: Duke University Press, pp. 231-251.

Tsuru, D., 1998. Diversity of ritual spirit performances among the Baka Pygmies in southeastern Cameroon. *African Study Monographs Supplementary Issue* 25: 47-84.

Turnbull, C. M., 1961. *The Forest People*. New York: The American Museum of Natural History.

Turnbull, C. M., 1965. *Wayward Servants: The Two Worlds of the African Pygmies*. New York: The American Museum of Natural History.

van Gemerden, B. S., H. Olff, M. P. Parren, and F. Bongers, 2003. The pristine rain forest? Remnants of historical human impacts on current tree species composition and diversity. *Journal of Biogeography* 30(9): 1381-1390.

van Vliet, N., 2018. “Bushmeat crisis” and “cultural imperialism” in wildlife management? Taking value orientations into account for a more sustainable and culturally acceptable wildmeat sector. *Frontiers in Ecology and Evolution* 6: 112.

Vansina, J. M., 1983. Peoples of the Forest. In (D. Birmingham and P. Martin, eds.) *History of Central Africa, Volume 1*, London, New York: Longman, pp. 75-117.

Vansina, J. M., 1990. *Paths in the Rainforests: Toward a History of Political Tradition in Equatorial Africa.* Madison: University of Wisconsin Press.

Verdu, P., 2014. Population Genetics of Central African Pygmies and Non-Pygmies. In (B. S. Hewlett ed.) *Hunter-gatherers of the Congo Basin*, London: Routledge, pp. 31-59.

Vivien, J. and J.-J. Faure, 2011. *Arbres, des Forêts Denses d'Afrique Centrale Espèces du Cameroun*. Clohars Carnoet: Nguila-Kerou.

West, P., J. Igoe, and D. Brockington, 2006. Parks and peoples: The social impact of protected areas. *Annual Review of Anthropology* 35: 251-277.

White, F., 1983. *The Vegetation of Africa*. Paris: UNESCO.

Wilkie, D. S. and J. F. Carpenter, 1999. Bushmeat hunting in the Congo Basin: An assessment of impacts and options for mitigation. *Biodiversity and Conservation* 8: 927-955.

Wilkie, D. S., E. L. Bennett, C. A. Peres, and A. A. Cunningham, 2011. The empty forest revisited. *Annals of the New York Academy of Sciences* 1223(1): 120-128.

Willis, J., D. J. Ingram, K. Abernethy, D. Kemalasari, U. Muchlish, Y. Sampurna, D. Midoko Iponga, and L. Coad, 2022. WILDMEAT interventions database: A new database of interventions addressing unsustainable wild meat hunting, consumption and trade. *African Journal of Ecology*: 60(2): 205-211.

Wilmsen, E., 1989. *Land Filled with Flies: A Political Economy of the Kalahari*. Chicago: University of Chicago Press.

Wilmsen, E. and J. Denbow, 1990. Paradigmatic history of San-speaking peoples and current attempts at revision. *Current Anthropology* 31(5): 489-524.

Wolda, H., 1981. Similarity indices, sample size and diversity. *Oecologia* 50: 296-302.

Woodburn, J., 1982. Egalitarian Society, *Man* (*N.S.*) 17(3): 431-451.

World Wide Fund for Nature(WWF), 2020. *WWF Management Response to Recommendations from Independent Panel Report "Embedding Human Rights in Nature Conservation: From Intent to Action*." https://www.worldwildlife.org/pages/embedding-human-rights-in-conservation

Yamauchi T., H. Sato, and K. Kawamura, 2000. Nutritional status, activity pattern, and dietary intake among the Baka hunter-gatherers in the village camps in Cameroon. *African Study Monographs* 21(2): 67-82.

Yasuoka, H., 2006. The sustainability of duiker (*Cephalophus* spp.) hunting for the Baka hunter-gatherers in southeastern Cameroon. *African Study Monographs Supplementary Issue* 33: 95-120.

Yasuoka, H., 2009. The variety of forest vegetations in southeastern Cameroon, with special reference to the availability of wild yams for the forest hunter-gatherers. *African Study Monographs* 30(2): 89-119.

Yasuoka, H., 2013. Dense wild yam patches established by hunter-gatherer camps: Beyond the wild yam question, toward the historical ecology of rainforests. *Human Ecology* 41(3): 465-475.

Yasuoka, H., 2021. Sharing elephant meat and the ontology of hunting among the Baka hunter-gatherers in the Congo Basin Rainforest. In (G. E. Konidaris, R. Barkai, V. Tourloukis, and K. Harvati, eds.) *Human-Elephant Interactions: From Past to Present*, Tübingen: Tübingen University Press, pp. 469-485.

Yasuoka, H., D. Kimura, H. Hashimoto, and T. Furuichi, 2012. Quantitative assessment of livelihoods around great ape reserves: Cases in Luo Scientific Reserve, DR Congo, and Kalinzu Forest Reserve, Uganda. *African Study Monographs Supplementary Issue* 43: 137-159.

Zeder, M. A., 2015. Core questions in domestication research. *Proceedings of the National Academy of Sciences* 112(11): 3191-3198.

Zimmerer, K. S., 1993. Agricultural biodiversity and peasant rights to subsistence in the central Andes during Inca rule. *Journal of Historical Geography* 19(1): 15-32.

【ま】

【ゑ】

【ら】

人名索引

【は】

【ま】

【や】

【ら】

【A–Z】

生物名索引

【あ】

【か】

【さ】

【た】

【な】

【や】

【ら】

【わ】

【A-Z】

【は】

【ま】

【た】

【な】

【さ】

事項索引

【あ】

【か】

著者紹介

安岡宏和（やすおか　ひろかず）

京都大学アジア・アフリカ地域研究研究科准教授。京都大学アジア・アフリカ地域研究研究科修了。博士（地域研究）。法政大学人間環境学部講師、同准教授を経て現職。主な著作に、『バカ・ピグミーの生態人類学――アフリカ熱帯雨林の狩猟採集生活の再検討』（京都大学アフリカ地域研究資料センター／松香堂書店、2011年）などがある。

生態人類学は挑む　MONOGRAPH 10
アンチ・ドムス
――熱帯雨林のマルチスピーシーズ歴史生態学

2024 年 2 月 22 日　初版第一刷発行

著　者　　安 岡 宏 和
発行人　　足 立 芳 宏

京都大学学術出版会
京都市左京区吉田近衛町69番地
京都大学吉田南構内（〒606-8315）
電　話（075）761-6182
FAX（075）761-6190
Home page http://www.kyoto-up.or.jp
振　替 01000-8-64677

ISBN978-4-8140-0507-9
Printed in Japan

ブックデザイン　森　華
印刷・製本　亜細亜印刷株式会社
定価はカバーに表示してあります